营改增要点解读与应用筹划

邓水岩　编著

電子工業出版社
Publishing House of Electronics Industry
北京·BEIJING

内容简介

本书从海量的“营改增”文件中提炼要点，并以100多个图表直观呈现；介绍了“营改增”发票开具、管理，虚开与善意接受虚开的法律责任；探讨了纳税人“营改增”会计核算，包括科目设置及案例处理、纳税申报表格填写。本书从服务买受人的角度，分别按公司投资设立环节、产能购建环节、生产采购环节、销售营运环节、筹资环节和其他辅助环节详细讲述了“营改增”服务相关要点，结合实际业务进行应用筹划，列举了约100个大小案例，进行应用分析与筹划。本书聚焦“营改增”热点、难点与分歧点，对“营改增”9个方面的业务以22个专题进行剖析，对于其中一些业务事项、部分省市国税局存在的不同解读，也做了收集列示。

本书可供企业财务经理、税务经理、财务总监、税务总监参考阅读，也可供税务中介、国地税工作人员阅读使用。

图书在版编目（CIP）数据

营改增要点解读与应用筹划 / 邓水岩编著．—北京：电子工业出版社，2016.9

ISBN 978-7-121-29949-0

I．①营… II．①邓… III．①增值税－税收管理－研究－中国 IV．①F812.424

中国版本图书馆 CIP 数据核字（2016）第 228484 号

策划编辑：王二华
责任编辑：王二华
印　　刷：三河市鑫金马印装有限公司
装　　订：三河市鑫金马印装有限公司
出版发行：电子工业出版社
　　　　　北京市海淀区万寿路 173 信箱　　邮编：100036
开　　本：720×1 000　1/16　印张：23.5　字数：474 千字
版　　次：2016 年 9 月第 1 版
印　　次：2016 年 9 月第 1 次印刷
定　　价：59.00 元

凡所购买电子工业出版社图书有缺损问题，请向购买书店调换。若书店售缺，请与本社发行部联系，联系及邮购电话：（010）88254888，88258888。

质量投诉请发邮件至 zlts@phei.com.cn，盗版侵权举报请发邮件至 dbqq@phei.com.cn。

本书咨询联系方式：（010）88254532。

序一

我与邓水岩曾在三花集团共事多年，相识、相交已十载有余。邓水岩对待工作和专业是个有心人。人如其名，滴“水”穿“岩”，喜欢钻研和思考。他对财税政策、会计准则等不但要做到“知其然”，而且要求“知其所以然”，想透钻透。很多同事和业内同行遇到财税方面的问题，也总是向他请教咨询。近闻其新作《营改增要点解读与应用筹划》付梓，为他欣喜之余，得蒙其请，提笔为序。

2016 年“营改增”税制改革全面实施，为广大企业带来实实在在的税收减负红利，也将进一步营造公平竞争的市场环境，促进经济转型升级。但由于“营改增”牵涉政策繁多，涉及大量实践环节和具体事项，使企业一线财务人员实感困惑，各地税务部门的认识和解说也不完全一致，亟须“营改增”方面的专业书籍来正本清源、梳脉理络、解惑释疑。

邓水岩的这本著作就很好地满足了这一需求。作者基于其丰富的实际工作经验和较好的理论素养，对“营改增”的要点和难点进行了系统的梳理，从财税工作一线需求的角度提出问题，展开阐述，紧密结合企业工作实际，非常接地气，是作者数十年工作和思考成果的结晶。其中的筹划思路和案例，简明实用，有很强的操作性和可借鉴性，可作为财务和税务工作者案头必备的参考工具书，值得向业内同行郑重推荐。

展望未来，中国经济和中国企业的继续发展，需要对企业财务税收进行更好的筹划与管理，这一领域的专业人才需求将会极大增长。邓水岩做一行，精一行，从公司基层财务工作者成长为真正的专家，立功立言，前行不辍，堪称企业财务工作者之典范。我们期待他在专业领域能有更大的成就，为业内同行奉献更多的经验总结和理论成果。

是为序。

三花控股集团董事、副总裁　陈金玉

2016 年 9 月

于杭州下沙三花工业园

序二

税收是影响经济的重要因素。营业税改征增值税是我国税制改革的重要组成部分，通过统一税制，贯通服务业内部和三大产业之间抵扣链条，从制度层面消除重复征税，充分发挥税收的中性作用，营造公平的市场竞争环境。

我国“营改增”试点从2012年开始启动，逐步扩大行业和地域范围。2016年是改革的重头戏：将建筑业、房地产业、金融业和生活服务业等四大行业的1000多万户企业同步纳入试点范围。同时，将不动产纳入可抵扣范围，实现向消费型增值税的彻底转型．年度减税规模将超过5000亿元。李克强总理曾说，衡量这次改革成效最重要的标志，就是把结构性减税措施落到实处，让广大企业受惠，要精心组织实施，把改革“红包”实实在在发到企业手中，以政府收入做“减法”换取企业效益做“加法”、市场活力做“乘法”。确保改革后所有行业税负只减不增，这是政府工作报告对社会的承诺。

财税系统管理人员充分发挥工匠精神，精心设计改革方案，在短短的时间内，出台了较多的操作与指引文件，并及时宣导培训，走好政策落地的“最后一公里”。“营改增”范围广、难度大、影响面深、各地情形复杂，需要凝聚社会共同的力量，特别是需要纳税人的积极参与、主动学习，争取把减税的红利用好用足。

市面上“营改增”的书籍不少，但大多来自于高校、中介机构和主管部门，而本书作者来自企业一线，有20多年的财税工作经历，对财税制度与企业发展有最为直观的感受，更能站在纳税人角度，结合业务实际，全面分析政策。相对同类书籍，本书特点如下。

一是“浓缩要点”。本书提炼、浓缩了“营改增”政策要点，以图表、案例方式直观地呈现，便于读者轻松、快捷地理解，化繁为简。

二是“内容务实”。书中大小案例约100个，且大多来源于企业一线，既包括具体应税服务，也有“营改增”的增值税会计账务处理、纳税申报和风险控制，便于纳税人参考借鉴。

三是“角度新颖”，不仅对试点行业“营改增”政策进行解析和应用筹划，还从“营改增”所有买受人的角度，区分不同经营环节，对相关“营改增”政策进行比较分析，筹划利用好“营改增”优惠政策。

四是“正视分歧”，对于热点、难点问题，作者通过较多案例和分析提出个人观点和思路，同时罗列了部分省、市国税局和业内专家观点，便于纳税人取舍参考，也便于理论和实务界同行探讨研究。

虽然此次“营改增”全面推进时间较短，但本书也凝聚了作者 20 余年的从业心得；透过本书，更可以感受到作者对纳税人的情怀和一个财税工作者的社会责任。

浙江财经大学工商管理学院、MBA 学院院长、教授 董进才

2016 年 9 月

前　　言

2016 年注定是一个非同寻常的年度，所有纳税人和财税人共同见证了“营改增”善政的密集出台，挥手作别功成身退的营业税，期待史无前例的大规模减税惠及所有纳税人。

2016 年 3 月 5 日，国务院总理李克强在第十二届人民代表大会第四次会议上作《政府工作报告》，提出今年将全面推开“营改增”，从 5 月 1 日起，将试点范围扩大到建筑业、房地产业、金融业、生活服务业，并将所有企业新增不动产所含增值税纳入抵扣范围，确保所有行业的税负只减不增。3 月 18 日，国务院常务会议通过“营改增”试点方案；3 月 23 日财政部、国家税务总局联合下发了《关于全面推开营业税改征增值税试点的通知》（财税〔2016〕36 号）。这个文件长达 4 万字，附有 4 个附件；3 月 31 日，国家税务总局同时下发 13 号至 19 号 7 个公告，为财税〔2016〕36 号文出台配套细则；随后两个多月的时间里，又陆续下发了“营改增”相关的数十个文件。下发节奏之频、内容之巨前所未有。

“营改增”的全面推开，不仅关系到年涉税规模达 2 万亿元、约 1000 万户试点企业的税收主管部门变更，而且对其他行业乃至所有纳税人而言都将是难得的历史机遇——事关年度减税 5000 多亿元大规模的红利派发。机遇从来都是青睐有准备的人，纳税人需要早学习、早筹划、早布局方能早受益。

本书有以下几个特点。

(1) 从海量文件中提炼、浓缩“营改增”核心要点，并以 100 余个图表直观呈现，以便读者用较短时间，轻松掌握知识要点。

(2) 一方面从试点纳税人角度，萃取销售业务要点、应用筹划分析；另一方面，又从买受人角度，按公司投资设立环节、产能购建环节、生产采购环节、销售营运环节、筹资环节和其他辅助环节分别进行购买应用筹划。

(3) 作者长期工作在企业一线，接触或了解大量鲜活的业务信息，本书通过近 100 个财税处理与分析筹划的大小案例，基本覆盖了“营改增”常规销售服务及购买业务，指导纳税人做好日常业务会计处理、纳税申报，同时为公司创造价值。

(4) 聚焦“营改增”九大热点、难点或分歧点，对问题点进行深度专题剖析，对发票管理等风险点也做了重点提示；对于一些存有争议的事项，还将部分省市国税局的相关解读一同列示，便于各地企业负责人、财税工作者、财税中介和税务管理人员等参考借鉴。

本书既适合作为“营改增”试点及非试点行业管理者，包括购、销业务部门及企业负责人的指导工具用书，也适合财务专业人员包括财务经理、财务总监、税务总监、税务顾问等阅读参考；对税务管理职能部门及其他财税研究人员也有较好的参考价值。

当然，由于“营改增”新政推出时间短，文件仍在不断完善之中，对某些热点问题各地国税也存有不同解读，囿于作者认知，本书必有不足之处；同时“营改增”涉及行业众多，不可能面面俱到，难免挂一漏万，敬请各位专家与读者批评指正。

邓水岩

2016 年 9 月

于杭州

目　　录

第一部分 “营改增”要点解读

第二部分 “营改增”应用筹划

第三部分　“营改增”热点聚焦

第四部分　附　　录

第一部分 “营改增”要点解读

第一章

“营改增”核心要点

第一节　我国增值税转型

一、我国增值税转型概述

国际上有生产型和消费型两种不同类型的增值税。我国增值税转型是指将生产型增值税转为消费型增值税。

按照“进项税额”的抵扣方式，增值税可分为两种类型：

(1)只允许抵扣购入的存货所含的流转环节税金，不允许抵扣外购固定资产、不动产等所含的税金；

(2)所有外购项目包括原材料、服务、固定资产、无形资产、不动产等，所含流转税金都允许抵扣。

前者称为“生产型增值税”，后者称为“消费型增值税”。国际上大多数国家选择适用消费型增值税，以避免企业在中间环节重复缴税。

我国历时11年，完成了增值税由生产型向消费型的转变，其间主要经历了两大步：

第一步(2004年至2009年)，历时6年，完成设备进项税额的全额抵扣；

第二步(2012年至2016年)，历时5年，完成营业税改征增值税改革。

二、我国设备增值税转型

我国设备增值税转型经历了较长时间。2004年7月1日从东北三省及大连市的八个行业先行试点，依次向中部六省老工业城市、内蒙古东部地区和汶川大地震受灾严重地区扩围。2009年1月1日，正式在全国全面实施动产设备增值税转型，具体如表1-1所示。

表 1-1 设备增值税转型进程

时间	文件	主要内容
2003.10.1	《中共中央、国务院关于实施东北地区等老工业基地振兴战略的若干意见》（中发〔2003〕11 号）	对装备制造业、石油化工业、冶金工业、船舶制造业、汽车制造业、高新技术产业、军品工业和农产品加工业等行业，允许新购进机器设备所含增值税税金予以抵扣
2004.1.29	《国家税务总局关于开展扩大增值税抵扣范围企业认定工作的通知》（国税函〔2004〕143 号）	对东北三省及大连市八个行业的增值税一般纳税人将扩大增值税抵扣范围，主要为装备制造业、石油化工业、冶金业、船舶制造业、汽车制造业、农产品加工业、军品工业和高新技术产业
2004.9.14	《财政部、国家税务总局关于印发<东北地区扩大增值税抵扣范围若干问题的规定>的通知》（财税〔2004〕156 号）	试点范围、行业不变 购进、自制、融资租赁及相关运输进项税额可以抵扣，当年准予抵扣的进项税额不得超过当年新增增值税税额，当年没有新增增值税税额或新增增值税额不足抵扣的，留待下年抵扣。纳税人有欠缴增值税的，应先抵减欠税 逐期计算新增增值税税额，按月抵扣，年底清算 从 2004 年 7 月 1 日起施行
2004.9.20	《财政部、国家税务总局关于印发<2004 年东北地区扩大增值税抵扣范围暂行办法>的通知》（财税〔2004〕168 号）	鉴于东北地区部分行业扩大增值税抵扣范围采取用新增增值税额抵扣的办法，纳税人的核算、税务机关的征管工作量较大，为方便纳税人，纳税人 2004 年仍按现行规定计算、申报、缴纳增值税，应抵扣的固定资产进项税额暂采取单独计算退税的过渡方法，自 2005 年 1 月 1 日起正式按抵扣的方法办理
2004.12.27	《财政部、国家税务总局关于东北地区军品和高新技术产品生产企业实施扩大增值税抵扣范围有关问题的通知》（财税〔2004〕227 号）	东北地区军品和高新技术产品生产企业实施扩大增值税抵扣范围
2007.5.11	《财政部、国家税务总局关于印发<中部地区扩大增值税抵扣范围暂行办法>的通知》（财税〔2007〕75 号）	试点新增中部六省老工业基地城市，包括山西省的太原、大同、阳泉、长治；安徽省的合肥、马鞍山、蚌埠、芜湖、淮南；江西省的南昌、萍乡、景德镇、九江；河南省的郑州、洛阳、焦作、平顶山、开封；湖北省的武汉、黄石、襄樊、十堰；湖南省的长沙、株洲、湘潭、衡阳 按季退税，年底清算
2008.7.2	《财政部、国家税务总局关于印发<内蒙古东部地区扩大增值税抵扣范围暂行办法>的通知》（财税〔2008〕94 号）	试点新增内蒙古自治区东部呼伦贝尔市、兴安盟、通辽市、赤峰市和锡林郭勒盟
2008.8.1	《财政部、国家税务总局关于印发<汶川地震受灾严重地区扩大增值税抵扣范围暂行办法>的通知》（财税〔2008〕108 号）	试点新增极重灾区 10 个县(市)，分别是：汶川县、北川县、绵竹市、什邡市、青川县、茂县、安县、都江堰市、平武县、彭州市 重灾区 41 个县(市、区)，分别介绍如下。 四川省(29 个)：理县、江油市、广元市利州区、广元市朝天区、旺苍县、梓潼县、绵阳市游仙区、德阳市旌阳区、小金县、绵阳市涪城区、罗江县、黑水县、崇州市、剑阁县、三台县、阆中市、盐亭县、松潘县、苍溪县、芦山县、中江县、广元市元坝区、大邑县、宝兴县、南江县、广汉市、汉源县、石棉县、九寨沟县

续表

时间	文件	主要内容
2008.8.1		甘肃省(8个)：文县、陇南市武都区、康县、成县、徽县、西和县、两当县、舟曲县 陕西省(4个)：宁强县、略阳县、勉县、宝鸡市陈仓区 从事特定行业纳税人具体范围：从事特定行业纳税人，是指从事焦炭加工、电解铝生产、小规模钢铁生产、小火电发电为主的纳税人。所谓为主，是指从事上述业务取得的年销售额占其同期全部销售额50%(含50%)以上
2008.12.19	《财政部、国家税务总局关于全国实施增值税转型改革若干问题的通知》(财税〔2008〕170号)	2009年1月1日起，全国实施增值税转型改革，不再采用退税办法 销售未抵扣的固定资产，按4%减半征收(2014年7月1日起减并税率后按3%征收率减按2%征收)；销售抵扣过的固定资产，按适用税率征收

(资料来源：作者根据国家税务总局文件整理。)

三、营业税改征增值税试点

1994年，我国工商税制改革，以推行增值税为核心，相应设置消费税、营业税，建立起新的三税并列的流转税制格局，统一适用于内外资企业，取消原来设置的产品税、增值税、营业税、特别消费税、工商统一税。商品的生产、批发、零售和进口全面实行增值税，对绝大部分劳务和销售不动产暂不实行增值税。

(一)营业税与增值税比较

增值税对在我国境内销售货物或者提供加工、修理修配劳务以及进口货物的单位和个人征收，营业税对在我国境内提供应税劳务、转让无形资产和销售不动产的单位和个人征收。应税劳务包括交通运输业、建筑业、金融保险业等7个税目。营业税与增值税的相同点与区别点如表1-2所示。

表1-2 营业税与增值税比较

项目		营业税	增值税
相同点	征收环节相同	均为流通环节征税	
	隐秘性	销售方将从购买方取得的资金用于交税，最终消费者买单	
主要区别点	征税方法不同	理论上按营业额作为缴税基数，交易环节道道征税 价内税 方法简单、税收有保障	理论上按进销差价的增值额交税，无增值不征税 价外税 相对复杂，理论上税收总额相同
	纳税对象不同	原交通运输、建筑安装、金融、不动产、无形资产、服务业等	原生产制造业，商品流通业，加工、修理修配等
	征管机关不同	地税为主	国税
	纳税地点不同	机构所在地、不动产所在地	机构所在地为主

(资料来源：作者原创整理，仅代表个人观点。)

（二）“营改增”试点阶段

我国从 2012 年 10 月开始，在上海市对交通运输业、部分现代服务业启动营业税改征增值税试点，经历数次试点扩围（如图 1-1 所示）。2016 年 5 月将建筑业、房地产业、金融服务和生活服务业纳入试点范围，全面推开营业税改征增值税试点，消除了增值税中间环节重复缴纳，基本完成增值税的转型。

交通运输业、现代服务业“营改增”

2011 年 10 月，国务院决定开展“营改增”试点。2012 年 9 月 1 日至 2012 年 12 月 1 日，交通运输业和部分现代服务业“营改增”试点由上海市分 4 批次扩大至北京市、江苏省、安徽省、福建省（含厦门市）、广东省（含深圳市）、天津市、浙江省（含宁波市）、湖北省等 8 省（直辖市）。2013 年 8 月 1 日起，交通运输业和部分现代服务业“营改增”试点推向全国，同时将广播影视服务纳入试点范围

铁路运输业和邮政业“营改增”

2014 年 1 月 1 日起，铁路运输业和邮政业在全国范围实施“营改增”试点；2014 年 6 月 1 日起，电信业在全国范围实施“营改增”试点。至此，“营改增”试点已覆盖“3+7”个行业，即交通运输业、邮政业、电信业 3 个大类行业和研发技术、信息技术、文化创意、物流辅助、有形动产租赁、鉴证咨询、广播影视 7 个现代服务业

建筑业、不动产、金融服务、生活服务“营改增”

2016 年“两会”确立时间点、“318 会议”

下发财税〔2016〕36 号文，2016 年 5 月 1 日起正式全面推开

图 1-1 “营改增”试点过程

（资料来源：作者根据国家税务总局文件整理。）

第二节 营业税改征增值税基础定义

一、“营改增”基础定义

在中华人民共和国境内（以下称境内）销售服务、无形资产或者不动产（本文也称为应税行为）的单位和个人，为增值税纳税人，应当按照《营业税改征增值税试点实施办法》缴纳增值税，不缴纳营业税。

上述为营业税改征增值税最为核心、基础的定义。“营改增”核心文件、财税〔2016〕36 号文近 4 万字内容及随后下发的系列文件均是以此为基础。

二、关于“境内”的理解

（一）属地原则

销售或租赁标的物为境内的不动产、自然资源使用权。对于上述标的，无论交

易双方是法人还是自然人，在哪里注册登记或是哪个国籍，合同签署地点在哪个国家或地区，均属“营改增”应税行为。

【例 1-1】某韩国公民将位于我国境内的不动产转让给一个美国人，双方在韩国境内签署转让合同。尽管买卖双方非中国公民且合同签署地也不在中国境内，但因转让标的物为中国不动产，按照属地原则，该交易属于营业税改征增值税应税行为。

（二）属人原则

除境内的不动产、自然资源使用权适用上述原则外，其他“营改增”服务或无形资产的购买方或销售方，只要一方在境内，即属“营改增”应税行为。但不包括境外单位或个人向境内单位或个人提供的符合下列条件之一的行为。

（1）销售完全在境外发生的服务。营业税时称为“境外消费”，“营改增”后为“境外发生”，范围有所扩大。

（2）销售完全在境外使用的无形资产。

（3）出租完全在境外使用的有形动产。

【例 1-2】某公司向外籍人支付境外市场佣金，假设该服务完全在境外发生。在“营改增”之前，因不属于境外消费，且支付方属于境内单位，需代扣代缴营业税；但在“营改增”之后，根据上述规定，应不属于“营改增”应税范围。

【说明】也有部分省市，仍要求扣缴增值税。

三、关于“单位和个人”的内涵

（一）单位

（1）“营改增”中的单位是指企业、行政单位、事业单位、军事单位、社会团体及其他单位。

这里的企业包括国有经济、集体经济、私营经济、联营经济、股份制经济、外商投资经济、港澳台投资经济、其他经济等形式的企业。

（2）行政单位、事业单位、军事单位、社会团体，只要发生了应税行为就是增值税的纳税人，应当缴纳增值税。

（二）个人

个人是指个体工商户和其他个人（指自然人、居民）。

第三节 纳税人与扣缴义务人

一、增值税纳税人

(一)增值税纳税人

(1)增值税纳税人是指负有纳税义务的单位和个人。

(2)单位以承包、承租、挂靠方式经营的，承包人、承租人、挂靠人(统称承包人)以发包人、出租人、被挂靠人(统称发包人)名义对外经营并由发包人承担相关法律责任的，以该发包人为纳税人。否则，以承包人为纳税人。

(3)增值税纳税人分为一般纳税人和小规模纳税人。

(二)一般纳税人和小规模纳税人

1. 一般纳税人和小规模纳税人登记主要依据为应税销售额

应税行为的年应征增值税销售额(也称为应税销售额)超过财政部和国家税务总局规定标准的纳税人为一般纳税人；未超过规定标准的纳税人为小规模纳税人。

登记标准可参考表 1-3。

2. 其他个人系小规模纳税人

此定义原本并不重要，但因税总函〔2016〕145 号文件规定：“增值税小规模纳税人销售其取得的不动产，……购买方或承租方不属于其他个人的，纳税人缴纳增值税后可以向地税局申请代开增值税专用发票。”如果其他个人是小规模纳税人，则自然也可以申请代开不动产相关的增值税专用发票。而在此文件出台之前，其他个人只能申请代开增值税普通发票。

表 1-3 一般纳税人、小规模纳税人登记标准

纳税人	判断标准	一般纳税人	小规模纳税人
原增值税纳税人	1. 从事货物生产或者提供应税劳务的纳税人，以及以从事货物生产或者提供应税劳务为主，并兼营货物批发或者零售的纳税人，年应征增值税销售额标准不含税销售额大于 50 万元 2. 其他纳税人年度不含税销售额大于 80 万元 3. 如果核算规范，销售额低于上述标准，也可以申请登记为一般纳税人	符合判断标准	不符合判断标准

续表

纳税人	判断标准	一般纳税人	小规模纳税人
“营改增”试点纳税人	1．“营改增”试点实施前应税服务年销售额（不含税）超过 500 万元的试点纳税人，应向国税主管税务机关申请办理增值税一般纳税人资格登记手续 2．试点实施前应税行为年应税销售额未超过 500 万元的试点纳税人，会计核算健全，能够提供准确税务资料的，也可以向主管国税机关办理增值税一般纳税人资格登记 3．试点纳税人试点实施前的应税行为年应税销售额按以下公式换算：应税行为年应税销售额=连续不超过 12 个月应税行为营业额合计÷（1+3%） 4．按照现行营业税规定差额征收营业税的试点纳税人，其应税行为营业额按未扣除之前的营业额计算	符合判断标准 试点纳税人在办理增值税一般纳税人资格登记后，发生增值税偷税、骗取出口退税和虚开增值税扣税凭证等行为的，主管国税机关可以对其实行 6 个月的纳税辅导期管理	兼营销售额均不符合相关条件 兼有销售货物，提供加工、修理修配劳务和应税行为，年应税销售额虽超过财政部、国家税务总局规定的标准但不经常发生销售货物，提供加工、修理修配劳务和应税行为的单位和个体工商户可选择按照小规模纳税人纳税
兼营	试点纳税人兼营销售货物，加工、修理修配，应税货物及劳务销售额与应税服务销售额分别计算，分别适用增值税一般纳税人资格认定标准		
其他	除国家税务总局另有规定外，一经登记为一般纳税人后，不得转为小规模纳税人		

（资料来源：作者根据国家税务总局文件整理。）

判断理由如表 1-4 所示。

表 1-4　其他个人为小规模纳税人判断依据

文件依据	相关内容	说明
《增值税一般纳税人资格认定管理办法》（国家税务总局令 2010 年第 22 号）	第五条　下列纳税人不办理一般纳税人资格认定： （一）个体工商户以外的其他个人 （二）选择按照小规模纳税人纳税的非企业性单位 （三）选择按照小规模纳税人纳税的不经常发生应税行为的企业	其他个人不办理一般纳税人登记
《财政部关于修改<中华人民共和国增值税暂行条例实施细则>和<中华人民共和国营业税暂行条例实施细则>的决定》（财政部令 2011 年第 65 号）	第二十九条　年应税销售额超过小规模纳税人标准的其他个人按小规模纳税人纳税；非企业性单位、不经常发生应税行为的企业可选择按小规模纳税人纳税	超过销售额标准的其他个人不能登记为一般纳税人
《关于全面推开营业税改征增值税试点的通知》（财税〔2016〕36 号）	第三条　纳税人分为一般纳税人和小规模纳税人	其他个人属于纳税人的，不能为一般纳税人，则只能为小规模纳税人
《国家税务总局关于营业税改征增值税委托地税局代征税款和代开增值税发票的通知》（税总函〔2016〕145 号）	（四）发票开具 增值税小规模纳税人销售其取得的不动产以及其他个人出租不动产，购买方或承租方不属于其他个人的，纳税人缴纳增值税后可以向地税局申请代开增值税专用发票	其他个人为小规模纳税人。所以，自然人销售或出租不动产，只要购买方不是其他个人，就可以向税务机关申请代开增值税专用发票

（资料来源：作者根据国家税务总局文件整理。）

根据上述规定，增值税纳税人组成如图 1-2 所示。

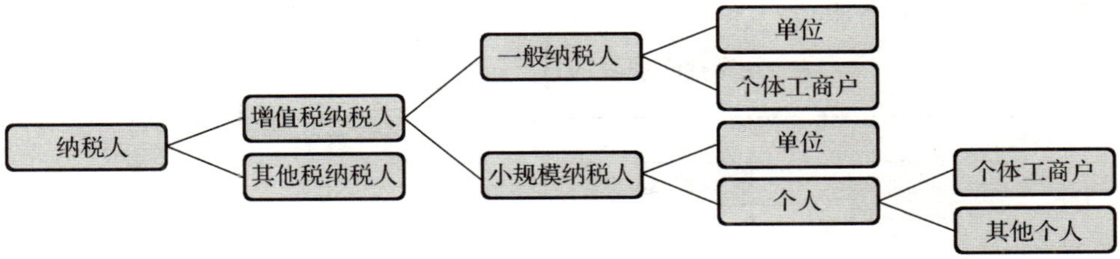

图 1-2 纳税人组成图
（资料来源：作者原创整理，仅代表个人意见。）

二、扣缴义务人

(1) 扣缴义务人是指法律、行政法规规定负有代扣代缴、代收代缴税款义务的单位和个人。

扣缴义务人既可以是各种类型的企业，也可以是机关、社会团体、民办非企业单位、部队、学校和其他单位，或者是个体工商户、个人合伙经营者和其他自然人。

(2) 中华人民共和国境外（以下称境外）单位或者个人在境内发生“营改增”试点应税行为，在境内未设有经营机构的，以购买方为增值税扣缴义务人。财政部和国家税务总局另有规定的除外。

(3) 境外的广告媒介单位和户外广告经营单位在境内提供广告服务，在境内未设有经营机构的，以广告服务接受方为文化事业建设费的扣缴义务人。

第四节 征税范围

一、应税行为具体范围

“营改增”征收范围一般应同时具备以下四个条件：

(1) 应税行为发生在中华人民共和国境内（参见本章第二节）；

(2) 应税行为属于《销售服务、无形资产、不动产注释》范围内的业务活动；

(3) 应税服务为他人提供的；

(4) 应税行为是有偿的。

“营改增”应税行为分为三大类，即销售应税服务、销售无形资产和销售不动产。

其中，应税服务包括交通运输服务、邮政服务、电信服务、建筑服务、金融服务、现代服务、生活服务，具体内容如表 1-5 所示。

表 1-5　销售服务项目、税率及征税范围

销售服务项目		税率	征税范围
交通运输服务	陆路运输服务	11%	铁路运输服务
			其他陆路运输服务，是指铁路运输以外的陆路运输业务活动。包括公路运输、缆车运输、索道运输、地铁运输、城市轻轨运输
			出租车公司向使用本公司自有出租车的出租车司机收取的管理费用，按照陆路运输服务征税
	水路运输		程租、期租业务
	航空运输服务		通过空中航线运送货物或者旅客的运输业务，含湿租业务
			航天运输服务
	管道运输服务		通过管道设施输送气体、液体、固体物质
	无运输工具承运业务（以承运人身份与托运人签约）		
邮政服务	普遍服务	11%	函件、包裹等邮件寄递，以及邮票发行、报刊发行和邮政汇兑等
	邮政特殊服务		义务兵平常信函、机要通信、盲人读物和革命烈士遗物的寄递
	其他邮政服务		邮册等邮品销售、邮政代理等
电信服务	基础电信服务	11%	利用固网、移动网、卫星、互联网，提供语音通话服务的业务活动，以及出租或者出售带宽、波长等网络元素的业务活动
	增值电信服务	6%	指利用固网、移动网、卫星、互联网、有线电视网络，提供短信和彩信服务、电子数据和信息的传输及应用服务、互联网接入服务等；卫星电视信号落地转接
建筑服务	工程服务	11%（征收率为 3%）	新建、改建各种建筑物、构筑物的工程作业，包括与建筑物相连的各种设备或者支柱、操作平台的安装或者装设工程作业，以及各种窑炉和金属结构工程
	安装服务		指生产设备、动力设备、起重设备、运输设备、传动设备、医疗实验设备及其他各种设备、设施的装配、安置工程作业，包括与被安装设备相连的工作台、梯子、栏杆的装设工程作业，以及被安装设备的绝缘、防腐、保温、油漆等工程作业
			固定电话、有线电视、宽带、水、电、燃气、暖气等经营者向用户收取的安装费、初装费、开户费、扩容费及类似收费
	修缮服务		对建筑物、构筑物进行修补、加固、养护、改善，使之恢复原来的使用价值或者延长其使用期限的工程作业
	装饰服务		对建筑物、构筑物进行修饰装修，使之美观或者具有特定用途的工程作业
	其他建筑服务		上列工程作业之外的各种工程服务，如钻井（打井）、拆除建筑物或者构筑物、平整土地、园林绿化、疏浚（不包括航道疏浚）、建筑物平移、搭脚手架、爆破、矿山穿孔、表面附着物（包括岩层、土层、沙层等）剥离和清理等工程作业

续表

销售服务项目			税率	征税范围
金融服务	贷款服务		6%	金融商品持有期间(含到期)利息(保本收益、报酬、资金占用费、补偿金等)收入、信用卡透支利息收入、买入返售金融商品利息收入、融资债券收取的利息收入，以及融资性售后回租、押汇、罚息、票据贴现、转贷等业务取得的利息及利息性质的收入
				融资性售后回租
				货币资金投资收取的固定利润或者保底利润
	直接收费金融服务			货币兑换、账户管理、电子银行、信用卡、信用证、财务担保、资产管理、信托管理、基金管理、金融交易场所(平台)管理、资金结算、资金清算、金融支付
	保险服务			人保、财保
	金融商品转让			转让外汇、有价证券、非货物期货和其他金融商品所有权的业务活动
				其他金融商品转让包括基金、信托、理财产品等各类资产管理产品和各种金融衍生品
现代服务	1. 研发和技术服务	研发服务	6%	技术开发服务，是指就新技术、新产品、新工艺或者新材料及其系统进行研究与试验开发
		合同能源管理服务		节能服务公司与用能单位以契约形式约定节能目标，节能服务公司提供必要的服务，用能单位以节能效果支付节能服务公司投入及其合理报酬
		工程勘察勘探服务		采矿、工程施工前后，对地形、地质构造、地下资源蕴藏情况进行实地调查的业务活动
		专业技术服务		气象服务、地震服务、海洋服务、测绘服务、城市规划、环境与生态监测服务等专项技术服务
	2. 信息技术服务	软件服务	6%	提供软件开发服务、软件维护服务、软件测试服务
		电路设计及测试服务		提供集成电路和电子电路产品设计、测试及相关技术支持服务
		信息系统服务		指提供信息系统集成、网络管理、网站内容维护、桌面管理与维护、信息系统应用、基础信息技术管理平台整合、信息技术基础设施管理、数据中心、托管中心、信息安全服务、在线杀毒、虚拟主机等
		业务流程管理服务		依托信息技术提供的人力资源管理、财务经济管理、审计管理、税务管理、物流信息管理、经营信息管理和呼叫中心等服务
		信息系统增值服务		利用信息系统资源为用户附加提供的信息技术服务，包括数据处理、分析和整合，数据库管理，数据备份，数据存储，容灾服务，电子商务平台
	3. 文化创意服务	设计服务	6%	工业设计、内部管理设计、业务运作设计、供应链设计、造型设计、服装设计、环境设计、平面设计、包装设计、动漫设计、网游设计、展示设计、网站设计、机械设计、工程设计、广告设计、创意策划、文印晒图
		知识产权服务		指处理知识产权事务的业务活动，包括对专利、商标、著作权、软件、集成电路布图设计的登记、鉴定、评估、认证、检索服务
		广告服务		利用图书、报纸、杂志、广播、电视、电影、幻灯、路牌、招贴、橱窗、霓虹灯、灯箱、互联网等各种形式为客户的商品、经营服务项目、文体节目或者通告、声明等委托事项进行宣传和提供相关服务的业务活动，包括广告代理和广告的发布、播映、宣传、展示等
		会议展览服务		为商品流通、促销、展示、经贸洽谈、民间交流、企业沟通、国际往来等举办或者组织安排的各类展览和会议的业务活动

续表

销售服务项目			税率	征税范围
现代服务	4. 物流辅助服务	航空服务	6%	航空地面服务和通用航空服务
		港口码头服务		港务船舶调度服务、船舶通信服务、航道管理服务、航道疏浚服务、灯塔管理服务、航标管理服务、船舶引航服务、理货服务、系解缆服务、停泊和移泊服务、海上船舶溢油清除服务、水上交通管理服务、船只专业清洗消毒检测服务和防止船只漏油服务
		货运、客运场站服务		货运、客运场站提供货物配载服务、运输组织服务、中转换乘服务、车辆调度服务、票务服务、货物打包整理、铁路线路使用服务、加挂铁路客车服务、铁路行包专列发送服务、铁路到达和中转服务、铁路车辆编解服务、车辆挂运服务、铁路接触网服务、铁路机车牵引服务
		打捞救助服务		提供船舶人员救助，船舶财产救助，水上救助，沉船、沉物打捞服务
		装卸搬运服务		使用装卸搬运工具或者人力、畜力将货物在运输工具之间、装卸现场之间或者运输工具与装卸现场之间进行装卸和搬运
		仓储服务		利用仓库、货场或者其他场所代客储放、保管货物的业务
		收派服务		接受寄件人委托，在承诺的时限内完成函件和包裹的收件、分拣、派送服务
	5. 租赁服务	融资租赁服务	17%/11%	有形动产融资租赁（税率 17%）、不动产融资租赁（税率 11%）
		经营租赁服务		有形动产（税率 17%）和不动产（税率 11%）
				将建筑物、构筑物等不动产或者飞机、车辆等有形动产的广告位出租给其他单位或者个人用于发布广告
				车辆停放服务、道路通行服务（包括过路费、过桥费、过闸费等）等按照不动产经营租赁服务
				水运：光租；空运：干租
	6. 鉴证咨询服务	认证服务	6%	具有专业资质的单位利用检测、检验、计量等技术，证明产品、服务、管理体系符合相关技术规范、相关技术规范的强制性要求或者标准
		鉴证服务		会计鉴证、税务鉴证、法律鉴证、职业技能鉴定、工程造价鉴证、工程监理、资产评估、环境评估、房地产土地评估、建筑图纸审核、医疗事故鉴定
		咨询服务		提供信息、建议、策划、顾问等服务的活动，包括金融、软件、技术、财务、税收、法律、内部管理、业务运作、流程管理、健康等方面的咨询
				翻译服务和市场调查服务
	7. 广播影视服务	广播影视（作品）制作服务	6%	进行专题（特别节目）、专栏、综艺、体育、动画片、广播剧、电视剧、电影等广播影视节目和作品相关的策划，采编，拍摄，录音，音视频文字、图片素材制作，场景布置，后期的剪辑，翻译（编译），字幕制作，片头、片尾、片花制作，特效制作，影片修复，编目和确权
		广播影视（作品）发行服务		以分账、买断、委托等方式，向影院、电台、电视台、网站等单位和个人发行广播影视节目（作品）及转让体育赛事等活动的报道及播映权的业务活动
		广播影视（作品）播映服务		影院、剧院、录像厅及其他场所播映广播影视节目（作品），以及通过电台、电视台、卫星通信、互联网、有线电视等无线或有线装置播映广播影视节目（作品）

续表

销售服务项目			税率	征税范围
	8. 商务辅助服务	企业管理服务	6%	提供总部管理、投资与资产管理、市场管理、物业管理、日常综合管理等服务
		经纪代理服务		各类经纪、中介、代理服务，包括金融代理、知识产权代理、货物运输代理、代理报关、法律代理、房地产中介、职业中介、婚姻中介、代理记账、拍卖等；人力资源外包服务
				货物运输代理服务、代理报关服务
		人力资源服务		提供公共就业、劳务派遣、人才委托招聘等服务
		安全保护服务		保护人身安全和财产安全，维护社会治安等的业务活动，包括场所住宅保安、特种保安、安全系统监控及其他安保服务
	9．其他现代服务		6%	
生活服务	1．文化体育服务		6%	文艺创作、文艺表演、文化比赛，图书馆的图书和资料借阅，档案馆的档案管理，文物及非物质遗产保护，组织举办宗教活动、科技活动、文化活动，提供游览场所
				组织举办体育比赛、体育表演、体育活动，以及提供体育训练、体育指导、体育管理服务
	2．教育医疗服务			提供学历教育服务、非学历教育服务、教育辅助服务
				提供医学检查、诊断、治疗、康复、预防、保健、接生、计划生育、防疫服务等方面的服务，以及与这些服务有关的提供药品、医用材料器具、救护车、病房住宿和伙食
	3．旅游娱乐服务			旅游服务：根据旅游者的要求，组织安排交通、游览、住宿、餐饮、购物、文娱、商务等服务
				娱乐服务：为娱乐活动同时提供场所和服务的业务，具体包括：歌厅、舞厅、夜总会、酒吧、台球、高尔夫球、保龄球、游艺(包括射击、狩猎、跑马、游戏机、蹦极、卡丁车、热气球、动力伞、射箭、飞镖)
	4．餐饮住宿服务			餐饮服务：通过同时提供饮食和饮食场所的方式为消费者提供饮食消费服务的业务活动
				住宿服务：提供住宿场所及配套服务等的活动
	5．居民日常服务			主要为满足居民个人及其家庭日常生活需求提供的服务，包括市容市政管理、家政、婚庆、养老、殡葬、照料和护理、救助救济、美容美发、按摩、桑拿、氧吧、足疗、沐浴、洗染、摄影扩印等服务
	6．其他生活服务			

(资料来源：作者根据国家税务总局文件整理。)

销售无形资产和销售不动产如表1-6所示。

表1-6 销售无形资产或不动产

应税行为		税率	征税范围
销售无形资产(含使用权)	无形资产	6%	技术、商标、著作权、商誉
	自然资源使用权	11%	土地使用权
		6%	海域使用权、探矿权、采矿权、取水权和其他自然资源使用权
	其他权益性无形资产	6%	基础设施资产经营权、公共事业特许权、配额、经营权(包括特许经营权、连锁经营权、其他经营权)、经销权、分销权、代理权、会员权、席位权、网络游戏虚拟道具、域名、名称权、肖像权、冠名权、转会费

续表

应税行为		税率	征税范围
销售不动产	建筑物	11%(征收率为5%)	住宅、商业营业用房、办公楼等
	构筑物		道路、桥梁、隧道、水坝等

(资料来源：作者根据国家税务总局文件整理。)

二、应税行为及视同应税行为

(一)应税行为

(1)应税行为：境内销售服务、无形资产或者不动产，即有偿提供服务、有偿转让无形资产或者不动产。

有偿是指取得货币、货物或者其他经济利益。

其他经济利益内涵较广，如纳税人之间相互免费为对方提供劳务，形式上为免费，但实质都是有偿服务。

(2)例外情形。如下四种非经营活动不属于应税行为。

① 行政单位收取的同时满足以下条件的政府性基金或者行政事业性收费：

- 由国务院或者财政部批准设立的政府性基金，由国务院或者省级人民政府及其财政、价格主管部门批准设立的行政事业性收费；
- 收取时开具省级以上(含省级)财政部门监(印)制的财政票据；
- 所收款项全额上缴财政。

② 单位或者个体工商户聘用的员工为本单位或者雇主提供取得工资的服务。

说明：员工为所在单位提供服务，是有偿的，取得了相应的工资报酬，不是应税行为；但是其他非工资性报酬服务，如员工私车公用、将资金借给所在公司所获得的报酬均属应税行为。

③ 单位或者个体工商户为聘用的员工提供服务。

④ 财政部和国家税务总局规定的其他情形。如各党派、共青团、工会、妇联、中科协、青联、台联、侨联收取党费、团费、会费，以及政府间国际组织收取会费，属于非经营活动，也不征收增值税。

(二)视同应税行为

以下三种情形虽未取得经济利益，但视同应税行为，征收增值税。

(1)单位或者个体工商户向其他单位或者个人无偿提供服务，但用于公益事业或者以社会公众为对象的除外。

(2) 单位或者个人向其他单位或者个人无偿转让无形资产或者不动产，但用于公益事业或者以社会公众为对象的除外。

(3) 财政部和国家税务总局规定的其他情形。

“营改增”全面推开后，视同应税行为范围较原营业税范围拓宽，但如何操作，还需要在后续完善细节。

应税行为及视同应税行为规范如表 1-7 所示。

表 1-7 应税行为及视同应税行为

应税行为	具体内容	例外情形（非应税行为）
一、应税行为	有偿提供销售服务、无形资产或者不动产	行政单位收取的同时满足以下条件的政府性基金或者行政事业性收费： ● 由国务院或者财政部批准设立的政府性基金，由国务院或者省级人民政府及其财政、价格主管部门批准设立的行政事业性收费 ● 收取时开具省级以上（含省级）财政部门监（印）制的财政票据 ● 所收款项全额上缴财政
		单位或者个体工商户聘用的员工为本单位或者雇主提供取得工资的服务
		单位或者个体工商户为聘用的员工提供服务
		各党派、共青团、工会、妇联、中科协、青联、台联、侨联收取党费、团费、会费，以及政府间国际组织收取会费
		财政部和国家税务总局规定的其他情形
二、视同应税行为	单位或者个体工商户向其他单位或者个人无偿提供服务、转让无形资产或不动产	用于公益事业或者以社会公众为对象的除外
	其他个人（自然人）无偿转让无形资产或不动产	
	财政部和国家税务总局规定的其他情形	

（资料来源：作者根据国家税务总局文件整理。）

视同应税行为，是“营改增”的热点之一，详见第七章相关案例分析。

三、不征收增值税

以下为不征收增值税项目：

(1) 根据国家指令无偿提供的铁路运输服务、航空运输服务，属于文件规定的用于公益事业的服务；

(2) 存款利息；

(3) 被保险人获得的保险赔付；

(4)房地产主管部门或者其指定机构、公积金管理中心、开发企业及物业管理单位代收的住宅专项维修资金；

(5)在资产重组过程中，通过合并、分立、出售、置换等方式，将全部或部分实物资产及与其相关联的债权、负债和劳动力一并转让给其他单位和个人，其中涉及不动产、土地使用权转让行为。

第五节　税率和征收率

一、营业税改征增值税相关税率、征收率

“营改增”应税行为主要税率、征收率如图 1-3 所示。

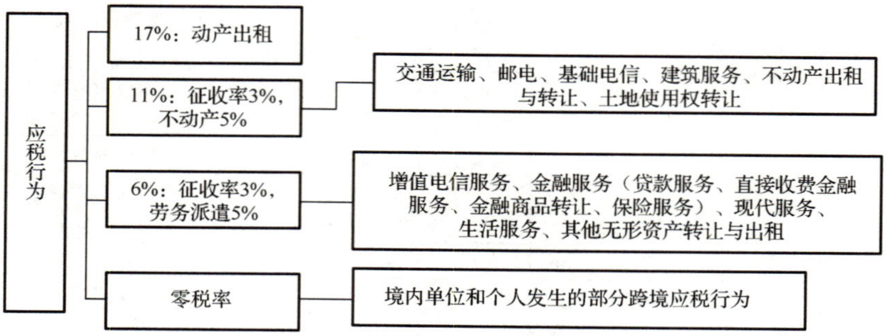

图 1-3　“营改增”税率和征收率

（资料来源：作者根据国家税务总局文件整理。）

“营改增”具体销售服务、无形资产及不动产税率详见表 1-5、表 1-6。

二、增值税税率、征收率

如果企业兼营应税货物、应税劳务及应税服务，增值税率主要包括基准税率(17%)、低税率(13%、11%、6%)、征收率(5%、3%)、0 税率等。同一企业如果兼营不同税率的产品及服务，需要分别核算，适用不同税率征税。

“营改增”全面推开后的税率及征收率如表 1-8 所示。

表 1-8　增值税税率及主要文件依据

税率		主要应税行为
基准税率	17%	有形动产租赁，加工、修理修配劳务(非建筑业相关)，金属矿采选产品，非金属矿采选产品增值税税率由 13%恢复到 17% 除下面低税率的其他商品销售外

续表

税率		主要应税行为
低税率	13%	销售以下货物： 1. 粮食、食用植物油(含牡丹籽油、二甲醚、干姜、姜黄、橄榄油、茴油、毛椰子油、棕榈油、棉籽油、食用盐、挂面、杏仁油、葡萄籽等)、农产品(含鲜奶、营养强化奶) 2 自来水、暖气、冷气、热水、煤气、石油液化气、天然气、沼气、居民用煤炭制品 3 图书、报纸、杂志(含音像制品、中小学课本配套产品) 4 饲料、化肥、农药、农机(含农用水泵、农用柴油机、农用挖掘机、养鸡设备系列、养猪设备、动物尸体降解处理机、蔬菜清洗机、密集型烤房设备、频振式杀虫灯、自动虫情测报灯、粘虫板、密集型烤房设备、频振式杀虫灯、自动虫情测报灯、粘虫板)、农膜 5. 国务院规定的其他货物 【主要依据】 《中华人民共和国增值税暂行条例》 《财政部、国家税务总局关于将铁路运输和邮政业纳入营业税改征增值税试点的通知财税》(财税〔2013〕106 号) 《国家税务总局关于动物尸体降解处理机、蔬菜清洗机增值税适用税率问题的公告》(国家税务总局公告 2015 年第 72 号) 国家税务总局公告 2014 年第 22 号 国家税务总局公告 2013 年第 10 号 国家税务总局公告 2012 年第 10 号 国税函〔2010〕144 号 财税〔2009〕9 号 国税函〔2008〕1007 号 财税〔2008〕171 号 国税函〔2006〕770 号 国税函〔2005〕676 号 国税发〔2005〕83 号 财税字〔1995〕52 号 财税字〔1994〕60 号 财税字〔1994〕26 号
	11%	交通运输业、邮政服务业、基础电信服务、建筑业、房地产业、出售出租不动产
	6%	其他服务业(现代服务业、生活服务业、金融业等)
征收率	5%	部分油气田企业；不动产销售、出租(含试点前开工的公路、桥、闸通行费)；劳务派遣、安全保护、人力资源外包服务选择差额征税；4 月 30 日前签订的不动产融资租赁合同；4 月 30 日前取得的不动产融资租赁服务；个人出租住房，按 5%征收率减按 1.5%计算
	3%	增值税征收率为 3%(另有规定除外) 销售旧货按 3%减按 2%征收 销售自己使用过的固定资产，适用简易计税办法依照 3%的征收率减按 2%征收增值税政策的，可以放弃减税，按照 3%征收率征税，并可开具专用发票 可选择按征收率征收(一般纳税人选择简易办法计算缴纳增值税后，36 个月内不得变更) 县级及县级以下小型水力发电单位生产的电力。小型水力发电单位，是指各类投资主体建设的装机容量为 5 万千瓦以下(含 5 万千瓦)的小型水力发电单位 建筑用和生产建筑材料所用的砂、土、石料、商品混凝土(仅限于以水泥为原料生产的水泥混凝土) 以自己采掘的砂、土、石料或其他矿物连续生产的砖、瓦、石灰(不含粘土实心砖、瓦) 用微生物、微生物代谢产物、动物毒素、人或动物的血液或组织制成的生物制品； 自来水公司销售自来水(物业管理纳税人收取的自来水水费，以扣除其对外支付的水费余额为销售额，按 3%征收率) 暂按简易办法征收： 寄售商店代销寄售物品(包括居民个人寄售的物品在内) 典当业销售死当物品

续表

税率		主要应税行为
征收率	3%	属于增值税一般纳税人的兽用药品经营企业销售兽用生物制品，可以选择简易办法按照兽用生物制品销售额和3%的征收率计算缴纳增值税 自2015年9月1日起至2016年6月30日，对增值税一般纳税人销售的库存化肥，允许选择按照简易计税方法依照3%征收率征收增值税 光伏发电项目销售电力产品 一般纳税人选择适用简易计税的其他情形，见表7-3 【主要依据】 《国家税务总局关于简并增值税征收率有关问题的公告》（国家税务总局公告2014年第36号） 《财政部、国家税务总局关于简并增值税征收率政策的通知》（财税〔2014〕57号） 《国家税务总局关于兽用药品经营企业销售兽用生物制品有关增值税问题的公告》（国家税务总局公告2016年第8号） 《财政部、国家税务总局关于对化肥恢复征收增值税政策的补充通知》（财税〔2015〕97号）
零税率	0%	出口货物劳务（非国务院另有规定的如原油等），参见表2-3 境内单位和个人向境外单位提供下列应税服务，适用增值税零税率政策： （一）广播影视节目（作品）的制作和发行服务 （二）技术转让服务、软件服务、电路设计及测试服务、信息系统服务、业务流程管理服务，以及合同标的物在境外的合同能源管理服务 （三）离岸服务外包业务。离岸服务外包业务，包括信息技术外包服务（ITO）、技术性业务流程外包服务（BPO）、技术性知识流程外包服务（KPO），其所涉及的具体业务活动，按照《应税服务范围注释》（财税〔2013〕106号）相对应的业务活动执行 航天运输服务 外国驻华使领馆及外交人员在指定的加油站购买的自用汽柴油增值税实行零税率 【主要依据】 《财政部、国家税务总局关于影视等出口服务适用增值税零税率政策的通知》（财税〔2015〕118号）

（资料来源：作者根据国家税务总局文件整理。）

【案例分析】

“营改增”最易混淆的15种应税行为及税率

“营改增”最易混淆税率的应税行为，如表1-9所示。

表1-9　“营改增”最易混淆税率的15种应税行为

应税行为	误解	正解	
		所属服务	税率
缆车、索道运输服务	生活服务——旅游娱乐服务，税率为6%	交通运输服务——其他陆路运输服务 景区缆车、索道——文化服务	11% 6%

续表

应税行为	FALSE 误解	TRUE 正解	
		所属服务	税率
出租车公司向出租车司机收取管理费	租赁服务——经营租赁服务——动产租赁，税率 17%	交通运输服务——陆路运输服务	11%
无运输工具承运业务	现代服务——物流辅助服务，或者商务辅助服务——经纪代理服务（货物运输代理）税率 6%	交通运输服务	11%
固定电话、有线电视、宽带安装	电信服务税率 11%或 6%	建筑业——安装服务，税率	11%
车辆停放、道路通行服务（含过路、过桥、过闸费收取）	物流辅助服务 6%或交通运输服务 11%	不动产租赁服务	11%
将建筑物、构筑物等不动产或者飞机、车辆等有形动产的广告位出租给其他单位或者个人用于发布广告	广告服务业 6%	按照经营租赁服务缴纳增值税，车辆为动产设备出租 17%、建筑物为不动产出租 11%	17%、11%
融资性售后回租	租赁服务，按 17%或 11%	金融服务——贷款服务	6%
货币资金投资收取的固定利润或保底利润	投资业务，不征税	金融服务——贷款服务	6%
工程勘察勘探服务	建筑业 11%	现代服务——研发和技术服务	6%
测绘服务、城市规划	建筑业 11%	现代服务——研发和技术服务——专业技术服务	6%
商标和著作权转让	文化创意服务 6%	销售无形资产	6%
打捞救助服务、装卸搬运服务	交通运输服务 11%	现代服务——物流辅助服务	6%
仓储租赁服务	不动产租赁 11%		
酒店住宿服务		生活服务——餐饮住宿服务	6%
水路运输的光租业务、航空运输的干租业务	交通运输服务 11%	现代服务——经营租赁	17%

（资料来源：作者根据国家税务总局文件整理，仅代表作者个人观点。）

第六节 应纳税额计算

增值税是按照销售商品、提供劳务和服务的增值额征收流转税。从理论上讲，没有增值额就不征税，但是增值额很难准确计算且工作量较大；在实务中，增值税的计税方法具体分为一般计税方法和简易计税方法，一般纳税人适用一般计税方法，小规模纳税人适用于简易计税方法。

一般纳税人发生财政部和国家税务总局规定的特定应税行为，可以选择适用简易计税方法计税，但一经选择，36 个月内不得变更。

境外单位或者个人在境内发生应税行为，在境内未设有经营机构的，扣缴义务人按照下列公式计算应扣缴税额：

应扣缴税额=购买方支付的价款÷(1+税率)×税率

这里需要注意的是，无论境内扣缴义务人是一般纳税人还是小规模纳税人，均按照适用税率计算，而不是征收率。

【例 1-3】境外公司为我国境内某纳税人提供咨询服务，合同价款 106 万元，且该境外公司没有在境内设立经营机构，应以服务购买方为增值税扣缴义务人，则购买方应当扣缴的税额计算如下：

应扣缴增值税=106÷(1+6%)×6%=6(万元)

一、一般计税方法

(一)概念及公式

我国实行的是购进扣税法，纳税人发生应税行为时按照销售额计算销项税额，购进货物、劳务、服务、无形资产或不动产时，以取得合法扣税凭证上注明的且需向供应商支付的货款中所包含的税款为进项税额，同时允许从销项税额中抵扣进项税额。这样，就相当于仅对发生应税行为的增值额征税。

一般计税方法的应纳税额，是指当期销项税额扣减当期进项税额后的余额。

应纳税额计算公式：

应纳税额=当期销项税额-当期进项税额

当期销项税额小于当期进项税额不足抵扣时，其不足部分可以结转下期继续抵扣。

(二)销项税额

销项税额，是指纳税人发生应税行为按照销售额和增值税税率计算并收取的增值税额。销项税额计算公式：

销项税额=销售额×税率

增值税是价外费，上述销售额当中未包括销项额。在计算销项税额时，需将销售额换算成不含税额。这也是“营改增”后，增值税与营业税的一个不同点。当“营改增”后税率与之前相同时，实际税负均有下降。

如增值税税率 6%，相当于营业税税率的 5.66%(6%÷1.06)；征收率 5%，相当于营业税的 4.76%(5%÷1.05)；征收率 3%，相当于营业税 2.91%(3%÷1.03)。

(三)进项税额

进项税额，是指纳税人购进货物，加工、修理修配劳务，服务，无形资产或者不动产，支付或者负担的增值税额。可从如下三点来理解：

(1)进项税额只有一般纳税人才需要考虑，小规模纳税人即使取得扣税凭证，进项税额均不得抵扣，与采购额一并进入采购成本；

(2)产生进项税额的行为是纳税人购进货物、服务、无形资产、不动产，或者接受加工、修理修配劳务；

(3)进项税额是购买方支付或者负担的增值税额。

(四)扣税凭证

只要合法扣税凭证上注明的进项税额，非用于不得抵扣的范围，均能从销项税中抵扣。主要扣税凭证包括增值税专用发票(含税控机动车销售统一发票)、海关进口增值税专用缴款书、农产品收购发票或销售发票、从境外单位或个人(含扣缴义务人)处取得的完税凭证等。

未取得合法扣税凭证的采购额中所包含的进项税额不能从销项税额中抵扣。

取得的增值税专用发票等扣税凭证需从发票开具之日起 180 日内认证并申报抵扣。

【例 1-4】某物流公司 2016 年 6 月取得交通运输收入 111 万元、装卸搬运服务收入 10.6 万元，支付油费 11.7 万元、高速公路过路费 1.03 万元(非财政收据)，购入运输车辆 23.4 万元，支付车辆保险费 1.06 万元，发生联运支出 55.5 万元，且均取得了增值税合法扣税凭证。

【分析】

油费进项税额=11.7÷1.17×17%=1.7(万元)

高速公路过路费进项税额=1.03÷1.03×3%=0.03(万元)

车辆购置进项税额=23.4÷1.17×17%=3.4(万元)

保险费进项税额=1.06÷1.06×6%=0.06(万元)

联运支出进项税额=55.5÷1.11×11%=5.5(万元)

销项税额=111÷1.11×11%+10.6÷1.06×6%=11+0.6=11.6(万元)

当期增值税应纳税额=销项税额–进项税额=11.6–(1.7+0.03+3.4+0.06+5.5)=0.91(万元)

【说明】一般纳税人装卸搬运服务可以选择适用简易计税。

（五）不能抵扣情形

下列项目的进项税额不得从销项税额中抵扣。

（1）用于简易计税方法计税项目、免征增值税项目、集体福利或者个人消费的购进货物，加工、修理修配劳务，服务，无形资产和不动产。其中涉及的固定资产、无形资产、不动产，仅指专用于上述项目的固定资产、无形资产（不包括其他权益性无形资产）、不动产。纳税人的交际应酬消费属于个人消费。

【说明】

（1）上述购进货物，加工、修理修配劳务，服务，无形资产和不动产是用于简易计税项目、免征项目、集体福利或个人消费的。

（2）适用一般计税方法的纳税人，兼营简易计税方法项目、免征增值税项目，不同项目同时领用货物、劳务、服务无法划分相关进项税额的，其不得抵扣的进项税额，按照下列公式计算不得抵扣的进项税额：

不得抵扣的进项税额=当期无法划分的全部进项税额×（当期简易计税方法计税项目销售额+免征增值税项目销售额）÷当期全部销售额

主管税务机关可以按照上述公式依据年度数据对不得抵扣的进项税额进行清算。

（3）仅指专用：如果取得的固定资产、无形资产、不动产既用于征税项目，也用于集体福利等不能抵扣的项目，则该固定资产等相关进项税额可以全额抵扣，而不是按上述公式，计算不得抵扣的进项税额。

已抵扣进项税额的固定资产、无形资产或者不动产，发生本节（五）不能抵扣情形的，按照下列公式计算不得抵扣的进项税额：

不得抵扣的进项税额=固定资产、无形资产或者不动产净值×适用税率

固定资产、无形资产或者不动产净值，是指纳税人根据财务会计制度计提折旧或摊销后的余额。

（4）不得抵扣情形中删除了非增值税应税项目，“营改增”后非增值税应税项目过去主要指营业税。

（2）非正常损失的购进货物，以及相关的加工、修理修配劳务和交通运输服务。

（3）非正常损失的在产品、产成品所耗用的购进货物（不包括固定资产），加工、修理修配劳务和交通运输服务。

（4）非正常损失的不动产，以及该不动产所耗用的购进货物、设计服务和建筑服务。

（5）非正常损失的不动产在建工程所耗用的购进货物、设计服务和建筑服务。

纳税人新建、改建、扩建、修缮、装饰不动产，均属于不动产在建工程。

【说明】

非正常损失，是指因管理不善造成货物被盗、丢失、霉烂变质，以及因违反法律法规造成货物或者不动产被依法没收、销毁、拆除的情形。

(6)购进的旅客运输服务、贷款服务、餐饮服务、居民日常服务和娱乐服务。

【说明】

旅客运输服务主要因为其他个人姓名，无法满足专票开具要求。

贷款服务不能抵扣，是“营改增”全面推开后的保留项目，国家税务总局解释是因存款利息不征税；作者认为存款利息是否征税与贷款利息可否抵扣无关，主要还是财政收入原因。融资成本是企业正常的支出，如果此项不能抵扣，说明“营改增”全面推开之后仍存在重复缴税情形。

餐饮服务，很难界定是个人消费还是业务支出，且为消费支出，作为消费型增值税不能抵扣比较好理解。

居民日常服务，是指主要为满足居民个人及其家庭日常生活需求提供的服务，包括市容市政管理、家政、婚庆、养老、殡葬、照料和护理、救助救济、美容美发、按摩、桑拿、氧吧、足疗、沐浴、洗染、摄影扩印等服务，与企业正常的经营活动关联不大。

(7)财政部和国家税务总局规定的其他情形。

纳税人适用一般计税方法计税的，因销售折让、中止或者退回而退还给购买方的增值税额，应当从当期的销项税额中扣减；因销售折让、中止或者退回而收回的增值税额，应当从当期的进项税额中扣减。

另需注意的是：有下列情形之一者，应当按照销售额和增值税税率计算应纳税额，不得抵扣进项税额，也不得使用增值税专用发票：

① 一般纳税人会计核算不健全，或者不能够提供准确税务资料的；

② 应当办理一般纳税人资格登记而未办理的。

为便于理解，将进项税额不能抵扣的各种情形以图 1-4、图 1-5、图 1-6和图 1-7 来展示。

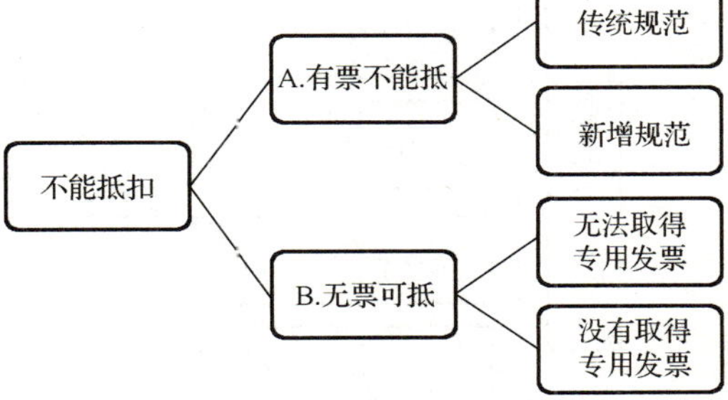

图 1-4 一般纳税人不能抵扣情形

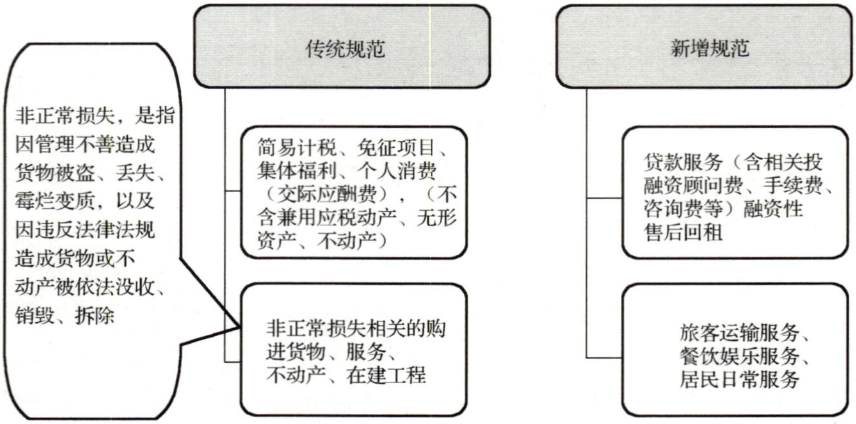

图 1-5　有扣税凭证但不能抵扣情形

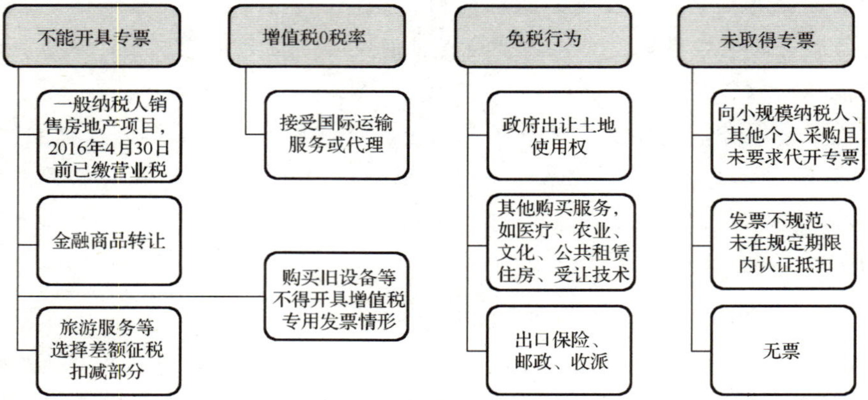

图 1-6　无票抵扣情形

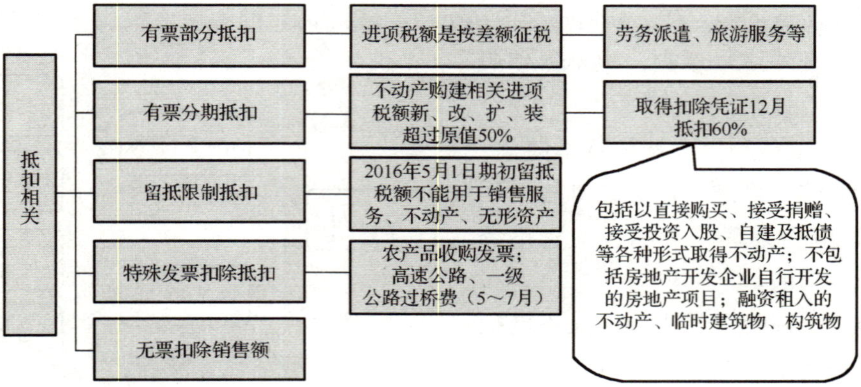

图 1-7　进项税额抵扣相关情形

（资料来源：图 1-4～图 1-7 系作者根据国家税务总局文件原创整理。）

【案例分析】

职工宿舍楼不动产及所安装空调设备进项税额可否抵扣

【例 1-5】某公司新建厂区，其中有一栋职工宿舍楼，楼层共五层，第一层为职工食堂，第二层为员工活动室，第三层至第五层为职工宿舍。土建及安装工程总共 666 万元，假定在 2016 年 5 月 1 日之后，可以合法取得 11%的建筑服务增值税专用发票 66 万元。

一、该进项税额可否抵扣，如果不能抵扣，是否可以通过筹划抵扣

【分析】

根据文件规定，如果该宿舍完全用于职工相关的集体福利，相关进项税额不能从销项税额中抵扣。

假如该公司对该不动产功能进行适当调整，改变部分使用用途。如将第一层作为公司大会议室或培训教室，则根据文件规定，该不动产并非专用于简易计税、集体福利等不能抵扣项目，则 66 万元的进项税额可以全额抵扣，且无须按比例转出。

二、宿舍楼安装空调向哪家供应商采购为宜

假如该宿舍楼共 60 个房间，需安装 60 台空调，每台空调 3510 元，从销售公司 A 可以取得增值税专用发票，不含税价 18 万元，进项税额 3.06 万元，该进项税额可否抵扣？现有另一家中央空调销售公司 B，拟报价 24 万元，在不考虑后续维修费用、使用寿命的前况下，向哪家公司采购为宜？

【分析】

购置单体空调，可以直接作为固定资产单独入账，如果非专用于简易计税、集体福利或个人消费等不能抵扣项目，其进项税额可以一次性抵扣，不需要分期抵扣；中央空调系不动产在建工程的组成部分，是否可以抵扣，与该不动产的使用用途相关，如果能抵扣，进项税额的 40%需在满 12 个月后才能抵扣。

假如该宿舍楼并非专用于集体福利等不能抵扣项目，购置中央空调因作为不动产价值的组成部分，其进项税额可以全额抵扣；而单体空调属动产设备，则只能是用于非集体福利部分的可以抵扣，用于集体福利部分的空调进项税额均不能抵扣。“营改增”之后，思维需调整。

（资料来源：作者原创，仅代表个人观点。）

二、简易计税方法

(1) 简易计税方法的应纳税额，是指按照销售额和增值税征收率计算的增值税额，增值税专用发票进项税额均不得抵扣。应纳税额计算公式：

应纳税额=销售额×征收率

(2) 简易计税方法的销售额不包括其应纳税额，纳税人采用销售额和应纳税额合并定价方法的，按照下列公式计算销售额：

销售额=含税销售额÷(1+征收率)

(3) 纳税人适用简易计税方法计税的，因销售折让、中止或者退回而退还给购买方的销售额，应当从当期销售额中扣减。扣减当期销售额后仍有余额造成多缴的税款，可以从以后的应纳税额中扣减。

三、一般计税与简易计税方法比较

为便于区分两种不同的计税方法，将相关情形以表 1-10 列示。

表 1-10　一般计税方法和简易计税方法

项目	一般计税方法	简易计税方法
适用对象	一般纳税人	小规模纳税人、一般纳税人特定应税行为
计算公式	一般纳税人应纳税额=销项税额-进项税额 销项税额：指纳税人发生应税行为按照销售额和增值税税率计算的增值税额，计算公式： 销项税额=不含税销售额×税率 不含税销售额=含税销售额÷(1+税率) 进项税额：是指纳税人购进货物，加工、修理修配劳务，服务，无形资产或不动产支付或者负担的增值税额。	小规模纳税人应纳税额=销售额×征收率 销售额=含税销售额(开票额)÷(1+征收率)
税率、征收率	17%、13%、11%、6%	5%、3%

(资料来源：作者根据国家税务总局文件整理。)

四、销售额

(一) 定义

1. 销售额

销售额是指纳税人发生应税行为取得的全部价款和价外费用，财政部和国家税务总局另有规定的除外。

2. 价外费用

价外费用是指销售价外另向购买方收取的各种性质的收费，包括违约金等，但不包括以下项目：

(1)代为收取并符合规定的政府性基金或者行政事业性收费；

(2)以委托方名义开具发票、代委托方收取的款项。

【例 1-6】某建筑公司与建设单位工程项目合同工程款为 5 000 万元，工程决算时，建设单位另行支付材料涨价补偿款 1 000 万元、质量奖励 550 万元，推迟支付违约金 110 万元。

则全部价款(含税)=5 000+1 000=6 000(万元)

价外费用=550+110=660(万元)。

假如公司适用 11%的税率，则不含税销售额=(6 000+660)÷1.11=6 660÷1.11=6 000(万元)。

(二)销售额以人民币计算

纳税人按照人民币以外的货币结算销售额的，应当折合成人民币计算，折合率可以选择销售额发生的当天或者当月 1 日的人民币汇率中间价。纳税人应当在事先确定采用何种折合率，确定后 12 个月内不得变更。

(三)兼营与混合销售

兼营与混合销售是“营改增”后仍然存在且难以分辨的业务。

1. 兼营

纳税人兼营销售货物、劳务、服务、无形资产或者不动产，适用不同税率或者征收率的，应当分别核算适用不同税率或者征收率的销售额；未分别核算的，从高适用税率。

2. 混合销售

一项销售行为如果既涉及服务又涉及货物，为混合销售。从事货物的生产、批发或零售的单位和个体工商户的混合销售行为，按照销售货物缴纳增值税；其他单位和个体工商户的混合销售行为，按照销售服务缴纳增值税。

上述从事货物的生产、批发或零售的单位和个体工商户，包括以从事货物的生产、批发或零售为主，并兼营销售服务的单位和个体工商户在内。

【说明】关于混合销售行为的理解。

混合销售行为成立的行为标准有两点：一是其销售行为必须是一项；二是该项行为必须既涉及服务又涉及货物。其“货物”是指《增值税暂行条例》中规定的有形动产，包括电力、热力和气体；服务是指属于营改增范围的交通运输服务、建筑服务、金融保险服务、邮政服务、电信服务、现代服务、生活服务等。混合销售相关文件中只有服务和货物，未包含无形资产和不动产。

在确定混合销售是否成立时，其行为标准中的上述两点必须是同时存在，如果一项销售行为只涉及销售服务，不涉及货物，这种行为就不是混合销售行为；反之，如果涉及销售服务和涉及货物的行为，不是存在于一项销售行为之中，这种行为也不是混合销售行为。

实践中，混合销售与兼营业务的判断分歧较多，各地执行也不完全一致。如部分地区针对混合销售或一项销售业务存在不同税率时，如果纳税人财务上进行了分开核算，可以分别适用不同税率。相关内容可阅读“第七章 ‘营改增’热点专题分析与探讨”【专题分析 7-3】。

（四）其他规范

1. 兼营货物与服务

纳税人兼营销售货物、劳务、服务、无形资产或不动产，适用不同税率或征收率的，应当分别核算适用不同税率或征收率的销售额；未分别核算的，从高适用税率。

2. 兼营免税、减税项目

纳税人兼营免税、减税项目的，应当分别核算免税、减税项目的销售额；未分别核算的，不得免税、减税。

3. 售后退回及折扣销售

纳税人发生应税行为，开具增值税专用发票后，发生开票有误或者销售折让、中止、退回等情形的，应当按照国家税务总局的规定开具红字增值税专用发票；未按照规定开具红字增值税专用发票的，不得扣减销项税额或销售额。

纳税人发生应税行为，将价款和折扣额在同一张发票上分别注明的，以折扣后的价款为销售额；未在同一张发票上分别注明的，以价款为销售额，不得扣减折扣额。

4. 税务机关确定销售额

纳税人发生应税行为价格明显偏低或偏高且不具有合理商业目的的，或者无销售额的，主管税务机关有权按照下列顺序确定销售额。

(1) 按照纳税人最近时期销售同类服务、无形资产或不动产的平均价格确定。

(2) 按照其他纳税人最近时期销售同类服务、无形资产或不动产的平均价格确定。

(3) 按照组成计税价格确定。组成计税价格的公式为：

$$组成计税价格=成本\times(1+成本利润率)$$

成本利润率由国家税务总局确定。

不具有合理商业目的，是指以谋取税收利益为主要目的，通过人为安排，减少、免除、推迟缴纳增值税税款，或者增加退还增值税税款。

只有同时符合价格明显偏低或偏高、不具有合理商业目的的两个条件时，主管税务机关才能按所列顺序确定销售额。

第七节 纳税义务、扣缴义务发生时间和纳税地点

一、纳税义务、扣缴义务发生时间

（一）增值税纳税义务时间

一般情况下，增值税纳税义务时间为纳税人发生应税行为并收讫销售款项或者取得索取销售款项凭据的当天；先开具发票的，为开具发票的当天。

收讫销售款项，是指纳税人销售服务、无形资产、不动产过程中或者完成后收到款项。

取得索取销售款项凭据的当天，是指书面合同确定的付款日期；未签订书面合同或者书面合同未确定付款日期的，为服务、无形资产转让完成的当天或者不动产权属变更的当天。

为便于理解，以图 1-8 表示，在发生销售应税行为的基础上，如果以下 A、B、C 三个时间节点，哪个节点先到，即该节点为纳税义务时间。

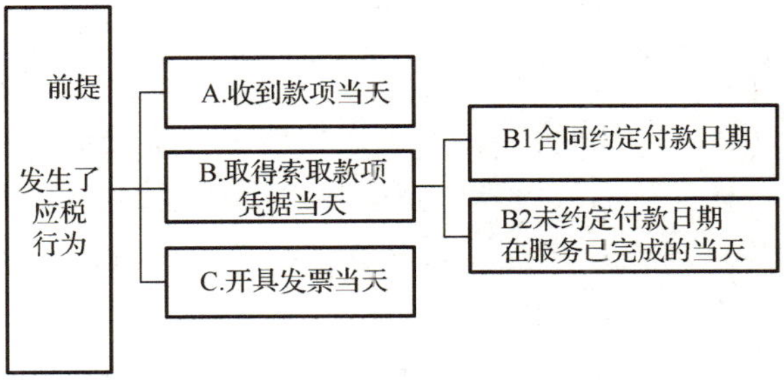

图 1-8 纳税义务时间

（资料来源：作者根据国家税务总局文件整理。）

（二）建筑服务、不动产租赁、房地产销售纳税义务时间

纳税人提供建筑服务、租赁服务采取预收款方式的，其纳税义务发生时间为收到预收款的当天；未收到预收款按第（一）项确定。

需要注意的是，房地产开发企业纳税义务时间以上述第(一)项为准，房地产公司销售自行开发的不动产，以房地产公司将不动产交付给买受人的当天作为应税行为发生的时间。一般纳税人采取预收款方式销售自行开发的房地产项目，应在收到预收款时按照3%的预征率预缴增值税。在取得预收款的次月纳税申报期向主管国税机关预缴税款。预缴税款并非纳税义务时间，这是与营业税纳税义务时间的区别之处。

关于房地产开发企业预售纳税义务时间及纳税地点，可阅读“第七章‘营改增’热点专题分析与探讨”【专题分析 7-7】。

(三)金融企业纳税义务时间

纳税人从事金融商品转让的，为金融商品所有权转移的当天。

纳税人签订贷款合同的，应按照合同约定的付息日确定纳税义务发生时间；提供票据贴现服务的，收到票据的当天为纳税义务发生时点；逾期利息待收到时再征税。

买入返售金融商品，买入的当天为纳税义务发生时点；购买并持有债券(含到期)取得的利息，有关募集说明书、投资协议上注明的付息日为纳税义务发生时点。

(四)视同销售纳税义务时间

纳税人发生视同销售业务，其纳税义务发生时间为服务、无形资产转让完成的当天或者不动产权属变更的当天。

(五)增值税扣缴义务发生时间

增值税扣缴义务发生时间为纳税人增值税纳税义务发生的当天。

二、纳税地点

(1)固定业户应当向其机构所在地或者居住地主管税务机关申报纳税。总机构和分支机构不在同一县(市)的，应当分别向各自所在地的主管税务机关申报纳税；经财政部和国家税务总局或者其授权的财政和税务机关批准，可以由总机构汇总向总机构所在地的主管税务机关申报纳税。

(2)非固定业户应当向应税行为发生地主管税务机关申报纳税；未申报纳税的，由其机构所在地或者居住地主管税务机关补征税款。

(3)其他个人提供建筑服务、销售或者租赁不动产、转让自然资源使用权，应向建筑服务发生地、不动产所在地、自然资源所在地主管税务机关申报纳税。

(4)扣缴义务人应当向其机构所在地或者居住地主管税务机关申报缴纳、扣缴的税款。

建筑企业需在建筑服务或不动产所在地预缴增值税；房地产开发企业参见“第七章 “营改增”专题分析与探讨”。

“营改增”纳税地点汇总如表 1-11 所示。

表 1-11 “营改增”纳税地点

纳税人	机构所在地(居住地)	应税行为发生地 建筑服务发生地	不动产所在地、自然资源所在地
固定业户/扣缴义务人	纳税申报地		
总、分支机构不在同一县市	向各自所在地；经批准向总机构所在地汇总纳税		
非固定业户	应税行为发生地未申报，由机构所在地补征	纳税申报地	
其他个人		提供建筑服务	销售租赁不动产

(资料来源：作者根据国家税务总局文件原创整理。)

三、纳税期限

(1) 增值税的纳税期限分别为 1 日、3 日、5 日、10 日、15 日、1 个月或 1 个季度。纳税人的具体纳税期限，由主管税务机关根据纳税人应纳税额的大小分别核定。

(2) 以 1 个季度为纳税期限的规定适用于小规模纳税人、银行、财务公司、信托投资公司、信用社，以及财政部和国家税务总局规定的其他纳税人。不能按照固定期限纳税的，可以按次纳税。

(3) 纳税人以 1 个月或 1 个季度为 1 个纳税期的，自期满之日起 15 日内申报纳税；以 1 日、3 日、5 日、10 日或 15 日为 1 个纳税期的，自期满之日起 5 日内预缴税款，于次月 1 日起 15 日内申报纳税并结清上月应纳税款。

(4) 扣缴义务人解缴税款的期限，按照前两款规定执行。

第八节 税收减免的处理

一、适用免税、减税规定

(1) 纳税人发生应税行为适用免税、减税规定的，可以放弃免税、减税，依照规定缴纳增值税。放弃免税、减税后，36 个月内不得再申请免税、减税。

(2) 纳税人发生应税行为同时适用免税和零税率规定的，纳税人可以选择适用免税或零税率。

【说明】

这里与之前的规定有所变化，原来为优先适用零税率，这里由纳税人任选，无疑更有利于纳税人，可选择税负更低的方式。境内的单位和个人销售适用增值税零税率的服务或无形资产的，可以放弃适用增值税零税率，选择免税或按规定缴纳增值税。放弃适用增值税零税率后，36个月内不得再申请适用增值税零税率。

二、销售额起征点

(1)起征点。个人发生应税行为的销售额未达到增值税起征点的，免征增值税；达到起征点的，全额计算缴纳增值税。

起征点与免征额不同，免征额是直接从销售额中扣减；起征点是未达限额免征，达到则全部征税。

(2)起征点适用对象为小规模纳税人个体工商户和其他个人；不适用于登记为一般纳税人的个体工商户。

(3)值税起征点幅度如下:

① 按期纳税的，为月销售额5 000～20 000元(含本数)；

② 按次纳税的，为每次(日)销售额300～500元(含本数)。

起征点的调整由财政部和国家税务总局规定。省、自治区、直辖市财政厅(局)和国家税务局应当在规定的幅度内，根据实际情况确定本地区适用的起征点，并报财政部和国家税务总局备案。

三、小微企业增值税优惠

(1)对增值税小规模纳税人中月销售额未达到2万元的企业或非企业性单位，免征增值税。2017年12月31日前，对月销售额2万元(含本数)至3万元的增值税小规模纳税人，免征增值税。

(2)增值税小规模纳税人应分别核算销售货物，提供加工、修理修配劳务的销售额，销售服务、无形资产的销售额。增值税小规模纳税人销售货物，提供加工、修理修配劳务月销售额不超过3万元(按季纳税9万元)，销售服务、无形资产月销售额不超过3万元(按季纳税9万元)的，自2016年5月1日起至2017年12月31日，可分别享受小微企业暂免征收增值税优惠政策。

(3)其他个人采取预收款或一次性收取租金的形式出租不动产，取得的租金收入，可在租金对应的租赁期内平均分摊，分摊后的月租金收入不超过3万元的，可享受小微企业免征增值税优惠政策。

第九节 征收管理

一、征收主管机关

(1)营业税改征的增值税，由国家税务局负责征收。

(2)纳税人销售取得的不动产和其他个人出租不动产的增值税，国家税务局暂委托地方税务局代为征收。

二、零税率退税管理

纳税人发生适用零税率的应税行为，应当按期向主管税务机关申报办理退(免)税，详见“第二章 跨境服务退免税与税收优惠”。

三、发票管理

(1)纳税人发生应税行为，应当向索取增值税专用发票的购买方开具增值税专用发票，并在增值税专用发票上分别注明销售额和销项税额。

(2)属于下列情形之一的，不得开具增值税专用发票：

① 向消费者个人销售服务、无形资产或不动产；

② 适用免征增值税规定的应税行为。

(3)小规模纳税人发生应税行为，购买方索取增值税专用发票的，可以向主管税务机关申请代开。试点城市住宿服务小规模纳税人，2016 年 8 月 1 日起可以自行开具增值税专用发票。

上述规定要求购买方不是消费者个人或免征增值税业务。

其他个人租售不动产，在符合上述条件时，也可以向不动产所在地地税机关申请代开专用发票；其他销售服务或向消费者个人租售不动产可以申请开具普通发票。

四、外出经营活动税收管理

《外出经营活动税收管理证明》(以下简称《外管证》)作为纳税人主管税务机关与经营地税务机关管理权限界定和管理职责衔接的依据与纽带，对维持现行税收属地入库原则，防止漏征、漏管和重复征收具有重要作用，是税务机关传统且行之有效的管理手段；但也需与时俱进，创新管理制度，优化办理程序，减轻纳税人和基层税务机关的负担。

（一）创新管理

(1) 纳税人跨省税务机关管辖区域（简称跨省）经营的，应开具《外管证》；纳税人在省税务机关管辖区域内跨县（市）经营的，是否开具《外管证》由省税务机关自行确定。

(2) 省税务机关管辖区域内跨县（市）经营需要开具《外管证》的，税务机关应积极推进网上办税服务厅建设，受理纳税人的网上申请，为其开具电子《外管证》；通过网络及时向经营地税务机关推送相关信息。在此前提下，探索取消电子《外管证》纸质打印和经营地报验登记。

(3) 延长建筑安装行业纳税人《外管证》有效期限。《外管证》有效期限一般不超过 180 天，但建筑安装行业纳税人项目合同期限超过 180 天的，按照合同期限确定有效期限。

（二）优化程序

《外管证》办理程序如表 1-12 所示。

表 1-12 《外管证》办理程序

<table>
<tr><th>程序</th><th colspan="2">要求</th></tr>
<tr><td rowspan="3">开具</td><td>“一地一证”</td><td>从事生产、经营的纳税人跨省从事生产、经营活动的，应当在外出生产经营之前，到机构所在地主管税务机关开具《外管证》。税务机关按照“一地一证”的原则，发放《外管证》</td></tr>
<tr><td>简化资料报送</td><td>一般情况下，纳税人办理《外管证》时只需要提供税务登记证件副本或者加盖纳税人印章的副本首页复印件（实行实名办税的纳税人，可不提供上述证件）
从事建筑安装的纳税人需要另外提供外出经营合同（原件或复印件，没有合同或合同内容不全的，提供外出经营活动情况说明）</td></tr>
<tr><td>即时办理</td><td>纳税人提交资料齐全、符合法定形式的，税务机关应即时开具《外管证》（可使用业务专用章）</td></tr>
<tr><td rowspan="3">报验登记</td><td colspan="2">纳税人应当自《外管证》签发之日起 30 日内，持《外管证》向经营地税务机关报验登记，并接受经营地税务机关的管理。纳税人以《外管证》上注明的纳税人识别号，在经营地税务机关办理税务事项</td></tr>
<tr><td colspan="2">报验登记时应提供《外管证》，建筑安装行业纳税人需要另外提供外出经营合同复印件或外出经营活动情况说明</td></tr>
<tr><td colspan="2">“营改增”之前地税机关开具的《外管证》仍在有效期限内的，国税机关应予以受理，进行报验登记</td></tr>
<tr><td rowspan="2">核销</td><td colspan="2">纳税人外出经营活动结束，应当向经营地税务机关填报《外出经营活动情况申报表》，并结清税款</td></tr>
<tr><td colspan="2">经营地税务机关核对资料，发现纳税人存在欠缴税款、多缴（包括预缴、应退未退）税款等未办结事项的，及时制发《税务事项通知书》，通知纳税人办理。纳税人不存在未办结事项的，经营地税务机关核销报验登记，在《外管证》上签署意见（可使用业务专用章）</td></tr>
<tr><td>其他</td><td colspan="2">异地不动产转让和租赁业务不适用外出经营活动税收管理相关制度规定</td></tr>
</table>

（资料来源：作者根据国家税务总局文件整理。）

【案例分析】

其他个人出售不动产可否申请开具增值税专用发票

税总函〔2016〕145号文明确了纳税人销售不动产和其他个人出租不动产的管理权为国税局委托地税局办理；同时对小规模纳税人销售其取得的不动产以及其他个人出租不动产，在购买方或承租方不属于其他个人的，可以向地税局申请代开增值税专用发票，但文件并没有直接说明，其他个人销售其取得的不动产是否可以申请代开增值税专用发票。现就相关情况做如下推理分析。

【相关文件1】《国家税务总局关于营业税改征增值税委托地税局代征税款和代开增值税发票的通知》（税总函〔2016〕145号）

一、分工安排

国税局是增值税的主管税务机关。“营改增”后，为方便纳税人，暂定由地税局办理纳税人销售其取得的不动产和其他个人出租不动产增值税的纳税申报受理、计税价格评估、税款征收、税收优惠备案、发票代开等有关事项。

……

（四）发票开具

增值税小规模纳税人销售其取得的不动产以及其他个人出租不动产，购买方或承租方不属于其他个人的，纳税人缴纳增值税后可以向地税局申请代开增值税专用发票。

……

【说明】其他个人销售不动产可否申请代开增值税专用发票，关键看增值税小规模纳税人是否包含其他个人。这一点税总函〔2016〕145号文没有明确。那么其他相关文件，是否有明确表述呢，我们且往下看。

【相关文件2】《中华人民共和国增值税暂行条例》（国务院令第538号）

第十三条　小规模纳税人以外的纳税人应当向主管税务机关申请资格认定。具体认定办法由国务院税务主管部门制定。

小规模纳税人会计核算健全，能够提供准确税务资料的，可以向主管税务机关申请资格认定，不作为小规模纳税人，依照本条例有关规定计算应纳税额。

【说明】从上述文件看，增值税纳税人应只包含小规模纳税人和需认定的一般纳税人，只是文件未直接表述。

【相关文件3】《国务院关于修改部分行政法规的决定》（国务院令第666号）修改为：

十一、将《中华人民共和国增值税暂行条例》第十三条修改为：“小规模纳税人以外的纳税人应当向主管税务机关办理登记。具体登记办法由国务院税务主管部门制定。小规模纳税人会计核算健全，能够提供准确税务资料的，可以向主管税务机关办理登记，不作为小规模纳税人，依照本条例有关规定计算应纳税额。”

【说明】将认定改为登记，其他内容同上。

【相关文件 4】《增值税一般纳税人资格认定管理办法》（国家税务总局令 2010 年第 22 号）

第五条　下列纳税人不办理一般纳税人资格认定：

（一）个体工商户以外的其他个人；

（二）选择按照小规模纳税人纳税的非企业性单位；

（三）选择按照小规模纳税人纳税的不经常发生应税行为的企业。

【说明】上述文件明确规定其他个人不能认定（登记）为一般纳税人，说明其他个人只能是小规模纳税人。

【相关文件 5】《关于修改<中华人民共和国增值税暂行条例实施细则>和<中华人民共和国营业税暂行条例实施细则>的决定》（中华人民共和国财政部令第 65 号）

第九条　条例第一条所称单位，是指企业、行政单位、事业单位、军事单位、社会团体及其他单位。条例第一条所称个人，是指个体工商户和其他个人。

【说明】增值税纳税对象对单位和个人做了解释。

第二十九条　年应税销售额超过小规模纳税人标准的其他个人按小规模纳税人纳税；非企业性单位、不经常发生应税行为的企业可选择按小规模纳税人纳税。

【说明】上述文件明文规定了增值税纳税人分为一般纳税人和小规模纳税人，没有第三种纳税人。而纳税人又包含了个人（个体工商户和其他个人），且其他个人即使超过小规模纳税人销售额，也只能是小规模纳税人。

【相关文件 6】《关于全面推开营业税改征增值税试点的通知》（财税〔2016〕36 号）

第三条　纳税人分为一般纳税人和小规模纳税人。

【说明】与“营改增”前的口径一致。

【相关文件 7】国家税务总局关于发布《纳税人转让不动产增值税征收管理暂行办法》的公告（2016 年第 14 号）

第四条小规模纳税人转让其取得的不动产，除个人转让其购买的住房外，按照以下规定缴纳增值税：

（一）小规模纳税人转让其取得（不含自建）的不动产，以取得的全部价款和价外费用扣除不动产购置原价或者取得不动产时的作价后的余额为销售额，按照 5%的征收率计算应纳税额。

(二)小规模纳税人转让其自建的不动产，以取得的全部价款和价外费用为销售额，按照5%的征收率计算应纳税额。

除其他个人之外的小规模纳税人，应按照本条规定的计税方法向不动产所在地主管地税机关预缴税款，向机构所在地主管国税机关申报纳税；其他个人按照本条规定的计税方法向不动产所在地主管地税机关申报纳税。

【说明】上面“除其他个人之外的小规模纳税人”这样一句话，已非常明确地告知，小规模纳税人包含其他个人，其他个人属于小规模纳税人。

（资料来源：作者根据国家税务总局文件整理，仅代表个人观点。）

第二章

“营改增”税收优惠与跨境服务退免税

第一节　国内增值税优惠

国内增值税优惠主要包括免征增值税、即征即退、扣减应交增值税及其他优惠，与之相近的还有不征收增值税项目，主要为：

根据国家指令无偿提供的、用于公益事业的服务、铁路运输服务、航空运输服务；存款利息；被保险人获得的保险赔付；房地产主管部门或其指定机构、公积金管理中心、开发企业以及物业管理单位代收的住宅专项维修资金及在资产重组过程中，通过合并、分立、出售、置换等方式，将全部或者部分实物资产及与其相关联的债权、负债和劳动力一并转让给其他单位和个人，其中涉及的不动产、土地使用权转让行为。

一、免征增值税

“营改增”新政出台，将原营业税免税项目基本平移至增值税，保证了税收优惠政策的连续性。

为便于理解记忆，作者将文件部分内容进行重新排序，并将免征的项目概括为12个字，即“文教卫民(政福利)、劳(动)食住行、金(融)技(术)不(动产)代(收政府性基金)”，具体以表格形式呈现，如表2-1所示。

表2-1　增值税免征范围表

口诀	免税	免税具体范围	不免税的相关服务
文	纪念馆、博物馆、文化馆、文物保护单位管理机构、美术馆、展览馆、书画院、图书馆在自己的场所提供文化体育服务取得的第一道门票收入		
	寺院、宫观、清真寺和教堂举办文化、宗教活动的门票收入		
	2017年12月31日前，科普单位的门票收入，科技馆，自然博物馆，对公众开放的天文馆(站、台)、气象台(站)、地震台(站)，以及高等院校、科研机构对公众开放的科普基地		

续表

<table>
<tr><th>口诀</th><th>免税</th><th>免税具体范围</th><th>不免税的相关服务</th></tr>
<tr><td rowspan="4">教</td><td colspan="2">托儿所、幼儿园提供的保育和教育服务
托儿所、幼儿园，是指经县级以上教育部门审批成立、取得办园许可证的实施0～6岁学前教育的机构，包括公办和民办的托儿所、幼儿园、学前班、幼儿班、保育院、幼儿院
公办托儿所、幼儿园免征增值税的收入是指，在省级财政部门和价格主管部门审核报省级人民政府批准的收费标准以内收取的教育费、保育费
民办托儿所、幼儿园免征增值税的收入是指，在报经当地有关部门备案并公示的收费标准范围内收取的教育费、保育费</td><td>超过规定收费标准的收费，以开办实验班、特色班和兴趣班等为由另外收取的费用，以及与幼儿入园挂钩的赞助费、支教费等超过规定范围的收入</td></tr>
<tr><td colspan="2">从事学历教育的学校提供的教育服务
学历教育，是指受教育者经过国家教育考试或者国家规定的其他入学方式，进入国家有关部门批准的学校或者其他教育机构学习，获得国家承认的学历证书的教育形式
列入规定招生计划的在籍学生提供学历教育服务取得的收入，具体包括经有关部门审核批准并按规定标准收取的学费、住宿费、课本费、作业本费、考试报名费收入，以及学校食堂提供餐饮服务取得的伙食费收入</td><td>职业培训机构等国家不承认学历的教育机构、学校以各种名义收取的赞助费、择校费等</td></tr>
<tr><td colspan="2">政府举办的从事学历教育的高等、中等和初等学校（不含下属单位），举办进修班、培训班取得的全部归该学校所有的收入
纳入预算全额上缴财政专户管理，同时由该学校对有关票据进行统一管理和开具</td><td>收入进入该学校下属部门自行开设账户的</td></tr>
<tr><td colspan="2">职业学校出资设立和管理且收入归学校的企业，为在校学生提供实习，现代服务、生活服务业务活动取得的收入</td><td>融资租赁、广告和其他现代服务；文化体育、桑拿、氧吧和其他生活服务</td></tr>
<tr><td>卫</td><td>医疗机构提供的医疗服务</td><td>医疗机构，是指依据国务院《医疗机构管理条例》（国务院令第149号）及卫生部《医疗机构管理条例实施细则》（卫生部令第35号）的规定，经登记取得《医疗机构执业许可证》的机构，以及军队、武警部队各级各类医疗机构
医疗服务，是指医疗机构按照不高于地（市）级以上价格主管部门会同同级卫生主管部门及其他相关部门制定的医疗服务指导价格（包括政府指导价和按照规定由供需双方协商确定的价格等），为就医者提供《全国医疗服务价格项目规范》所列的各项服务，以及医疗机构向社会提供卫生防疫、卫生检疫的服务</td><td></td></tr>
<tr><td rowspan="6">民政福利</td><td>养老机构提供的养老服务</td><td>养老机构，是指依照民政部《养老机构设立许可办法》（民政部令第48号）设立并依法办理登记的为老年人提供集中居住和照料服务的各类养老机构；养老服务，是指上述养老机构按照民政部《养老机构管理办法》（民政部令第49号）的规定，为收住的老年人提供的生活照料、康复护理、精神慰藉、文化娱乐等服务</td><td></td></tr>
<tr><td colspan="2">殡葬服务</td><td></td></tr>
<tr><td colspan="2">残疾人福利机构提供的育养服务</td><td></td></tr>
<tr><td colspan="2">残疾人员本人为社会提供的服务</td><td></td></tr>
<tr><td colspan="2">婚姻介绍服务</td><td></td></tr>
<tr><td colspan="2">福利彩票、体育彩票的发行收入</td><td></td></tr>
</table>

续表

口诀	免税	免税具体范围	不免税的相关服务
劳(动)		学生勤工俭学提供的服务	
		家政服务企业由员工制家政服务员提供家政服务取得的收入	
		随军家属就业，3年内免征增值税	
		军队转业干部就业，提供的应税服务3年内免征增值税	
食		国家商品储备管理单位及其直属企业承担商品储备任务粮(含大豆)、食用油、棉、糖、肉、盐(限于中央储备)，从中央或地方财政取得的利息补贴收入和价差补贴收入	
住		个人销售自建自用住房	
		2018年12月31日前，公共租赁住房经营管理单位出租公共租赁住房	
		军队空余房产租赁收入	
		企业、行政事业单位按房改成本价、标准价出售住房取得的收入	
行		台湾航运公司、航空公司从事海峡两岸海上直航、空中直航业务在大陆取得的运输收入	
		纳税人提供的直接或间接国际货物运输代理服务	
		美国ABS船级社在中国境内、提供的船检服务	
		青藏铁路公司提供的铁路运输服务	
		中国邮政集团公司及其所属邮政企业提供的邮政普遍服务和邮政特殊服务	
金融	利息收入	2016年12月31日前，金融机构(含中合农信项目管理办、扶贫基金会成立的农户自立服务社、小额贷款公司)农户小额贷款(10万元以内)	城关镇居住、举家外出一年以上
		国家助学贷款	
		国债、地方政府债	
		人民银行对金融机构的贷款	
		住房公积金在指定的委托银行发放的个人住房贷款	
		外汇管理部门委托金融机构发放的外汇贷款	
		统借统还借款利息收入	非集团；高于银行贷款、债券票面利率
		被撤销金融机构以货物、不动产、无形资产、有价证券、票据等财产清偿债务	被撤销金融机构所属、附属企业
		信达、华融、长城、东方处置原国有银行剥离的不良资产业务	其他经营业务、附属企业
	保险	开办的一年期以上人身保险产品取得的保费收入	
		农牧保险，是为种植业、养殖业、牧业种植和饲养的动植物提供保险的业务	
		保险公司开办的一年期以上人身保险产品取得的保费收入 一年期以上人身保险，是指保险期间为一年期及以上返还本利的人寿保险、养老年金保险，以及保险期间为一年期及以上的健康保险	

续表

口诀	免税	免税具体范围	不免税的相关服务
金融	保险	试点纳税人提供再保险服务（境内保险公司向境外保险公司提供的再保险服务除外），实行与原保险服务一致的增值税政策。再保险合同对应多个原保险合同的，所有原保险合同均适用免征增值税政策时，该再保险合同适用免征增值税政策。否则，该再保险合同应按规定缴纳增值税	对应多个原保险合同，只要其中一个不适用免税，则应征税
	国际航运保险业务	注册在上海、天津的保险企业 注册在深圳市的保险企业向注册在前海深港现代服务业合作区的企业提供 注册在平潭的保险企业向注册在平潭的企业提供	
	金融商品转让收入	合格境外投资者（QFII）委托境内公司在我国从事证券买卖业务，以及经人民银行认可的境外机构投资银行间本币市场取得的收入；银行间本币市场包括货币市场、债券市场以及衍生品市场 香港市场投资者（包括单位和个人）通过沪港通买卖上海证券交易所上市的A股；对香港市场投资者（包括单位和个人）通过基金互认买卖内地基金份额 证券投资基金（管理人运用基金买卖股票、债券） 个人从事金融商品转让业务 全国社保基金理事会及投资人相关金融商品转让	
	同业往来	人民行银往来，含购买央行票据、与央行开展货币掉期和货币互存等业务 联行往来，含境内银行与其境外的总机构、母公司之间，以及境内银行与其境外的分支机构、全资子公司之间的资金往来业务 同行内部机构之间往来 金融机构间同业拆借、转贴现；同业存款、同业借款、同业代付、同业存单 质押式买入返售金融商品、买断式买入返售金融商品 持有政策性金融债券、持有金融债券	
	担保机构	为中小企业担保、再担保取得的收入3年内免。要求：实收资本超2000万元、担保费率不超过银行同期50%、合规经营2年以上、累计贷款担保额占2年担保额80%以上、单笔800万元以下占贷保50%以上、单个人担保企业不超过10%且不超过3000万元、担保责任余额不低于其净资产的3倍，且代偿率不超过2%	信用评级、咨询、培训等收入
技术、专利、著作权		纳税人提供技术转让、技术开发和与之相关的技术咨询、技术服务。技术咨询、技术服务的价款与技术转让或者技术开发的价款应当在同一张发票上开具 须持技术转让、开发的书面合同，到纳税人所在地省级科技主管部门进行认定，并持有关的书面合同和科技主管部门审核意见证明文件报主管税务机关备查	
		合同能源管理效益分享型	
		个人转让著作权	
不动产、土地使用权		涉及家庭财产分割的个人无偿转让不动产、土地使用权	
		土地所有者出让土地使用权和土地使用者将土地使用权归还给土地所有者	
		县级以上地方人民政府或自然资源行政主管部门出让、转让或收回自然资源使用权（不含土地使用权）	
代收		行政单位之外的其他单位收取的政府性基金、行政事业性收费	

（资料来源：作者根据国家税务总局文件原创整理。）

二、增值税即征即退

（一）管理运输服务

一般纳税人提供管道运输服务，对其增值税实际税负超过3%的部分实行增值税即征即退政策。

（二）有形动产融资租赁与售后回租

经人民银行、银监会或商务部批准从事融资租赁业务的试点纳税人中的一般纳税人，提供有形动产融资租赁服务和有形动产融资性售后回租服务，对其增值税实际税负超过3%的部分实行增值税即征即退政策。

商务部授权的省级商务主管部门和国家经济技术开发区批准的从事融资租赁业务和融资性售后回租业务的试点纳税人中的一般纳税人，2016年5月1日后实收资本达到1.7亿元的，从达到标准的当月起按照上述规定执行；2016年5月1日后实收资本未达到1.7亿元但注册资本达到1.7亿元的，在2016年7月31日前仍可按照上述规定执行，2016年8月1日后开展的有形动产融资租赁业务和有形动产融资性售后回租业务不得按照上述规定执行。

上述增值税实际税负是指纳税人当期提供应税服务实际缴纳的增值税额占纳税人当期提供应税服务取得的全部价款和价外费用的比例。

三、扣减应交增值税

（一）退役士兵就业创业

1. 退役士兵自主就业扣减增值税

对自主就业退役士兵从事个体经营的，在3年内按每户每年8000元为限额依次扣减其当年实际应缴纳的增值税、城市维护建设税、教育费附加、地方教育附加和个人所得税。限额标准最高可上浮20%。

纳税人年度应缴纳税款小于上述扣减限额的，以其实际缴纳的税款为限；大于上述扣减限额的，应以上述扣减限额为限。纳税人的实际经营期不足一年的，应当以实际月份换算其减免税限额。换算公式为：

减免税限额=年度减免税限额÷12×实际经营月数

2. 聘用退役士兵单位扣减增值税

对商贸企业、服务型企业、劳动就业服务企业中的加工型企业和街道社区具有加工性质的小型企业实体，在新增加的岗位中，当年新招用自主就业退役士兵，与其签订 1 年以上期限劳动合同并依法缴纳社会保险费的，在 3 年内按实际招用人数予以定额依次扣减增值税、城市维护建设税、教育费附加、地方教育附加和企业所得税优惠。定额标准为每人每年 4 000 元，最高可上浮 50%。

纳税人实际应缴纳的增值税、城市维护建设税、教育费附加和地方教育附加小于核定减免税总额的，以实际应缴纳的增值税、城市维护建设税、教育费附加和地方教育附加为限；实际应缴纳的增值税、城市维护建设税、教育费附加和地方教育附加大于核定减免税总额的，以核定减免税总额为限。

（二）重点群体就业创业

(1) 对持《就业创业证》(注明“自主创业税收政策”或“毕业年度内自主创业税收政策”) 或 2015 年 1 月 27 日前取得的《就业失业登记证》(注明“自主创业税收政策”或附着《高校毕业生自主创业证》) 的人员从事个体经营的，在 3 年内按每户每年 8 000 元为限额依次扣减其当年实际应缴纳的增值税、城市维护建设税、教育费附加、地方教育附加和个人所得税。限额标准最高可上浮 20%。

上述人员是指：

① 在人力资源社会保障部门公共就业服务机构登记失业半年以上的人员；

② 零就业家庭、享受城市居民最低生活保障家庭劳动年龄内的登记失业人员；

③ 毕业年度内高校毕业生。高校毕业生是指实施高等学历教育的普通高等学校、成人高等学校毕业的学生；毕业年度是指毕业所在自然年，即 1 月 1 日至 12 月 31 日。

(2) 对商贸企业、服务型企业、劳动就业服务企业中的加工型企业和街道社区具有加工性质的小型企业实体，在新增加的岗位中，当年新招用在人力资源社会保障部门公共就业服务机构登记失业半年以上且持《就业创业证》或 2015 年 1 月 27 日前取得的《就业失业登记证》(注明“企业吸纳税收政策”) 人员，与其签订 1 年以上期限劳动合同并依法缴纳社会保险费的，在 3 年内按实际招用人数予以定额依次扣减增值税、城市维护建设税、教育费附加、地方教育附加和企业所得税优惠。定额标准为每人每年 4 000 元，最高可上浮 30%。

(3) 享受上述优惠政策的人员按以下规定申领《就业创业证》。

① 按照《就业服务与就业管理规定》(劳动和社会保障部令第 28 号) 第六十三条的规定，在法定劳动年龄内，有劳动能力，有就业要求，处于无业状态的城镇常住人员，在公共就业服务机构进行失业登记，申领《就业创业证》。其中，农村进城务工人员和其他非本地户籍人员在常住地稳定就业满 6 个月的，失业后可以在常住地登记。

② 零就业家庭凭社区出具的证明，城镇低保家庭凭低保证明，在公共就业服务机构登记失业，申领《就业创业证》。

③ 毕业年度内高校毕业生在校期间凭学生证向公共就业服务机构按规定申领《就业创业证》，或委托所在高校就业指导中心向公共就业服务机构按规定代为其申领《就业创业证》；毕业年度内高校毕业生离校后直接向公共就业服务机构按规定申领《就业创业证》。

④ 上述人员申领相关凭证后，由就业和创业地人力资源社会保障部门对人员范围、就业失业状态、已享受政策情况进行核实，在《就业创业证》上注明“自主创业税收政策”、“毕业年度内自主创业税收政策”或“企业吸纳税收政策”字样，同时符合自主创业和企业吸纳税收政策条件的，可同时加注；主管税务机关在《就业创业证》上加盖戳记，注明减免税所属时间。

(4) 上述税收优惠政策的执行期限为 2016 年 5 月 1 日至 2016 年 12 月 31 日，纳税人在 2016 年 12 月 31 日未享受满 3 年的，可继续享受至 3 年期满为止。

四、其他优惠

(一) 金融企业

金融企业发放贷款后，自结息日起 90 天内发生的应收未收利息按现行规定缴纳增值税；自结息日起 90 天后发生的应收未收利息暂不缴纳增值税，待实际收到利息时按规定缴纳增值税。

上述所称金融企业，是指银行(包括国有、集体、股份制、合资、外资银行及其他所有制形式的银行)、城市信用社、农村信用社、信托投资公司、财务公司。

(二) 个人

个人将购买不足 2 年的住房对外销售的，按照 5%的征收率全额缴纳增值税；个人将购买 2 年以上(含 2 年)的住房对外销售的，免征增值税。上述政策适用于北京市、上海市、广州市和深圳市之外的地区。

个人将购买不足 2 年的住房对外销售的，按照 5%的征收率全额缴纳增值税；个人将购买 2 年以上(含 2 年)的非普通住房对外销售的，以销售收入减去购买住房价款后的差额按照 5%的征收率缴纳增值税；个人将购买 2 年以上(含 2 年)的普通住房对外销售的，免征增值税。上述政策仅适用于北京市、上海市、广州市和深圳市。

相关增值税优惠情况如表 2-2 所示。

表 2-2 个人不动产销售销售额、征收率及计算公式

项目	纳税人	明细	计税方法	销售额 X	征收率	不动产所在地（预）征税款（T）
个人不动产、住房销售	个人（含个体工商户、其他个人）	住房	2 年以内	全部价款+外价费用	5%	$T=X\div1.05\times5\%$
			2 年以上	免		0
		非普通住房（“北上广深”）		全部价款+价外费用−该项不动产购置原价或者取得不动产时作价后的余额		$T=X\div1.05\times5\%$

（资料来源：作者根据国家税务总局文件整理。）

第二节 跨境服务退免税

一、跨境服务适用的退（免）税范围

（一）适用范围及说明

“营改增”跨境服务适用增值税零税率（退税）、免税的应税服务或无形资产项目，如表 2-3 所示。

表 2-3 “营改增”跨境服务适用退税、免税服务

销售服务及无形资产	增值税零税率（退税）	增值税免税
国际运输服务	1. 在境内载运旅客或货物出境 2. 在境外载运旅客或货物入境 3. 在境外载运旅客或货物 航天运输服务	对下列国际航运保险业务免征增值税： 1. 注册在上海、天津的保险企业从事国际航运保险业务 2. 注册在深圳市的保险企业向注册在前海深港现代服务业合作区的企业提供国际航运保险业务 3. 注册在平潭的保险企业向注册在平潭的企业提供国际航运保险业务 上述政策除已规定期限的外，其他均在营业税改征增值税试点期间执行
	国际运输服务项目，纳税人取得相关资质的	未取得相关资质的国际运输服务。以无运输工具承运方式提供的国际运输服务，以水路、公路、航空运输方式提供国际运输服务但未取得国际运输服务所列相关资质
境外服务		1. 工程项目在境外的建筑服务 2. 工程项目在境外的工程监理服务 3. 工程、矿产资源在境外的工程勘察勘探服务 4. 会议展览地点在境外的会议展览服务 5. 存储地点在境外的仓储服务 6. 标的物在境外使用的有形动产租赁服务 7. 在境外提供的广播影视节目（作品）的播映服务 8. 在境外提供的文化体育服务、教育医疗服务、旅游服务 9. 为出口货物提供的邮政服务、收派服务、保险服务

续表

销售服务及无形资产	增值税零税率(退税)	增值税免税
向境外单位提供完全在境外消费的服务或无形资产	1. 研发服务 2. 合同能源管理服务 3. 设计服务 4. 广播影视节目(作品)的制作和发行服务 5. 软件服务 6. 电路设计及测试服务 7. 信息系统服务 8. 业务流程管理服务 9. 离岸服务外包业务 10. 向境外单位转让技术(无形资产)	10. 向境外单位销售完全在境外消费的电信服务 11. 向境外单位销售完全在境外消费的知识产权服务 12. 向境外单位销售完全在境外消费的物流辅助服务(仓储服务、收派服务除外) 13. 向境外单位销售完全在境外消费的鉴证咨询服务 14. 向境外单位销售完全在境外消费的专业技术服务 15. 向境外单位销售完全在境外消费的商务辅助服务 16. 向境外单位销售的广告投放地在境外的广告服务 17. 向境外单位销售完全在境外消费的无形资产(技术除外) 18. 境内保险公司向境外保险公司提供的完全在境外消费的再保险服务
其他服务		19. 为境外单位之间的货币资金融通及其他金融业务提供的直接收费金融服务，且该服务与境内的货物、无形资产和不动产无关
		适用零税率但纳税人适用简易计税方法或放弃适用零税率
		财政部和国家税务总局规定的其他服务

(资料来源：作者根据国家税务总局文件整理。)

【说明】

1. 完全在境外消费的含义:

(1)服务的实际接受方在境外，且与境内的货物和不动产无关;

(2)无形资产完全在境外使用，且与境内的货物和不动产无关;

(3)财政部和国家税务总局规定的其他情形。

2. 境外单位从事国际运输和港澳台运输业务经停我国机场、码头、车站、领空、内河、海域时，纳税人向其提供的航空地面服务，港口码头服务，货运、客运站场服务，打捞救助服务，装卸搬运服务，属于完全在境外消费的物流辅助服务。

3. 向境外单位销售的完全在境外消费的商务辅助服务。

(1)纳税人向境外单位提供的代理报关服务和货物运输代理服务，属于完全在境外消费的代理报关服务和货物运输代理服务。

(2)纳税人向境外单位提供的外派海员服务，属于完全在境外消费的人力资源服务。外派海员服务，是指境内单位派出属于本单位员工的海员，为境外单位在境外提供的船舶驾驶和船舶管理等服务。

(3)纳税人以对外劳务合作方式，向境外单位提供的完全在境外发生的人力资源服务，属于完全在境外消费的人力资源服务。对外劳务合作，是指境内单位与境外单位签订劳务合作合同，按照合同约定组织和协助中国公民赴境外工作的活动。

4. 为境外单位之间的货币资金融通及其他金融业务提供的直接收费金融服务，且该服务与境内的货物、无形资产和不动产无关。

为境外单位之间、境外单位和个人之间的外币、人民币资金往来提供的资金清算、资金结算、金融支付、账户管理服务，属于为境外单位之间的货币资金融通及其他金融业务提供的直接收费金融服务。

(二)国际运输服务资质、退(免)税适用对象

(1)国际运输服务相关资质：

① 以水路运输方式的，应提供《国际船舶运输经营许可证》；以航空运输方式的，应提供经营范围包括“国际航空客货邮运输业务”的《公共航空运输企业经营许可证》或经营范围包括“公务飞行”的《通用航空经营许可证》；

② 以公路运输方式的，应提供经营范围包括“国际运输”的《道路运输经营许可证》和《国际汽车运输行车许可证》；

③ 以铁路运输方式的，应提供经营范围包括“许可经营项目：铁路客货运输”的《企业法人营业执照》或其他具有提供铁路客货运输服务资质的证明材料。

(2)提供港澳台运输服务资质：

以公路运输方式提供内地往返香港、澳门的交通运输服务的，应提供《道路运输经营许可证》及持《道路运输证》的直通港澳运输车辆的物权证明；

以水路运输方式提供内地往返香港、澳门交通运输服务的，应提供获得港澳线路运营许可船舶的物权证明；以水路运输方式提供大陆往返台湾交通运输服务的，应提供《台湾海峡两岸间水路运输许可证》及持《台湾海峡两岸间船舶营运证》船舶的物权证明；

以航空运输方式提供港澳台运输服务的，应提供经营范围包括“国际、国内(含港澳)航空客货邮运输业务”的《公共航空运输企业经营许可证》或者经营范围包括“公务飞行”的《通用航空经营许可证》；

以铁路运输方式提供内地往返香港的交通运输服务的，应提供经营范围包括“许可经营项目：铁路客货运输”的《企业法人营业执照》或其他具有提供铁路客货运输服务资质的证明材料。

(3)采用程租、期租和湿租方式租赁交通运输工具用于国际运输服务和港澳台运输服务的，应提供程租、期租和湿租合同或协议。

(4)境内的单位和个人取得交通部门颁发的《国际班轮运输经营资格登记证》

或加注国际客货运输的《水路运输许可证》，并以水路运输方式提供国际运输服务的，适用增值税零税率政策。

(5)国际运输服务零税率适用对象：

境内单位和个人提供国际运输服务和港澳台运输服务，不同情形的适用增值税零税率的纳税人，如图 2-1 所示。

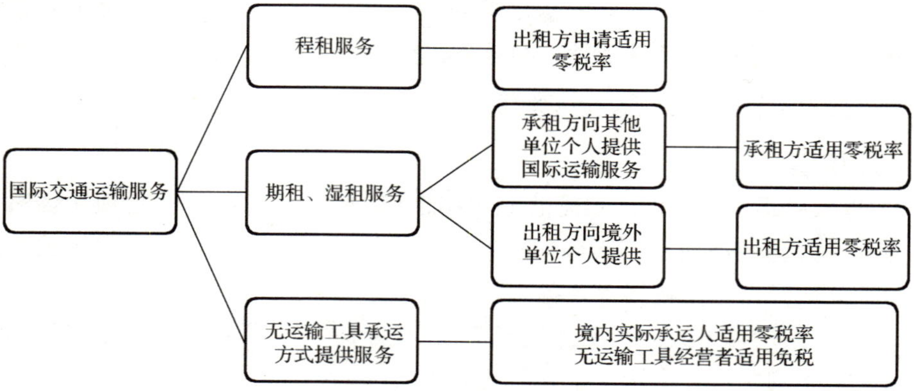

图 2-1　国际交通运输服务适用零税率对象

（资料来源：作者根据国家税务总局文件整理。）

(三)免抵退税相关规范

(1)境内单位和个人提供适用零税率应税服务或者无形资产的，不同计税方法下纳税人适用的退(免)税办法，如图 2-2 所示。

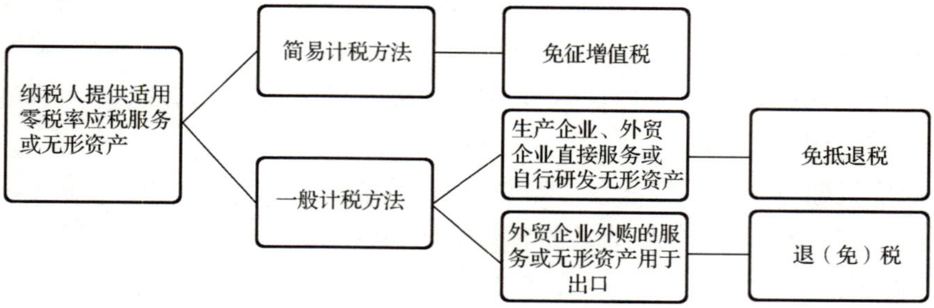

图 2-2　适用零税率服务或无形资产不同计税方法下的免退办法

（资料来源：作者根据国家税务总局文件整理。）

(2)服务和无形资产的退税率为其适用的增值税税率。

(3)实行退(免)税办法的服务和无形资产，如果主管税务机关认定出口价格偏高的，有权按照核定的出口价格计算退(免)税，核定的出口价格低于外贸企业购进价格的，低于部分对应的进项税额不予退税，转入成本。

(4)境内的单位和个人销售适用增值税零税率的服务或无形资产的，可以放弃适用增值税零税率，选择免税或按规定缴纳增值税。放弃适用增值税零税率后，36个月内不得再申请适用增值税零税率。

(5)适用免征增值税跨境应税行为(见表 2-3)，除“为出口货物提供的邮政服务、收派服务、保险服务”外，必须签订跨境销售服务或无形资产书面合同。否则，不予免征增值税。

(6)纳税人向境外单位销售服务或无形资产，按规定免征增值税的，该项销售服务或无形资产的全部收入应从境外取得，否则，不予免征增值税。

下列情形视同从境外取得收入。

① 纳税人向外国航空运输企业提供物流辅助服务，从中国民用航空局清算中心、中国航空结算有限责任公司或者经中国民用航空局批准设立的外国航空运输企业常驻代表机构取得的收入。

② 纳税人与境外关联单位发生跨境应税行为，从境内第三方结算公司取得的收入。上述所称第三方结算公司，是指承担跨国企业集团内部成员单位资金集中运营管理职能的资金结算公司，包括财务公司、资金池、资金结算中心等。

③ 纳税人向外国船舶运输企业提供物流辅助服务，通过外国船舶运输企业指定的境内代理公司结算取得的收入。

④ 国家税务总局规定的其他情形。

(7)纳税人发生跨境应税行为免征增值税的，应单独核算跨境应税行为的销售额，准确计算不得抵扣的进项税额，其免税收入不得开具增值税专用发票。

纳税人为出口货物提供收派服务，按照下列公式计算不得抵扣的进项税额：

不得抵扣的进项税额=当期无法划分的全部进项税额×(当期简易计税方法计税项目销售额+免征增值税项目销售额−为出口货物提供收派服务支付给境外合作方的费用)÷当期全部销售额

(8)境内的单位和个人销售适用增值税零税率的服务或无形资产，要按月向主管退税的税务机关申报办理增值税退(免)税手续。

二、退(免)税申报程序

(1)纳税人发生免征增值税跨境应税行为，除适用简易计税或声明放弃适用零税率外，应在首次享受免税的纳税申报期内或在各省、自治区、直辖市和计划单列市国家税务局规定的申报征期后的其他期限内，到主管税务机关办理跨境应税行为免税备案手续，同时提交以下备案材料：

①《跨境应税行为免税备案表》；

② 表 2-3 中“增值税免税”列(第 3 列)第 3、4 行中 1～19 项境外服务(不含第 9 项)、跨境销售服务或无形资产的合同原件及复印件；

③ 提供表 2-3 中“增值税免税”列(第 3 列)第 3、4 行中 1～8 项、16 项服务，应提交服务地点在境外的证明材料原件及复印件；

④ 提供表 2-3“增值税免税”列(第 3 列)第 2 行中所述的国际运输服务，应提交实际发生相关业务的证明材料；

⑤ 向境外单位销售服务或无形资产，应提交服务或无形资产购买方的机构所在地在境外的证明材料；

⑥ 国家税务总局规定的其他资料。

(2)纳税人发生符合零税率政策但适用简易计税方法或声明放弃适用零税率应税行为的，应在首次享受免税的纳税申报期内或在各省、自治区、直辖市和计划单列市国家税务局规定的申报征期后的其他期限内，到主管税务机关办理跨境应税行为免税备案手续，同时提交以下备案材料：

① 办理增值税免抵退税或免退税的主管税务机关备案的《放弃适用增值税零税率声明》，格式见《国家税务总局关于发布<营业税改征增值税跨境应税行为增值税免税管理办法(试行)>的公告》(国家税务总局公告 2016 年第 29 号)附件 2；

② 该项应税行为享受零税率到主管税务机关办理增值税免抵退税或退(免)税申报时需报送的材料和原始凭证。

(3)按照规定提交备案的跨境销售服务或无形资产合同原件为外文的，应提供中文翻译件并由法定代表人(负责人)签字或单位盖章。

纳税人无法提供(1)②～④境外资料原件的，可只提供复印件，注明“复印件与原件一致”字样，并由法定代表人(负责人)签字或者单位盖章；境外资料原件为外文的，应提供中文翻译件并由法定代表人(负责人)签字或者单位盖章。

主管税务机关对提交的境外证明材料有明显疑义的，可以要求纳税人提供境外公证部门出具的证明材料。

(4)原签订的跨境销售服务或无形资产合同发生变更，或者跨境销售服务或无形资产的有关情况发生变化，变化后仍属于表 2-3 列示的免税范围的，纳税人应向主管税务机关重新办理跨境应税行为免税备案手续。

(5)纳税人应当完整地保存上述要求的各项材料。纳税人在税务机关后续管理中不能提供上述材料的，不得享受规定的免税政策，对已享受的减免税款应予补缴，并依照《中华人民共和国税收征收管理法》的有关规定处理。

(6)纳税人发生跨境应税行为享受免税的，应当按规定进行纳税申报。纳税人享受免税到期或实际经营情况不再符合规定的免税条件的，应当停止享受免税，并按照规定申报纳税。

(7)纳税人发生的与香港、澳门、台湾有关的应税行为，参照上述跨境服务退(免)税相关内容执行。

(8)上述规定自2016年5月1日起施行。此前，纳税人发生符合免税跨境应税行为、已办理免税备案手续的，不再重新办理免税备案手续。未办理免税备案手续但已进行免税申报的，按照规定补办备案手续；未进行免税申报的，按照规定办理跨境服务备案手续后，可以申请退还已缴税款或者抵减以后的应纳税额；已开具增值税专用发票的，应将全部联次追回后方可办理跨境应税行为免税备案手续。

(9)2016年4月30日前签订的合同，符合《财政部国家税务总局关于将铁路运输和邮政业纳入营业税改征增值税试点的通知》(财税〔2013〕106号)附件4和《财政部国家税务总局关于影视等出口服务适用增值税零税率政策的通知》(财税〔2015〕118号)规定的零税率或免税政策条件的，在合同到期前可以继续享受零税率或免税政策。

第二部分 “营改增”应用筹划

第三章

新增试点行业“营改增”要点及应用

2016 年 5 月 1 日起，我国将营业税改增值税试点范围扩大到建筑业、房地产业、金融业、生活服务业，并将所有企业新增不动产所含增值税纳入抵扣范围，至此，我国“营改增”全面推开。

第一节 建筑服务“营改增”要点及应用

建筑服务是“营改增”的重点行业，“营改增”主要文件除财税〔2016〕36 号文，还主要包括《纳税人跨县(市、区)提供建筑服务增值税征收管理暂行办法》(国家税务总局公告 2016 年第 17 号)。建筑企业需要掌握“营改增”要点，及时调整管理运营模式、定价模式等。

一、建筑服务增值税要点

(一)建筑服务纳税人

(1)建筑服务纳税人为提供建筑服务(建筑、安装、修缮、装饰、其他建筑服务)的单位和个人。

(2)单位以承包、承租、挂靠方式经营的，承包人、承租人、挂靠人(以下统称承包人)以发包人、出租人、被挂靠人(以下统称发包人)名义对外经营并由发包人承担相关法律责任的，以该发包人为纳税人。否则，以承包人为纳税人。

(3)两个以上纳税人经财政部、国家税务总局批准，可以视为一个纳税人合并纳税。

(4)纳税人登记标准如下。

小规模纳税人：核算不规范、年度不含税销售额未超过 500 万元；或虽大于 500 万元但不经常发生销售服务的单位和个体工商户。

一般纳税人：核算规范，一般年度不含税销售额大于 500 万元。

（二）征税范围

建筑服务是指各类建筑物、构筑物及其附属设施的建造、修缮、装饰，线路、管道、设备、设施等的安装及其他工程作业的业务活动，包括工程服务、安装服务、修缮服务、装饰服务和其他建筑服务（如图 3-1 所示）。

建筑服务	各类建筑物、构筑物及其附属设施的建造、修缮、装饰，线路、管道、设备、设施等的安装及其他工程作业的业务活动，包括工程服务、安装服务、修缮服务、装饰服务和其他建筑服务
安装服务	指生产设备、动力设备、起重设备、运输设备、传动设备、医疗实验设备，以及其他各种设备、设施的装配、安置工程作业，包括与被安装设备相连的工作台、梯子、栏杆的装设工程作业，以及被安装设备的绝缘、防腐、保温、油漆等工程作业
修缮服务	对建筑物、构筑物进行修补、加固、养护、改善，使之恢复原来的使用价值或延长其使用期限的工程作业
装饰服务	指对建筑物、构筑物进行修饰装修，使之美观或具有特定用途的工程作业
其他建筑服务	上列工程作业之外的各种工程作业服务，如钻井（打井）、拆除建筑物或构筑物、平整土地、园林绿化、疏浚(不包括航道疏浚)、建筑物平移、搭脚手架、爆破、矿山穿孔、表面附着物(包括岩层、土层、沙层等)剥离和清理等工程作业

图 3-1　建筑服务征税范围

（资料来源：作者根据国家税务总局文件整理。）

（三）税率或征收率

（1）税率：一般纳税人提供的建筑服务税率为 11%。

（2）征收率：小规模纳税人及一般纳税人选择适用简易计税方式的特定项目，如甲供工程、清包工程、老项目，为 3%。

（3）境内的单位和个人销售工程项目在境外的建筑服务，免征增值税。

（4）与建筑企业相关的服务及税率如表 3-1 所示。

表 3-1　建筑服务相关的应税行为及税率

相关应税行为	税率
研发技术服务——工程勘察勘探服务	6%
信息技术服务——信息系统服务（信息系统集成、信息安全服务）	6%
业务流程管理服务（依托信息技术提供的人力资源管理、财务经济管理、审计管理、税务管理、物流信息管理、经营信息管理和呼叫中心等服务的活动）	6%
文化创意服务——设计服务	6%

续表

相关应税行为	税率
租赁服务——有形动产租赁服务	17%
租赁服务——不动产或无形资产租赁	11%
商务辅助服务——安全保护服务（安全系统监控）	6%
生活服务——餐饮住宿服务	6%

（资料来源：作者根据国家税务总局文件整理。）

（四）计税方法

1. 简易计税方法

适用对象为小规模纳税人和特殊情形下的一般纳税人。

$$应纳增值税=（营业额-分包款）\div 1.03\times 3\%$$

其中营业额为工程全部价款和价外费用，可以扣除的分包款需取得法定扣税凭证。

【例 3-1】某建筑公司承接 1 000 万元工程，原来交营业税 30 万元。

“营改增”后：

$$1000\div 1.03\times 3\%=29.1262（万元）$$

较之前少交 0.8738（30–29.1262）万元。

2. 一般计税方法

$$应纳税增值税=销项税额-进项税额$$

$$销项税额=营业额\div 1.11\times 11\%$$

营业额不能扣除分包款。

【例 3-2】某建筑企业为增值税一般纳税人，在公司机构所在地同一县（市）承接了一建筑安装工程业务，适用一般计税方法，2016 年 6 月发生了如下经济业务：

（1）向一般纳税人供应商采购一批钢材，价税总额为 936 万元，税率为 17%，取得了增值税专用发票；

（2）1 030 万元的分包工程完工，工程分包方提供了 3%的增值税专用发票。

（3）收到甲方结算的工程款 2 220 万元。

【分析】

$$钢材进项税额=936\div 1.17\times 17\%=136（万元）$$

$$工程分包进项税额=1030\div 1.03\times 3\%=30（万元）$$

$$销项税额=2220\div 1.11\times 11\%=220（万元）$$

建筑企业 6 月应交增值税=销项税额–进项税额=220–（136+30）=54（万元）

3. 一般纳税人对于建筑工程老项目、甲供工程、清包工项目可以选择适用简易计税

(1)老项目是指以下三种情形：

《建筑工程施工许可证》注明的合同开工日期在2016年4月30日前的建筑工程项目；

未取得《建筑工程施工许可证》的，建筑工程承包合同注明的开工日期在2016年4月30日前的建筑工程项目；

《建筑工程施工许可证》未注明合同开工日期，但建筑工程承包合同注明的开工日期在2016年4月30日前的建筑工程项目。

(2)甲供工程，是指全部或部分设备、材料、动力由工程发包方自行采购的建筑工程。

(3)以清包工方式提供的建筑服务，是指施工方不采购建筑工程所需的材料或只采购辅助材料，并收取人工费、管理费或其他费用的建筑服务。

“营改增”新政，赋予了建筑企业最为灵活的计税方式。对于甲供工程，文件并没有规定甲方提供工程材料下限；换言之，甲方哪怕只提供了一颗螺丝钉，建筑企业也可以选择简易计税。这是确保建筑服务税负只降不升(3%征收率相当于营业税税率2.91%)的兜底政策。

江苏国税、福州国税在解答相关问题上都持上述“钉子”观点。

2016年6月7日，国家税务总局在“营改增”视频通报会，再次强调了有关甲供工程的简易计税观点，介绍如下。

“这个问题，我们在不同的场合，包括培训，也包括视频通报会，已经多次明确过，只要工程发包方自行采购了“全部或部分”的设备、材料和动力，**无论其所占比例的大小，建筑企业都可以选择简易计税方法计税。**

今天之所以再次强调这个问题，是因为前期审计署在对税务系统全面推开“营改增”落实情况审计时，还有部分地区向审计署反映，国家税务总局没有规定一个明确的比例，容易引起征纳矛盾。

“营改增”后，甲方如果是一般纳税人，会倾向于扩大甲供材的采购，以增加自身可抵扣的进项税。相应的，建筑企业可抵扣的进项税必然减少，税负增加的概率较大。允许甲方采购材料的建筑工程选择简易计税，实际上是一个兜底政策。一方面，多数建筑工程或多或少都会有一些甲供材，也就意味着大部分建筑工程都能选择简易计税，基本可以确保建筑行业改革后税负稳定。另一方面，对没有甲供材、材料全部由建筑企业采购的工程，建筑企业抵扣的进项税大多是17%的

税率，而销项税按照11%计算，低征高扣，税负基本也不会增加。因此，各地要理解清楚这个政策的本意，要保证我们的税务干部都清楚、都明白，也要引导纳税人主动适用这个政策，保证建筑业税负稳定。”

（资料来源：湖北省国税局网站。）

需要注意的是，尽管文件未对甲方提供材料设置最低比例限制，建筑企业一般纳税人所有工程项目理论上均可以视为甲供材方式，并选择适用简易计税，但建筑服务购销双方需要在工程合同中就服务方式明确约定，并向主管税务机关备案，避免对增值税专用发票适用税率（征收率）产生分歧。

（五）纳税义务时间

建筑服务纳税义务时间可以概括为：

(1) 如尚未提供建筑服务，纳税人先收到预付款，则预收日为纳税义务时间；

(2) 在工程服务中，收到款项日、合同约定日及开具发票日三个时点中最早的时间；

(3) 如果工程服务中未收到工程款、且未约定付款日，则以工程完工、办理项目移交当日为纳税义务时间。

建筑企业跨县（市、区）提供服务，在收到预收款时，需在建筑服务发生地预缴增值税，同时要在住所地主管国税机关申报纳税。具体参见表1-11。

小规模纳税人跨县（市、区）提供建筑服务，不能自行开具增值税发票的，可向建筑服务发生地主管国税机关按照其取得的全部价款和价外费用申请代开增值税发票。

（六）纳税地点

(1) 单位或个体工商户应当向其机构所在地或者居住地主管税务机关申报纳税。总机构和分支机构不在同一县（市）的，应当分别向各自所在地的主管税务机关申报纳税；在服务发生地预缴增值税时，还需同时缴纳城市维护建设税（以下简称城建税）及教育费附加。

其他个人提供建筑服务，应向建筑服务发生地主管税务机关申报纳税。

扣缴义务人应当向其机构所在地或者居住地主管税务机关申报缴纳扣缴的税款。

(2) 跨县（市）建筑服务预缴申报。具体如表3-2所示。

表3-2　跨县（市）建筑服务预缴、纳税申报表

纳税人	征税方法	销售额 X	服务发生地	机构所在地
小规模纳税人	简易计税	营业额（含价外费用）−分包款	征收率3%，预缴增值税$=X\div1.03\times3\%$	纳税申报，预缴或应缴
一般纳税人	一般计税	营业额（含价外费用）	预征率2%，预缴增值税$=X\div1.11\times2\%$	纳税申报销项税额$=X\div1.11\times11\%$，预缴或应缴

（资料来源：作者根据国家税务总局文件整理。）

(3)跨省建筑服务预缴。

一般纳税人跨省(自治区、直辖市或计划单列市)提供建筑服务在机构所在地申报纳税时，计算的应纳税额小于已预缴税额，且差额较大的，由国家税务总局通知建筑服务发生地所在地省级税务机关，在一定时期内暂停预缴增值税。

(4)跨区域经营管理。

建筑业纳税人跨省税务机关管辖区域(以下简称跨省)经营的，应开具《外管证》；纳税人在省税务机关管辖区域内跨县(市)经营的，是否开具《外管证》由省税务机关自行确定。外出经营证明时间一般不超过 180 天，但建筑安装行业纳税人项目合同期限超过 180 天的，按照合同期限确定有效期限。在服务发生地预缴税款应按非固定业户外出经营活动管理。其他情况参见表 1-12。

二、建筑企业试点前部分完工项目的征税与开票

建筑企业试点前已开工且已部分完工的工程项目，是否需要缴纳营业税并开具发票，是纳税人过渡期的风险点，同样也是建设方不容忽视的问题。

(一)部分完工的建筑服务需缴纳税营业税的三种情形

在 2016 年 5 月 1 日前，《营业税暂行条例》和《营业税暂行条例实施细则》仍是有效的。如果符合其规定的纳税义务时间，则应按规定缴纳营业税。相关规范如下。

《营业税暂行条例》：

“第十二条　营业税纳税义务发生时间为纳税人提供应税劳务、转让无形资产或者销售不动产并收讫营业收入款项或者取得索取营业收入款项凭据的当天。国务院财政、税务主管部门另有规定的，从其规定。”

《营业税暂行条例实细则》：

“第二十四条　条例第十二条所称收讫营业收入款项，是指纳税人应税行为发生过程中或者完成后收取的款项。

条例第十二条所称取得索取营业收入款项凭据的当天，为书面合同确定的付款日期的当天；未签订书面合同或者书面合同未确定付款日期的，为应税行为完成的当天。

第二十五条　纳税人转让土地使用权或者销售不动产，采取预收款方式的，其纳税义务发生时间为收到预收款的当天。

纳税人提供建筑业或者租赁业劳务，采取预收款方式的，其纳税义务发生时间为收到预收款的当天。”

根据上述规定，建筑业营业税纳税义务时间可归纳为如下三种情形：

(1)如果有预收款的，为预收款当天；

(2)如果在合同中有约定付款日期，同时提供应税服务达到了付款条件，即使未收到款项也应作为纳税义务时间；

(3)如果合同未约定付款日期，建筑企业也未收到款项，以应税行为完成作为纳税义务时间，这个应税行为完成一般为取得双方确认、办理工程竣工决算的当天。

如建筑企业符合下列情形之一，即需缴纳营业税；如未缴纳营业税，在 2016 年 5 月 1 日之后，也需要与主管地税机关沟通，及时补缴营业税。

(1)2016 年 5 月 1 日前收到建筑服务预收款。

(2)达到了合同约定的付款日期或付款条件。

(3)完成了建筑服务，符合其中一种情形的。

已提供工程服务，不符合上述情形，为“营改增”之后的建筑服务，建筑企业一般纳税人可以适用一般计税或选择适用简易计税，征收增值税。

(二)2016 年 5 月 1 日之前购买的工程材料，相关进项税额可否抵扣

对于 2016 年 5 月 1 日之前已开工的工程项目，纳税人适用一般计税方法的，如果 2016 年 5 月 1 日之前购买且已领用的材料，即使在 2016 年 5 月 1 日之后取得了增值税专用发票，因为领用时间是在试点之前，即属于用于非应税项目，其相关进项税额不能抵扣。

如果在 2016 年 5 月 1 日之前所购材料，但材料尚未领用，在 2016 年 5 月 1 日之后取得了增值税专用发票，只要材料不是用于简易计税、集体福利等不能抵扣项目，在发票有效期认证的，相关进项税额可以抵扣。

(三)建筑服务已预缴营业税，2016 年 5 月 1 日后可否开具增值税专用发票

从财税〔2016〕36 号文件及其他“营改增”文件看，目前仅有如下两种开具普通发票的情形，并未包含增值税专用发票。

“第十七条　一般纳税人销售自行开发的房地产项目，其 2016 年 4 月 30 日前收取并已向主管地税机关申报缴纳营业税的预收款，未开具营业税发票的，可以开具增值税普通发票，不得开具增值税专用发票。”

“第二十四条　小规模纳税人销售自行开发的房地产项目，其 2016 年 4 月 30 日前收取并已向主管地税机关申报缴纳营业税的预收款，未开具营业税发票的，可以开具增值税普通发票，不得申请代开增值税专用发票。”

根据各省市国税局解释，已征营业税未开发票的，在 2016 年 5 月 1 日后不能开具增值税专用发票，但可以在 2016 年 12 月 31 日前开具增值税普通发票。

（四）未缴营业税的税务风险

建筑企业符合上述情形，未缴营业税的，存在查补税款风险；而建设单位包括房地产开发企业及其他建设单位，即使取得了增值税专用发票，相关进项税额也不宜抵扣。

三、建筑服务“营改增”应用筹划

（一）建筑企业如何租用设备或服务、选择供应商

1. 如何租用设备或服务

租用设备（塔吊、脚手架）的服务方法不同，税率不同，建筑企业需根据不同采购方式、选择不同的供应商或洽谈商定相应的价格。

【例 3-3】是租用设备还是直接购买建筑服务？

某建筑公司需要租用建筑通用设备，如搭脚手架所需的钢管、扣件，工程塔吊等。建筑公司有两种选择：其一是直接租用相关工程材料或设备，自行操作；其二是购买建筑服务，即将搭脚手架服务等外包给其他供应商。建筑公司选择不同的购买方式、不同的供应商，可以取得的增值税专用发票、税率（征收率）不同。

对于供应商而言，如果仅提供设备出租、不提供操作服务，适用动产租赁服务税率 17%；如果在租用同时提供塔吊操作、搭脚手架，适用建筑服务税率 6%。

如向小规模纳税人采购，征收率 3%，可要求供应商向税务申请代开增值税专用发票；如向其他个人租用，征收率 3%，其他个人只能申请开具增值税普通发票，建筑企业不能取得可以抵扣的专用发票。

2. 如何选择供应（分包）商

建筑公司选择业务分包是常见的业务合作模式。“营改增”之后，需要选择合适的分包商，可参考如下规则。

（1）小规模纳税人，分包商宜为小规模纳税人，计税可以扣除分包额（也需有合法扣税凭证）。

（2）一般纳税人，选择适用简易计税办法的，同小规模纳税人；

（3）一般纳税人一般选择能提供专用发票的一般纳税人供应商，但如果小规模纳税人供应商不含税价小于一般纳税人不含税价时，则也可以选择小规模纳税人；如果同时考虑城建税、教育费附加及地方教育附加的影响，具体可按表 4-5 采购比价系数计算实际不含税成本进行比价。

【例 3-4】某建筑企业拟将一项工程分包给其他建筑企业。现有如下两种方案：

(1)供应商为小规模纳税人或适用简易计税的一般纳税人,报价为103万元(假定可以开具3%的专用发票);

(2)一般纳税人报价111万元,其中增值税专用发票注明的进项税额为11万元。

假如建筑企业城建税、教育费附加税(费)率合计为12%。

【分析】

上述两方案不含税采购成本均为100万元,如不考虑附加税费影响,则两方案等效;如再同步考虑附加税费的影响时,可查表4-5对应税率下的采购比价系数:

选择小规模纳税人和一般纳税人对应的系数分别为0.967 38和0.889 01。则可比不含税成本分别为:

小规模纳税人(或适用简易计税一般纳税人):103×0.967 38=99.94(万元)

一般纳税人:111×0.889 01=97.79(万元)

因向一般纳税人采购的不含税成本低于小规模纳税人,则在同时考虑附加税费的情况下,选择一般纳税人更为有利。

(二)建筑企业计税方式筹划

营业税改征增值税后,一般纳税人建筑企业提供建筑服务时,适用的计税方式比较灵活。选择何种计税方式、如何签署合同是建筑企业签署工程合同前必做的功课。

建筑企业老项目、甲供工程及清包工方式可以选择适用简易计税方法。那么建筑企业一般纳税人应在什么情况下优先选择简易计税?相关分析筹划如下。

【例3-5】假如某建筑企业对外提供的建筑工程标的总额为1,其中自行采购建筑材料含税额占工程总额的比例为B,税率为17%,该建筑企业如何选择适用的计税方式?

【分析】

当期采购取得的进项税额=1×B÷1.17×17%

选择一般计税方法应交增值税为:

销项税额–进项税额=1÷1.11×11%–B÷1.17×17%=0.0991–0.1453B

选择简易计税方法应交增值税=1÷1.03×0.03=0.02913

两种计税方式的税负平衡点为:0.0991–0.1453B=0.02913

则B=48.16%

对应进项税额占比=1×48.16%÷1.17×17%=7%

【筹划结论】

(1)当建筑企业提供的建筑服务总额中,可以取得17%进项税专用发票的材料,其含税采购额占工程合同总额的比例大于48.16%,即可以取得扣税凭证的采购进项税额占总工程标的比例大于 7%时，建筑企业宜选择适用一般计税方法；图 3-2 中(a)图为含税采购占比、(b)图为进项税额占比。

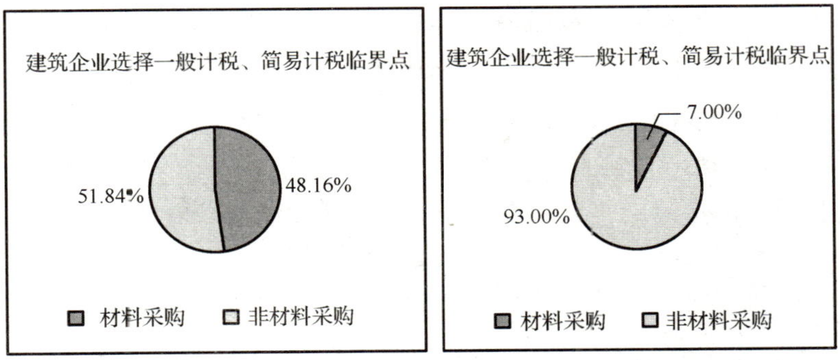

(a) (b)

图 3-2 建筑企业材料进项税额占工程总额筹划临界点

(2) 当建设单位选择自供材料，建筑企业一般宜选择简易计税方法，增值税税负率为 3%÷1.03=2.91%，较“营改增”之前的 3%的营业税税负要低。

另外，建筑企业是否选择分包方式、是否选择选择简易计税，均可以开具全额(不扣减分包额)、可以抵扣的增值税专用发票，提供给建设单位。

（资料来源：作者原创，仅代表个人观点。）

【例 3-6】杭州 M 环境科技公司(以下简称 M 公司)主营消防、安全器材的安装业务，2016 年 7 月拟为某公司新建大楼提供全套消防安装工程服务，合同总价 222 万元。M 公司完成相关服务需外购并可以取得增值税专用发票的材料含税价为 117 万元。问 M 公司选择哪种计税方式更为有利？

【分析】

方法一：运用筹划平衡点选择。

该公司取得的材料价税总额为 117 万元，占工程总额比例：

117÷222=52.7%>48.16%

公司取得的材料进项税额为 117÷1.17×17%=17 万元，占工程总额比例：

17÷222=7.66%>7%

上述比例均大于建筑企业一般计税方式筹划平衡点，说明公司选择一般计税方式更为有利。

方法二：计算比较。

选择适用简易计税

公司应交增值税=222÷1.03×3%=6.466(万元)

适用一般计税。

公司可以取得的进项税额为 17 万元。

销项税额=222÷1.11×11%=22(万元)

应交增值税=销项税额−进项税额=22−17=5(万元)

两方案比较:

应交增值税一般计税法较简易计税法要少 1.466 万元(6.466−5),说明该公司选择一般计税方式相对有利。

【说明】直接利用筹划平衡点有利于非财务专业人员快捷进行采购比价。

四、建筑企业“营改增”面临的风险与机遇

(一)建筑企业“营改增”面临的风险

“营改增”新政给建筑企业带来的更多的是减税机遇,但纳税人也需要主动适应变革,适当调整经营模式,识别并有效规避财税风险。

1. 接受或善意接受虚开发票的风险

建筑企业票据不规范现象是行业通病,“营改增”之后,因启用增值税升级版,建筑企业接受专用发票并进行认证后,系统将自动完成比对,可以及时发现虚开,虚假发票将再无立足之地。

什么是发票虚开,这个内涵超出一般人的认知,除了发票本身是假的,即便是真票,根据《发票管理办法》(2010 年修订、国务院令 587 号),如属以下情形,也为虚开。

“第二十二条　开具发票应当按照规定的时限、顺序、栏目、全部联次一次性开具,并加盖发票专用章,任何单位和个人不得有下列虚开发票行为:

(1)为他人、为自己开具与实际经营业务情况不符的发票;

(2)让他人为自己开具与实际经营业务情况不符的发票;

(3)介绍他人开具与实际经营业务情况不符的发票。”

建筑业采购商品或服务时,需要采购业务真实;通常需做到合同、发票、物流与现金流方向保持一致。否则,有可能承担严重的后果。建筑企业过去很多是项目承包与挂靠方式,项目相关的产、供、销与资金收付均自成一体、分开操作。传统模式显然与上述增值税管理要求不符,还需及早调整。

【说明】《国家税务总局关于加强增值税征收管理若干问题的通知》(国税发〔1995〕192 号)该文虽受到业界很多质疑,但仍需给予应有重视。同时建筑企业也不排除、仍有可能存在善意接受虚开发票的情形。比如,上游供应商接受虚开,

也可能让下家受到牵连。尽管采购业务真实并支付了相关的货款，但一旦被认定为善意接受虚开，虽不罚款，也要将原增值税进项税额转出，遭受损失。

2. 增值税进项税额少转、迟转或多转的风险

(1) 少转、迟转风险：当采购物品用于简易计税、集体福利或个人消费、餐饮娱乐支出、居民日常服务时，相关进项税额，不能从销项税额中抵扣。对于建筑企业财务人员而言，增值税是全新知识，且核算与管理难度均远大于从前；特别是对于采购材料是否实际用于简易计税项目，如果未与项目工程管理部门有效沟通，容易出现少转或未及时转出的风险。

购进货物、在产品、产成品、在建工程及不动产发生非正常损失，相关进项税额也不能抵扣。上述“非正常损失”，是指因管理不善造成货物被盗、丢失、霉烂变质，以及因违反法律法规造成货物或者不动产被依法没收、销毁、拆除的情形。一旦发生，所有与之相关的采购进项税额均需转出。这里，需注意以下两点。

一是避免扩大“非正常损失”范围，将本不属于上述范围的、正常的经营损失也视为非正常损失。

二是注意计算的准确性。转出计算工作量较大。对于固定资产、无形资产和不动产可以用当期净值和适用税率计算，分别在已抵扣和未抵扣(40%需在收到发票第 2 年抵扣)的进项税额中转出；对于建筑企业的在产品而言，因工期长、耗用材料等进项较多，同时财务管理部门与因施工现场相距甚远，如果信息传递不及时，了解情况不真实，也难以准确判断、及时足额转出相关进项税额。

(2) 多转风险：除上述因信息不对称、核算或定性不准确(非正常损失)所致的多转外，还有同时用于应税和简易计税、集体福利等固定资产、无形资产和不动产的情况。不少财务人员，将本不需要转出的进项税额错误地按比例一并转出，造成误转、多转，在实务操作中的可能性非常大。

3. 延迟缴纳税款、补交滞纳金的风险

“营改增”之后，建筑企业纳税义务时间与“营改增”前基本一致，但在征管的尺度上，主管国税部门执行纳税义务时间的刚性可能较地税要求更高。在过去征收营业税期间，纳税时间常与开票日同步；而一旦改征增值税，主管部门由原地税机关变更为国税部门，财务人员更需强化纳税义务时间意识，避免因推迟缴纳、出现补交滞纳金的风险。

4. 视同销售范围扩大、未申报纳税的风险

“营改增”后，视同销售范围要大于原营业税，视同销售范围包括了(除用于公益事业外)的其他所有销售服务、无形资产和不动产，而过去仅限于不动产或土地

使用权的出售与出租，“营改增”后新增了所有向其他单位或个人无偿提供服务的情形(公益除外)。

比如，过去企业之间无偿借款、关联方之间无偿提供建筑周转材料、无偿提供质量体系管理等都存在需视同缴税的风险(各地实际执行不完全一致，具体以主管国税部门意见为准)。这也是除建筑行业之外的所有行业均需引起重视的一个变化点。

5. 服务发生地与机构所在地主管部门双重监管的风险

建筑业纳税地点在不同县(区)的，既需在项目服务发生地预缴，也要回机构所在地纳税申报；而跨省项目，如果预缴额大于申报应纳税额的，还需国家税务总局通知方可停止预缴，两地的管理机关均有监管甚至处罚的权利。

纳税人跨县(市、区)提供建筑服务，应向建筑服务发生地主管国税机关预缴税款；而自应当预缴之月起超过 6 个月没有预缴税款的，由机构所在地主管国税机关按照《中华人民共和国税收征收管理法》及相关规定进行处理。

建筑企业需要规范预缴与申报，平衡两地的利益，与服务地和机构所在地税务管理机关有效沟通。

6. 财务未分开进行会计核算、从高适用税率的风险

建筑企业在经营中一般存在多种兼营情形，各文件均要求分开核算。财税〔2016〕36 号文件附件 1，第三十九条：

“纳税人兼营销售货物、劳务、服务、无形资产或者不动产，适用不同税率或者征收率的，应当分别核算适用不同税率或者征收率的销售额；未分别核算的，从高适用税率。”

财税〔2016〕36 号文件附件 2 一(一)：

“试点纳税人销售货物，加工、修理修配劳务，服务，无形资产或者不动产适用不同税率或者征收率的，应当分别核算适用不同税率或者征收率的销售额，未分别核算销售额的，按照以下方法适用税率或者征收率：

(1)兼有不同税率的销售货物，加工、修理修配劳务，服务，无形资产或者不动产，从高适用税率。

(2)兼有不同征收率的销售货物，加工、修理修配劳务，服务，无形资产或者不动产，从高适用征收率。

(3)兼有不同税率和征收率的销售货物，加工、修理修配劳务，服务，无形资产或者不动产，从高适用税率。”

一般纳税人增值税会计核算，对于建筑业财务人员专业能力提出了更高要求，特别是对于既有一般计税方法，又有选择简易计税方法的建筑企业，需要财务人员认真学习，适应变化。能充分依托财务软件，合理设置会计明细核算账目和项

目辅助核算，或者对不同项目另建专账核算，否则易被主管税务部门从高适用税率，多缴增值税。

7. 其他风险

(1)认识风险：认识高度不够、应对准备不足，以为“营改增”只与财务人员相关，出现系统性运营风险。

(2)采购决策风险：为降低增值税税负率，一味要求供应商提供专用发票，实质提高高采购成本的风险。

(3)计税方式适用不当风险：没有根据项目测算可以取得的进项税额，洽谈选择甲供材、清包工建筑服务，选择更为有利的计税方式，导致多支付税款的风险。

(4)销售定价与筹划风险：未很好理解增值税原理，错误定价，损失利润的风险。

类似风险还有很多，需要建筑企业管理者及财务从业人员认真学习、主动调整，规避风险。

(二)建筑企业“营改增”面临的机遇

从表面上看，建筑企业“营改增”后的税率由营业税3%提高到了11%，似乎建筑企业“营改增”税负率会大大提高。但应看到，建筑企业具有灵活的计税方式选择权，对于取得扣税凭证较为有限的建筑工程项目，建筑企业可以充分运用甲供工程和清包工的合作方式，选择适用简易计税。因简易计税征收率为3%，换成营业税口径，相当于2.91%，较营业税3%也下降了0.087%。

而当建筑企业可以取得的进项税额达到总工程标的额的7%以上时，建筑企业适用一般计税，较3%的征收率税负要低。建筑企业“营改增”后税负下降是显而易见的。

【案例分析】

“营改增”对于建筑企业而言是减税利好

中国税务报登出《建筑业“营改增”税负测算分析》一文，以WY项目和YW项目为例，将建筑业按照全部和部分取得增值税进项税额进行模拟分析，然后与营业税负进行比较，得出结论：如果全部材料可以扣税，增值税税负率为2.07%或2.17%，低于3%的营业税税率；如果只能部分取得进项税额发票，项目实际税负率将达到5.9%，远高于“营改增”之前的3%的税负率，并由此得出“对于部分获得专用发票情形，11%的增值税率相对较高”的结论。

而笔者以为，增值税税负率并非企业的真实税负；案例中该税负率计算及分析结果，仅适用于建筑企业客户是不能抵扣增值税的小规模纳税人，或者非营利性行政事业单位及其他个人等特殊情形（即使为此类情形，建筑企业还可以通过选择甲供、清包工方式，选择适用简易计税，降低税负）；如果建筑企业的大部分客户是“营改增”之后的一般纳税人，在不考虑“营改增”之后建筑企业所增加的隐性规范成本时，“营改增”后建筑企业实际税负下降将是必然的。

一、建筑企业增值税税负率提高，并不意味着公司利润降低

为进行比较，作者仍以《建筑业“营改增”税负测算分析》一文中所举例子进行分析。聚焦分歧点，只分析该文 WY 项目，且只以取得部分增值专用发票来分析（不考虑税金附加等其他税负）。

【例 3-7】某建筑企业 WY 项目实现的工程收入为 8 720 万元，工程成本 8 007.789 7 万元，其中可以取得部分增值税进项税额 349.341 967 万元，“营改增”之后税负是否大幅上升？

【分析】

（一）“营改增”之前

建设单位取得的 WY 项目工程成本为 8 720 万元。

建筑企业 WY 项目：

应交营业税=8 720×3%=261.6（万元）

工程毛利=8 720– 8 007.789 7–261.6=450.610 3（万元）

（二）“营改增”前后比较

1. 建设单位 WY 项目

建设单位如果是一般纳税人，在“营改增”之前可接受 8 720 万元的建筑业营业税发票，“营改增”之后，在保持税负不变的情况下，建设单位实质可以接受不含税建筑服务增值税专用发票 8 720 万元，即含税价为 8 720×1.11=9 678.2 万元，其中进项税额为 959.2 万元。因为进项税额对于建设单位来讲，可以抵减应交增值税，并没有增加企业的成本，只不过当期销项税额相对较小时，企业将存在较多的进项留抵税额，损失的只是一点较少的资金时间成本。

假定“营改增”之后，工程合同定价为 9 200 万元，低于 9 678.2 万元，是建设单位可以接受的价格。

其中不含税工程成本：9 200÷1.11=8 288.288 3（万元）。

取得的增值税进项税额为：8 288.288 3×11%=911.7117（万元）。

对于建设单位而言，虽然工程支付较之前多出 480 万元（9 200–8 720），但是增加了可以抵扣的进项税额 911.711 7 万元，企业工程成本反而降低 431.711 7 万元（8 720–8 288.288 3），明显受益于“营改增”新政。

2. 建筑企业 WY 项目

建筑企业“营改增”之后的应交增值税：

销项税额–进项税额=911.711 7–349.341 967=562.369 733（万元）

增值税负率=562.369733÷8 288.2883=6.79%，是“营改增”之前营业税税率的 2 倍。

税负率是明显提高了，但项目毛利情况为：

不含税工程收入=8 288.288 3（万元）

工程成本=8 007.789 7–349.3419 67=7 658.447 7（万元）

工程毛利=8 288.288 3–7 658.447 7=629.840 6（万元）

“营改增”后较之前，公司毛利增加 629.840 6–450.610 3=179.230 3 万元。

“营改增”之后，尽管建筑企业税负率提高了，但是建筑企业可以增加毛利 179.230 3 万元，建设单位可以降低成本 431.711 7 万元。

说明“营改增”后，建筑企业按 11%的增值税税率，表面上看，税负率提高了，但是实际税负并没有增加。

中国税务报原案例分析之所以得出税负率较之前提高的结论，实质是将“营改增”之后的利好全部转给了建设单位，这并不完全符合商业逻辑；因为对于一般纳税人建设单位（甲方）而言，并非只能接受“营改增”之前的合同额。

二、企业增值税税负率并不一定是本公司的实际税负

2016 年 5 月 1 日起，所有行业均征收增值税。不少人包括专业人士对增值税税率、增值税税负率和企业增值税税负的关系存在认识误区，以为增值税税率高，意味着企业税负率高，企业实际承担的税负就重；而国税管理部门也经常将企业税负率作为纳税评估参考指标。部分企业也将税负率作为考核财务部门的一个指标。围绕着“营改增”后的增值税税率纠缠不休，甚至也有专业人士提出“降低交通运输业、建筑业房、地产业税率至 6%是‘营改增’的唯一出路”。

事实上，企业增值税税负率并不是企业自身的税负水平，所交的增值税也不过是在这道环节替国家实现的税收收入而已。

判断企业自身税负轻重及是否对企业有利，应以企业（项目）的经营净现金流（净利）较大者为判断取舍依据。

（一）建筑企业“营改增”之后的税负率高，并不意味着企业的税负重

仍以 WY 项目为例：

企业“营改增”之后的应交增值税为 562.369 733 万元，增值税税负率 6.79%，是“营改增”之前营业税负税率的两倍多，但该项目的现金流“营改增”前后实际情况如表 3-3 所示。

表 3-3　WY 项目现金流量比较表

单位：万元

现金流项目	“营改增”之前	“营改增”之后	之后较之前
1 现金流入	8720	9 200	480
1.1 工程结算流入	8720	9 200	480
2 现金流出	8 269.39	8 570.16	300.77
2.1 工程成本	8 007.79	8 007.79	0
2.2 流转税	261.6	562.37	300.77
3 现金净流量	450.61	629.84	179.23

从上表可以看出：WY 项目尽管在“营改增”之后的税负率提高，但企业获得了更多的现金净流量，说明企业的实际税负较之前更低。

可能有人会提出置疑，WY 公司现金流增多，是否为将自身的税负转嫁给下游企业，让甲方承担了更高的税负。

下面再将建设单位“营改增”前后的现金流进行比较，如表 3-4 所示。

表 3-4　建筑单位“营改增”前后现金流量比较表

单位：万元

相关现金流项目	“营改增”之前	“营改增”之后	之后较之前
1 现金流入	0	0	0
2 现金流出			
2.1 工程成本	8720	9200	480
2.2 流转税	0	−911.71	−911.71
3 现金净流量	−8720	−8288.29	431.71

从上表可知：“营改增”之后建设单位同样可以少支付现金 431.7117 万元，也可以分享“营改增”带来的红利。

(二)企业税负率低也并不等同于企业的税负轻

为了说明公司税负率的高低与企业实际税负并不存在逻辑关系，再举一例加以说明。

【案例 3-8】甲乙两企业均为销售办公设备的一般纳税人，甲企业采购设备 10 台，支付的价税合计 11.7 万元，取得增值税专用发票 1.7 万元；乙企业采购相同设备，其中 5 台向一般纳税人采购，支付的价税合计为 5.85 万元，向小规模纳税人采购 5 台，支付货款 5 万元。假如甲乙当期均对外销售，取得不含税销售收入均为 12 万元。假定需支付的货款均已支付，销售均收到了现金。(不考虑附加税。)

甲企业应交增值税=12×17%−1.7=2.04−1.7=0.34(万元)

甲企业增值税税负率=0.34÷12=2.83%

乙企业应交增值税=12×17%−5.85÷1.17×17%=2.04−0.85=1.19（万元）

乙企业增值税税率=1.19÷12=9.92%

从表面上看，甲企业当期缴纳增值税=0.34 万元，乙企业缴纳了 1.19 万元，甲企业的税负率为 2.83%，远低于乙企业的税负率 9.92%，是否意味着甲企业的税负要低于乙企业、业绩更优？

我们仍以现金流量表来进行比较分析，如表 3-5 所示。

表 3-5 甲乙企业现金流量比较表

单位：万元

项目	甲企业	乙企业
1 现金流入		
1.1 货款流入	14.04	14.04
2 现金流出		
2.1 采购流出	11.7	10.85
2.2 增值税流出	0.34	1.19
3 现金净流量	2	2

从上述现金流量来看，甲企业与乙企业该期取得的净现金流量均为 2 万元。

为什么甲企业当期缴纳的税款少，税负率低于乙企业，但最后实际取得的现金与乙企业却一致呢？原因是甲企业为取得增值税进项税额，向一般纳税人另外支付了与该进项税额一致的现金；而乙企业向小规模纳税人采购，虽未取得这部分进项发票，但同时也未支付对等的现金。

只要不是最终消费者，其取得的增值税专用发票进项税额，实质也是自身承担的税负；收取的增值税专用发票销项税额对应的资金，实质是向客户成功转移了税负，这是增值税区别于营业税的一个特点。“营改增”之后，需要清除原营业税思维，调整为增值税思维模式。

上述两企业表面上所交税额不同、税负不同，但项目回报一致。说明税负率低并不表示企业自身实际税负轻。

【结论】

(1) 企业的税负率并不代表着企业的实际税负，而仅是在该道环节替国家实现的税收收入。

(2) “营改增”新政对于建筑行业及下游一般纳税人而言均是利好，只是利好的程度可能不同。因为相关行业的总体税负是下降的。

(3) 只有当建筑业的下游客户是不能抵扣增值税的非一般纳税人企业、行政事业单位和其他个人，因该增值税额无法转移到下道环节，建筑企业“营改增”后才存在税负上升的可能；而此时，建筑公司又可以通过甲供材、清包工等方式，选择适用简易计税，确保降低建筑企业纳税人实际税负。

（资料来源：文中【例 3-7】源自中国税务报，全文分析为作者原创，仅代表个人观点。）

第二节 房地产销售“营改增”要点及应用

一、房地产开发企业销售房地产增值税要点

(一)纳税人

(1)房地产业纳税人是指在境内销售自行开发的房地产项目的房地产开发企业。其中：

① 自行开发，是指在依法取得土地使用权的土地上进行基础设施和房屋建设。

② 房地产开发项目，一般是对土地和地上建筑物进行的投资开发建设项目。在我国，依照《中华人民共和国城市房地产管理法》的规定，房地产开发项目是指在依法取得土地使用权的国有土地上进行基础设施、房屋建设的项目。

③ 房地产开发企业是指按照城市房地产管理法的规定，以营利为目的，从事房地产开发和经营的企业。按房地产开发业务在企业经营范围中地位的不同，可将房地产开发企业分为房地产开发专营企业、兼营企业和项目公司。“营改增”文件仅适用于拥有房地产开发经营资质的建设单位。

(2)房地产开发企业以接盘等形式购入未完工的房地产项目继续开发后，以自己的名义立项销售的，属于“营改增”文件规定的销售自行开发的房地产项目。

(二)销售额

1. 一般计税销售额及公式

(1)房地产企业销售房地产适用一般计税方法的，其销售额为销售房地产所取得的全部价款和价外费用，扣除当期销售房地产项目对应的土地价款后的余额。

(2)计算公式及说明：

销售额=(全部价款+价外费用−当期允许扣除的土地价款)÷(1+11%)

当期允许扣除的土地价款=(当期销售房地产项目建筑面积÷房地产项目可供销售建筑面积)×支付的土地价款

当期销售房地产项目建筑面积，是指当期进行纳税申报的增值税销售额对应的建筑面积。

房地产项目可供销售建筑面积，是指房地产项目可以出售的总建筑面积，不包括销售房地产项目时未单独作价结算的配套公共设施的建筑面积。

支付的土地价款，是指向政府、土地管理部门或受政府委托收取土地价款的单位直接支付的土地价款。不包括支付的市政配套费、契税及延期缴纳地价款、土地开发支出等。在计算销售额时从全部价款和价外费用中扣除的地价款，还应当取得省级以上（含省级）财政部门监（印）制的财政票据。

一般纳税人应建立台账登记土地价款的扣除情况，扣除的土地价款不得超过纳税人实际支付的土地价款。

（3）关于房地产企业“一次拿地、分次开发”，如何扣除土地成本，可供销售建筑面积如何确定问题。

房地产企业分次开发的每一期都是作为单独项目进行核算的，这一操作模式与《房地产开发企业销售自行开发的房地产项目增值税征收管理暂行办法》中的“项目”口径一致，因而，对“一次拿地、分次开发”的情形，要分为两步走，第一步，要将一次性支付土地价款，按照土地面积在不同项目中进行划分固化；第二步，对单个房地产项目中所对应的土地价款，要按照该项目中当期销售建筑面积跟与可供销售建筑面积的占比，进行计算扣除。

2. 简易计税

（1）适用对象。小规模纳税人适用简易计税方法，一般纳税人销售自行开发的房地产老项目，可以选择适用简易计税方法按照5%的征收率计税。以取得的全部价款和价外费用为销售额，不得扣除对应的土地价款。一经选择简易计税方法计税的，36 个月内不得变更为一般计税方法计税。

（2）房地产老项目：《建筑工程施工许可证》注明的合同开工日期在 2016 年 4 月 30 日前的房地产项目；《建筑工程施工许可证》未注明合同开工日期或者未取得《建筑工程施工许可证》但建筑工程承包合同注明的开工日期在 2016 年 4 月 30 日前的建筑工程项目。

根据《中华人民共和国建筑法》，在中华人民共和国境内从事各类房屋建筑及其附属设施的建造、装修装饰和与其配套的线路、管道、设备的安装，以及城镇市政基础设施工程的施工，建设单位在开工前应当按规定，向工程所在地的县级以上人民政府建设行政主管部门申请领取施工许可证。

工程投资额在 30 万元以下或者建筑面积在 300 平方米以下的建筑工程，可以不申请办理施工许可证。

（三）销项税额与进项税额

销项税额，为房地产开发企业适用一般计税方法不含税销售额与适用税率的乘积。

进项税额，为房地产开发企业适用一般计税方法所取得的增值税专用发票载明的税额。

一般纳税人销售自行开发的房地产项目，兼有一般计税方法计税、简易计税方法计税、免征增值税的房地产项目而无法划分不得抵扣的进项税额的，应以《建筑工程施工许可证》注明的“建设规模”为依据进行划分。

不得抵扣的进项税额=当期无法划分的全部进项税额×（简易计税、免税房地产项目建设规模÷房地产项目总建设规模）

（四）预缴税款

1. 一般纳税人

一般纳税人采取预收款方式销售自行开发的房地产项目，应在收到预收款时按照3%的预征率预缴增值税。

应预缴税款按照如下公式计算：

应预缴税款=预收款÷(1+11%)×3%

选择适用简易计税，预缴税款公式同小规模纳税人。

2. 小规模纳税人

应预缴税款按照以下公式计算：

应预缴税款=预收款÷(1+5%)×3%

3. 房地产开发企业销售自行开发的房地产项目，应填报《增值税预缴税款表》

房地产开发企业以预缴税款抵减应纳税额，应以完税凭证作为合法有效凭证。相关销售额、预征率、税率、征收率及纳税申报如表3-6所示。

表3-6 房地产开发企业销售不动产销售额、预征率、税率、征收率及纳税申报

纳税人	明细	计税方法	销售额 X	预征率	税率/征收率	预征地预征税款（T_1）	机构所在地（T_2）
小规模纳税人	新老项目	简易计税	全部价款+价外费用	3%	5%	T_1=预收款÷1.05×3%	$T_2=X\div1.05\times5\%-T_1$
一般纳税人	老项目	选择简易计税					
	新老项目	一般计税方法	全部价款+价外费用－当期允许扣除的土地价款	3%	11%	T_1=预收款÷1.11×3%	$T_2=X\div1.11\times11\%-T_1$

注：预征地详见（六）纳税地点。

（资料来源：作者根据国家税务总局文件整理，仅代表个人观点。）

（五）纳税义务时间

房地产销售不动产纳税义务时间，以不动产约定交付给买受人的时间为准；如果实际交房时间早于约定时间，则以实际交房时间为准。

销售不动产的增值税纳税义务发生时间和过去营业税纳税义务发生时间，在政策上发生了重大变化。

根据《营业税改征增值税试点实施办法》第四十五条规定，只有建筑企业和提供租赁服务，纳税义务发生时间为收到预收款的当天，收到预收款的当天不是房地产企业销售不动产的纳税义务发生时间，而此前《营业税暂行条例实施细则》规定，销售不动产收到预收款的纳税义务发生时间为收到预收款的当天。

根据河北省、湖北省国税局等地答疑或解读，财政部和国家税务总局之所以这样规定，是因为房地产开发企业采取预售制度，在收到预收款时，大部分进项税额尚未取得，如果规定收到预收款就要全额按照 11%计提销项税额，可能会发生进项和销项不匹配的“错配”问题，导致房地产开发企业一方面缴纳了大量税款，另一方面后续取得的、大量的留抵税额得不到抵扣。为了解决这个问题，《营业税改征增值税试点实施办法》将销售不动产的纳税义务发生时间后移，收到预收款的当天不再是销售不动产的纳税义务发生时间。同时，为了保证财政收入的均衡入库，又规定了对预收款按照 3%预征税款的配套政策。

一般纳税人应在取得预收款的次月纳税申报期向主管国税机关预缴税款。

小规模纳税人应在取得预收款的次月纳税申报期或主管国税机关核定的纳税期限向主管国税机关预缴税款。

【说明】各地预售房纳税义务时间不存在争议，但是预售房所预缴的增值税，可否抵减当期应交增值税争议较多，从目前执行的情况来看，各地很不统一；具体需以主管部门最新意见为准。

【例 3-9】某房地产公司于 2016 年 7 月收到客户 1 000 万元房地产预收款。

房地产公司在收到预收款的次月纳税申报期内，应按照销售额的 3%预缴增值税，填报《增值税预缴税款表》。

房地产公司未开具增值税发票，因未至纳税义务时间，当期无需在《增值税纳税申报表》第 1 行“按适用税率计税销售额”中填报。

（六）纳税地点

房地产开发企业纳税地点为机构所在地；预缴税款所在地，文件未明确规范，一般在不动产所在地；部分地区要求房地产开发企业在项目所在地设立机构并办理税务登记。参阅“第七章　“营改增”热点专题分析与探讨”。

二、发票开具

(一)发票开具一般规范

1. 一般纳税人

一般纳税人销售自行开发的房地产项目，自行开具增值税发票。其销售额扣除当期销售房地产项目对应的土地价款，但开具的专用发票销售额不扣除土地价款。

一般纳税人销售自行开发的房地产项目，其 2016 年 4 月 30 日前收取并已向主管地税机关申报缴纳营业税的预收款，未开具营业税发票的，可以开具增值税普通发票，不得开具增值税专用发票。

一般纳税人向其他个人销售自行开发的房地产项目，不得开具增值税专用发票。

【例 3-10】A 房地产企业(一般纳税人)自行开发了 B 房地产项目，施工许可证注明的开工日期是 2015 年 5 月 15 日，2016 年 1 月 15 日开始预售房地产，至 2016 年 4 月 30 日共取得预收款 5 355 万元，已按照营业税规定申报缴纳营业税。

A 房地产企业对上述预收款开具收据，未开具营业税发票。

2016 年 5 月又收到预收款 5 355 万元；2016 年 6 月共开具增值税普通发票 10 710 万元(含 2016 年 4 月 30 日前取得的未开票预收款 5 355 万元和 2016 年 5 月收到的 5 355 万元)，同时办理了房产产权转移手续。

问：纳税人在 2016 年 7 月申报期应申报缴纳多少增值税税款？

【分析】

(1)由于 A 房地产企业销售了自行开发的房地产老项目，纳税人可选择适用简易计税方法按照 5%的征收率计税。

(2)纳税人 2016 年 6 月开具增值税普通发票 10 710 万元，其中包括 5 355 万元属于可以开具增值税普通发票的情形。

(3)纳税人应在 2016 年 6 月申报期应就取得的预收款 5 355 万元预缴税款 153 万元。

$$应预缴税款=5\ 355\div(1+5\%)\times3\%=153(万元)$$

(4)纳税人应按照《办法》第十五条规定，在 2016 年 7 月申报期应申报的增值税税款为：

$$5\ 355\div(1+5\%)\times5\%-153=255-153=102(万元)$$

2. 小规模纳税人

小规模纳税人销售自行开发的房地产项目，自行开具增值税普通发票。购买方需要增值税专用发票的，小规模纳税人可向主管国税机关申请代开。

小规模纳税人销售自行开发的房地产项目，其 2016 年 4 月 30 日前收取并已向主管地税机关申报缴纳营业税的预收款，未开具营业税发票的，可以开具增值税普通发票，不得申请代开增值税专用发票。

（二）预售款发票开具

房地产开发企业预售房地产均需按3%的预征率预缴增值税，但预售房地产是否开具专用发票，截止目前各地均有不同的解读。

根据财税〔2016〕36号的精神，预售房地产因为没有提供应税服务，并不是纳税义务时间，如果提前开具发票，纳税义务时间会因为提前开具发票而前移；而不开具发票，又影响购房者办理住房贷款，形成两难困境。对此，从部分省市国税局的相关解读看，预售房发票开具规定不完全一致，详见表7-10。

第三节 转让和出租不动产“营改增”要点与应用

一、纳税人转让不动产增值税要点

（一）纳税人

在境内转让其合法取得的不动产的单位和个人，是转让不动产纳税人。其中个人包括个体工商户和其他个人。

其他个人属于小规模纳税人。

取得的不动产，包括以直接购买、接受捐赠、接受投资入股、自建及抵债等各种形式取得的不动产。

房地产开发企业销售自行开发的房地产项目及未办理权证的一手房适用本章上节规范。

不动产，是指不能移动或移动后会引起性质、形状改变的财产，包括建筑物、构筑物等。建筑物，包括住宅、商业营业用房、办公楼等可供居住、工作或进行其他活动的建造物。构筑物，包括道路、桥梁、隧道、水坝等建造物。

房屋，包括住宅、商业用房、办公楼、厂房、仓储用房等。

（二）纳税地点和征收机关

纳税人转让不动产，应向不动产所在地主管地税机关预缴税款，在机构所在地主管国税机关办理纳税申报。

纳税人自应当预缴之月起超过6个月没有预缴税款的，由机构所在地主管国税机关按照《中华人民共和国税收征收管理法》及相关规定进行处理。

销售不动产的纳税地点和征收机关如表 3-7 所示。

表 3-7　销售不动产的纳税地点和征收机关

纳税人	预缴地点	申报地点	征收机关
单位和个体工商户	不动产所在地	机构所在地	暂委托地税机关
其他个人	不需预缴	不动产所在地	

(三)税率和征收率

不动产销售税率为 11%，征收率为 5%。

(四)征收办法

销售不动产预征，一般计税方法下不含税销售额分母本应按 11%的税率执行，但国家税务总局在出台文件时考虑由地税机关代征，对纳税人是否为一般纳税人相关信息不了解，为提高工作效率，不区分是否为一般纳税人，均统一按 5%的简便算法，具体参考表 3-8。

表 3-8　不动产销售额、预征率、税率(征收率)及申报

项目	纳税人	明细	计税方法	销售额 X	预征率	税率(征收率)	不动产所在地预征税款(T_1)	机构所在地(T_2)
销售不动产	小规模纳税人(不含个人住房、其他个人非住房)	非自建	(选择)简易计税	全部价款+价外费用−不动产购置原价或取得不动产时的作价后的余额	5%	5%	$T_1=X÷1.05×5\%$	纳税申报 $T_2=X÷1.05×5\%-T_1=0$
	一般纳税人							
	小规模纳税人	自建		全部价款+价外费用				
	一般纳税人							
	一般纳税人	非自建	一般计税	全部价款+价外费用	5%	11%	$T_1=$(X−不动产购置原价或取得不动产时的作价后的余额)$÷1.05×5\%$	$T_2=X÷1.11×11\%-$进项税额$-T_1$
		自建					$T_1=X÷1.05×5\%$	
个人住房、其他个人不动产销售	其他个人	(非住房)不动产	简易计税	全部价款+价外费用−该项不动产购置原价或取得不动产时的作价后的余额	5%		直接缴纳，无需预缴 $T_1=X÷1.05×5\%$	
	个人	住房	2 年以内	全部价款+外价费用			$T_1=X÷1.05×5\%$	
			2 年以上	免			0	
		北上广深非普通住房		全部价款+价外费用−该项不动产购置原价或取得不动产时的作价后的余额			$T_1=X÷1.05×5\%$	

(资料来源：作者根据国家税务总局文件整理，仅代表个人观点。)

纳税人按规定从取得的全部价款和价外费用中扣除不动产购置原价或取得不动产时的作价的，应当取得符合法律、行政法规和国家税务总局规定的合法有效凭证。否则，不得扣除。

上述合法有效凭证是指：

(1)税务部门监制的发票；

(2)法院判决书、裁定书、调解书，以及仲裁裁决书、公证债权文书；

(3)国家税务总局规定的其他凭证。

纳税人转让其取得的不动产，向不动产所在地主管地税机关预缴的增值税税款，可以在当期增值税应纳税额中抵减；抵减不完的，结转下期继续抵减。

纳税人以预缴税款抵减应纳税额，应以完税凭证作为合法有效凭证。

增值税小规模纳税人销售其取得的不动产，如果购买方或承租方不属于其他个人的，纳税人缴纳增值税后可以向地税局申请代开增值税专用发票。

【例 3-11】某单位(一般纳税人)，转让其 2016 年 4 月 30 日前自建的厂房，建造成本 600 万元，现以 700 万元价格对外销售，适用一般计税方法计税，应如何计税？

应预缴税款=全部价款和价外费用÷(1+5%)×5%

该单位应在地税机关预缴增值税=700÷(1+5%)×5%=33.34(万元)

应纳税款(销项税额)=全部价款和价外费用÷(1+11%)×11%
=700÷(1+11%)×11%=59.37(万元)

在机构所在地主管国税机关申报纳税时应补退税额为：59.37–33.34=36.03(万元)。

【例 3-12】某企业(小规模纳税人)转让其购买的商业用房，购买原价为 600 万元，现以 700 万元对外销售，应如何计税？

应预缴税款=(全部价款和价外费用–不动产购置原价或取得不动产时的作价)÷(1+5%)×5%

该纳税人应在地税机关预缴增值税=(700–600)÷(1+5%)×5%=4.76(万元)。

应纳税款=(全部价款和价外费用–不动产购置原价或取得不动产时的作价)÷(1+5%)×5% =(700–600)÷(1+5%)×5%=4.76 万元

在机构所在地主管国税机关申报纳税时应补退税额为：4.76–4.76=0(元)。

需要注意的是，如果商业用房的购买方为一般纳税人时，其提供的专用发票注明的销项税额为未扣除不动产购置原价的销售额，即 700÷(1+5%)×5%=33.33 万元，与其交增值税 4.76 万元并不一致。

【例 3-13】某自然人将其购买的商铺以 700 万元对外销售，购买原价为 600 万元，应如何计税？

应纳税款=(全部价款和价外费用–不动产购置原价或取得不动产时的作价)÷(1+5%)×5%

该纳税人应向地税机关申报缴纳增值税为：(700–600)÷(1+5%)×5%=4.76(万元)。

【例 3-14】其他个人转让其取得的住房的案例。

(1)某个人将购买不足 2 年的住房以 200 万元对外销售，应如何计税？

(2)某个体工商户将购买不足 2 年的住房以 200 万元对外销售，应如何计税？

(3)佛山某个人，转让其购买 3 年的住房，应如何计税？

(4)广州某个人，转让其购买 3 年的普通住房，应如何计税？

(5)广州某个人，以 200 万元对外销售其购买 3 年的非普通住房，购买原价为 150 万元，应如何计税？

【分析】

(1)应纳税款=全部价款和价外费用÷(1+5%)×5%

该纳税人应向住房所在地主管地税机关申报缴纳增值税为：200÷(1+5%)×5%=9.52(万元)。

(2)应预缴税款=全部价款和价外费用÷(1+5%)×5%

该纳税人应向住房所在地主管地税机关预缴增值税为：200÷(1+5%)×5%= 9.52 万元。

应纳税款=全部价款和价外费用÷(1+5%)×5% =200÷(1+5%)×5%=9.52(万元)。

向在机构所在地主管国税机关申报纳税时应补退税额为：9.52–9.52=0(元)。

(3)北京市、上海市、广州市和深圳市之外的地区，其他个人转让其购买超过 2 年的住房，免征增值税。

(4)北京市、上海市、广州市和深圳市，其他个人转让其购买超过 2 年的普通住房，免征增值税。

(5)北京市、上海市、广州市和深圳市，其他个人转让其购买超过 2 年的非普通住房的，应纳税款=(全部价款和价外费用–不动产购置原价或取得不动产时的作价)÷(1+5%)×5%。

该纳税人应向住房所在地主管地税机关申报缴纳增值税为：(200–150)÷(1+5%)×5%=2.38(万元)。

二、不动产出租增值税要点

（一）纳税人

同转让不动产。

（二）纳税地点和征收机关

不动产所在地与机构所在地在同一县（市、区）的，纳税人向机构所在地主管国税机关申报纳税。不在同一县（市、区）的，按表 3-9 所示申报。

纳税人出租的不动产所在地与其机构所在地在同一直辖市或计划单列市但不在同一县（市、区）的，由直辖市或计划单列市国家税务局决定是否在不动产所在地预缴税款。

纳税人出租不动产，按照规定应向不动产所在地主管国税机关预缴税款，自应当预缴之月起超过 6 个月没有预缴税款的，由机构所在地主管国税机关按照《中华人民共和国税收征收管理法》及相关规定进行处理。

表 3-9 出租不动产预缴地点、申报地点和征收机关

纳税人	预缴地点	申报地点	征收机关
单位和个体工商户	不动产所在地	机构所在地	国税机关
其他个人	不需预缴	不动产所在地	委托地税机关

（三）税率和征收率

税率为 11%，征收率为 5%。

（四）征收办法

(1) 一般纳税人出租其 2016 年 4 月 30 日前取得的不动产（含房地产开发企业中的一般纳税人，出租自行开发的房地产老项目，下同），可以选择适用简易计税方法，按照 5%的征收率计算应纳税额。一般纳税人出租其 2016 年 5 月 1 日后取得的不动产，适用一般计税方法计税。

(2) 小规模纳税人出租不动产，按照以下规定缴纳增值税：单位和个体工商户出租不动产（不含个体工商户出租住房），按照 5%的征收率计算应纳税额；个体工商户出租住房，按照 5%的征收率减按 1.5%计算应纳税额。

其他个人出租不动产（不含住房），按照 5%的征收率计算应纳税额，向不动产所在地主管地税机关申报纳税；其他个人出租住房，按照 5%的征收率减按 1.5%计算应纳税额，向不动产所在地主管地税机关申报纳税。

(3)单位和个体工商户出租不动产，按规定向不动产所在地主管国税机关预缴税款时，应填写《增值税预缴税款表》。一般纳税人出租不动产一般计税预征率为3%；一般纳税人选择适用简易计税及其他单位和个人出租非住房预征率均为5%；个人出租住房预征率为1.5%。

单位和个体工商户出租不动产，向不动产所在地主管国税机关预缴的增值税款，可以在当期增值税应纳税额中抵减，抵减不完的，结转下期继续抵减。

纳税人以预缴税款抵减应纳税额，应以完税凭证作为合法有效凭证。

(4)个人出租不动产，当承租人非其他个人时，可以向主管税务机关申请代开增值税专用发票；承租人为个人，个体工商户可以自行开具增值税普通发票，其他个人可以申请代开增值税普通发票。

纳税人出租不动产预征率、税率(征收率)、预征额与纳税申报见表3-10。

表3-10　不动产出租预征率、税率(征收率)与纳税申报

纳税人	明细	计税方法	预征率	税率(征收率)	不动产所在地预征税款(T_1)销售额X	机构所在地(T_2)
小规模纳税人	不含个人住房	简易计税	5%	5%	$T_1=X\div1.05\times5\%$	纳税申报，$T_2=0$
一般纳税人	旧不动产含住房	选择简易计税				
一般纳税人	新老项目	一般计税方法	3%	11%	$T_1=X\div1.11\times3\%$	$T_2=X\div1.11\times11\%-$进项税额$-T_1$
其他个人出租不动产(非住房)			5%	5%	$T_1=X\div1.05\times5\%$	不适用
个人(含个体工商户)出租房屋			1.5%	5%	$T_1=X_1\div1.05\times1.5\%$	不适用

(资料来源：作者根据国家税务总局文件整理，仅代表个人观点。)

注：上述旧不动产是指2016年4月30日前取得的不动产。

(五)税收优惠

(1)其他个人采取一次性收取租金形式出租不动产，取得的租金收入，可在租金对应的租赁期内平均分摊，分摊后的月租金收入不超过3万元的，可享受小微企业免征增值税优惠政策。

(2)增值税小规模纳税人应分别核算销售货物，提供加工、修理修配劳务的销售额，销售服务、无形资产的销售额。增值税小规模纳税人销售货物，提供加工、修理修配劳务月销售额不超过3万元(按季纳税9万元)，销售服务、无形资产月销售额不超过3万元(按季纳税9万元)的，自2016年5月1日起至2017年12月31日，可分别享受小微企业暂免征收增值税的优惠政策。

(六)出租不动产案例

【例3-15】某公司于2016年7月1日将2016年5月15日取得房产证的厂房

出租，出租面积为 10 000 平米，月租金为每平方米 10 元，一次性收取半年租金 60 万元；另收取住房押金 10 万元。

【分析】

该公司出租的厂房取得时间为 2016 年 5 月 1 日之后取得的房地产(2016 年 4 月 30 日前为在建工程)，适用一般计税方法税率为 11%，纳税义务时间为租赁服务完成收讫销售款项或取得索取销售款项凭据的当天；采取预收款方式的，为收到预收款的当天。

则 2016 年 7 月应纳增值税：

销项税额=60÷1.11×11%=5.95(万元)

收到的押金不交增值税。

【说明】部分专业人士观点将上述情形视为 4 月 30 日前取得的不动产，可选择适用简易计税；江西国税规定不动产取得的时间，以建筑工程许可证(无证按合同)注明的开工日期为准；杭州 12366 咨询回复意见为需以不动产取得的房产证、契证时间为准；不需要办证的以竣工决算时间为准。

【例 3-16】某公司于 2016 年 7 月 1 日将位于异地的一间办公楼出租，该办公楼于 2016 年 4 月 30 日前取得，办公室面积为 200 平米，年租金 30 万元，一次性收取一年租金；另外该办公楼的水电物业费，由物业公司直接向承租方收取。该公司选择适用简易计税。

【分析】

该公司一次性收取的一年租金，在收到租金时即为纳税义务时间，同时，因该不动产与公司所在地不在同一县(市)，应在收到租金的次月纳税申报期内，向不动产所在地主管国税部门预缴增值税，并填报《增值税预缴税款表》。

预缴增值税=30÷1.05×5%=1.43(万元)

在机构所在地纳税申报额=30÷1.05×5%−1.43=0(万元)

办公楼水电费由物业公司直接向承租方收取，且发票直接开给承租方。相关收支与出租方无关，无须缴税。

【例 3-17】某增值税小规模纳税人 2016 年 7 月销售产品 3.05 万元，出租办公楼月租金 1 万元，按月收取租金。该纳税人 7 月是否需缴增值税？

【分析】

该纳税人兼营应税产品和服务，因 2016 年 7 月销售产品未超过 3 万元(3.05÷1.03=2.96)，销售服务也未超过 3 万元，可分别享受小微企业暂免征收增值税的优惠。

【例 3-18】上海某市民 2016 年 7 月出租一栋位于上海浦东新区的住房，月租金为 4 万元，一次性收到 3 个月租金 12 万元，如何征收增值税？

【分析】

因月度租金超过 3 万元，不能享受免征增值税优惠，但可适用 1.5%的征收率。

$$应交增值税=12\div1.05\times1.5\%=0.17（万元）$$

（七）纳税义务时间

出租不动产纳税义务时间为：

纳税人发生应税行为并收讫销售款项或者取得索取销售款项凭据的当天；先开具发票的，为开具发票的当天。收讫销售款项，是指纳税人销售服务过程中或完成后收到款项。取得索取销售款项凭据的当天，是指书面合同确定的付款日期；未签订书面合同或书面合同未确定付款日期的，为服务转让完成的当天。

纳税人提供租赁服务采取预收款方式的，其纳税义务发生时间为收到预收款的当天。

纳税人出租不动产，按照规定需要预缴税款的，应在取得租金的次月纳税申报期或不动产所在地主管国税机关核定的纳税期限预缴税款。

【案例分析】

"营改增"后出租、出售不动产别跑错门、开错票

"营改增"全面推开后，不动产出租、出售涉及面很广、规范多，如主管税务机关涉及不动产所在地的主管国税或地税机关、机构所在地的国税机关。哪些可以申请开具专用发票，如何计算应交或预缴增值税，较为复杂。在办理涉税事项时，还需熟悉相关要求，避免跑错门、开错票。

一、别跑错门

办理涉税事务，首先要分清哪些业务到国税、哪些业务到地税办理。

具体如表 3-11（不含房地产开发企业销售开发的房地产项目、建筑服务）所示。

表 3-11　租、售不动产预征、申报办税机关

<table>
<tr><th>应税行为</th><th>纳税人</th><th>预征主管税务机关</th><th>纳税申报主管税务机关</th></tr>
<tr><td rowspan="3">出租不动产</td><td>一般纳税人</td><td rowspan="2">不动产所在地
主管国税机关</td><td rowspan="2">机构所在地
主管国税机关</td></tr>
<tr><td>小规模纳税人</td></tr>
<tr><td>其他个人</td><td>不动产所在地
主管地税机关</td><td>不适用</td></tr>
<tr><td rowspan="3">出售不动产</td><td>一般纳税人</td><td rowspan="3">不动产所在地
主管地税机关</td><td rowspan="2">机构所在地
主管国税机关</td></tr>
<tr><td>小规模纳税人</td></tr>
<tr><td>其他个人</td><td>不适用</td></tr>
</table>

（资料来源：作者根据国家税务总局文件整理，仅代表个人观点。）

说明:

(1)需到不动产所在地主管地税机关，有如下两种情形:

① 纳税人销售不动产;

② 其他个人出租不动产(不含个体工商户)。

(2)主管国税机关：除上述外的其他应税行为。其中预征地为不动产所在地的国税机关，纳税申报地为机构所在地的主管国税机关。

二、别开错票

(1)一般纳税人出租和销售不动产，一般计税方法开具11%的增值税专用发票(预征按表3-8、表3-10所示的预征率)。

(2)一般纳税人出租和出售不动产(2016年4月30日前取得的不动产)选择适用简易计税方法和增值税小规模纳税人出售、出租不动产(住房减按1.5%征收)，除购买方或承租方不为其他个人的，均可以开具征收率为5%的增值税专用发票(一般纳税人自行开具，小规模纳税人向机构所在地国税机构申请代开)，以便购买方和承租方抵扣。

(3)个人出售和出租不动产，如果承租或购买方非其他个人的，可以向不动产所在地主管地税机关申请开具5%(住房出租减按1.5%计算)增值税专用发票;其他个人租用也可开具或申请代开普通发票。其他个人采取一次性收取租金形式出租不动产，取得的租金收入，可在租金对应的租赁期内平均分摊，分摊后的月租金收入不超过3万元的，可享受小微企业免征增值税优惠政策。

(4)纳税人销售外购的不动产适用简易计税，其应交增值税销售额为取得的全部价款和价外费用，扣减不动产购置原价或取得不动产时的作价后的余额；但是开具增值税专用发票时，销项税额未扣除不动产购置原价或作价，与纳税人应交增值税额并不一致。(江苏国税规定销售不动产仍为差额开票。)

假如某公司销售一栋2016年4月30日前外购的办公用房，原价500万元，销售价为600万元，其选择适用简易计税，应交增值税为(600−500)÷1.05×5%=4.76万元。如果购买方为一般纳税人，需要提供增值税专用发票，则专用发票销项税额=600÷1.05×5%=28.57万元，发票销售额为600−28.57=571.43万元。

【文件依据】

(1)财税〔2016〕36号文所含的4个附件。

(2)国家税务总局关于发布《纳税人转让不动产增值税征收管理暂行办法》的公告(国家税务总局公告2016年第14号)。

(3)国家税务总局关于发布《纳税人提供不动产经营租赁服务增值税征收管理暂行办法》的公告(国家税务总局公告2016年第16号)。

(4)国家税务总局《关于营业税改征增值税委托地税机关代征税款和代开增值税发票的公告》(国家税务总局公告2016年第19号)。

(5)国家税务总局《关于营业税改征增值税委托地税局代征税款和代开增值税发票的通知》(税总函〔2016〕145号)。

(资料来源:作者原创,仅代表个人观点。)

第四节　金融服务"营改增"要点及应用

一、金融服务增值税要点

(一)纳税人

在中华人民共和国境内提供金融服务的单位和个人,为增值税纳税人。

单位,是指企业、行政单位、事业单位、军事单位、社会团体及其他单位。单位既包括了所有金融机构,也包括了从事金融服务的其他单位。

主要金融机构有:

(1)银行:包括人民银行、商业银行、政策性银行。

(2)信用合作社。

(3)证券公司。

(4)金融租赁公司、证券基金管理公司、财务公司、信托投资公司、证券投资基金。

(5)保险公司。

(6)其他经人民银行、银监会、证监会、保监会批准成立且经营金融保险业务的机构等。

个人,是指个体工商户和其他个人。

这里纳税人将个人作为"营改增"金融服务的纳税人。

(二)征税范围

金融服务,是指经营金融保险的业务活动。包括贷款服务、直接收费金融服务、保险服务和金融商品转让。

1. 贷款服务

贷款服务是指将资金贷与他人使用而取得的利息收入的业务活动。各种占用拆借资金取得的收入,包括金融商品持有期间利息(保本收益、报酬、资金占用费、补偿金等)收入,信用卡透支利息收入,买入返售金融商品利息收入,以及融资性售后回租、押汇、罚息、票据贴现、转贷等业务取得的利息及利息性质的收入。

金融商品是指外汇、有价证券(商品：提单、仓单；货币：票据；资本：股票、债券)、非货物期货和其他金融商品。

其他金融商品见本小节“4. 金融商品转让”。

融资性售后回租业务，是以融资为目的，将资产出售给从事融资性售后回租业务的企业后，从事融资性售后回租业务的企业将该资产出租给承租方的业务活动。这里资产包括动产设备和不动产。

以货币资金收取的固定利润或保底利润，按贷款服务缴纳增值税。

黄金租赁业务所收取的租金，按贷款服务缴纳增值税。

福费廷、国内信用证贴现、保理融资一般按贷款服务征税。

2. 直接收费金融服务

直接收费金融服务是指为货币资金融通及其他金融业务提供相关服务并且收取费用的业务活动。包括提供货币兑换、账户管理、电子银行、信用卡、信用证、财务担保、资产管理、信托管理、基金管理、金融交易场所(平台)管理、资金结算、资金清算、金融支付等服务。

3. 保险服务

保险服务是指投保人根据合同约定，向保险人支付保险费，保险人对于合同约定的可能发生的事故因其发生所造成的财产损失承担赔偿保险金责任，或者当被保险人死亡、伤残、疾病或达到合同约定的年龄、期限等条件时承担给付保险金责任的商业保险行为。包括人身保险服务和财产保险服务。人身保险服务，是指以人的寿命和身体为保险标的的保险业务活动。财产保险服务，是指以财产及其有关利益为保险标的的保险业务活动。

4. 金融商品转让

金融商品转让，是指转让外汇、有价证券、非货物期货和其他金融商品所有权的业务活动。其他金融商品转让包括基金、信托、理财产品等各类资产管理产品和各种金融衍生品的转让。

单位将其持有的限售股在解禁流通后对外转让的，按照以下规定确定买入价：

(1) 上市公司实施股权分置改革时，在股票复牌之前形成的原非流通股股份，以及股票复牌首日至解禁日期间由上述股份孳生的送、转股，以该上市公司完成股权分置改革后股票复牌首日的开盘价为买入价；

(2) 公司首次公开发行股票并上市形成的限售股，以及上市首日至解禁日期间由上述股份孳生的送、转股，以该上市公司股票首次公开发行(IPO)的发行价为买入价；

(3) 因上市公司实施重大资产重组形成的限售股，以及股票复牌首日至解禁日期间由上述股份孳生的送、转股，以该上市公司因重大资产重组股票停牌前一交易日的收盘价为买入价。

（三）税率与征收率

金融服务税率均为6%，征收率为3%。

（四）计税方法

计税方法分一般计税与简易计税。

一般纳税人适用一般计税方法，在特定情形下可以选择适用简易计税；小规模纳税人适用简易计税。详见第一章第六节。

其中销售额的确定，金融商品转让、经纪代理服务和有形动产融资性售后回租，将原营业税的差额征税平移至增值税中，仍适用差额征税办法。

在差额征税方法中，扣除差额有不得开具发票、不得开具增值税专用发票（可以开具普通发票，或差额征税发票）和全部可以开具增值税专用发票情形。具体如表3-12所示。

表3-12　金融服务差额征税与发票开具

开具发票规定	差额征税行为
1. 不得开具发票	金融商品转让（因差额征税，接受方也不存在抵扣）
2. 差额不开专票，由委托方开具	经纪代理服务，代收的政府性基金、行政事业性收费等，为财政票据或由委托单位直接开具发票
3. 差额部分不得开具专票	试点纳税人提供有形动产融资性售后回租服务，向承租方收取的有形动产价款本金
4. 全额开具专票	有形动产融资性售后回租老合同且选择不扣除本金

（资料来源：作者根据国家税务总局文件整理。）

【例 3-19】某以金融商品短期投资为主营业务的企业（一般纳税人），假定2016年10月期初转让商品收入为848万元，成本为742万元，该企业10月应纳增值税为：

金融商品转让适用差额征税，其销售额=848–742=106（万元）。

应交增值税=106÷（1+6%）×6%=6（万元）

【说明】金融商品转让不得开具增值税专用发票。

（五）增值税纳税义务时间及纳税申报期限

1. 纳税义务时间

纳税人提供金融服务（不含金融商品转让）并收讫销售款项或取得索取销售款项凭据的当天；先开具发票的，为开具发票的当天。

收讫销售款项，是指纳税人提供金融服务过程中或完成后收到款项。

取得索取销售款项凭据的当天，是指书面合同确定的付款日期；未签订书面合同或书面合同未确定付款日期的，为金融服务完成的当天。

纳税人从事金融商品转让，为金融商品所有权转移的当天。

单位或个体工商户向其他单位或个人无偿提供金融服务的(用于公益事业或以社会公众为对象的除外)，其纳税义务发生时间为金融服务完成的当天。

2. 纳税申报期限

银行、财务公司、信托投资公司、信用社，小规模纳税人及财政部和国家税务总局规定的其他纳税人，以1个季度为纳税期限。

(六)纳税地点

属于固定业户的纳税人提供金融服务应当向其机构所在地或居住地的主管税务机关申报纳税。总机构和分支机构不在同一县(市)的，应当分别向各自所在地的主管税务机关申报纳税；经财政部和国家税务总局或者其授权的财政和税务机关批准，可以由总机构汇总向总机构所在地的主管税务机关申报纳税。

属于固定业户的试点纳税人，总分支机构不在同一县(市)，但在同一省(自治区、直辖市、计划单列市)范围内的，经省(自治区、直辖市、计划单列市)财政厅(局)和国家税务局批准，可以由总机构汇总向总机构所在地的主管税务机关申报缴纳增值税。

扣缴义务人应当向其机构所在地或居住地主管税务机关申报缴纳扣缴的税款。

(七)关于个人保险代理人的税收征管

(1)个人保险代理人，是指根据保险企业的委托，在保险企业授权范围内代为办理保险业务的自然人，不包括个体工商户。

(2)税金及附加：个人保险代理人为保险企业提供保险代理服务应当按“商务辅助服务——经纪代理服务”缴纳增值税和城市维护建设税、教育费附加、地方教育附加，并由保险公司代收代缴。

(3)个人所得税：个人保险代理人以其取得的佣金、奖励和劳务费等相关收入(以下简称“佣金收入”，不含增值税)减去地方税费附加及展业成本，按照规定计算个人所得税。展业成本，为佣金收入减去地方税费附加余额的40%。

(4)发票开具：接受税务机关委托代征税款的保险企业，向个人保险代理人支付佣金费用后，可代个人保险代理人统一向主管国税机关申请汇总代开增值税普通发票或增值税专用发票。

保险企业代个人保险代理人申请汇总代开增值税发票时，应向主管国税机关出具个人保险代理人的姓名、身份证号码、联系方式、付款时间、付款金额、代征税款的详细清单。保险企业应将个人保险代理人的详细信息，作为代开增值税发票的清单，随发票入账。

主管国税机关为个人保险代理人汇总代开增值税发票时，应在备注栏内注明“个人保险代理人汇总代开”字样。

(5)其他证券经纪人、信用卡和旅游等行业的个人代理人比照上述规定执行。信用卡、旅游等行业的个人代理人计算个人所得税时，不执行有关展业成本的规定。

(八)关于预付卡业务规范

(1)预付卡主要分为单用途商业预付卡(简称单用途卡)和支付机构预付卡(简称多用途卡)。

单用途卡，是指发卡企业按照国家有关规定发行的，仅限于在本企业、本企业所属集团或者同一品牌特许经营体系内兑付货物或者服务的预付凭证。

发卡企业，是指按照国家有关规定发行单用途卡的企业。售卡企业，是指集团发卡企业或者品牌发卡企业指定的，承担单用途卡销售、充值、挂失、换卡、退卡等相关业务的本集团或同一品牌特许经营体系内的企业。

支付机构，是指取得中国人民银行核发的《支付业务许可证》，获准办理“预付卡发行与受理”业务的发卡机构和获准办理“预付卡受理”业务的受理机构。

“多用途卡”，是指发卡机构以特定载体和形式发行的，可在发卡机构之外购买货物或服务的预付价值。

(2)发售卡企业销售单用途卡及支付机构销售多用途卡取得的等值人民币资金，接受单用途卡持卡人充值取得的预收资金，或者接受多用途卡持卡人充值取得的充值资金，均不缴纳增值税，售卡方、支付机构可向购卡人、充值人开具增值税普通发票，不得开具增值税专用发票。

(3)售卡方因发行或者销售单用途卡，支付机构因发行或者受理多用途卡并办理相关资金收付结算业务取得的手续费、结算费、服务费、管理费等收入，应按照现行规定缴纳增值税。

(4)持卡人使用单用途卡(使用多用途卡，向与支付机构签署合作协议的特约商户)购买货物或服务时，货物或者服务的销售方或多用途卡特约商户应按照现行规定缴纳增值税，且不得向持卡人开具增值税发票。销售方与售卡方不是同一个纳税人的，销售方在收到售卡方结算的销售款(特约商户收到支付机构结算的销售款)时，应向售卡方或支付机构开具增值税普通发票，并在备注栏注明“收到预付卡结算款”，不得开具增值税专用发票。售卡方或支付机构从销售方取得的增值税普通发票，作为其销售单、双用途卡或接受单、双用途卡充值取得预收资金不缴纳增值税的凭证，留存备查。

二、金融服务不征税与其他相关优惠

（一）不征税

(1) 存款利息。存款，是指将资金存放在银行等具有吸储资质的金融机构而取得利息收入的业务活动。

(2) 被保险人获得的保险赔付。

（二）国内金融服务免征增值税

国内金融服务免征增值税情形详见表 3-13。

表 3-13　国内金融服务免征增值税情形

大类	免征增值税具体情形
利息收入	2016 年 12 月 31 日前，金融机构（含中合农信项目管理办、扶贫基金会成立的农户自立服务社、小额贷款公司）农户小额贷款（10 万元以内）
	国家助学贷款
	国债、地方政府债
	人民银行对金融机构的贷款
	住房公积金在指定的委托银行发放的个人住房贷款
	外汇管理部门委托金融机构发放的外汇贷款
	统借统还借款利息收入，需符合统借统还规定的条件
被撤销金融机构以货物、不动产、无形资产、有价证券、票据等财产清偿债务。不含被撤销金融机构所属、附属企业业务	
信达、华融、长城、东方处置原国有银行剥离不良资产业务。其他经营业务、附属企业不免	
保险	开办的一年期以上人身保险产品取得的保费收入
	农牧保险，是为种植业、养殖业、牧业种植和饲养的动植物提供保险的业务
	保险公司开办的一年期以上人身保险产品取得的保费收入 一年期以上人身保险，是指保险期间为一年期及以上返还本利的人寿保险、养老年金保险，以及保险期间为一年期及以上的健康保险
	试点纳税人提供再保险服务（境内保险公司向境外保险公司提供的再保险服务除外），实行与原保险服务一致的增值税政策。再保险合同对应多个原保险合同的，所有原保险合同均适用免征增值税政策时，该再保险合同适用免征增值税政策。否则，该再保险合同应按规定缴纳增值税
国际航运保险业务	注册在上海、天津的保险企业 注册在深圳市的保险企业向注册在前海深港现代服务业合作区的企业提供 注册在平潭的保险企业向注册在平潭的企业提供
金融商品转让收入	合格境外投资者（QFII）委托境内公司在我国从事证券买卖业务，以及经人民银行认可的境外机构投资银行间本币市场取得的收入；银行间本币市场包括货币市场、债券市场及衍生品市场 香港市场投资者（包括单位和个人）通过沪港通买卖上海证券交易所上市 A 股；对香港市场投资者（包括单位和个人）通过基金互认买卖内地基金份额 证券投资基金管理人运用基金买卖股票、债券 个人从事金融商品转让业务 全国社保基金理事会及投资人相关金融商品转让

续表

大类	免征增值税具体情形
金融同业往来利息收入	人民银行往来，含购买央行票据、与央行开展货币掉期和货币互存等业务 联行往来，含境内银行与其境外的总机构、母公司之间，以及境内银行与其境外的分支机构、全资子公司之间的资金往来业务 同行内部机构之间往来 金融机构间同业拆借、转贴现；同业存款、同业借款、同业代付、同业存单 质押式买入返售金融商品、买断式买入返售金融商品 持有政策性金融债券、持有金融债券
担保机构	为中小企业担保、再担保取得的收入 3 年内免征增值税。不含信用评级、咨询、培训等收入要求：实收资本超 2000 万、担保费率不超过银行同期 50%、合规经营 2 年以上，累计贷款担保额占 2 年担保额 80%以上、单笔 800 万元以下的累计担保贷款额占其累计担保业务总额的 50%以上、单个人担保企业不超过 10%且不超过 3000 万、担保责任余额不低于其净资产的 3 倍，且代偿率不超过 2 倍

（资料来源：作者根据国家税务总局文件整理。）

注：

同业存款：是指金融机构之间开展的同业资金存入与存出业务，其中资金存入方仅为具有吸收存款资格的金融机构。

同业借款：指法律法规赋予此项业务范围的金融机构开展的同业资金借出和借入业务。此条款所称“法律法规赋予此项业务范围的金融机构”主要是指农村信用社之间以及在金融机构营业执照列示的业务范围中有反映为“向金融机构借款”业务的金融机构。

同业代付：指商业银行（受托方）接受金融机构（委托方）的委托向企业客户付款，委托方在约定还款日偿还代付款项本息的资金融通行为。

买断式买入返售金融商品：是指金融商品持有人（正回购方）将债券等金融商品卖给债券购买方（逆回购方）的同时，交易双方约定在未来某一日期，正回购方再以约定价格从逆回购方买回相等数量同种债券等金融商品的交易行为。

金融债券：是指依法在中华人民共和国境内设立的金融机构法人在全国银行间和交易所债券市场发行的、按约定还本付息的有价证券。

同业存单：是指银行业存款类金融机构法人在全国银行间市场上发行的记账式定期存款凭证。

（三）金融服务出口免税

金融服务出口免税业务如表 3-14 所示。

表 3-14　金融服务出口免税情形

出口免税	内容
直接收费服务	为境外单位之间的货币资金融通及其他金融业务提供的直接收费金融服务，且与境内的货物、无形资产和不动产无关

续表

出口免税	内容
出口保险	为出口货物提供的保险服务，包括出口货物保险和出口信用保险
	境内保险公司向境外保险公司提供的完全在境外消费的再保险服务
国际航运保险业务	注册在上海、天津的保险企业从事该业务
	注册在深圳市的保险企业向注册在前海深港现代服务业合作区的企业提供
	注册在平潭的保险企业向注册在平潭的企业提供
	上述政策除已规定期限的外，其他均在营业税改征增值税试点期间执行

（资料来源：作者根据国家税务总局文件整理。）

（四）增值税即征即退

经人民银行、银监会或商务部批准从事融资租赁业务的试点纳税人中的一般纳税人，提供有形动产融资租赁服务和有形动产融资性售后回租服务，对其增值税实际税负超过3%的部分实行增值税即征即退政策。增值税实际税负，是指纳税人当期提供应税服务实际缴纳的增值税额占纳税人当期提供应税服务取得的全部价款和价外费用的比例。

商务部授权的省级商务主管部门和国家经济技术开发区批准的从事融资租赁业务和融资性售后回租业务的试点纳税人中的一般纳税人，2016 年 5 月 1 日后实收资本达到 1.7 亿元的，从达到标准的当月起按照上述规定执行；2016 年 5 月 1 日后实收资本未达到 1.7 亿元但注册资本达到 1.7 亿元的，在 2016 年 7 月 31 日前仍可按照上述规定执行，2016 年 8 月 1 日后开展的有形动产融资租赁业务和有形动产融资性售后回租业务不得按照上述规定执行。

（五）逾期利息缓交增值税

金融企业发放贷款后，自结息日起 90 天内发生的应收未收利息按现行规定缴纳增值税，自结息日起 90 天后发生的应收未收利息暂不缴纳增值税，待实际收到利息时再按规定缴纳增值税。

上述所称金融企业，是指银行（包括国有、集体、股份制、合资、外资银行及其他所有制形式的银行）、城市信用社、农村信用社、信托投资公司、财务公司。

（六）选择适用简易计税

可以选择按照简易计税方法、适用 3%征收率的金融服务如表 3-15 所示。

表 3-15　金融服务可以选择适用简易计税的情形

金融服务	具体项目
贷款利息收入	中国农业发展银行总行及其各分支机构提供涉农贷款（符合文件清单）取得的利息收入

续表

金融服务	具体项目
金融服务	农村信用社、村镇银行、农村资金互助社、由银行业机构全资发起设立的贷款公司、法人机构在县(县级市、区、旗)及以下农村合作银行和农村商业银行提供的金融服务
贷款利息收入	对中国农业银行纳入“三农金融事业部”改革试点的各省、自治区、直辖市、计划单列市分行下辖的县域支行和新疆生产建设兵团分行下辖的县域支行(也称县事业部)，提供农户贷款、农村企业和农村各类组织贷款(具体贷款业务清单见附件)取得的利息收入

注：

(1)村镇银行，是指经中国银行业监督管理委员会依据有关法律法规批准，由境内外金融机构、境内非金融机构企业法人、境内自然人出资，在农村地区设立的主要为当地农民、农业和农村经济发展提供金融服务的银行业金融机构。

(2)农村资金互助社，是指经银行业监督管理机构批准，由乡(镇)、行政村农民和农村小企业自愿入股组成，为社员提供存款、贷款、结算等业务的社区互助性银行业金融机构。

(3)由银行业机构全资发起设立的贷款公司，是指经中国银行业监督管理委员会依据有关法律法规批准，由境内商业银行或农村合作银行在农村地区设立的专门为县域农民、农业和农村经济发展提供贷款服务的非银行业金融机构。

(4)县(县级市、区、旗)，不包括直辖市和地级市所辖城区。

(5)农户贷款，是指金融机构发放给农户的贷款，但不包括表 3-13 所示的免征增值税的农户小额贷款。

(6)农户，是指长期(一年以上)居住在乡镇(不包括城关镇)行政管理区域内的住户，还包括长期居住在城关镇所辖行政村范围内的住户和户口不在本地而在本地居住一年以上的住户，国有农场的职工和农村个体工商户。位于乡镇(不包括城关镇)行政管理区域内和在城关镇所辖行政村范围内的国有经济的机关、团体、学校、企事业单位的集体户；有本地户口，但举家外出谋生一年以上的住户，无论是否保留承包耕地均不属于农户。农户以户为统计单位，既可以从事农业生产经营，也可以从事非农业生产经营。农户贷款的判定应以贷款发放时的承贷主体是否属于农户为准。

(7)农村企业和农村各类组织贷款，是指金融机构发放给注册在农村地区的企业及各类组织的贷款。

【案例分析】

保理业务增值税征税方法探讨

【例 3-20】国内 A 公司 2016 年 6 月 1 日出口一批商品给国外某客户 C，货款为 1 000 万美元，结算方式为 T/T，信用期为 90 天。该企业随即与国内某银行 B 联系，签署了保理业务相关协议。主要条款如下：

A 公司将该应收账款转让给 B 银行：B 银行收取 10 万美元的保理服务佣金，收取 1 000 美元进口商资信调查费，另收到债权转让融资利息 9 万美金，剩余 980.9 万美元按 655.28 元结汇 6 427.64152 万元人民币至 A 公司。B 银行相关业务属何种金融服务？A 公司可否抵扣增值税？2016 年 6 月 1 日汇率 100 美元中间价为人民币 658.89 元。

【分析】

思路一　看作金融商品转让业务

银行用 6 427.641 52 元人民币（美金 980.9 万）换回了 1 000 万美金，金融商品转让收益 1 000×6.588 9−6 427.641 52=161.258 48 万元.

$$销项税额=1\ 612\ 584.8\div1.06\times6\%=91\ 278.38（元）$$

金融商品转让，银行不得开具增值税专用发票。

企业金融转让负收益为 161.258 48 万元，可以从当年金融转让收益中扣减，但不得跨年。

思路二　根据业务分解、多种金融服务组合

从企业角度看，似乎为将应收债权转让给银行，产生的金融商品转让负收益；而根据上述保理服务协议，银行提供了如下服务，增值税销项税额分别为：

(1) 银行收取的 9 万美元，系 100 万美元为期 3 个月的贷款服务，属金融服务——贷款服务，按 6%征收增值税，销项税额=(90 000×6.588 9)÷1.06×6%=33 566.09（元）。

(2) 保理服务佣金为直接收费金融服务，应征增值税，销项税额=100 000×6.588 9÷1.06×6%=37 295.66（元）。

(3) 资信调查费，境外提供的服务，但付款方是境内单位，属增值税应税行为，属现代服务——鉴证咨询服务，销项税额=1 000×6.588 9÷1.06×6%=372.96（元）。

(4) 货币兑换服务。将美元结售汇换成人民币，为直接收费金融服务（提供货币兑换），增值税销项税额=980.9×(6.588 9−6.552 8)÷1.06×6%=20 043.67（元）。

保理行增值税销项税额合计=33 566.09+37 295.66+372.96+20 043.67=91 278.38（元）。

A 公司购买上述服务除贷款服务不能抵扣外，其他如取得增值税专用发票，均可以抵扣，具体为：91 278.38−33 566.09=57 712.29（元）。

思路三　视为一笔贷款服务

保理业务实质是银行（保理行）将资金贷与企业，到期以回笼的应收账款归还贷款本息，所有收费均是贷款服务相关的价款和价外费用，销售额全部适用贷款服务征税。

那么银行到期贷款本息为 1 000 万美元，本金为 6 427.641 52 元人民币（美金 980.9 万）。

贷款利息=1 000×6.588 9−6 427.641 52=161.258 48（万元）

贷款服务销项税额=161.258 48÷1.06×6%=91 278.38（元）

【比较分析】

金融业务是“营改增”的难点，由于金融产品丰富、创新速度快，税收文件很难完全覆盖金融业务。从本例分析看，三种思路，对于银行而言征税结果相同。而不同的处理，对一般纳税人购买方则不同：如果将该业务作为银行金融商品转让负收益，那么购买方应可视为金融商品转让损失，可以在当年的金融商品转让收益中扣除；如果全部视为贷款服务，则购买方不能抵扣；如看作是多种服务组合，除贷款服务不能抵扣外，其他均可抵扣。

但是到底哪种思路正确，理论上讲，如果是银行附有追索权的保理业务，可以视为应收债权质押贷款；如果是无追索权的应收账款资产转让，是否属于金融商品转让的范畴，从现行文件看，也不很确定。广义理解应收账款也是金融资产，但狭义理解，一般是外购的、可转让的金融商品；如果是作为多种服务组合，其中的外汇结售汇，是否可以作为直接收费业务中的货币兑换，也没有具体细则规范。

期待后续有相关细则出台；读者在实际工作中，可以参考相关思路，但需以最新的法规文件为准。

（资料来源：作者原创，仅代表个人观点。）

第五节　生活服务“营改增”要点及应用

一、生活服务增值税要点

（一）征税范围

生活服务是指为满足城乡居民日常生活需求提供的各类服务活动，包括文化体育服务、教育医疗服务、旅游娱乐服务、餐饮住宿服务、居民日常服务和其他生活服务。有关内容如表 3-16 所示。

表 3-16 生活服务征税范围、税目及税率

生活服务	税率	税目
1. 文化体育服务	6%	文艺创作、文艺表演、文化比赛，图书馆的图书和资料借阅，档案馆的档案管理，文物及非物质遗产保护，组织举办宗教活动、科技活动、文化活动，提供游览场所
		组织举办体育比赛、体育表演、体育活动，以及提供体育训练、体育指导、体育管理
2. 教育医疗服务		提供学历教育服务、非学历教育服务、教育辅助服务
		提供医学检查、诊断、治疗、康复、预防、保健、接生、计划生育、防疫服务等方面的服务，以及与这些服务有关的提供药品、医用材料器具、救护车、病房住宿和伙食
3. 旅游娱乐服务		旅游服务，是根据旅游者的要求，组织安排交通、游览、住宿、餐饮、购物、文娱、商务等服务
		娱乐服务，是指为娱乐活动同时提供场所和服务的业务。具体包括歌厅、舞厅、夜总会、酒吧、台球、高尔夫球、保龄球、游艺(包括射击、狩猎、跑马、游戏机、蹦极、卡丁车、热气球、动力伞、射箭、飞镖)
4. 餐饮住宿服务		餐饮服务，是指通过同时提供饮食和饮食场所的方式为消费者提供饮食消费服务的业务活动
		住宿服务，是指提供住宿场所及配套服务等的活动
5. 居民日常服务		主要为满足居民个人及其家庭日常生活需求提供的服务，包括市容市政管理、家政、婚庆、养老、殡葬、照料和护理、救助救济、美容美发、按摩、桑拿、氧吧、足疗、沐浴、洗染、摄影扩印等服务
6. 其他生活服务		

(资料来源：作者根据国家税务总局文件整理。)

(二)销售额

生活服务销售额为纳税人发生应税行为取得的全部价款和价外费用。财政部和国家税务总局另有规定的除外。

价外费用，是纳税人向购买方价外收取的各种性质的收费，但不包括以下项目：

(1)代为收取并符合文件规定的政府性基金或行政事业性收费；

(2)以委托方名义开具发票代委托方收取的款项。

(三)生活服务中可以选择适用简易计税或差额征税的情形

(1)文化体育服务，可以选择适用简易计税，按 3%征收率。

(2)试点纳税人提供旅游服务，可以选择以取得的全部价款和价外费用，扣除向旅游服务购买方收取并支付给其他单位或者个人的住宿费、餐饮费、交通费、签证费、门票费和支付给其他接团旅游企业的旅游费用后的余额为销售额。

选择差额征税办法计算销售额的试点纳税人，向旅游服务购买方收取并支付的上述费用，不得开具增值税专用发票，可以开具增值税普通发票。相关内容详如表 3-17 所示。

表 3-17 生活服务中可选择简易计税（或差额征税）的销售额、税率及应交增值税公式

可选择适用简易计税或差额征税的生活服务	选择适用简易计税/差额征税					未选择差额征税/一般计税	
	选择类型	销售额 X	扣除额 A	征收率 r	应交增值税公式 T_1	税率 R	销项税额公式 T
文化体育服务、非学历教育服务	简易计税	服务费	0	3%	$T_1=(X-A)\div(1+r)\times r$	6%	$T=X\div(1+R)\times R$ 可全额开具专用发票
一般纳税人旅游服务	差额征税	全部价款+价外费用	向旅游服务购买方收取并支付给其他单位或个人的住宿费、餐饮费、交通费、签证费、门票费和支付给其他接团旅游企业的旅游费用	税率 6%	$T_1=(X-A)\div(1+r)\times r$ 本项 T_1 为销项税额 T_1 可以开具专用发票	6%	

（资料来源：作者根据国家税务总局文件整理。）

注：

(1) 上述一般纳税人旅游服务选择差额征税，也为一般计税方法；

(2) 其他可选择适用情形参见“第七章 ‘营改增’热点专题分析”。

二、住宿餐饮服务增值税热点

餐饮服务，是指通过同时提供饮食和饮食场所的方式为消费者提供饮食消费服务的业务活动。

住宿服务，是指提供住宿场所及配套服务等的活动，包括宾馆、旅馆、旅社、度假村和其他经营性住宿场所提供的住宿服务。

(1) 关于酒店纳税人销售储值卡的纳税义务时间问题。

销售储值卡纳税义务时间以提供服务为前提，如果提前开具了发票，则开具发票时间为纳税义务时间；如果“营改增”实施之前卖掉的卡，已经交过营业税，“营改增”以后，客户发生消费。不重复缴纳增值税。

(2) 关于酒店管理公司替业主管理运营的酒店，不是一个主体，相关税怎么抵扣。

酒店委托一个公司来运营，这个楼的进项谁来抵？进项谁取得的谁抵，就是纳税人支付的钱里面含了多少税就扣多少税，票开给谁就谁来扣，这是基本的原则。

(3) 关于“营改增”以后能否合并纳税。

住宿餐饮行业中合并纳税是一个很好的机制，新增值税是百分之百省级地方政府管理，合并纳税只能在省之内，需要汇总纳税可找省一级的财政机构进行审批。

(4) 关于酒店式公寓和长包房业务。

租房的收入应该按 11%的税率来征收，但是酒店的税率是 6%。界定的原则是住宿服务不仅租给消费者一间房，还有很多配套的服务，租房就是给消费者一个

房子爱怎么住怎么住，其他的配套服务都没有。

(5)关于“迷你吧”的问题。

酒店客房“迷你吧”里面的销售商品的收入和房费怎么划分？这相当于这个酒店既有住宿的服务又卖东西，就是分别核算，分别交税。

(6)关于无偿赠送的问题。

增值税在认定无偿赠送的时候的基本原则是赠送对象是不固定的，比如在一个地方摆着，谁拿都行，这叫无偿赠送。

而酒店的房间里摆两瓶水免费喝，这不应该是无偿的，是房费包括的，是因为住店才发生的，所以这两瓶水是酒店经营的成本，是在房费收入里面的，应按照6%的税率缴税。

酒店商品或服务另行标价收费的，按适用税率征税。

(7)酒店为员工提供的员工宿舍、员工餐、员工巴士，系用于集体福利，相关进项税额不能从销项税额中抵扣。

(8)外卖和堂食在税收上的区分。

外卖按销售货物适用税率或征收率；堂食为餐饮服务，适用6%的税率。

【说明】上述内容源自国税总局货劳司解读。

河北国税：旅店业和饮食业纳税人销售非现场消费的食品征收增值税问题。

按照《国家税务总局关于旅店业和饮食业纳税人销售食品有关税收问题的公告》(2011年第62号)和《国家税务总局关于旅店业和饮食业纳税人销售非现场消费食品增值税有关问题的公告》(2013年第17号)的相关规定，旅店业和饮食业纳税人销售非现场消费的食品，属于不经常发生增值税应税行为，可选择按照小规模纳税人缴纳增值税。“不经常发生增值税应税行为”出自《国家税务总局关于明确〈增值税一般纳税人资格认定管理办法〉若干条款处理意见的通知》(国税函〔2016〕139号)中的规定。该文件规定，认定办法第五条第(三)款所称不经常发生应税行为的企业，是指非增值税纳税人；不经常发生应税行为是指其偶然发生增值税应税行为。全面“营改增”后，已不存在非增值税纳税人。

因此，旅店业和饮食业一般纳税人销售非现场消费的食品按照销售货物适用17%的税率。

黑龙江国税对此也有相同解读。

厦门国税2016年8月15日解答“营改增”实务中的15个问题，第10个问题：“酒店业务包房是适用住宿服务还是不动产租赁？”答：“按住宿服务征税。”海南国税规定长包房同样适用住宿服务。

(9)住宿是否需要住店客人提供公司出差证明、公司税务登记证等。

旅客住宿要求开具增值税专用发票，需要向酒店提供所在公司名称、纳税人识别号、开户银行账号及联系电话，个人可以刷卡；无需提供其他证明。部分地区要将个人姓名、身份证号填入发票备注栏。

(10)酒店提供住房、餐厅用餐、洗衣、电话、食品饮料(房间)、用车接送机服务，若购买方为一般纳税人，酒店应该如何开具发票，以及各收入项目所涉及的税率是多少？

除房间内"迷你吧"与住宿服务属于混合销售外，均属于住宿服务的兼营服务，应分项目核算和开具发票，而且餐厅用餐、洗衣属于餐饮服务和居民日常服务，进项税额不能抵扣。相关应税行为、所属服务及适用税率如下。

酒店入住(包括房间内提供的食品饮料等)：住宿服务，6%。

餐厅用餐：餐饮服务，6%。

洗衣服：居民日常服务，6%。

电话、电信服务：11%。

用车接送机：交通运输服务，11%。

(11)关于出租会议室的适用税目、税率问题。

宾馆出租会议室不是单独提供场地，还包括会议服务，如整理、打扫、饮水、音响等，这与不动产经营租赁有本质的区别，应按照"会议展览服务"适用6%的税率征税。

(12)试点城市住宿服务小规模纳税人可以自行开具增值税专用发票。

2016年8月1日起，试点城市住宿服务小规模纳税人提供住宿服务、销售货物或发生其他应税行为，需要开具增值税专用发票的，可以通过增值税发票管理新系统自行开具，主管国税机关不再为其代开。试点纳税人销售其取得的不动产，需要开具增值税专用发票的，仍须向地税机关申请代开。主管税务机关为试点纳税人核定的单份增值税专用发票最高开票限额不超过一万元。在填写增值税纳税申报表时，应将当期开具增值税专用发票的销售额，按照3%和5%的征收率，分别填写在《增值税纳税申报表》(小规模纳税人适用)第2栏和第5栏"税务机关代开的增值税专用发票不含税销售额"的"本期数"相应栏次中。91个试点城市名单如下：

① 东部城市42个：

北京	天津	石家庄	唐山	秦皇岛	沈阳	大连	本溪	丹东
锦州	上海	济南	青岛	淄博	潍坊	烟台	泰安	南京
无锡	徐州	常州	苏州	扬州	杭州	温州	绍兴	金华

宁波　福州　厦门　广州　佛山　汕头　泉州　湛江　惠州
江门　韶关　中山　海口　三亚　深圳

② 中部城市 27 个：

太原　大同　长春　吉林　哈尔滨　齐齐哈尔　大庆　牡丹江
合肥　芜湖　蚌埠　安庆　宣城　南昌　九江　赣州
郑州　洛阳　平顶山　南阳　武汉　宜昌　襄樊　长沙
株洲　岳阳　常德

③ 西部城市 22 个：

呼和浩特　包头　南宁　桂林　北海　重庆　成都　泸州
绵阳　南充　贵阳　遵义　昆明　大理　西安　宝鸡
兰州　天水　西宁　银川　乌鲁木齐　拉萨

此项举措在技术上可行，可大大缓解国税代开工作量，方便纳税人，也使购买住宿服务的纳税人不再因未能取得增值税专用票而重复征税，是一个共赢的举措，预计在短时间内会全面推开。

【案例分析】

“营改增”后公司职工食堂外包如何征税

【例 3-21】某公司职工食堂拟整体外包给专业餐饮服务机构，食堂既有经营场地等不动产，也有厨具等设备，也有稳定的消费群等经营权利，在“营改增”之后，公司员工食堂外包如何征税？

【分析】

职工食堂对外承包主要存在如下两种方式。方式一：仍以被承包人名义内部运营。方式二：以承包者名义对外经营。不同经营方式涉税处理不一。

方式一：

以公司名义运营，经营风险由被承包人承担。食堂所需物资仍以公司名义采购，食堂运营支出均在公司列支核算，则仍属于公司内部食堂。如果食堂服务对象仅为公司内部员工，不对外经营，系公司为聘用的员工提供的服务，不征增值税。

企业支付给承包人的报酬，系公司人力成本或购买的商务辅助服务。

员工免费进餐非人人有份且金额难以确定，一般不征个人所得税。

方式二：

公司将食堂外包给外部专业餐饮服务公司，由专业经营机构负责运营管理、承担经营风险，按期向公司支付承包费用，员工就餐直接向承包人支付就餐费用或由公司统一向承包人支付餐饮服务费。

公司将食堂包括场地、设备及经营权整体外包给专业公司，如果外包协议并未区分不同资产外包服务价格，因该协议主要标的并非不动产、动产的使用权，而是食堂的经营权，适用增值税“销售无形资产——其他权益性无形资产”之中的经营权（其他经营权），按所收全部价款包括价外费用按6%的适用税率征税，不适用不动产、动产租赁服务征税；如果公司食堂发生的水电气费用单独向专业公司收取，则按转售水电气适用税率征税（电 17%，自来水、天然气 13%）。如果出租与承租方相互之间存在免费服务，还需将双方互免费用也作为销售额的组成部分。

企业及内部员工支付给专业公司的进餐费用，餐饮服务专业公司需按“生活服务——餐饮服务”，按 6%的税率征税（小规模纳税人适用 3%的征收率）。

企业按月发放员工的进餐补助或代付的餐费，需代扣代缴个人所得税。

（资料来源：作者原创，仅代表个人观点。）

三、娱乐服务及文化事业建设费

（一）娱乐服务

娱乐服务，是指为娱乐活动同时提供场所和服务的业务。具体包括歌厅、舞厅、夜总会、酒吧、台球、高尔夫球、保龄球、游艺（包括射击、狩猎、跑马、游戏机、蹦极、卡丁车、热气球、动力伞、射箭、飞镖）等。

娱乐服务“营改增”后减税幅度大，由营业税税率 20%直接降至税率 6%，小规模纳税人征收率为 3%。

（二）文化事业建设费

文化事业建设费有关内容详见表 3-18；需要注意的是，文化事业建设费的计费销售额为含税销售额，这与增值税销售额口径不一致。

表 3-18　文化事业建设费缴纳情况

项目	内容
缴纳义务人	在境内提供广告服务、娱乐服务的单位和个人为文化事业建设费的缴纳义务人 境外的广告媒介单位和户外广告经营单位在境内提供广告服务，在境内未设有经营机构的，以广告服务接受方为文化事业建设费的扣缴义务人 广告服务，是指利用图书、报纸、杂志、广播、电视、电影、幻灯、路牌、招贴、橱窗、霓虹灯、灯箱、互联网等各种形式为客户的商品、经营服务项目、文体节目或通告、声明等委托事项进行宣传和提供相关服务的业务活动。包括广告代理和广告的发布、播映、宣传、展示等 广告媒介单位和户外广告经营单位，是指发布、播映、宣传、展示户外广告和其他广告的单位，以及从事广告代理服务的单位 娱乐服务，是指为娱乐活动同时提供场所和服务的业务 具体包括：歌厅、舞厅、夜总会、酒吧、台球、高尔夫球、保龄球、游艺（包括射击、狩猎、跑马、游戏机、蹦极、卡丁车、热气球、动力伞、射箭、飞镖）

续表

项目	内容
应缴费额	应缴费额=计费销售额×3% 广告服务计费销售额，为缴纳义务人提供广告服务取得的全部含税价款和价外费用，减除支付给其他广告公司或广告发布者的含税广告发布费后的余额 缴纳义务人减除价款的，应当取得增值税专用发票或国家税务总局规定的其他合法有效凭证 娱乐服务计费销售额，为缴纳义务人提供娱乐服务取得的全部含税价款和价外费用
缴纳义务发生时间、缴纳地点、缴纳期限	同增值税
免费优惠	增值税小规模纳税人中月销售额不超过2万元(按季纳税6万元)的企业和非企业性单位提供的应税服务，免征文化事业建设费 自2015年1月1日起至2017年12月31日，对按月纳税的月销售额不超过3万元(含3万元)，以及按季纳税的季度销售额不超过9万元(含9万元)的缴纳义务人，免征文化事业建设费

(资料来源：作者根据国家税务总局文件整理。)

四、旅游服务及景区服务增值税要点

(一)旅游服务

(1)旅游服务，是组织者根据旅游者的要求，组织安排交通、游览、住宿、餐饮、购物、文娱、商务等相关服务的业务活动。

(2)试点纳税人提供旅游服务，既可以按取得的全部价款和价外费用作为销售额，也可选择按取得的全部价款和价外费用，扣除向旅游服务购买方收取并支付给其他单位或个人的住宿费、餐饮费、交通费、签证费、门票费和支付给其他接团旅游企业的旅游费用后的余额为销售额。

(3)旅游服务一般纳税人选择差额征税与不选择差额征税适用税率均为6%；小规模纳税人征收率均为3%。

(4)选择差额征税办法计算销售额的试点纳税人，向旅游服务购买方收取并支付给其他单位或个人的旅游费用，不得开具增值税专用发票，余额仍可向非其他个人购买方开具增值税专用发票。

旅游服务销售额、计税方法、税率如表3-19所示。

【注】一般纳税人旅游服务企业差额征税也需适用6%的税率，扣除额(A)只能开具增值税普通发票，差额部分($X-A$)仍可开具增值税专用发票。

【例3-22】某纳税人提供旅游服务，为小规模纳税人，2016年5月至6月自行开具增值税普通发票收入合计72 100元；支付给其他接团企业款项61 800元，购买税控系统取得发票一张，金额820元。问该企业在2016年7月纳税申报期如何纳税？

表 3-19　旅游服务销售额、计税方法、税率

<table>
<tr><th colspan="2" rowspan="2">项目</th><th colspan="4">选择适用差额征税</th><th colspan="2">不选择差额征税</th></tr>
<tr><th>销售额 X</th><th>扣除额 A</th><th>征收率 r</th><th>应交增值税公式 T_1</th><th>税率 R</th><th>销项税额公式 T</th></tr>
<tr><td rowspan="2">销售额选择权</td><td>一般纳税人（选择前后均为一般计税）</td><td rowspan="2">全部价款+价外费用</td><td rowspan="2">向旅游服务购买方收取并支付给其他单位或者个人的住宿费、餐饮费、交通费、签证费、门票费和支付给其他接团旅游企业的旅游费用</td><td>6%</td><td rowspan="2">$T_1=(X-A)\div(1+r)\times r$</td><td>6%</td><td>$T=X\div(1+R)\times R$ 可全额开具专用发票</td></tr>
<tr><td>小规模纳税人（选择前后均为 3% 征收率）</td><td>3%</td><td>3%</td><td>$T=X\div(1+R)\times R$</td></tr>
</table>

（资料来源：作者根据国家税务总局文件整理。）

【分析】

小规模纳税人按季申报，2016 年 5 月至 6 月可以作为一个纳税申报期。

判断是否达到起征点，起征点不能以差额扣除之后的销售额作为依据，两个月合计不含税收入为 72 100÷(1+3%)=70 000 元，大于 60 000 元，不能免税。

差额征税销售额=(72 100−61 800)÷(1+3%)=10 000(元)

应交增值税=10 000×3%=300(元)

当期应纳税额减征额 820 元大于 300 元，在增值税纳税申报表第 16 栏“本期应纳税额减征额”填报数为 300 元，多出部分，留待以后期间抵减。

当期应补退税额为 0。

(二)景区服务

(1)景区服务“营改增”适用税目为“文化体育服务——文化服务——提供游览场所”。

需要注意的是，文化服务可以选择适用简易计税，景区公司如果可以取得的进项税额少，可通过选择适用简易计税降低税负。

(2)景区内部游览工具、索道缆车，可以适用文化体育服务税目，非交通运输业。

【案例分析】

景区缆车、索道服务该适用交通运输服务吗

一、景点缆车是以运输为目的，还是以游览为目的

财税〔2016〕36 号文附件一的附件《销售服务、无形资产、不动产注释》，相关服务内容如下：

交通运输是乘客通过购买交通运输服务，依靠不同的交通工具，用较少的途中时间，实现空间位置的转移，其乘坐交通工具的主要目的是快捷地到达商务目的地，从事商旅活动；而景点缆车，固然也可节省少量时间，也有短距离空间转移，但其主要目的是乘坐过程，欣赏沿途山石、丛林、流水景致，意在风景而非位移，在节省时间上与常规乘坐交通工具存在明显区别。

通过上面比较分析可知，景点缆车服务，与作为城市交通载体的其他缆车、索道所承载的功能存在明显的差异；如果不做区分，直接套用交通运输服务——陆路运输服务有点牵强。

交通运输、旅游娱乐及文化体育服务税目、税率如表3-20所示。

表3-20　交通运输、旅游娱乐及文化体育服务税目、税率

服务项目	交通运输服务	生活服务——旅游娱乐服务	文化体育服务
内容	是指利用运输工具将货物或旅客送达目的地，使其空间位置得到转移的业务活动。包括陆路运输服务、水路运输服务、航空运输服务和管道运输服务 其他陆路运输服务，是指铁路运输以外的陆路运输业务活动。包括公路运输、缆车运输、索道运输、地铁运输、城市轻轨运输等。	旅游娱乐服务，包括旅游服务和娱乐服务： (1)旅游服务，是指根据旅游者的要求，组织安排交通、游览、住宿、餐饮、购物、文娱、商务等服务的业务活动 (2)娱乐服务，是指为娱乐活动同时提供场所和服务的业务。具体包括：歌厅、舞厅、夜总会、酒吧、台球、高尔夫球、保龄球、游艺(包括射击、狩猎、跑马、游戏机、蹦极、卡丁车、热气球、动力伞、射箭、飞镖)	文化体育服务，包括文化服务和体育服务。 文化服务，是指为满足社会公众文化生活需求提供的各种服务。包括：文艺创作、文艺表演、文化比赛，图书馆的图书和资料借阅，档案馆的档案管理，文物及非物质遗产保护，组织举办宗教活动、科技活动、文化活动，提供游览场所
税率	11%	6%	6%

(资料来源：作者根据国家税务总局文件整理。)

二、适用交通运输业服务税率，现有景区缆车服务业税负都将大幅提升

从过去上海、江苏等地“营改增”试点情况看，部分交通运输企业，特别是前期车辆购置齐全的企业，税负会较之前提高；但随着运输业务量增大、车辆增加或更新后，税负会有所下降。在本次“营改增”全面推开之后，可新增购买过路、停车、财产保险等相关的进项税额，在一定程度上可降低交通运输业整体税负。

景点缆车与常规的交通运输企业又有所不同，其大额投资在前，后续运转维护费用较低，在增值税专用发票的取得上是“开张管十年、十年不开张”，如适用交通运输业11%的税率，现有缆车公司税负增加幅度将远大于原交通运输企业。现以如下案例进行简析。

【例3-23】华中某名山景区缆车服务公司的初期投资假如为5 000万元，另可

取得850万元进项税额，正常情况下这套设备使用期限约20年，后续仅支付简单维护费用，每年包括电费等可以取得进项税额的费用约100多万元，假如年度营业额为2 000万元。如适用11%的税率，相当于营业税的9.91%(1÷1.11×11%)，较营业税的税率5%高出4.91%。现按11%计算，税负情况为：

销项税额=2 000÷1.11×11%=198.2(万元)

进项税额为17万元，假如改征增值税后，其他办公、保险等费用还可以增加可抵扣进项税额13万元，合计为30万元。

应交增值税=销项税额–进项税额=198.2–30=158.2(万元)

较营业税2000×5%=100万元，多出58.2万元。税负增加超过50%。

如果考虑初期投资取得的进项税额850万元，假如按20年分年抵扣，则每年可以增加进项税额42.5万元。则年度应交增值税约为116万元，较营业税增加16万元，增加比例为16%，上升浮动尚在可控范围之内。但是在2016年4月30日前已投资，不可能取得进项税额。

从上述分析看，如果将景区缆车服务适用交通运输服务，行业税负上升将不可避免，其严重程度可能甚于“营改增”初期的交通运输行业。

三、从执行时间、对下游影响和相关行业比较多方面看，现有景区缆车服务宜适用体育文化服务税率，且可选择简易计税

1. 从执行时间上来看，交通运输业已在2014年1月1日全国推开

从财税〔2016〕106号文来看，缆车、索道服务已写入交通运输服务——其他陆路运输服务，并不是财税〔2016〕36号文新增加的内容。从笔者初步了解的情况看，景区缆车、索道服务在2014年至今并没有纳入“营改增”范围，如果在文件没有变化的情况下，本次再将景区缆车、索道服务并入交通运输服务业，是否说明已在全国实施两年的“营改增”交通运输业出现了管理疏漏。

2. 从对下游环节的影响看，景区缆车税率不宜定为11%

假如景区缆车服务公司向旅游公司提供服务，因旅游公司适用税率为6%，如果将缆车服务税率定为11%，则旅游公司在此项服务上的税率出现倒挂；如果向其他一般纳税人提供服务，由于购买旅客运输服务一般不能抵扣，同时用于集体福利或个人消费的进项税额也需转出，高税率也无法转移至下道环节，且增大了下游企业或游客的税负成本。至于向其他个人提供服务，税率高显然只能增加游客的旅游成本或降低行业利润。

3. 从相关行业看，缆车服务税率宜与其他旅游服务税率一致

本次“营改增”全面推开，旅游景点门票、旅游业乃至娱乐业均适用生活服务

中的文化服务或旅游娱乐服务，适用 6%的税率；景区缆车服务项目与景区其他服务项目并无太大区别，客流量比购买门票的游客只会减少，价格上也没有明显差别。三者适用税率不宜差别过大。

（资料来源：作者原创，仅代表个人观点。）

【说明】从湖北国税网站披露的解读看，基本认同本文观点；具体仍需以主管部门意见为准。

第六节　其他服务“营改增”要点与应用

一、物业服务增值税筹划

2016 年 5 月 1 日全面推开的“营改增”新政，对于所有行业都影响至深。作为与居民生活质量和人民幸福指数息息相关的物业管理公司，也是不容忽视的“营改增”试点行业。

（一）物业管理公司“营改增”机遇

1．“营改增”前后税率、征收率比较

物业管理服务增值税率为 6%，相当于营业税口径的 5.66%（6%÷1.06），只要取得可以抵扣的进项税额比例大于 0.66%，税负就比之前降低；而简易计税征收率为 3%，相当于营业税口径的 2.91%（3%÷1.03），较营业税 5%的税率减少 2.09%，减负比率高达 41.75%。

2．符合规定的代收代付费用不作为销售额及价外费用

代为收取符合规定的政府性基金或者行政事业性收费或以委托方名义开具发票代委托方收取的款项。

物业管理公司代收代付情形多、重复征税多，现在明确只要有委托方名义开具的发票，为委托方代收费用可不作为增值税销售额一并征税。

3．一般纳税人物业管理公司开具增值税专用发票

对于购买物业服务的一般纳税人企业而言，在含税价格不变的情况下，相当于降低了约 6%的服务成本；这一块减税效益，物业管理公司也可通过提高服务价格与客户共享。

4．物业公司预收款纳税义务时间

按照收讫销售款项确认应税行为纳税义务发生时间的，应以发生应税行为为前

提。物业管理公司预收的物业费，属于在发生应税行为之前收到的款项，不属于收讫销售款项，不能按照该时间确认纳税义务的发生。物业管理公司采取预收款方式收取业主物业费的，应按照发生应税行为的时间，分期确认销售收入；先开具发票的，于开具发票的当天确认销售收入。

（二）物业管理公司“营改增”挑战

“营改增”除了给物业管理公司带来机遇外，也带来不少挑战，特别是对于一般纳税人，主要表现为以下几点。

(1)一般纳税人增值税较营业税税率略高，需要取得一定比率、真实且合法的扣税凭证才能降低税负。与物业管理相关的、常规的扣税凭证包括采购相关的增值税专业发票、农产品收购发票或销售发票(含农产品核定扣除的进项税额)、代扣代缴税收完税凭证、海关进口增值税专用缴款书等。

(2)物业管理服务对象如果是其他个人(小区居民)，因不可能开具增值税专用发票让客户抵扣，一般纳税人物业管理公司无法将增值税负转移至下游环节。

(3)物业管理公司购买的服务大多由其他个人提供，一般无法取得增值税专用发票，无法从当期应纳税额中扣减。

(4)部分购买的服务如家政、婚庆等属于“生活服务——居民日常服务”，即使可以取得增值税专用发票，也难从当期销项税额中扣减。

【说明】

部分省(市)如厦门国税局解答“企业请家政企业上门提供办公环境保洁服务取得的专业发票可以抵扣吗？答：提供办公环境保洁服务属其他生活服务，取得的专用发票可以申报抵扣进项税额。”

(5)一般纳税人增值税会计核算和纳税申报工作较过去营业税时代难度增加很多，对物业管理公司财务会计人员的专业能力提出了更高要求，需要加强“营改增”税收文件及会计核算等方面的知识的学习，更新知识体系。

（三）物业管理公司计税方式筹划

1. 物业管理公司需选择合适的纳税人身份和计税方法

物业管理公司需结合自身经营规模、服务对象及主要服务内容选择适合自身的纳税身份及计税方法，降低税负。具体区别、选择方法如表 3-21 所示。

税务部门对一般纳税人登记较宽，而对小规模纳税人登记从紧。只要年度销售规模达到 500 万元，一般要求选择适用一般计税方法。这里的年度销售额是指不含税销售额，同时可以将非经常性、偶发的销售额剔除；但年度规模未达到 500 万元的，只要管理基础较好，也可以直接登记为一般纳税人。

表 3-21　物业管理公司纳税身份选择

项目	小规模纳税人	一般纳税人
适用条件	年不含税营业额在 500 万元以内，核算基础相对较弱	年不含税营业税在 500 万元以内、核算基础较好
计税方法	简易计税、3%的征收率 应纳税增税=销售额÷1.03×3%	一般计税、税率 6% 应纳增值税=销项税额–进项税额
选择标准参考标准	服务对象主要是其他个人(居民)	服务对象主要是一般纳税人企业
	提供的服务主要是无法取得发票的人力	部分服务可以取得进项税额，平均可以达到不含税销售额的 0.66%以上

（资料来源：作者根据国家税务总局文件整理。）

2. 选择适用小规模纳税人方法

假如物业管理公司主要服务对象是居民且难以取得增值税专用发票，该公司选择适用简易计税方法更为有利的，可以采取“划整为零”和“代收剥离”(类似包干制调整为酬金制)的办法，将年度收入控制在 500 万元以内。

“划整为零”：即将物业管理公司按服务的小区单独注册为独立的全资子公司，可以由集团公司区域总部统一对各子公司业务分别进行独立的会计核算与纳税申报。

“代收剥离”：在将小区单独设置为独立的物业管理公司之后，不少物业管理公司可能年度销售额仍大于 500 万元。其实这些收入大都是替业主代收代付的资金。物管公司需对收入进行分析，尽可能与业主及其他权利人洽谈，重新签署合同，将代收代付资金改由实际利益人自行收费、开票缴税，将收入限定为物业管理公司自身的、真实服务收入。

物业管理公司如采取上述两项措施仍无法满足小规模纳税人条件，则不必削足适履，而需在管理上下功夫，并从上游取得合法的扣税凭证或降低采购价格，以管理提升效益。

(四)避免重复征税筹划

1. 合理选择适用税率和销售方式，避免多征税

(1)“营改增”后，各项服务及产品税率多，物业管理公司需知悉相关应税服务税率、选择正确的税率。物业管理公司相关服务税率如表 3-22 所示。

容易混淆的应税服务：

利用不动产包括电梯轿厢给广告公司提供广告服务，系不动产租赁服务、税率

为 11%，非广告服务业； 利用小区公用部分车位对外提供车辆临时停放服务，按不动产租赁服务，税率为 11%，非物流辅助业；但是，向业主已购买使用权的车位收取的服务费，系物业相关服务，税率为 6%，并非不动产租赁服务。

表 3-22 物业服务相关税率及征收率

相关产品、服务	主要内容	税率	征收率
建筑服务——修缮服务	指对建筑物、构筑物进行修补、加固、养护、改善，使之恢复原来的使用价值或延长其使用期限的工程作业	11%	3%
建筑服务——其他建筑服务	园林绿化	11%	3%
现代服务——文化创意服务——设计服务	文印晒图	6%	3%
现代服务——物流辅助服务——装卸搬运服务	指使用装卸搬运工具或人力将货物在运输工具之间、装卸现场之间或运输工具与装卸现场之间进行装卸和搬运的业务活动	6%	3%
现代服务——租赁服务——经营租赁服务	在约定时间内将有形动产或不动产转让他人使用且租赁物所有权不变更的业务活动 将建筑物、构筑物等不动产广告位出租给其他单位或个人用于发布广告，按照经营租赁服务缴纳增值税	不动产租赁 11%、动产 17%	不动产 5%、动产 3%
现代服务——商务辅助服务——企业管理服务	物业管理	6%	3%
现代服务——商务辅助服务——安全保护服务	指提供保护人身安全和财产安全、维护社会治安等的业务活动。包括场所住宅保安、特种保安、安全系统监控及其他安保服务	6%	3%
生活服务——居民日常服务	为满足居民个人及其家庭日常生活需求提供的服务，包括市容市政管理、家政、婚庆、照料和护理、美容美发、按摩、桑拿、氧吧、足疗、沐浴、洗染、摄影扩印等服务	6%(采购方不能抵扣)	3%
以下为应税产品：			
销售自来水	非自产货物	13%	3%
电		17%	3%
液化气	暖气、冷气、热水、煤气、石油液化气、天然气、沼气、居民用煤炭制品	13%	3%

（资料来源：作者根据国家税务总局文件整理。）

(2)避免因无偿提供服务、视同销售多交税。如物业管理公司为鼓励业主及时缴费，通常减免部分业主的物业费，构成了视同销售行为；物业管理公司可以制定不同的服务价格，如将已购房、但未装修迁入居住的业主服务价格适当降低，避免采用免交、赠送方式。

2. 尽量避免将代收代付行为当作自身经营行为

通过修改合同约定，改变过去经营模式，尽量采用类似酬金制模式，主要业务收支均以业主或其他产权人名义完成，如表 3-23 所示。

表 3-23　物业公司“营改增”后代收代付方式

重复缴税应税行为	“营改增”后建议作法	对比分析
替自来水公司代收水费	由居民直接向自来水公司缴费，居民个人账户直接扣收。根据新出台的文件，现均可按代收代付差额，按3%征收率计征	自来水公司在“营改增”后一般开具 3%的征收率的增值税专用票，但物业管理公司需开具 13%的增值税专用发票，且居民不能抵扣。改由居民直接缴费可节税 10%
代开发商收取房屋租赁费、且以物业管理公司名义开票收费	方式一：直接以开发商名义开具发票且收费 方式二：在以物业管理公司名义开票后，要求开发商开具相同金额发票给物业管理公司。即采取转租行为	过去直接代开发商交了营业税 方式一：为开发商的不动产租赁行为，物业管理公司不征税 方式二：在“营改增”后，物业管得公司可以取得相同税率的进项税额，不存在重复交税 以上税负均降为 0
业主共用经营性用房预收出租收入，直接以物业管理公司名义开票、收费 电梯轿厢广告，预收租赁费以物业管理公司名义开票收费 预收小区地面固定停车费 小区摆展场地费及临时停车费，以物业管理公司名义开票收费	以小区部分业主身份到主管税务部门代开增值税发票。物业管理可代为办理	以物业管理公司名义租赁，不动产增值税税率为 11%；改为以自然人名义出租不动产，征收率为 5%；且采取预收款方式的、月度在 3 万元以内的还可以免征增值税，相关房产税率等较物业公司低（其他个人采取预收款形式出租不动产，取得的预收租金收入，可在预收款对应的租赁期内平均分摊，分摊后的月租金收入不超过 3 万元的，可享受小微企业免征增值税的优惠政策。（国家税务总局公告 2016 年第 23 号）
代供电、燃气、有线电视等公司收取电费、燃气费等，以物业管理公司名义开票收费	方式一：由供电公司、燃气公司直接向居民开票收费 方式二：以物业管理公司名义向居民收费的，要求供电公司、燃气公司同时向物业公司开具专用发票	物业管理公司不征税或销项税额与进项税额相同，0 税负
请外部专业人员为业主提供的修理修缮服务、家政服务等由物业公司对业主开票收费，再支付给外部服务人员	物业公司帮助联络，由业主直接付费给外部专业人员	物业管理公司如果未收差价不征税
聘请外包专业公司提供安全保护服务等	要求外部专业公司开具增值税专用发票	实际税负仅为物业管理公司的差额收费部分

（资料来源：作者原创，仅代表作者个人观点。）

【注】本节物业服务相关内容，笔者曾发表在《现代物业》（CN53-1179/N，2016/5）。

物业服务虽是小行业，但在“营改增”政策中争议较多，部分省（市）国税局在执行政策上存有差别，有关内容参见“第七章　‘营改增’执点专题分析与探讨”。

二、劳务派遣、安全保护与人力资源外包增值税

（一）劳务派遣、安全保护服务

1. 一般纳税人销售额、计税方法、适用税率或征收率

一般纳税人提供劳务派遣服务、安全保护服务，可以以取得的全部价款和价外费用为销售额，按照一般计税方法计算缴纳增值税；也可以选择差额纳税，以取得的全部价款和价外费用，扣除代用工单位支付给劳务派遣员工的工资、福利和为其办理社会保险及住房公积金后的余额为销售额，按照简易计税方法依5%的征收率计算缴纳增值税。

2. 小规模纳税人销售额、征收率

小规模纳税人提供劳务派遣服务（含安全保护服务），可以以取得的全部价款和价外费用为销售额，按照简易计税方法依3%的征收率计算缴纳增值税；也可以选择差额纳税，以取得的全部价款和价外费用，扣除代用工单位支付给劳务派遣员工的工资、福利和为其办理社会保险及住房公积金后的余额为销售额，按照简易计税方法依5%的征收率计算缴纳增值税。

（二）人力资源外包

纳税人提供人力资源外包服务，按照经纪代理服务缴纳增值税，其销售额不包括受客户单位委托代为向客户单位员工发放的工资和代理缴纳的社会保险、住房公积金。向委托方收取并代为发放的工资和代理缴纳的社会保险、住房公积金，不得开具增值税专用发票，可以开具增值税普通发票。

一般纳税人提供人力资源外包服务，可以选择适用简易计税方法，按照5%的征收率计算缴纳增值税。

需要说明一点的是：提供人力资源外包服务，按照经纪代理服务缴纳增值税，无论是否选择简易计税，销售额均为向客户收取的全部价款和价外费用，扣减受客户单位委托代向客户单位员工发放的工资和社保后的差额。

相关情况如表3-24所示。

【注】

上述适用简易计税时销售额均为差额 $X-A$，即扣减代用工单位支付给劳务派遣员工的工资、福利和为其办理的社会保险及住房公积金；

人力资源外包服务一般计税的销售额也为差额 $X-A$，即扣减受客户委托代向客户单位员工发放的工资和社保。

表 3-24 劳务派遣、人力资源外包服务销售额、计税方式

<table>
<tr><th colspan="2" rowspan="2">服务</th><th colspan="4">适用简易计税</th><th colspan="2">一般计税</th></tr>
<tr><th>销售额 X</th><th>扣除额 A</th><th>征收率 r</th><th>应交增值税 T_1</th><th>税率 R</th><th>销项税额 T</th></tr>
<tr><td rowspan="2">劳务派遣服务</td><td>一般纳税人劳务派遣、安全保护服务</td><td rowspan="2">全部价款+价外费用</td><td rowspan="2">代用工单位支付给劳务派遣员工的工资、福利和为其办理社会保险及住房公积金</td><td rowspan="2">5%</td><td rowspan="2">$T_1=(X-A)\div(1+r)\times r$</td><td>6%</td><td rowspan="2">$T=X\div(1+R)\times R$</td></tr>
<tr><td>小规模人劳务派遣、安全保护服务(选择前后均为简易计税，选择是否差额纳税)</td><td>3%</td></tr>
<tr><td rowspan="2">人力资源外包</td><td>人力资源外包服务(一般纳税人，选择前后销售额均为差额)</td><td rowspan="2">全部价款+价外费用</td><td rowspan="2">受客户单位委托代向客户单位员工发放的工资和社保</td><td>5%</td><td rowspan="2">$T_1=(X-A)\div(1+r)\times r$</td><td>6%</td><td>$T=(X-A)\div(1+R)\times R$</td></tr>
<tr><td>人力资源外包服务(销售额均为差额)</td><td>3%</td><td></td><td></td></tr>
</table>

(资料来源：作者根据国家税务总局文件整理。)

【例 3-24】假如某劳务公司与某制造型企业签订劳务派遣协议，提供劳务派遣服务。全年提供 110 万元服务，其中 100 万元系代发派遣人员的工资与社保，10 万元系人力资源公司的服务收益。该劳务公司如何纳税为宜？

【分析】

如果该劳务公司选择差额征税：

劳务派遣公司的应交增值税为：

$$(110-100)\times5\%=0.5\text{(万元)}$$

如果选择选择全额征税：

销项税额为：

$$110\div1.06\times6\%=6.23\text{(万元)}$$

假如劳务公司当期取得的进项税额忽略不计，选择一般计税较差额征税多交增值税 5.73 万元。

假如劳务公司取得的相关进项税额为 0，如果劳务公司通过洽谈，可从客户处多获得资金 5.73 万元，则劳务公司全额征税、适用一般计税的 6%税率(不考虑附加税、水利基金等)和选择适用差额征税 5%的征收率等效。

如果劳务公司另有可以抵扣的进项税额，且客户愿多支付 5.73 万元，以取得相关可以抵扣的进项税额，则劳务公司全额征税优于选择差额征税。

第四章

纳税人购买“营改增”服务应用

2016 年“营改增”全面推开，将建筑业、房地产业、金融服务业和生活服务业全面纳入试点，全面征收增值税，营业税就此结束使命。受到影响的不仅是过去缴纳营业税的1000 万户企业，而几乎是所有增值税一般纳税人，只要是购买了“营改增”相关服务(包括试点纳税人)，都可能涉及增值税的抵扣，减少了增值税的重复缴纳。面对“营改增”的全面推开，所有纳税人需要张开双臂、全心拥抱，把年度减税 5000 多亿元的大蛋糕争抢分享到位。

第一节　投资设立环节购买“营改增”服务

一、取得不同出资物的增值税征、免及抵扣税率

(一)不同出资物增值税征、免及税率

公司成立有不同的出资方式，包括现金、实物、不动产、无形资产等，投资环节征或免增值税、适用税率均有所不同，对接受出资的企业增值税也有一定影响如表 4-1 所示。

表 4-1　接受不同出资物的增值税相关情况

接受出资物	出资人	出资环节增值税征、免	税率、征收率	可否取得增值税专用发票	一般纳税人公司可否抵扣
现金	单位/个体工商户	不征			
	其他个人	不征			
实物(存货/设备)	单位/个体工商户	征	17%、13%、3%	可以	可以
	其他个人	免			
二手车	单位/个体工商户	征	17%、3%、2%	可以	17%、3%可抵
	其他个人	免			
不动产(非住房)	单位/个体工商户	征	11%、5%	可以	可以
	其他个人	征	5%	可以	可以

续表

接受出资物	出资人	出资环节增值税征、免	税率、征收率	可否取得增值税专用发票	一般纳税人公司可否抵扣
专利、非专利技术	单位/个体工商户	征	6%、3%	可以	可以
	其他个人	征	3%	不可	不可
商标、著作权	单位/个体工商户	征	6%、3%	可以	可以
	其他个人	免			

（资料来源：作者根据国家税务总局文件整理。）

（二）扣税凭证取得时间要求

股东投资需要征收增值税的，被投资公司需在合理的时间内取得相关增值税专用发票；新设公司购置资产，也在办理一般纳税人登记后，取得增值税专用发票，方能用于抵扣。

1. 取得时间需筹划

公司需先设立登记，且在主管国税部门登记为增值税一般纳税人之后，再由股东或供应商开具增值税专用发票，将资产转移至新设公司；如果在登记为一般纳税人之前取得会带来不必要的麻烦。

如新疆某新设物流公司在登记为一般纳税人前即投资购买了几十辆营运车辆，且缴纳了车辆购置税，取得了增值税专用发票。如果这些增值税不能抵扣，对于纳税人无异于当头一棒。为解决大额税款抵扣问题，经过较长时间的沟通最终才得以解决。

2. 在登记为一般纳税人之前取得的专用发票的抵扣

不少公司在登记为一般纳税人之前即取得了增值税专用发票，根据《国家税务总局关于纳税人认定或登记为一般纳税人前进项税额抵扣问题的公告》（国家税务总局公告 2015 年第 59 号），如符合以下情形可以抵扣：

纳税人自办理公司营业执照（五证合一）至主管国税部门登记为一般纳税人期间，未取得生产经营收入，未按照销售额和征收率简易计算应纳税额申报缴纳增值税的，其在此期间取得的增值税扣税凭证，可以在认定或登记为一般纳税人后抵扣进项税额。

如按现行规定无法办理认证或稽核比对的，可以按照《国家税务总局关于推行增值税发票系统升级版有关问题的公告》（国家税务总局公告 2014 年第 73 号）规定的程序，由销售方纳税人开具红字增值税专用发票后重新开具蓝字增值税专用发票；从 2016 年 8 月 1 日起，开具红字增值税专用发票规范按国家税务总局公告 2016 年第 47 号执行，如表 6-5 所示；纳税人取得的海关进口增值税专用缴款书，按照《国家税务总局关于逾期增值税扣税凭证抵扣问题的公告》（国家税务总局公告 2011 年第 50 号）规定的程序，经国家税务总局稽核比对相符后抵扣进项税额。

（三）增值税专用发票认证方式

新设一般纳税人企业取得销售方使用增值税发票系统升级版开具的增值税发票(包括增值税专用发票、货物运输业增值税专用发票、机动车销售统一发票)，通过增值税发票税控开票软件登录本省增值税发票查询平台，查询、选择用于申报抵扣或出口退税的增值税发票信息，可以不再进行扫描认证。

二、公司设立环节取得税控系统专用设备、技术维护费抵税

公司投资设立后，需向税务主管部门取得纳税人识别码、购置税控系统及相关设备，申领增值税发票，相关税收优惠及财税处理参见下文。

【案例分析】

税控系统专用设备、技术维护费全额抵税的财税处理

公司成立后，一般需要购买安装税控系统专用设备，申领开具发票。为了减轻纳税人负担，财政部与国家税务总局规定，首次购置税控系统专用设备的费用和年度技术维护费可以全额抵税，相关财税处理如下。

一、相关税务规范及纳税填报

【文件依据】

财政部、国家税务总局关于增值税税控系统专用设备和技术维护费用抵减增值税税额有关政策的通知(财税〔2012〕15号)

一、增值税纳税人2011年12月1日(含，下同)以后初次购买增值税税控系统专用设备(包括分开票机)支付的费用，可凭购买增值税税控系统专用设备取得的增值税专用发票，在增值税应纳税额中全额抵减(抵减额为价税合计额)，不足抵减的可结转下期继续抵减。增值税纳税人非初次购买增值税税控系统专用设备支付的费用，由其自行负担，不得在增值税应纳税额中抵减。

增值税税控系统包括增值税防伪税控系统，货物运输业增值税专用发票税控系统，机动车销售统一发票税控系统，公路、内河货物运输业发票税控系统。

增值税防伪税控系统的专用设备包括金税卡、IC卡、读卡器或金税盘和报税盘；货物运输业增值税专用发票税控系统专用设备包括税控盘和报税盘；机动车销售统一发票税控系统和公路、内河货物运输业发票税控系统专用设备包括税控盘和传输盘。

（暂核定增值税防伪税控系统专用设备中的 USB 金税盘零售价格为每个 490 元，报税盘为每个 230 元；货物运输业增值税专用发票，机动车销售统一发票和公路、内河货物运输业发票税控系统专用设备中的 TCG-01 税控盘零售价格为每个 490 元，TCG-02 报税盘为每个 230 元。）

二、增值税纳税人 2011 年 12 月 1 日以后缴纳的技术维护费（不含补缴的 2011 年 11 月 30 日以前的技术维护费），可凭技术维护服务单位开具的技术维护费发票，在增值税应纳税额中全额抵减，不足抵减的可结转下期继续抵减。技术维护费按照价格主管部门核定的标准执行。

【文件分析】

1. 享受对象：增值税纳税人及“营改增”试点纳税人将可以全部享受此优惠。

2. 优惠政策启用时间：2011 年 12 月 1 日后支付的费用。这一条对于 2016 年新设公司不是问题。

3. 初次购买的税控系统专用设备，要么以前一直未购买过税控系统专用设备，要么是新设公司，税控系统专用设备全额抵减的优惠政策只能享受一次；而技术维护费是每年的费用均可全额抵减。

【说明】根据《关于停止使用货物运输业增值税专用发票有关问题的公告》（国家税务总局公告 2015 年 99 号）2016 年 7 月 1 日起停止使用货物运输业增值税专用发票，统一在增值税发票系统升级版中开具增值税专用发票和普通发票。

4. 需取得增值税专用发票（小规模纳税人也可以取得）、技术维护费发票（“营改增”后同样是增值税发票）。

【说明】尽管文件要求是专用发票，但在实际操作中，取得的增值税普通发票仍可以全额抵扣，文件第五条也罗列了小规模纳税人填报方法；同时，全额抵减的增值税专用发票，其进项税额不能再重复抵扣。相关专用发票不必扫描认证。

5. 可抵扣范围：特指金税卡、IC 卡、读卡器、金税盘、报税盘、税控盘、系统技术维护费（年度），这里需要注意的是，不包括其他电脑、打印机等非税控系统专用设备购置费用。

【纳税申报】

一般纳税人：主表第 23 栏“应纳税额减征额”（按应交和减征额较小填，可结转下期继续抵减）；附表四第一栏。

小规模纳税人：第 11 栏“本期应纳税额减征额”。

一般纳税人和小规模纳税人均需填报《增值税减免税明细表》。

【具体依据】

财政部、国家税务总局关于增值税税控系统专用设备和技术维护费用抵减增值税税额有关政策的通知(财税〔2012〕15号)第五条:

增值税一般纳税人将抵减金额填入《增值税纳税申报表(适用于增值税一般纳税人)》第23栏“应纳税额减征额”。当本期减征额小于或等于第19栏“应纳税额”与第21栏“简易征收办法计算的应纳税额”之和时，按本期减征额实际填写；当本期减征额大于第19栏“应纳税额”与第21栏“简易征收办法计算的应纳税额”之和时，按本期第19栏与第21栏之和填写，本期减征额不足抵减部分结转下期继续抵减。

小规模纳税人将抵减金额填入《增值税纳税申报表(适用于小规模纳税人)》第11栏“本期应纳税额减征额”。当本期减征额小于或等于第10栏“本期应纳税额”时，按本期减征额实际填写；当本期减征额大于第10栏“本期应纳税额”时，按本期第10栏填写，本期减征额不足抵减部分结转下期继续抵减。

二、相关会计账务处理

【文件依据】

财政部关于印发《营业税改征增值税试点有关企业会计处理规定》的通知(财会〔2012〕13号)

【账务处理】

(一)一般纳税人

1. 购专用设备

(1)企业购入增值税税控系统专用设备，按实际支付或应付的金额:

借：固定资产

　　贷：银行存款/应付账款

(2)按规定抵减的增值税应纳税额:

借：应交税费——应交增值税(减免税款)

　　贷：递延收益

(3)按期计提折旧:

借：管理费用

　　贷：累计折旧

借：递延收益

　　贷：管理费用

2. 企业发生技术维护费

按实际支付或应付的金额:

借：管理费用

　　贷：银行存款

按规定抵减的增值税应纳税额：

借：应交税费——应交增值税(减免税款)

　　贷：管理费用

(二)小规模纳税人

1. 企业购入增值税税控系统专用设备

按实际支付或应付的金额：

借：固定资产

　　贷：银行存款/应付账款

按规定抵减的增值税应纳税额：

借：应交税费——应交增值税

　　贷：递延收益

按期计提折旧：

借：管理费用

　　贷：累计折旧

借：递延收益

　　贷：管理费用

2. 企业发生技术维护费

按实际支付或应付的金额：

借：管理费用

　　贷：银行存款

按规定抵减的增值税应纳税额：

借：应交税费——应交增值税

　　贷：管理费用

“应交税费——应交增值税”科目期末如为借方余额，应根据其流动性在资产负债表中的“其他流动资产”项目或“其他非流动资产”项目列示；如为贷方余额，应在资产负债表中的“应交税费”项目列示。

（资料来源：作者根据财政部和国家税务总局文件整理，仅代表个人观点。）

三、小微企业“营改增”后流转税费优惠

小微企业“营改增”后流转税费优惠如表 4-2 所示。

表 4-2　小微企业“营改增”后流转税费优惠

<table>
<tr><th>税费</th><th>优惠内容</th><th>相关文件</th></tr>
<tr><td>增值税</td><td>【享受对象】增值税小规模纳税人和营业税纳税人(包含个体工商户、其他个人、企业和非企业性单位)
【免征条件】
从 2016 年 5 月 1 日后“营改增”全面推开后如下：
增值税小规模纳税人销售货物，提供加工、修理修配劳务，月销售额不超过 3 万元(按季纳税 9 万元)，销售服务、无形资产、月销售额不超过 3 万元(按季纳税 9 万元)的，自 2016 年 5 月 1 日起至 2017 年 12 月 31 日，可分别享受小微企业暂免征收增值税的优惠政策
符合免税条件，但已经缴纳的税款，在专用发票全部联次追回或按规定开具红字专用发票后，可向主管税务机关申请退还
【执行时间】执行至 2017 年 12 月 31 日</td><td>《关于全面推开营业税改征增值税试点有关税收征收管理事项的公告》(国家税务总局公告 2016 年第 23 号)</td></tr>
<tr><td>增值税填报</td><td>第 10 栏“小微企业免税销售额”：填写符合小微企业免征增值税政策的免税销售额
第 18 栏“小微企业免税额”：填写符合小微企业免征增值税政策的增值税免税额，免税额根据第 10 栏“小微企业免税销售额”和征收率计算
附件3
增值税纳税申报表
（小规模纳税人适用）
纳税人识别号：□□□□□□□□□□□□□□□□□□□□□□□
纳税人名称（公章）：　金额单位：元至角分
税款所属期：　年 月 日至　年 月 日　填表日期：　年 月 日
<table>
<tr><td rowspan="2"></td><td rowspan="2">项　目</td><td rowspan="2">栏次</td><td colspan="2">本期数</td><td colspan="2">本年累计</td></tr>
<tr><td>货物及劳务</td><td>服务、不动产和无形资产</td><td>货物及劳务</td><td>服务、不动产和无形资产</td></tr>
<tr><td rowspan="6">一、计税依据</td><td>（四）免税销售额</td><td>9=10+11+12</td><td></td><td></td><td></td><td></td></tr>
<tr><td>其中：小微企业免税销售额</td><td>10</td><td></td><td></td><td></td><td></td></tr>
<tr><td>未达起征点销售额</td><td>11</td><td></td><td></td><td></td><td></td></tr>
<tr><td>其他免税销售额</td><td>12</td><td></td><td></td><td></td><td></td></tr>
<tr><td>（五）出口免税销售额</td><td>13(13≥14)</td><td></td><td></td><td></td><td></td></tr>
<tr><td>其中：税控器具开具的普通发票销售额</td><td>14</td><td></td><td></td><td></td><td></td></tr>
<tr><td rowspan="8">二、税款计算</td><td>本期应纳税额</td><td>15</td><td></td><td></td><td></td><td></td></tr>
<tr><td>本期应纳税额减征额</td><td>16</td><td></td><td></td><td></td><td></td></tr>
<tr><td>本期免税额</td><td>17</td><td></td><td></td><td></td><td></td></tr>
<tr><td>其中：小微企业免税额</td><td>18</td><td></td><td></td><td></td><td></td></tr>
<tr><td>未达起征点免税额</td><td>19</td><td></td><td></td><td></td><td></td></tr>
<tr><td>应纳税额合计</td><td>20=15-16</td><td></td><td></td><td></td><td></td></tr>
<tr><td>本期预缴税额</td><td>21</td><td></td><td></td><td>——</td><td>——</td></tr>
<tr><td>本期应补（退）税额</td><td>22=20-21</td><td></td><td></td><td>——</td><td>——</td></tr>
</table>
</td><td>《关于全面推开营业税改征增值税试点后增值税纳税申报有关事项的公告》(国家税务总局公告 2016 年第 13 号)

《关于调整增值税纳税申报有关事项的公告》(国家税务总局公告 2016 年第 27 号)</td></tr>
<tr><td rowspan="2">附加税费政府性基金</td><td>将免征教育费附加、地方教育附加、水利建设基金的范围，由现行按月纳税的月销售额或营业额不超过 3 万元(按季度纳税的季度销售额或营业额不超过 9 万元)的缴纳义务人，扩大到按月纳税的月销售额或营业额不超过 10 万元(按季度纳税的季度销售额或营业额不超过 30 万元)的缴纳义务人
自 2016 年 2 月 1 日起执行
本政策不限于小规模纳税人</td><td>《财政部、国家税务总局关于扩大有关政府性基金免征范围的通知》(财税〔2016〕12 号)</td></tr>
<tr><td>2015 年 1 月 1 日至 2017 年 12 月 31 日，月销售额/营业额不超过 3 万元(季度 9 万)，免征教育费附加、地方教育费附加、水利建设基金、文化事业建设费
员工在 24 人以下，免残疾人就业保障金
注：城建税因流转税免交，也不需缴纳</td><td>《财政部、国家税务总局关于对小微企业免征有关政府性基金的通知》(财税〔2014〕122 号)</td></tr>
</table>

(资料来源：作者根据国家税务总局文件原创整理。)

第二节 产能购建环节购买“营改增”服务

一、产能购建环节购买“营改增”相关服务税率、征收率

纳税人在产能购建环节，涉及购买“营改增”的主要服务，相关税率、征收率，如表 4-3 所示。

表 4-3 产能购建环节购买“营改增”服务

购买应税行为	“营改增”税目	税率	征收率
向政府受让土地使用权	免税		
向其他企业购买（未开发）土地使用权	购买无形资产	11%	3%
向其他企业购买（已开发）土地使用权	购买不动产	11%	5%
工业设计、建筑设计	现代服务——文化创意服务——设计服务	6%	3%
可行性计划编制	现代服务——鉴证咨询服务	6%	3%
工程勘探	现代服务——研发和技术服务——工程勘察勘探服务	6%	3%
环境评估	现代服务——研发和技术服务——专业技术服务	6%	3%
购买建筑安装服务	建筑服务	11%	3%
中央空调、电梯等安装	生产企业、批发、零售为混合销售；其他企业建筑服务——安装服务	17%	3%
水、电、气等管道安装		11%	3%
装修价值超过原值 50%	建筑服务——装饰服务	11%	3%
购买不动产	销售不动产	11%	5%
设备生产销售企业安装	混合销售	17%	3%
其他专门安装公司安装服务	建筑服务——安装服务	11%	3%

（资料来源：作者根据国家税务总局文件整理，仅代表个人观点。）

二、购买建筑服务应用筹划

企业投资建设厂房等不动产，投资金额大，“营改增”后不同的增值税率与征收率对企业的建造成本影响较大。在合同签署前，需要认真筹划。

（一）建设单位工程发包方式筹划

【例 4-1】假若建设单位购买的建筑安装工程服务含税额为 1，其中可以取得 17%增值税专用发票的材料含税额为 A，该企业是选择包工包料还是选择甲供工程方式（由甲方自行采购主要材料，包工不包料）？

【说明】甲供工程，是指全部或部分设备、材料、动力由工程发包方自行采购的建筑工程。

【分析】

建筑企业提供建筑服务一般纳税人适用税率为11%，如采取包工不包料（甲供工程）合作方式，则建筑企业可以选择适用简易计税方法，征收率为3%，可以开具3%的增值税专用发票。

如果采用包工包料的方式，建设单位向建筑公司支付1，所取得的进项税额为：

$$(1\div1.11)\times11\%=0.0991$$

如果采用甲供工程方式，则建设单位向建筑公司支付1–A可以取得的进项税额为：

$$(1-A)\div1.03\times3\%$$

制造企业购买材料取得的进项税额：

$$A\div1.17\times17\%$$

两者税负平衡点如下：

$$A\div1.17\times17\%+(1-A)\div1.03\times3\%=0.0991$$

则A=60.23%

$$进项税额=60.23\%\times1\times17\%\div1.17=8.75\%$$

【筹划结论】

(1) 当建设单位可以直接采购获得17%进项税额专用发票含税额占总的工程额比例大于60.23%，即取得的进项税额占总的含税工程额比例在8.75%以上时，宜采用甲供工程（包工不包料）方式；否则宜采用包工包料方式，如图4-1所示。

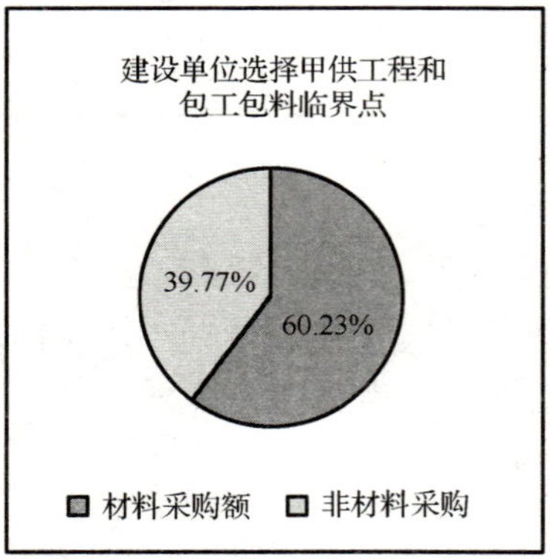

(a)

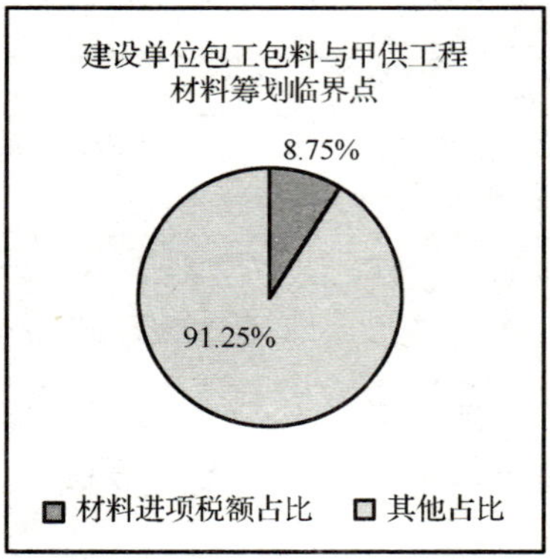

(b)

图4-1 建设单位工程发包方式筹划

(2) 当材料含税额占总的工程额比例在48.16%～60.23%、进项税额占比在

7%～8.75%时，为无争议双赢区间，宜由建筑企业自行采购工程材料，并适用一般计税方法。此时，双方增值税税负均为最轻。

图 4-1(b)图为建设单位材料进项税额占工程总额筹划临界点。

需要注意的是，建筑企业选择适用简易计税和工程分包，均可以开具全额(不扣减分包额)、可以抵扣的增值税专用发票。

（资料来源：作者原创，仅代表个人观点。）

【例 4-2】上海 ABC 公司拟投入 1110 万元安装一套环保处理系统，2016 年 5 月与某市环科院签署一环保工程安装合同，从 2016 年 6 月 1 日起开始安装。安装公司需提供税率 11%的安装服务增值税专用发票，假如安装单位从上游环保设备生产厂商采购设备款为 721.5 万元，并可以开具增值税专用发票 104.83 万元，ABC 公司如何签署这份合同更为有利?

【分析】

方案一：包工包料。

ABC 公司至多可以取得的进项税额=1 110÷1.11×11%=110(万元)。

方案二：选择甲供工程方式。

ABC 公司材料进项税额为 104.83 万元;

剩余工程进项税额=(1 110−721.5)÷1.03×3%=11.315 5(万元);

公司合计可以取得的进项税额=104.83+11.3155=116.145 5(万元)。

方案比较:

ABC 公司两方案均对外支付 1 110 万元建筑工程款，但方案二可以取得的进项税额比方案一多 6.145 5(116.145 5−110)万元。

从税收角度看：ABC 公司选择甲供工程方案更为有利。

下面利用筹划临界点分析:

工程投资总额为 1 110 万元，其中安装设备价税合计 721.5 万元。

设备占工程投资总额比例:

$$721.5÷1110=65\%>60.23\%$$

可以取得进项税额占工程总额比例：104.83÷1110=9.44%>8.75%

上述比例均大于筹划临界点，说明公司宜选择包工不包料、自行采购材料方式。

【说明】利用筹划临界点可以提高判断的准确性和工作效率，便于采购部门等非财务人员参考。

【筹划提示】

(1) 购买建筑服务一般标的金额大，选择不同的合作方式会产生明显不同的税负成本。建设单位在签署建筑合同前，需对相关成本进行测算，合理选择承包方式。

(2)订立合同时，需有专门条款，对建筑服务企业提供的服务发票种类、税率及发票提供的时间进行明确要求，在合同总额相同的情况下尽量取得税率较高、进项税额较大的方案。

(二)建设单位取得不动产扣税凭证管理

1. 需尽早取得不动产扣税凭证

2016年5月1日后取得、在会计制度上按固定资产核算的不动产或不动产在建工程，其进项税额应自取得之日起分2年从销项税额中抵扣，第一年抵扣比例为60%，第二年抵扣比例为40%。

取得不动产的方式，包括以直接购买、自建、接受捐赠、接受投资入股及抵债受偿等，不包括房地产开发企业自行开发的房地产项目。

融资租入的不动产及在施工现场修建的临时建筑物、构筑物，其进项税额不适用上述分2年抵扣的规定。

因为不动产进项税额需分期抵扣，对于建设单位而言，虽然在投资建设期一般并不需缴纳增值税，但也需要尽早取得扣税凭证，以便另外40%的待抵扣进项税额可以尽早抵扣投产后的应纳税额。

2. 投资性房地产相关进项税额可以一次性抵扣

湖北国税、内蒙古国税：

2016年5月1日后取得并在会计制度上不按“固定资产”核算(如投资性房地产)的不动产或不动产在建工程，其进项税额可以一次性全额抵扣。

3. 用于简易计税、集体福利的扣税凭证需要认证，并从进项税额中转出

公司所购置的不动产当期用于简易计税、集体福利等不能抵扣的项目，虽然其进项税额不能抵扣；但如果事后用途发生变化，不再是专用于上述不能抵扣项目之后，净值对应的进项税额可以转回用于抵扣。所以，即使当期不能抵扣的项目，也需要尽可能取得扣税凭证，并及时认证，避免因发票认证逾期丧失抵扣条件。

第三节 生产采购环节购买“营改增”服务

一、生产采购环节购买“营改增”服务税率、征收率

纳税人在生产采购环节购买“营改增”相关服务，其税率、征收率如表4-4所示。

表 4-4　生产采购环节购买“营改增”服务

购买应税行为	“营改增”税目	税率	征收率
设备租赁	如下两种租赁方式，非融资性售后回租	17%	3%
租用不动产		11%	3%
经营租赁、融资租赁	同上		
融资性售后回租	金融服务——贷款服务	6%	3%
购买无形资产所有权或使用权(不含土地使用权)	销售无形资产	6%	3%
购买其他公司加工劳务	加工劳务	17%	3%
接受劳务派遣、安全保护	现代服务——商务辅助服务——人力资源服务	6%	3% 选择差额征收，征收率 5%

(资料来源：作者根据国家税务总局文件整理，仅代表个人观点。)

二、生产环节购买服务筹划案例

【例 4-3】生产旺季如何完成增加的订单？

某公司在 6 月份进入生产旺季，增加了一笔 150 万元的订单，现企业设备尚有剩余产能，但操作工不足，假如现有如下三种应对方法，哪种选择企业税负相对较低？前两种方式均可以取得一般纳税人增值税专用发票。

(1) 直接委托外部公司生产(劳务外包)，支付 120 万元的加工费用；

(2) 临时接受劳务委派，支付劳务费用 110 万元；其中支付给工人的工资及社保为 105 万元。

(3) 提前招聘季节工、临时工，需支付工资及社保费用 105 万元。

【分析】

第(1)种方式：委托外部公司加工，不利之处，产能没有得到充分利用，不利于保护生产环节的商业秘密，质量是否满足客户需求存在一定风险；好的一面是不需要分散管理精力。

该业务为取得应税加工劳务，适用税率为 17%。

$$进项税额=120\div1.17\times17\%=17.4359(万元)$$

$$不含税加工费为 120-17.4359=102.5641(万元)$$

第(2)种方式：接受劳务委派，签署合同有两种方式。

好处是员工招聘有保障，生产管理可控且解决了部分产能闲置问题；不利之处是签署劳务委派合同时间一般不能短于 1 年。

全额征税：进项税额=110÷1.06×6%=6.2264(万元)，不含税成本为 103.7736 万元。

差额征税：进项税额=(110−105)÷1.05×5%=0.2381(万元)，不含税成本为 109.7619 万元。

第(3)种方式：招聘季节工、临时工。

好处是管理可控；不利之处是需要支付一定的培训成本，存在一定的招工成本，需要另行承担社保费用。

不含税成本为 105 万元。

综合成本比较：

不考虑其他影响，人力成本由低到高分别为：第(1)种方式、第(2)种方式中的全额征税、第(3)种方式和第(2)种方式中的差额征税。

【筹划提示】

需知悉接受劳务委派存在两种不同计税方式，并在合同中对开具发票的种类、税率进行规范。

三、采购比价系数与采购基本规则

“营改增”全面推开之后，建筑业、房地产业、金融业和一般生活服务业等所有行业均全面征收增值税，由于供应商可以提供不同税率、不同种类的扣税凭证，采购人员需要调整询价、比价思维，不要简单地以是否能取得增值税专用发票(含海关进口增值税专用缴款书，下同)作为取舍依据。如下采购比价系数和比价规则，可以帮助采购管理人员等非财务专业人员快捷进行不含税价的比较，及时做出正确的采购决策。

(一)采购比价系数

在采购商品、劳务、服务和无形资产、不动产时，因为不同采购方式可能适用的税率不同、扣税凭证进项税额不同，采购比价系数是在知悉采购适用不同税率或征收率时，将含税不可比采购成本，转换为与之对应的、不含税可比实际成本，具体参照系数如表 4-5 所示。

【例 4-4】某企业为增值税一般纳税人，企业城建税及教育费附加税率为 12%，拟购买一辆九成新商务车，现有甲、乙、丙三个可以比选的供应商，其中甲为一般纳税人，可以开具 17%的增值税专用发票，报价 17.55 万元；乙可以开具 3%的增值税专用发票，报价 15.45 万元；丙只能提供普通发票，报价 15 万元。假如车况相当，现仅从涉税角度考虑，向哪个供应商采购为宜？

【分析】

查采购比价系数表，甲、乙、丙的采购比价系数分别为 0.8373、0.9674 和 1，则三家供应商的实际采购不含税可比实际成本分别为：

甲：17.55×0.83726=14.694(万元)

乙：15.45×0.96738=14.946（万元）

丙：15（万元）

从甲、乙、丙三家供应商购买的实际采购可比价格分别为 14.694 万元、14.946 万元和 15 万元，假如所采购车辆性能相同，则向甲采购成本更低。

表 4-5 采购比价系数

适用税率/征收率		附加税率	可以提供专用发票			不能提供专票	主要适用情形
税率 R	征收率 r		一般纳税人甲	一般纳税人乙（选择简易计税）	小规模纳税人丙	小规模纳税人丁	
17%	3%	12%	0.83726	0.96738		1	参见表 1-6《增值税税率及主要文件依据》
13%	3%	12%	0.87115	0.96738		1	
11%	5%	12%	0.88901	0.94667		1	
11%	3%	12%	0.88901	0.96738		1	
6%	3%	12%	0.9366	0.96738		1	
6%	5%	12%	0.9366	0.94667		1	

注：

(1) 表中数值公式为：(1−增值税率×附加税率)÷(1+增值税率)。

(2) 表中系数 0.83726，为所采购商品增值税税率为 17%、附加税率为 12%，可以向一般纳税人供应商采购取得 17%增值税专用发票，含税采购价为 1 的实际不含税采购成本；0.96738 为增值税率为 17%，附加税率为 12%，只能取得 3%征收率增值税专用发票的实际不含税采购成本；1 为不能取得专用发票的实际采购成本。

（资料来源：作者原创，仅代表个人意见。）

【验证】

(1) 向甲采购，不含税采购成本=17.55÷1.17=15（万元），进项税额=15×17%=2.55（万元）。

因进项税额增加，公司可以少交附加税=2.55×12%=0.306（万元），实际采购成本为 15−0.306=14.694（万元）。

(2) 向乙采购，不含税采购成本=15.45÷1.03=15（万元），进项税额=15×3%=0.45（万元），相应附加税=0.45×12%=0.054（万元），实际采购成本=15−0.054=14.946（万元）。

(3) 向丙公司采购，采购成本为 15 万元。

验证结果与上述直接用采购比价系数表相符。

【说明】 使用采购比价系数，可以将财务思维转换为管理思维，便于非财务采购等管理人员快捷、准确比价决策。

（二）采购比价基本规则

规则一：采购商品可以取得扣税凭证且可以从销项税额中抵扣的，采购含税价乘以采购系数后的不含税价较低者更优，如【例 4-4】。

规则二：采购物资用于集体福利等不能抵扣项目，供应商含税价较低者更优。

【例 4-5】某企业拟为职工食堂选购一套炊具，一般纳税人供应商 A 报价(含税价)为 35 100 元(可以提供 17%的增值税专用发票)，小规模纳税人供应商 B 报价 33 000 元，假如炊具品牌性能一致。

【分析】

因食堂炊具系用于集体福利，取得的进项税额不能从销项税额中抵扣，从一般纳税人供应商 A 采购的成本为 35 100 元，较小规模纳税人高出 2 100 元，故从小规模纳税人供应商 B 采购更优。

其他如采购职工食堂所需物资、用于职工招待支出等，取得的相关专用发票进项税额也需转出。因增值税专用发票和增值税普通发票等效，在采购物资性能一致的情况下，只需比较哪家供应商含税价较低，对企业则较为有利。

规则三：采购含税价相同的供应商，能提供增值税专用发票比提供增值税普通发票更优，增值税专用发票税率高优于税率低。

【例 4-6】假如某公司拟采购 10 台相同型号的联想品牌电脑，现有甲、乙、丙三家供应商可供选择，三公司提供的单价均为每台 3 500 元。甲公司为增值税一般纳税人，可以提供增值税专用发票；乙公司为小规模纳税人，只提供增值税普通发票；丙公司是小规模纳税人，但可以到主管部门申请代开增值税专用发票。该如何选择？

【分析】

(1) 从甲公司采购，可以抵扣增值税的进项税额为：(3 500×10)÷1.17×17%=5 085.47(元)

不含税采购成本为：35 000−5 085.47=29 914.53(元)

(2) 从乙公司取得的是不能抵扣增值税的普通发票，采购成本为 35 000 元。

(3) 从丙公司处取得的可以抵扣增值税的进项税额为：(3 500×10)÷1.03×3%=1 019.42(元)

不含税采购成本为：35 000−1 019.42=33 980.58(元)

通过比较可知，在只考虑增值税的情况下，不含税采购成本由低到高分别为甲公司、丙公司和乙公司。

假如公司附加税率为 12%，还可以利用采购比价系数进行快速比价：

查表 4-5：17%、3%的采购比价系数分别为 0.837 3、0.967 4，则三家公司可比不含税成本为：

甲公司=3 500×10×0.837 3=29 305.5(元)

乙公司=35 000(元)

丙公司=3 500×10×0.967 4=33 859(元)

不含税采购成本由低到高依次是公司甲、丙、乙，与上面的计算分析结论一致。

第四节 销售营运环节购买"营改增"服务

一般纳税人企业在产品销售及营运环节，需购买多种"营改增"试点服务，且税率与征收率也有多种选项，需要掌握"营改增"要点，并灵活运用，降低销售费用及营运成本。

一、销售环节购买的"营改增"相关服务税率、征收率

在销售营运环节，需购买的相关"营改增"服务税率及征收率如表 4-6 所示。

表 4-6 销售环节购买"营改增"服务税率及征收率

购买服务	税目	税率	征收率	备注
购买运输劳务	交通运输服务	11%	3%	
购买电话服务	电信服务——基础电信服务	11%	3%	
购买邮电服务	邮政服务	11%	3%	免税
购买快递	交通运输服务	11%	3%	出口收派服务免税
代办出口报关	现代服务——商务辅助服务——经纪代理服务	6%	3%	
购买财产保险	金融服务——保险服务	6%	3%	出口货物保险免税
购买养老保险	金融服务——保险服务	6%	3%	免税
购买仓储服务	现代服务——物流辅助服务——仓储服务	6%	3%	存在可选简易计税
广告宣传	现代服务——文化创意服务——广告服务	6%	3%	
会议展览	现代服务——文化创意服务——会议展览服务	6%	3%	
出口佣金	现代服务——商务辅助服务——经纪代理服务	6%	3%	如境外发生非应税服务
过路费、停车费	现代服务——租赁服务——不动产租赁	11%	5%	
交际应酬	生活服务	6%	3%	不能抵扣
餐饮娱乐	生活服务	6%	3%	不能抵扣
旅客运输	交通运输服务	11%	3%	不能抵扣
购买知识产权服务	现代服务——文化创意服务——知识产权服务	6%	3%	
购买咨询服务	现代服务——鉴证咨询服务	6%	3%	
经纪代理服务	现代服务——商务辅助服务——经纪代理服务	6%	3%	
人力资源服务	现代服务——商务辅助服务——人力资源服务	6%	3%	可选择简易计税，差额征税征收率 5%
安全保护服务	现代服务——商务辅助服务——安全保护服务	6%	3%	

(资料来源：作者根据国家税务总局文件整理，仅代表个人观点。)

二、购买交际应酬服务应用案例

【例 4-7】公司接待韩国客户一行，在境内商务活动行程计划为期 2 天，公司商务接待安排包括以下 7 项内容：

(1)从小车租赁公司租用小车提供为期 2 天的客运服务，费用为 22 200 元，取得 11%的交通运输服务专用发票；

(2)聘请翻译数名，费用为 21 200 元；

(3)酒店住宿一晚 2 120 元；

(4)购买红酒 10 瓶，共 5 000 元，香烟 1 条 1 000 元，用于公司接待消费或酒店进餐自带酒水；

(5)购买龙井茶数盒共 6 000 元，未取得增值税专用发票，作为特产赠送给客户；

(6)实际发生酒店餐饮费 20 000 元，娱乐服务 1 200 元；

(7)购买印象西湖门票 6 张，共 6 000 元。

上述服务哪些是不能从销项税额中抵扣的交际应酬消费，哪些需视同销售征税？

【分析】

上述除了第 5 项是将外购、自产的货物赠送给外部客户，需要视同销售外，其他均是外购的交际应酬消费，即使取得增值税专用发票，相关进项税额也不能从销项税额中抵扣。

视同销售销项税额=6 000÷1.13×13%=290.27 元。

【筹划提示】

外购的交际应酬消费视为个人消费，其进项税额不能抵扣；而自产、外购、委托加工的货物无偿赠送外部单位或个人需视同销售。哪些是需进项税额转出的交际应酬消费、哪些是需视同销售的交际应酬费，区分有一定难度。可参阅第七章【专题分析 7-12】。

凡用于交际应酬消费的外购货物及服务，相关进项税额不能从销项税额中抵扣，那么采购发票是专票或普票可不作要求，直接以含税价进行比价；对于需视同销售的交际应酬费，需尽量取得扣税凭证，避免平进平出仍需缴纳增值税。

三、购买快递服务筹划案例

【例 4-8】找谁寄快递？要什么发票？

某公司每月均有同城寄件业务，假如通过邮局寄送费用为 1.11 万元；通过申通、顺丰快递公司寄送费用均为 1.06 万元，假如公司均可以取得增值税专用发票。

(1) 在不考虑服务质量的情况下，向哪家公司购买服务成本更低？在签署合同时，需要注意哪些？

(2) 上述寄件业务为异地时，在选择服务时应注意什么？

【分析】

(1) 快递服务相关税率为：

① 邮局服务为邮政服务——普遍服务，增值税税率为 11%，但系免税服务；选择邮政服务，成本为 1.11 万元，进项税额为 0；

② 快递公司适用现代服务——物流辅助服务——收派服务，适用税率为 6%，但需要知悉的是，一般纳税人提供收派服务还可以选择适用简易计税，购买相同服务金额的服务，如果不对快递公司的服务进行明确约定的情况下，得到的可能是与预想不同的税率寄送成本。

快递服务合法的发票包括定额发票、增值税专用发票和增值税普通发票，还需要对发票种类及税率进行明确约定。具体情况为：

a. 如果未约定，接受的是定额发票，无可以抵扣的增值税进项税额，成本为 1.06 万元；

b. 如接受的是增值税普通发票，则成本同上，也无抵扣；

c. 如接受的是增值税专用发票，但未约定税率，如果快递公司选择适用的是简易计税，则进项税额=1.06÷1.03×3%=0.0309 万元，不含税成本为 1.0291 万元；

d. 如果接受的是 6%的增值税专用发票，则进项税额=1.06÷1.06×6%=0.06 万元，不含税成本为 1 万元。

通过上述分析可此，在购买收派服务时，可能存在多种选项，需要在合同上对供方提供的发票种类、税率都做出明确要求。

(2) 如果快递公司提供的是异地服务，则税目应为“交通运输服务”，适用税率为 11%，非“物流辅助服务——收派服务”，部分地区实际套用的是收派服务税率 6%，需关注相关风险。

【筹划提示】

(1) 需知悉邮政服务 0 税率优惠、收派服务可以选择适用简易计税，异地快递服务与同城收派服务税率不同（部分地区无此要求）。

(2) 同一快递服务可以提供多种合法的扣税凭证，需要对快递公司提供的发票、提供时间做出明确要求。

四、购买物流服务筹划案例

【例 4-9】 某公司在外地设有两个仓库：

A仓库系租用物流公司的仓储服务，每年需向其支付132.5万元；B仓库系公司在外租用的厂房，公司每年需支付租金111万元、物业管理费3.06万元、电费5.85万元，另聘2个工人，人力成本及社保年约12万元，合计131.91万元。

假如两仓库容量相当，服务能力相当，从税费角度考虑，哪个仓库成本更低？

【分析】

实现方式通常有两种：一是直接购买专业仓储物流机构的仓储服务；二是租用场地，自行管理存货。

1. A仓库

一般纳税人仓储服务适用税率为6%，但是可以选择适用简易计税，征收率为3%。

(1)A仓库为专业仓储物流公司提供，适用一般计税，则可取得的进项税额=132.5÷1.06×6%=7.5(万元)；不含税成本=132.5−7.5=125(万元)。

(2)如果其选择简易计税方式，且可以开具增值税专用发票，则进项税额=132.5÷1.03×3%=3.859 2(万元)；不含税成本=132.5−3.859 2=128.140 8(万元)。

(3)如果未能取得专用发票(如普通发票)，则进项税额为0，不含税成本为132.5万元。

2. B仓库

B仓库，为租用不动产，自行管理存货。

一般纳税人不动产租赁，适用不动产租赁服务，税率为11%；但是如果不动产为销售方试点前取得，则可以选择适用简易计税，征收率为3%。

(1)一般计税方式：进项税额=111÷1.11×11%=11(万元)，不含税成本为100万元。

(2)简易计税方式：进项税额=111÷1.05×5%=5.2857(万元)，不含税成本为105.7143万元。

(3)如果未能取得专用发票，则不含税成本为111万元。

3. 物业费

(1)如果支付的物业管理费能取得增值税专用发票，则进项税额=3.06÷1.06×6%=0.06万元，不含税成本为3万元。

(2)如果物业公司是小规模纳税人，可向税务机构申请代开增值税专用发票，则进项税额=3.06÷1.03×3%=0.0891(万元)，不含税成本=3.06−0.089 1=2.970 9(万元)。

(3)如果不能取得专用发票，则成本为3.06万元。

【筹划提示】

(1)上述购买仓储服务、租用不动产、物业服务均有3种选项，签署合同时需要对供应商的发票开具方式做出明确约定，避免供应商选择对公司不利的开票方式。

(2) 在筹划选择不同的租赁方式时，需要将采购金额与发票开具方式结合分析、计算比较。

第五节 筹资结算环节购买金融服务

一般纳税人企业与金融服务紧密相关，“营改增”后需要了解可以抵扣和不能抵扣的金融服务项目及税率，虽然可以抵扣的金额不大，但仍需与合作金融机构及时对接，就购买的相关服务尽可能取得增值税专用发票，选择合适税率，降低财务成本。

关于集团公司内部调剂使用资金，参见第七章中的“统借统还”。

一、贷款及直接收费金融服务及案例

企业购买金融服务税目税率如表 4-7 所示。

表 4-7 企业购买金融服务税目、税率

项目	税目	税率	征收率	备注
购买贷款服务	金融服务——贷款服务	6%	3%	不能抵扣
直接收费金融服务	金融服务——直接收费金融服务	6%	3%	
金融产品购销	金融服务——金融商品转让	6%	3%	差额征税，不能开具专用发票

【例 4-10】某公司为一般纳税人，2016 年 6 月在开户银行办理付款手续，支付电汇等手续费 1 060 元，银行提供的是自制单据；支付银行询证函费用 530 元，取得增值税专用发票，支付贷款利息 100 万元，取得增值税专用发票。

【分析】

支付电汇手续费，未取得扣税凭证；贷款服务，不能抵扣。

银行询证函收费为直接收费金融服务，可以抵扣的进项税额为：

$$530 \div 1.06 \times 6\% = 30（元）$$

会计处理：

借：财务费用——贷款利息支出　　1 000 000

　　　　——手续费　　1560

　应交税费——应交增值税——进项税额——直接收费金融服务　　30

　贷：银行存款　　1 001 590

二、保险服务与案例

企业向保险公司购买财产保险产品，保险公司可以自行开具增值税专用发票。

保险公司为本公司办理财产保险，还可以对自已开具增值税专用发票，在购买方填写本单位名称，保险公司也可以凭该增值税专用发票申报抵扣增值税进项税额。

保险公司赔付给保险人的4S店修车费用，即使从4S店可以取得增值税专用发票，但因为4S店是对被保险人提供的修车服务，保险公司是向被保险人支付的保险赔款，该增值税专用发票不能抵扣。

【例4-11】某制造型企业于2016年6月办理财产保险，按资产总额投保，保险期1年，支付保费5.3万元；交纳职工养老保险50万元；办理出口货物保险3 000元。购买上述保险服务，可以取得从销项税额中抵扣的进项税额是多少？

【分析】

职工养老保险不征增值税；出口货物保险免征增值税；国内财产保险，如取得增值税专用发票，可以抵扣。

进项税额=53 000÷1.06×6%=3 000（元）

三、金融商品转让

金融商品转让，是指转让外汇、有价证券、非货物期货和其他金融商品的所有权；其他金融商品转让包括基金、信托、理财产品等各类资产管理产品和各种金融衍生品的转让。金融商品转让公式为：

销项税额=（转让价–买入价）÷1.06×6%

从上述公式看，如果没有买入价，就没法作为金融商品转让征税，另外，金融商品持有期间的收益不能作为扣除成本。到底哪些产品可以作为金融商品转让，目前尚无相应细则。

下面以利率掉期和货币掉期业务为例，尝试对企业购买金融服务做一探讨。

【案例分析】

利率及货币掉期业务增值税业务探讨

掉期业务又称互换（Swaps），是指两个或两个以上的当事人按照商定条件，在约定的时间内，交换某种资产的合同。掉期常包括利率调换、货币互换等。“营改增”之后如何确定掉期业务的销售额及金融商品转让行为，关系到税负的合理性，甚至可能影响互换业务的顺利开展。

(一)利率互换业务合同签署方式筹划

【例 4-12】公司 A 和公司 B 拟向同一家银行 C 办理 2 年期贷款 1000 万元，A 公司可以获得的贷款固定利率为 4%，或者 6 个月 LIBOR 浮动利率借款外加 0.6% 的固定利率；B 公司可以获得的贷款的固定利率为 5%，或者 6 个月 LIBOR 浮动利率借款外加 1%的固定利率。在 C 银行的协调下，三方签署了利率互换协议。假定贷款利息每半年支付一次，每半年的 LIBOR 为：3.8%、3.3%、3.5%、3.1%、3%，具体如表 4-8、表 4-9 所示。

表 4-8 筹资成本比较优势

自身融资能力	固定利率	浮动利率
A 公司	4%	6 个月 LIBOR+0.6%
B 公司	5%	6 个月 LIBOR+1%
比较优势	1%	0.4%

表 4-9 A、B 公司借款利率互换比较

互换	形式融资	互换后	互换效果
A 公司	4%	6 个月 LIBOR+0.2%	0.40%
B 公司	6 个月 LIBOR+1%	4.80%	0.20%
综合融资(非加权)	6 个月 LIBOR+5%	6 个月 LIBOR+5%	0

【分析】

为了简便分析，如下只考虑其中一次 LIBOR 为 3.5%情形(半年利息)，如表 4-10 所示。

表 4-10 互换形式与实际利率及补差

单位：万元

	形式融资	付银行	互换后实际利率	实际承担利息	互换补差
A 公司	4%	20	3.70%	18.5	1.5
B 公司	4.50%	22.5	4.80%	24	−1.5
综合融资		42.5		42.5	0

业务可以用图 4-2 表示。

思路一：双方只就互换利率差额补给对方。

(1)C 银行收取的利息及增值税。

每半年向 A 公司收到的贷款利息=1000×4%×0.5=20 万元，应交增值税销项税额=20÷1.06×6%=1.132(万元)。

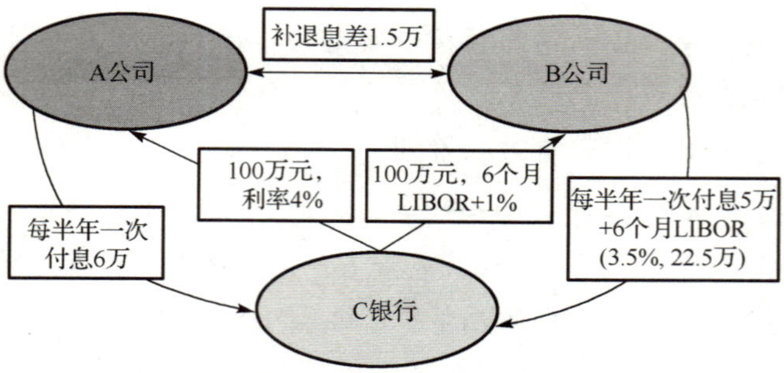

图 4-2 利率互换

C 银行每半年向 B 公司收取的利息=(只考虑 20×7.12.31 向 B 收取的利息)=1000×(3.5%+1)×0.5=22.5 万元，增值税销项税额=22.5÷1.06×6%=1.2736(万元)。

(2) A 公司应向 B 公司收取的利息差额(只考虑 20×7.12.31) 1.5 万元，所收利息按贷款服务计算应交增值税=1.5÷1.06×6%=0.084 9(万元)。

思路二:

如果两公司不是仅交换利息差额，而是按对方实际承担的利息相互缴付结算，则双方都容易视为按贷款服务计算增值税，其税负较补差方式要明显高出。

【比较分析】

从上述利率互换业务看，掉期业务是为了优势互补并实现共赢，在银行的支持与协调下，所签署的利率互换合约，银行适用增值税贷款服务；而从企业角度，在签署合约上，互换双方需采取支付补差方式，不宜相互打款，避免可能产生的重复征收增值税风险。

(二) 货币互换业务

【例 4-13】假如某企业于 20×6 年 5 月初与某银行签署一份为期 1 年的人民币与外币掉期签约协议，近端用人民币 1 866 万元换入加拿大币 365.16 万元，近端汇率为 5.11；约定第 2 年 5 月以 5.1974 的汇率将加币换为人民币；同时加币持有期间产生的存款利息 9.23 万加元以 5.221 的汇率换为人民币。20×6 年 12 月 31 日，加币中间汇率为 4.681 4，12 月底的 4 个月的远期汇率为 4.6925，假定第二年 4 月底汇率为 4.69(如图 4-3 所示)不考虑银行为该业务所逆向操作的货币互换业务。问该企业“营改增”后的增值税如何缴纳。

思路一:

将上述掉期业务看成是近端和远端两次金融产品(外汇)转让，分别确认金融商品转让收益。

近端：购汇汇率为 5.11，假定中间价为 5.09，则企业金融商品转让收益为:

1 866×(5.09−5.11)=−37.32(万元)

该损失企业可以在当年年底的金融商品转让收益中抵减，至多可以抵减的增值税为：

37.32÷1.06×6%=2.112 5(万元)

远端：售汇实际汇率为 5.1974，而当期中间价为 4.69，则企业金融商品转让收益为：

365.16×(5.197 4−4.69)=185.282 2(万元)

适用金融商品转让服务征收增值税，则销项税额为：

185.282 2÷1.06×6%=10.487 7(万元)

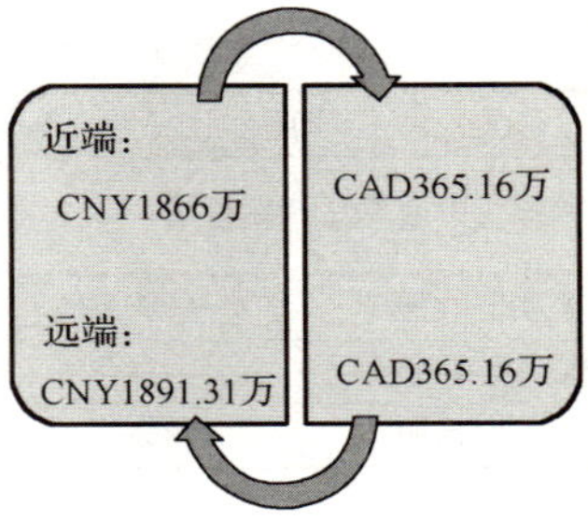

图 4-3　货币互换

思路二：

将上述货币掉期业务看作是一笔业务事项，企业在这笔货币互换业务中，成本为 1 866 万，转让价为 1 891.31 万(其中金融商品持有期间的收益不作为转让成本，应作为存款利息收入，不征税)，实现了转让的增值，则应按金融商品转让计算增值税销项税额：

1 891.31−1 866=25.31(万元)

应交增值税=25.31÷1.06×6%=1.432 6(万元)

【比较分析】

第一个思路，系两次金融商品转让；也可以将近端的购汇业务视为货币兑换，则银行适用直接收费服务，开具增值税专用发票，企业可以抵扣进项税额；而远端因约定的汇率与挂牌汇率相差较多，如果理解为货币兑换服务较为牵强。

从上述二个思路比较看，掉期业务是企业为了以时间换空间，减少汇兑损失所采取的暂时性货币互换。如果从形式上将掉期业务看成是近端和远端两笔独立的金融商品转让业务或直接收费金融业务，则企业将可能存在重复缴税，且与经济业务实质不符；如将近、远两端掉期业务看成是一笔金融商品转让，更符合所签署的一份合约的交易实质。

因金融服务细则仍不健全，具体如何计征，还需以国家税务总局最新文件或当地主管国税部门意见为准。上述仅为业务探讨。

（资料来源：作者原创，仅代表个人观点。）

第六节　购买其他“营改增”服务

一、购买生活服务及筹划案例

企业购买生活服务相关税目、税率如表 4-11 所示。

表 4-11　企业购买生活服务相关税目、税率

项目	税目	税率	征收率	备注
向个人购买员工住宿服务	为员工提供环节非“营改增”应税服务，对外购买系应税服务	不适用	5%	减按 1.5%
购买餐饮服务	生活服务——餐饮住宿服务	6%	3%	不能抵扣
员工培训服务	生活服务——教育医疗服务	6%	3%	
员工医疗服务	生活服务——教育医疗服务	6%	3%	免税、无抵扣

【例 4-14】 某公司 2016 年 7 月 1 日组织党员到井冈山去红色旅游，有三种方案，不考虑服务等其他方面因素，哪种方案成本最低。

(1) 向旅游公司购买旅游服务，预计费用总额为 10 万元，可以取得增值税专用发票；

(2) 向某客运公司包一辆车，同时提供司机费用为 4.5 万元，途中费用由客运公司承担；公司自行直接支付门票 1 万元、餐饮费 2 万、住宿费等 2 万元，支付总额为 9.5 万元。

(3) 向汽车租凭公司租车自驾前往，租车费用为 2 万元，公司需支付油费 1 万元、过路停车费 1 万元，其他门票、餐饮住宿费同上，费用总额为 9 万元。

假如方案 (2)、(3) 交通运输、住宿、车辆租赁均可以取得由销售方自开的增值税专用发票，门票免税，不考虑税金附加等其他税费。

【分析】

方案 (1)：

旅游服务公司提供服务，有两种计税方式，其一是按收取的全部收入和价外费用作为销售额，适用 6%的税率，且可以全额开具增值税专用发票；其二，以全部收入和价外费用扣除向旅游服务购买方收取并支付给其他单位或个人的住宿费、餐饮费、交通费、签证费、门票费和支付给其他接团旅游企业的旅游费用的余额为销售额，适用 6%的税率，扣除部分只能开具普通发票。

全额征税：

购买服务公司可以取得的进项税额=10÷1.06×6%=0.566（万元）

剔除进项，实际成本为 9.434 万元。

差额征税：

代为支付的费用为过路费 1 万元、油费 1 万元、门票 1 万元、餐饮费 2 万元、住宿费等 2 万元，合计 7 万元。

取得的进项税额=(10−7)÷1.06×6%=0.17（万元）

则公司不含税成本为 9.83 万元。

方案(2)：

为公司购买的交通运输服务和住宿、餐饮及文化服务，餐饮服务进项税额不能抵扣，文化服务免税无抵。则公司不含税采购成本为：

交通运输进项税额=4.5÷1.11×11%=0.445 9(万元)

住宿费进项税额=2÷1.06×6%=0.113 2(万元)

进项税额合计=0.559 1(万元)

公司实际成本=9.5−0.559 1=8.940 9(万元)

方案 3：

为公司购买的有形动产租赁服务，适用税率为 17%，征收率为 3%。假如租车公司为一般纳税人，可以自行开具增值税专用发票。

租车进项税额=2÷1.17×17%=0.290 6(万元)

油费=1÷1.17×17%=0.145 3(万元)

过路停车费=1÷1.03×3%=0.029 1(万元)

住宿费(同上)=0.113 2(万元)

进项税额合计=0.578 2(万元)

实际成本=9−0.578 2=8.421 8(万元)

【筹划提示】

公司日常业务中，同样的经济业务事项可能存在多种涉税选项，如本案例可以选择旅游服务、交通运输服务和餐饮住宿服务、动产设备租赁服务等途径。纳税人需要结合“营改增”全面推开后的应税服务及不同税率进行比较筹划，选择对公司相对有利的方案。

【案例分析】

新建专家公寓楼的税收筹划

【例 4-15】2016 年 5 月 8 日，A 集团公司拟在新厂区新建一栋专家公寓楼，设计共 7 层，建筑面积为 10 000 平米，总投资约为 3 000 万元，与某建筑公司于 2016 年 5 月上旬签署建筑工程承包合同，拟于 2016 年 5 月 18 日开始动工，预计 2016 年 11 月底竣工。公寓按各层功能初步设置为：第一层为公司科技人员小食堂、小包厢、洗衣房等，拟为人才提供更优质的餐饮和洗理服务；第二层为活动室，设有健身房、台球、乒乓球室、阅览室等；第三至第七层拟为专家宿舍楼。该公司“营改增”后新建专家楼取得的增值税专用发票进项税额可否抵扣？是否存在筹划空间？

一、购建用于集体福利或个人消费的项目其进项税额不得抵扣

A集团公司为了提高公司科技竞争力，花巨资为科技人才改善生活条件，优化人才环境，是企业发展的重要举措。但相关投资及折旧费用非直接用于研发投入，除了不能作为研发费用、无法享受加计扣除外，因专家公寓楼系用于集体福利，根据财税〔2016〕36号文，“营改增”之后，该集团取得的不动产购建相关进项税额297.2973（3000÷1.11×11%）万元，不得从销项税额中抵扣，只能非常遗憾地从进项税额转出。

二、只需一点改变，近300万元进项税额即可全部抵扣

该集团公司只需要稍做改变，其取得的近300万元进项税额，不仅可以将改变用途部分对应的进项税额纳入抵扣，而且其他用于集体福利部分的投资支出所对应的进项税额也同样可以抵扣。

【文件依据】

财税〔2016〕36号文附件一《营业税改征增值税试点实施办法》（简称《试点实施方法》）

“第二十七条　下列项目的进项税额不得从销项税额中抵扣：

（一）用于简易计税方法计税项目，免征增值税项目，集体福利或个人消费的购进货物，加工、修理修配劳务，服务，无形资产和不动产。其中涉及的固定资产、无形资产、不动产，仅指专用于上述项目的固定资产、无形资产（不包括其他权益性无形资产）、不动产。”

上述“仅指专用于”五个字，包含了巨大的税收政策差别。只要该专家楼不是专门用于集体福利或个人消费、免征增值税项目、简易计税项目，意味着该不动产相关的进项税额除了用于生产相关的项目可以抵扣外，其同时用于集体福利、免征增值税项目部分也可以全部纳入抵扣。这是国家给予的一项特殊的优惠政策。

既然公司愿为科技人员花巨资建公寓楼改善生活条件，何不一并考虑在专家楼为专家们设置若干间办公室、会议室进行研发、办公，方便进行科技信息交流，也改善科技研发人员的办公条件。把多交的300万元税收用于研发投入；把国家给予的优惠政策用到位，显然更有利于企业的发展。当然，不动产进项税额抵扣从取得扣税凭证之日起12个月内只能抵扣60%，剩余40%的进项税额留待第13个月开始抵扣。

三、如果之前已用于集体福利、相关进项税额已全部转出，事后仍有“改过”机会

对于之前未认识到此优惠、业已“铸成大错”的企业，本次“营改增”新政又给予了纳税人“知错能改”的机会：如果不动产用途发生改变，不再是专门用于不能扣除的项目后，曾经转出的进项税额还可以按净值部分转回。能不为“营改增”新政点赞吗？

【文件依据】

财税〔2016〕36号文附件一《营业税改征增值税试点实施办法》

“按照《试点实施办法》第二十七条第(一)项规定不得抵扣且未抵扣进项税额的固定资产、无形资产、不动产，发生用途改变，用于允许抵扣进项税额的应税项目，可在用途改变的次月按照下列公式计算可以抵扣的进项税额：

可以抵扣的进项税额=固定资产、无形资产、不动产净值÷(1+适用税率)×适用税率

上述可以抵扣的进项税额应取得合法有效的增值税扣税凭证。”

国家税务总局关于发布《不动产进项税额分期抵扣暂行办法》的公告(国家税务总局公告2016年第15号)

“第九条 按照规定不得抵扣进项税额的不动产，发生用途改变，用于允许抵扣进项税额项目的，按照下列公式在改变用途的次月计算可抵扣进项税额。

可抵扣进项税额=增值税扣税凭证注明或计算的进项税额×不动产净值率

依照本条规定计算的可抵扣进项税额，应取得2016年5月1日后开具的合法有效的增值税扣税凭证。”

允许已转出的进项税额在改变用途后，可以转入抵扣，是本次“营改增”政策的一个重大变化点，也是国家给纳税人的一个非常难得的礼包，快快拿走。

（资料来源：作者原创，仅代表个人观点。）

二、其他个人“营改增”服务

(一)纳税人

为境内提供销售服务、无形资产和不动产的其他个人(自然人)。

因在个人提供不动产租赁和销售服务时，相关税费一般实质转嫁给购买方，故将相关内容设在本章。

(二)应税服务和视同应税服务

应税服务为有偿服务；视同应税服务为无偿提供无形资产和不动产销售服务(除法定不动产继承等)。

(三)相关征收率

其他个人为小规模纳税人，适用征收率，不动产相关征收率为5%，其他服务为3%。

(四)销售额与税收优惠

其他个人出售2年以上的住房免征增值税(不含北京、上海、广州、深圳四个一线城市中的非普通住房)；

其他个人出售不动产(非住房或出售北京、上海、广州、深圳的非普通住房)按销

售全部价款和价外费用，扣除不动产购置原价或取得不动产时的作价后的余额。

其他个人出租不动产（非住房）按取得的租金，适用5%的征收率；出租住房适用5%的征收率减按1.5%征收。

其他个人采取预收款形式出租不动产，取得的预收租金收入，可在预收款对应的租赁期内平均分摊，分摊后的月租金收入不超过3万元的，可享受小微企业免征增值税优惠。

（五）“营改增”后增值税、契税、房产税、土地增值税和个人所得税计税依据

根据《财政部、国家税务总局关于“营改增”后契税、房产税、土地增值税、个人所得税计税依据问题的通知》（财税〔2016〕43号），计征增值税、契税、房产税、土地增值税、转让房产税租金收入的成交价格均不含增值税。

《中华人民共和国土地增值税暂行条例》等规定的土地增值税扣除项目涉及的增值税进项税额，允许在销项税额中计算抵扣的，不计入扣除项目；不允许在销项税额中计算抵扣的，可以计入扣除项目。

个人转让房屋的个人所得税应税收入不含增值税，其取得房屋时所支付价款中包含的增值税计入财产原值，计算转让所得时可扣除的税费不包括本次转让缴纳的增值税。

“营改增”后销售住房税负比较，参考如下案例。

【例4-16】居民销售购买期2年以内的一套住房，如取得的总售价为200万元，试对相关税收情况进行分析（假定城建税及教育费附加税率为12%）。

【分析】

（1）增值税及附加=200÷（1+5%）×5%×（1+12%）=10.67（万元）

原营业税=200×5%×（1+12%）=11.2（万元）

（2）契税。

“营改增”后：200÷（1+5%）×3%=5.71万（万元）

“营改增”前：200×3%=6（万元）

（3）个人所得税。

假如所得税率为1%（核定征收）

“营改增”后：200÷（1+5%）×1%=1.9（万元）

“营改增”前：200×1%=2（万元）

“营改增”后合计=10.67+5.71+1.9=18.28（万元）

“营改增”前合计=11.2+6+2=19.2（万元）

“营改增”后较之前相关税费减少0.92（万元）。

【说明】“营改增”之后个人租售不动产总体税负较之前略有下降。

第五章

“营改增”会计核算与纳税申报

第一节 “营改增”会计核算存在的问题与核算难点

“营改增”全面推开，是我国“营改增”的收官之战，对所有纳税人都将产生深远影响，同时对企业约1000多万会计从业人员而言，也是一项挑战：既要作好增值税会计处理，准确核算、及时足额申报增值税，也要能从管理角度，做好增值税的分析与筹划。特别是“营改增”全面推开后增加了很多特殊要求，如同一个纳税人可能大量存在简易计税和一般计税同时并存的情形，大量异地预缴和机构所在地纳税申报并存情形，使用用途发生变化的转出、转入情形等，对财务核算与管理提出了较高要求。

一、“营改增”会计核算存在的问题

2012年7月5日，财政部下发了《财政部关于印发<营业税改征增值税试点有关企业会计处理规定>的通知》（财会〔2012〕13号），对“营改增”试点纳税人差额征税、小规模纳税人会计处理、期末留抵税额会计处理进行了规范。但在实践中，核算规范尚存在如下问题。

（一）“营改增”可以抵减的销项税额未及时、完整体现

财会〔2012〕13号文件规定：“一般纳税人提供应税服务，试点期间按照营业税改征增值税有关规定允许从销售额中扣除其支付给非试点纳税人价款的，应在“应交税费——应交增值税”科目下增设“营改增抵减的销项税额”专栏，用于记录该企业因按规定扣减销售额而减少的销项税额”。但是由于当期抵减的销项税额与本期实际产生、可以用于抵减当期和未来期间的销项税额并非完全一致，可能存在“可抵减增值税暂时性差异”。仅在“应交增值税”下面增加“营改增抵减的销项税额”还不能满足企业的核算要求，主要有以下几点。

1. 未完全反应纳税人可以抵减的销项税额

如增值税附表(三)应税服务扣除项目中，第 4 列“本期应扣除金额=2+3”，即期初余额+本期发生额，而第 5 列，本期实际扣除金额需较本期应扣除金额小，同时也小于本期应税服务销售额。纳税人本期“营改增”实际抵减的销项税额与纳税人可以用于抵减的销项税额不完全一致,“营改增抵减的销项税额”仅为当期实际抵减数。

2. 未及时反应纳税人本期新增的、全部可以抵减销项税额的资产

当纳税人购进可以抵扣销售额的服务时，相关权利即行产生，形成了一项可以抵减应交增值税的资产，按照权责发生制原则，需及时体现该项资产。

3. 未完整体现纳税人期末尚存的、可以抵减未来期间的销项税额的资产

公司产生的可以抵减的销项税额、但本期尚未抵减的，按照权责发生制原则，应确认为资产，但公司报表尚未体现。

(二)差额征税销项税额发生额部分重复体现

在“应交增值税”借方增加“营改增抵减的销项税额”之后，销项税额则按未扣除服务项目的销售额及价外费用来计算，导致如下“三个不符”。

1. 账实不符：销项税额明细账发生额与销项税额定义不符

根据财税〔2016〕36 号附件一《营业税改征增值税试点实施办法》第二十二条：销项税额，是指纳税人发生应税行为按照销售额和增值税税率计算并收取的增值税额。销项税额计算公式：销项税额=销售额×税率。而附件二《营业税改征增值税试点有关事项的规定》第一(三)：销售额，对于差额征税的各种应税行为，均是指扣减了相关购入成本、费用后的余额。明细账上以未扣除成本费用的销售额所计算的销项税额与税收文件相关定义不符。

2. 账表不符：销项税额明细账发生额与《增值税纳税申报表》主表第 11 栏“销项税额”不符

填写说明：“第 11 栏销项税额：填写纳税人本期按一般计税方法计税的货物、劳务和应税服务的销项税额。营业税改征增值税的纳税人，应税服务有扣除项目的，本栏应填写扣除之后的销项税额。”

3. 账证不符：销项税额明细账与提供的增值税专用发票销项税额不符

除部分差额征税不能开具专用发票，如金融产品转让、旅游服务选择差额征收外，其他可以开具增值税专用发票的业务。销项税额系按照扣除费用后的销售额计算销项税额，与账上未扣除费用计算的销项税额不符；虽然与“应交增值税——营改增抵减的销项税额”夹差之后，应交增值税余额未增加，但应交增值税借贷明细发生额均同步虚增。

【例 5-1】某客运站在 2016 年 5 月提供客运服务收入和价外费用共计 106 万元，其中支付给运输公司 84.8 万元。根据文件规定：

销售额=106−84.8=21.2（万元）

不含税销售额=21.2÷1.06=20（万元）

销项税额=20×6%=1.2（万元）

如果开具专用发票，则销项税额应为 1.2 万元(接受客运服务不能抵扣)。

但是，增值税会计核算上的“应交税费——应交增值税(销项税额)”则为 106÷1.06×6%=6（万元），“营改增”抵减的销项税额为 84.8÷1.06×=4.8（万元），只有将两者夹差才知道实际的销项税额为 1.2 万元。这样不便于增值税纳税申报表进行比对。

（三）“进项税额”与“进项税额转出”明细账余额同步虚增

根据财会〔2012〕13 号，试点地区兼有应税服务的原增值税一般纳税人，截至开始试点当月月初的增值税留抵税额按照营业税改征增值税有关规定不得从应税服务的销项税额中抵扣的，应在“应交税费”科目下增设“增值税留抵税额”明细科目。

开始试点当月月初，企业应按不得从应税服务的销项税额中抵扣的增值税留抵税额，借记“应交税费——增值税留抵税额”科目，贷记“应交税费——应交增值税(进项税额转出)”科目。待以后期间允许抵扣时，按允许抵扣的金额，借记“应交税费——应交增值税(进项税额)”科目，贷记“应交税费——增值税留抵税额”科目。

根据财税〔2016〕36 号文，挂账留抵税额这种情形在“营改增”全面推开后，仍然存在：原增值税一般纳税人兼有销售服务、无形资产或不动产的，截至纳入“营改增”试点之日前的增值税期末留抵税额，不得从销售服务、无形资产或不动产的销项税额中抵扣；如原采购存货其进项税额已认证，并在进项税额中体现，后来该存货用于不动产，其 40%需转出至待抵扣进项税额；或者原来采购的资产因用于集体福利，已同时在进项税额和进项税额转出中反映，现改用于可以抵扣的项目。

上述转出环节处理无异议，但当以后期间允许抵扣时，借记“应交增值税(进项税额)”，与之前取得发票期间确认为“应交增值税(进项税额)”重复确认。尽管应交增值税余额正确，但进项税额与进项税额转出余额存在同步虚增，假如纳税人多次转出和转回，进项税额与进项税转出将可能虚增更多。

二、“营改增”全面推开后增值税核算的难点

因财会〔2012〕13 号文件是以已经作废《财政部国家税务总局关于印发〈营

业税改征增值税试点方案〉的通知》（财税〔2011〕110号）的依据，已不能满足当前“营改增”已全面推开的增值税会计核算与管理要求，突出表现在以下几点。

（一）应税行为多样化、多种税率（征收率）并存

产品、劳务、服务、不动产及无形资产转让均征收增值税，相关税率有17%、13%、11%、6%，还同时存在可以选择适用简易征收办法，征收率既有3%，也有5%。

（二）一般计税方法和可选择简易计税方法并存

公司要能满足一般纳税人增值税会计核算，也要满足简易计征应交增值税核算要求，两种计税方法明细科目不可混用。

（三）部分销售服务地预征和机构所在地纳税申报并存

跨县（市）经营的建筑企业、不动产出租的企业和房地产企业，需要在服务发生地或不动产所在地预缴增值税，在机构所在地纳税申报；预征既有简易计税方式，也有一般计税不同的预征率。

（四）销售额全额计征与差额计征并存

“营改增”保留了部分差额计征，企业虽未取得增值税专用发票，但可以（或在一定时间内）扣除应税销售额的服务，主要有金融商品转让的买入价、经批准的融资租赁企业支付的借款利息（包括外汇借款和人民币借款利息）、发行债券利息和车辆购置税等。

（五）部分进项税额可以转回

按照财税〔2016〕36号文第二十七条第（一）项规定不得抵扣且未抵扣进项税额的固定资产、无形资产、不动产，发生用途改变，用于允许抵扣进项税额的应税项目，可在用途改变的次月按照下列公式计算可以抵扣的进项税额：

可以抵扣的进项税额=固定资产、无形资产、不动产净值÷(1+适用税率)×适用税率

（六）增值税税负分析更为复杂

企业增值税税负不是简单意义上的应交增值税额除以销售收入的比率。从销售收入层面，需要考虑视同销售收入、存货本期增减变动因素、销售方式（如出口退税、免税）、不同应税行为（产品、服务、转让不动产及无形资产）；从采购层面，也需要考虑不同产品与服务、免税进口、分期抵扣、设备与不动产投资购置等诸多因素。否则，企业的税负波动难以理解，相同行业不同企业之间及同一企业不同时期的税负率也相差很大。企业如果需及时了解增值税税负波动原因，按照现

有增值税核算层级难以做到，需要借助更多的备查账簿才能达到目的，反而增加了核算工作量。

（七）增值税的纳税申报表填报工作量和难度同步增加

《国家税务总局关于全面推开营业税改征增值税试点后增值税纳税申报有关事项的公告》（国家税务总局公告2016年第13号）对增值税的填报提出了很多要求，增加了三个附表《增值税纳税申报表附列资料（五）、《增值税减免税申报明细表》和《本期抵扣进项税额结构明细表》，对于所有取得的进项税额均要求分别填列，如果企业未设置相关明细，则需要另外进行登记备查。

《国家税务总局关于调整增值税纳税申报有关事项的公告》（国家税务总局公告2016年第27号）对第13号公告附件1中《本期抵扣进项税额结构明细表》进行了调整；对附件3《增值税纳税申报表（小规模纳税人适用）》及其附列资料也进行了调整；新增了增值税一般纳税人支付道路、桥、闸通行费的抵扣填报规范。

《国家税务总局关于营业税改征增值税部分试点纳税人增值税纳税申报有关事项调整的公告》（国家税务总局公告2016年第30号）在增值税纳税申报其他资料中增加《“营改增”税负分析测算明细表》，要求从事建筑、房地产、金融或生活服务等经营业务的增值税一般纳税人在办理增值税纳税申报时填报。

【案例分析】

点评：财政部办公厅关于征求《关于增值税会计处理的规定（征求意见稿）》意见的函

财办会〔2016〕27号　2016年7月4日

【说明】7月4日，财政部办公厅下发了《关于增值税会计处理的规定》（征求意见稿）。作者认为其中有亮点，但也存在明显的瑕疵。现就相关征求意见稿及作者简评附后；同时本章第二节、第三节、第四节均有相关解决方案及案例，一并供读者参考借鉴。

国务院有关部委、有关直属机构办公厅（室），各省、自治区、直辖市、计划单列市财政厅（局），新疆生产建设兵团财务局，财政部驻各省、自治区、直辖市、计划单列市财政监察专员办事处：

为进一步规范增值税会计处理，促进《关于全面推开营业税改征增值税试点的通知》（财税〔2016〕36号）的贯彻落实，我们起草了《关于增值税会计处理的规定(征求意见稿)》，现印发给你们，请组织征求意见，并于2016年8月1日前将书面意见反馈我部会计司。

联系人：财政部会计司制度二处高大平 刘丽华

通讯地址：北京市西城区三里河南三巷3号，100820

联系电话：010-68552528；68552896

邮箱：gaodaping@mof.gov.cn；liulihua@mof.gov.cn

一、会计科目及专栏设置

增值税一般纳税人应当在“应交税费”科目下设置“应交增值税”、“未交增值税”、“预缴增值税”、“待抵扣进项税额”、“待认证进项税额”、“待转销项税额”等明细科目。

【简评】“预缴增值税”单设与之前个人意见一致，“待转销项税额”这个好，详见下面其他批注。

(一)增值税一般纳税人应在“应交增值税”明细账内设置“进项税额”、“销项税额抵减”、“已交税金”、“转出未交增值税”、“转出多交增值税”、“减免税款”、“销项税额”、“出口退税”、“进项税额转出”、“简易计税”等专栏。其中：

1. “进项税额”专栏，记录一般纳税人购进货物，加工、修理修配劳务，服务，无形资产或不动产而支付或负担的、准予从销项税额中抵扣的增值税额。

2. “销项税额抵减”专栏，记录一般纳税人按照现行增值税制度规定因扣减销售额而减少的销项税额。

3. “已交税金”专栏，记录一般纳税人已交纳的当月应交增值税额。

4. “转出未交增值税”和“转出多交增值税”专栏，分别记录一般纳税人月度终了转出当月应交未交或多交的增值税额。

5. “减免税款”专栏，记录一般纳税人按现行增值税制度规定准予减免的增值税额。

6. “销项税额”专栏，记录一般纳税人销售货物，加工、修理修配劳务，服务，无形资产或不动产应收取的增值税额，以及从境外单位或个人购进服务、无形资产或不动产应扣缴的增值税额。

7. “出口退税”专栏，记录一般纳税人出口产品按规定退回的增值税额。

8. “进项税额转出”专栏，记录一般纳税人购进货物，加工、修理修配劳务，服务，无形资产或不动产等发生非正常损失及其他原因而不应从销项税额中抵扣、按规定转出的进项税额。

9. “简易计税”专栏，记录一般纳税人采用简易计税方法应交纳的增值税额。

【简评】“简易计税”设在应交增值税下面显然不妥。

上述均为一般计税下的应交增值税的下级明细科目，如将“简易计税”掺杂其中，因进项税额无法从简易计税中抵减，无法核对应交增值税，也不便转出未交增值税，反而增加了一般计税核算的工作量。

建议在“应交税费——未交增值税”下面增设三级明细科目，其一为“一般计税”，其二为“简易计税”，专门核算一般计税和简易计税下面的未交、已交、预交增值税情况。具体请参阅本章第二节。

（二）“未交增值税”明细科目，核算一般纳税人月度终了从“应交增值税”或“预缴增值税”明细科目转入当月应交未交、多交或预缴的增值税额，以及当月交纳以前期间未交的增值税额。

（三）“预缴增值税”明细科目，核算一般纳税人转让不动产、提供不动产经营租赁服务、提供建筑服务、采用预收款方式销售自行开发的房地产项目等，按现行增值税制度规定应预缴的增值税额。

【简评】将“预缴增值税”和“已交税金”分开核算，与笔者观点一致，参阅下节案例分析。

（四）“待抵扣进项税额”明细科目，核算一般纳税人已取得增值税扣税凭证并经税务机关认证，按照现行增值税制度规定准予以后期间从销项税额中抵扣的进项税额。包括：一般纳税人自 2016 年 5 月 1 日后取得并按固定资产核算的不动产或者 2016 年 5 月 1 日后取得的不动产在建工程，按现行增值税制度规定准予以后期间从销项税额中抵扣的进项税额；实行纳税辅导期管理的一般纳税人取得的尚未交叉稽核比对的增值税扣税凭证上注明或计算的进项税额。

【简评】购入不动产未满 12 月的进项税额不宜与辅导期一般纳税人未抵扣进项税额混在一起核算（可以通过下设明细科目区分），不便于核算管理及不动产进项税额相关表单填报。

（五）“待认证进项税额”明细科目，核算一般纳税人由于未取得增值税扣税凭证或未经税务机关认证而不得从当期销项税额中抵扣的进项税额。包括：一般纳税人已取得增值税扣税凭证、按照现行增值税制度规定准予从销项税额中抵扣，但尚未经税务机关认证的进项税额；一般纳税人取得货物等已入账，但由于尚未收到相关增值税扣税凭证而不得从当期销项税额中抵扣的进项税额。

【简评】

1．将“待抵扣进项税额”和“待认证进项税额”单设也行，只是“应交税费”下面二级明细科目设置过多、累赘。

2．不如将上述“待抵扣进项税额”和“待认证进项税额”作为三级明细科目均挂在“待抵扣进项税额”下面，一个为“已认证”，一个为“未认证”。

3. “已认证”明细科目设置下级明细科目，将未满12个月的不动产进项税额与辅导期的进项税额分开。

4. 一般纳税人取得货物等已入账，但未收到相关增值税扣税凭证不宜在本科目核算，具体见下面账务处理分析。

具体参阅本章第二节。

(六)“待转销项税额”明细科目，核算一般纳税人销售货物，加工、修理修配劳务，服务，无形资产或不动产，已确认相关收入(或利得)但尚未发生增值税纳税义务而需于以后期间确认为销项税额的增值税额。

【简评】这个明细科目设置得好！企业其实有大量的收入早于纳税义务时间。尽管未到纳税义务时间，但缴税义务是可以确定的，符合负债定义；如果设置此科目，既可以完整反映企业的负债，也便于后续缴纳增值税。

小规模纳税人只需在“应交税费”科目下设置“应交增值税”明细科目，不需要设置上述专栏。

二、账务处理

(一)取得资产或接收劳务等业务的账务处理。

1. 采购等业务进项税额允许抵扣的账务处理。一般纳税人购进货物，加工、修理修配劳务，服务，无形资产，按应计入相关成本费用的金额，借记“在途物资”或“原材料”、“库存商品”、“生产成本”、“无形资产”、“固定资产”、“管理费用”等科目，按可抵扣的增值税额，借记“应交税费——应交增值税(进项税额)”科目，按应付或实际支付的金额，贷记“应付账款”、“应付票据”、“银行存款”等科目。发生退货的，应根据税务机关开具的红字增值税专用发票做相反的会计分录。

2. 采购等业务进项税额不得抵扣的账务处理。一般纳税人购进货物，加工、修理修配劳务，服务，无形资产或不动产，用于简易计税方法计税项目、免征增值税项目、集体福利或个人消费等，其进项税额按照现行增值税制度规定不得从销项税额中抵扣的，应计入相关成本费用，不通过“应交税费——应交增值税(进项税额)”科目核算。

【简评】这样处理欠妥，原因如下。

(1)与增值税纳税申报表(主表)及附表2中的“进项税额”、“进项税额转出”不符，造成账表不一致；同时认证的专用发票与上述“进项税额”也不一致，造成账证不符。

(2)为避免上述不一致，如果采取不认证的办法，虽可避免上述账表不符、账证不符，但是会形成滞留发票，不利于税务管理；同时，如果上述用于集体福利、个人消费的进项税额的不动产、无形资产在今后如改变用途，不再专用于不能抵扣项目，允许其进项税额转回时，可能会因发票逾期不能抵扣。

3. 购进不动产或不动产在建工程按规定进项税额分年抵扣的账务处理。一般纳税人自2016年5月1日后取得并按固定资产核算的不动产或者2016年5月1日后取得的不动产在建工程，其进项税额按现行增值税制度规定自取得之日起分2年从销项税额中抵扣的，应当按取得成本，借记“固定资产”、“在建工程”等科目，按当期可抵扣的增值税额，借记“应交税费——应交增值税(进项税额)”科目，按以后期间可抵扣的增值税额，借记“应交税费——待抵扣进项税额”科目，按应付或实际支付的金额，贷记“应付账款”、“应付票据”、“银行存款”等科目。尚未抵扣的进项税额待以后期间允许抵扣时，按允许抵扣的金额，借记“应交税费——应交增值税(进项税额)”科目，贷记“应交税费——待抵扣进项税额”科目。

【简评】同意此观点。

4. 货物等已验收入库但尚未取得增值税扣税凭证的账务处理。购进的货物等已到达并验收入库，但尚未收到增值税扣税凭证的，应按货物清单或相关合同协议上的价格暂估入账。按应计入相关成本费用的金额，借记“原材料”、“库存商品”、“无形资产”、“固定资产”等科目，按未来可抵扣的增值税额，借记“应交税费——待认证进项税额”科目，按应付或实际支付的金额，贷记“应付账款”、“应付票据”、“银行存款”等科目。待取得相关增值税扣税凭证并经认证后，借记“应交税费——应交增值税(进项税额)”或“应交税费——待抵扣进项税额”科目，贷记“应交税费——待认证进项税额”科目。

【简评】这样处理欠妥当。

尚未取得的增值税扣税凭证，不等于凭证已到但未认证，假如后续客户一直未提供发票或提供的是非增值税专用发票，或者税率与预计不同(“营改增”后适用税率、征收率存在多种选项)，存在大量的不必要的调整工作量；之所以采取暂估，是因为采购额都没法真正确定，而进项税额更无法确定；要求企业这样处理，反而是强人所难，数据既不准确，工作量又增加很多。

建议还是和以前一样，发票未到的进项税额暂不宜提前反应，待发票到后再行确认。

5. 购买方作为扣缴义务人的账务处理。按照现行增值税制度规定，境外单位或个人在境内发生应税行为，在境内未设有经营机构的，以购买方为增值税扣缴义务人。境内一般纳税人购进服务、无形资产或不动产，按应计入相关成本费用的金额，借记“生产成本”、“无形资产”、“固定资产”、“管理费用”等科目，按可抵扣的增值税额，借记“应交税费——待认证进项税额”科目，按应付或实际支付的金额，贷记“应付账款”等科目，按应代扣代缴的增值税额，贷记“应交税费——应交增值税(销项税额)”科目。购买方代扣代缴增值税取得解缴税款的完税凭证时，按代扣缴的增值税额，借记“应交税费——应交增值税(已交税金)”科目，贷记“银行存款”科目；同时，按完税凭证上注明的增值税额，借记“应交税费——应交增值税(进项税额)”或“应交税费——待抵扣进项税额”科目，贷记“应交税费——待认证进项税额”科目。

【简评】基本认同此处理。但代交的增值税和已交的增值税最好与一般纳税人一般计税方法下自身的“应交增值税”分开，建议通过“未交增值税——代扣增值税”明细科目核算，不通过上述“销项税额”、“已交税金”明细核算。

6. 小规模纳税人采购等业务的账务处理。小规模纳税人购买物资、服务、无形资产或不动产，取得增值税专用发票上注明的增值税应计入相关成本费用，不通过“应交税费——应交增值税”核算。

(二)销售等业务的账务处理。

1. 销售业务的账务处理。企业销售货物，加工、修理修配劳务，服务，无形资产或不动产，应当按应收或已收的金额，借记“应收账款”、“应收票据”、“银行存款”等科目，按取得的收入金额，贷记“主营业务收入”、“其他业务收入”、“固定资产清理”等科目，按现行增值税制度规定计算的销项税额(或采用简易计税方法计算的应纳增值税额)，贷记“应交税费——应交增值税(销项税额或简易计税)”科目(小规模纳税人应贷记“应交税费——应交增值税”科目)。发生销售退回的，应根据税务机关开具的红字增值税专用发票做相反的会计分录。会计上收入或利得确认时点先于增值税纳税义务发生时点的，应将相关销项税额计入“应交税费——待转销项税额”科目，待实际发生纳税义务时再转入“应交税费——应交增值税(销项税额或简易计税)”科目。

【简评】不赞同将一般计税和简易计税混在同一个科目，简易计税无法用当期进项税额抵扣，不宜设在“应交税费——应交增值税”明细科目之下。

参见上述“简易计税”下的备注。

2. 视同销售的账务处理。企业发生现行增值税制度规定视同销售的行为，应当按照国家统一的会计制度进行相应的会计处理，并按照现行增值税制度规定计算的销项税额(或采用简易计税方法计算的应纳增值税额)，借记“应付职工薪酬”、“利润分配”等科目，贷记“应交税费——应交增值税(销项税额或简易计税)”科目(小规模纳税人应计入“应交税费——应交增值税”科目)。

【简评】企业会计准则下，视同销售业务基本很少了，已经做为正常的销售业务，计入销项税额是正常选择。

（三）差额征税的账务处理。

1. 企业发生相关成本费用允许扣减销售额的账务处理。按现行增值税制度规定企业发生相关成本费用允许扣减销售额的，应当按减少的销项税额，借记“应交税费——应交增值税（销项税额抵减）”科目（小规模纳税人应借记“应交税费——应交增值税”科目），按应付或实际支付的金额与上述增值税额的差额，借记“主营业务成本”等科目，按应付或实际支付的金额，贷记“应付账款”、“应付票据”、“银行存款”等科目。

【简评】此科目设置没问题。只是未完整体现企业的资产，如房地产公司取得的土地使用权，这是一块确定的资产；如果只能是在销售时按抵减额确认“销项税额抵减”，则未完全反映企业的资产。形成了一笔尚未确认的“待抵减增值税”的资产。

建议参阅本章第二节的科目设置和第三节的账务处理案例。

2. 金融商品转让按规定以盈亏相抵后的余额作为销售额的账务处理。对于金融商品转让，可以先将含税金额一并计入“投资收益”科目；待期末一次性进行调整，借记“投资收益”科目，贷记“应交税费——应交增值税（销项税额）”科目（小规模纳税人应贷记“应交税费——应交增值税”科目）。金融商品转让盈亏相抵后出现负差，按现行增值税制度规定可结转下一纳税期与下期转让金融商品销售额相抵的，企业应在账外备查登记。

【简评】这样处理，与纳税义务时间可能不同步，存在涉税风险。建议参阅本章第三节会计账务处理案例。

（四）出口退税的账务处理。

出口产品按规定退税的，借记“其他应收款”科目，贷记“应交税费——应交增值税（出口退税）”科目（小规模纳税人应贷记“应交税费——应交增值税”科目）。

（五）进项税额抵扣情况发生改变的账务处理。

因发生非正常损失或改变用途等，原已计入进项税额但按现行增值税制度规定不得从销项税额中抵扣的，借记“待处理财产损溢”、“应付职工薪酬”等科目，贷记“应交税费——应交增值税（进项税额转出）”、“应交税费——待抵扣进项税额”或“应交税费——待认证进项税额”科目。

【简评】赞同。

原不得抵扣且未抵扣进项税额的固定资产、无形资产等，因改变用途等用于允许抵扣进项税额的应税项目的，应当在用途改变的次月调整相关资产账面价值，按允许抵扣的进项税额，借记“应交税费——应交增值税（进项税额）”科目，贷记"固定资产"、"无形资产"等科目；固定资产、无形资产经上述调整后，应按调整后的账面价值在剩余尚可使用寿命内计提折旧或摊销。

【简评】赞同。

一般纳税人购进时已全额抵扣进项税额的货物或服务等转用于不动产在建工程的，原已抵扣进项税额的 40%部分应于转用当期转出，借记"应交税费——待抵扣进项税额"科目，贷记"应交税费——应交增值税(进项税额转出)"科目。

【简评】只能这样处理，但是与直接购进的不动产的处置不一致(直接购建不动产的 40%未通过进项税额和进项税额转出处理)，造成了"进项税额"和"进项税额转出"同步虚增，但余额不影响。

(六)月末转出多交增值税和未交增值税的账务处理。

月度终了，企业应当将当月应交未交或多交的增值税自"应交增值税"明细科目转入"未交增值税"明细科目。对于当月应交未交的增值税，借记"应交税费——应交增值税(转出未交增值税)"科目，贷记"应交税费——未交增值税"科目；对于当月多交的增值税，借记"应交税费——未交增值税"科目，贷记"应交税费——应交增值税(转出多交增值税)"科目。

【简评】一般计税处理无异议，但简易计税宜直接通过未交增值税核算，以便尽快做出上述会计处理。

(七)交纳增值税的账务处理。

1. 交纳当月应交增值税的账务处理。企业交纳当月应交的增值税，借记"应交税费——应交增值税(已交税金)"科目(小规模纳税人应借记"应交税费——应交增值税"科目)，贷记"银行存款"科目。

2. 交纳以前期间未交增值税的账务处理。企业交纳以前期间未交的增值税，借记"应交税费——未交增值税"科目，贷记"银行存款"科目。

3. 预缴增值税的账务处理。企业预缴增值税，借记"应交税费——预缴增值税"科目，贷记"银行存款"科目。月末，企业应将"预缴增值税"明细科目余额转入"未交增值税"明细科目，借记"应交税费——未交增值税"科目，贷记"应交税费——预缴增值税"科目。

【简评】基本赞同上述处理。

(八)增值税期末留抵税额的账务处理。

兼有销售服务、无形资产或不动产的原增值税一般纳税人，截至纳入"营改增"试点之日前的增值税期末留抵税额按照现行增值税制度规定不得从销售服务、无形资产或不动产的销项税额中抵扣的，应在"应交税费"科目下增设"增值税留抵税额"明细科目。

纳入“营改增”试点当月月初，原增值税一般纳税人应按不得从销售服务、无形资产或不动产的销项税额中抵扣的增值税留抵税额，借记“应交税费——增值税留抵税额”科目，贷记“应交税费——应交增值税(进项税额转出)”科目。待以后期间允许抵扣时，按允许抵扣的金额，借记“应交税费——应交增值税(进项税额)”科目，贷记“应交税费——增值税留抵税额”科目。

【简评】赞同上述处理。只是这样转进转出，“进项税额”和“进项税额转出”只能是反复虚增了，余额不影响。不过，这是税法方面的原因，与会计规范无关。

(九)增值税税控系统专用设备和技术维护费用抵减增值税额的账务处理。

按现行增值税制度规定，企业初次购买增值税税控系统专用设备支付的费用及缴纳的技术维护费允许在增值税应纳税额中全额抵减的，按规定抵减的增值税应纳税额，借记“应交税费——应交增值税(减免税款)”科目(小规模纳税人应借记“应交税费——应交增值税”科目)，贷记“管理费用”等科目。增值税税控系统专用设备作为固定资产核算的，则贷记“递延收益”科目；在后续固定资产折旧期间，借记“递延收益”科目，贷记“管理费用”等科目。

【简评】基本赞同。只是如果企业是出口企业或小微企业，抵减的税款一直不能抵减；另外，抵减额度不大，为简化处理，可不通过“递延收益”，直接贷记“管理费用”。

三、财务报表相关项目列示

“应交税费——应交增值税”等科目期末借方余额应当在资产负债表中的“其他流动资产”项目列示；“应交税费——未交增值税”科目期末贷方余额应当在资产负债表中的“应交税费”项目列示。

【简评】无异议。

四、附则

本规定自2016年5月1日起施行，《营业税改征增值税试点有关企业会计处理规定》(财会〔2012〕13号)等原有关增值税会计处理的规定同时废止。本规定发布前未按上述规定处理的，应当进行追溯调整。

(上述文件来源于财政部网站，点评内容系作者原创，仅代表个人观点)

第二节 增值税一般纳税人会计明细科目设置

财会〔2012〕13号和国家税务总局2016年第13号、27号和30号公告对增值税的填报提出了诸多要求，增加了纳税填报内容。要满足上述填报要求，做好税负分析和筹划，避免大量的重复统计工作量，需要做好会计明细科目设置。

根据《企业会计准则——应用指南》、财政部关于印发《营业税改征增值税试点有关企业会计处理规定》的通知，结合一般纳税人企业实际，可以按表 5-1 设置增值税相关会计科目。

【说明】财政部办公厅于 2016 年 7 月 4 日下发了《关于征求<关于增值税会计处理的规定(征求意见稿)>意见的函》（财办会〔2016〕27 号，该征求意见稿有亮点，如科目设置中已增加“待转销项税额”；但也有明显不太妥当之处，作者均未采纳。读者请以正式下发的文件，结合企业自身业务特点，做好增值税会计科目设置和业务处理，不宜盲目照搬照抄规定。征求意见稿主要内容及作者点评，详见上节末案例分析。

表 5-1　应交税费增值税相关二级、三级明细科目

2221 应交税费		
借方	贷方二级明细科目	三级明细科目
	01 应交增值税	见表 5-2
	02 未交增值税	01 一般计税
		02 简易计税
	03 增值税留抵税额	
	04 待抵扣进项税额	01 未认证或已认证未申报抵扣进项税额
		02 “营改增”待抵减的销项税额
		03 新增不动产购进未满 12 月进项税额
	05 “营改增”预缴增值税	01 预缴当期可抵
		02 预缴暂不可抵
	06 待转销项税额	

（来源于作者原创，仅代表个人观点）

注：“待转销项税额”明细科目，系财政部增值税核算最新征求意见稿新增内容，核算一般纳税人销售货物，加工、修理修配劳务，服务，无形资产或不动产，已确认相关收入(或利得)但尚未发生增值税纳税义务而需于以后期间确认为销项税额的增值税额。

具体明细设置及有关说明如下。

一、“应交税费——01 应交增值税”明细科目设置及说明

二、三、四级明细如表 5-2 所示，建立四级明细的目的，是为了满足《进项税

额结构明细表》的填报要求；利用 ERP 和财务软件对不同的事业部、工程项目（含购销不动产、在建工程项目）等建立部门、项目辅助核算，满足不同项目增值税分别预征等核算管理要求。

（1）“进项税额”设置五级明细，便于与《增值税纳税申报表》主表及附表二（《本期抵扣进项税额结构明细表》）核对，分析当期设备购置、不动产投资购建对当期税负产生的影响，分析当期增值税的真实税负。

（2）“销项税额”按不同税率设置四级明细，便于与《增值税纳税申报表》主表及附表一核对，且便于分析“营改增”之后产生的税负影响。

（3）“进项税额转出”设置四级明细，可以清晰地知道所认证的进项税额的取得来源及使用去向，也便于与《增值税纳税申报表》附表二核对，并准确分析当期税负。

（4）设置“进项税额转入”借方三级科目，其好处有以下两点。

① 为了满足“营改增”之后的新的政策变化：原用于免税、简易计税、集体福利的按照财税〔2016〕36 号文第二十七条第（一）项规定不得抵扣且未抵扣进项税额的固定资产、无形资产、不动产，发生用途改变，用于允许抵扣进项税额的应税项目，可在用途改变的次月按照下列公式计算可以抵扣的进项税额：

可以抵扣的进项税额=固定资产、无形资产、不动产净值÷(1+适用税率)×适用税率

② 便于将转出挂账的期初留抵税额转入，之所以不使用进项税额科目，是为了使进项税额发生额与所认证的专用发票进项税额保持一致。

在填写增值税纳税申报表时，将其作为“进项税额转出的备抵项”与“进项税额转出”计算填列，余额允许为负。

【说明】上述及表 5-2 中“进项税额转入”仅作为理论探讨，供财税人员研究参考；考虑与现行规范的统一，在后续案例及增值税纳税申报主、附表中均不使用本明细科目，仍通过“进项税额”明细科目核算。

（5）设置“营改增抵减的销项税额”明细科目，系核算差额征税的试点纳税人本期从销售额中扣减的、购进应税服务按适用税率计算的销项税额；如果原一般纳税人未兼营该应税服务的，可以不设此明细科目。

【说明】2016 年 7 月下发的征求意见稿（财办会〔2016〕27 号），将本科目改为“销项税额抵减”；读者可根据需要调整。贷方的“营改增抵减的销项税额”系笔者理论探讨，读者如不适应，在实务中仍可沿用“销项税额”明细科目。

表 5-2 应交增值税明细科目设置

应交税费——应交增值税

借方三级	四级	五级科目	贷方三级科目	贷方四级科目
		货物劳务		17%货物、劳务
	17%	有形动产租赁		13%
		不动产工程物资	——11 销项税额	11%应税服务
	13%			6%应税服务
		运输		
		建筑安装		
	11%	不动产租赁	——12 营改增抵减的销项税额	
		购入不动产	——13 出口退税	
		电信		用于简易计税转出
		金融保险		用于集体福利(个人消费、餐饮娱乐、居民日常、贷款服务、旅客运输服务及相关)
		电信		
	6%	无形资产		
		生活服务		
		其他		非正常损失
——01 进项税额		不动产租赁		免抵退税不得免征和抵扣税额
	5%	购入不动产		
		劳务派遣、人力资源		免税项目
		货物、加工、修理修配		其他转出
		运输	——14 进项税额转出	
		电信		
		建筑安装		
	3%	金融保险		
		动产租赁		
		生活服务		
		无形资产		
		其他		
	1.5%	租用个人住房		
	通行费			
	不动产一次性抵扣			
——02 出口抵减内销产品应纳税额				
——03 进项税额转入			——15 转出多交增值税	
——04 已交税金				
——05 营改增抵减的销项税额				
——06 减免税款				
——07 转出未交增值税				

(来源于作者原创，仅代表个人观点)

注：上述“进项税额转入”仅作为理论探讨，实务中暂不启用；“营改增抵减的销项税额”在财政部征求意见稿，改为“销项税额抵减”，书中未做变更。

二、设置“应交税费——02 未交增值税”明细科目设置及说明

该科目下设两个三级明细科目，01“一般计税”、02“简易计税”。

(1)“一般计税”是核算月末转入的未交或多交增值税、本期已交的增值税。

(2)“简易计税”：核算一般纳税人选择简易计税法下的应交税费及已交税费明细。因简易计税应交税费不能用其他的进项税额抵减，故不能在上述“应交税费——应交增值税——销项税额”中核算。本科目适用于一般纳税人同时选择简易计税时的应纳增值税额及已交增值税额。

(3)本期“营改增”预缴可以当期抵减的增值税，从“营改增预缴增值税”明细科目转入本科目对应明细科目的借方科目。

三、设置“应交税费——03 增值税留抵税额”明细科目设置及说明

根据《财政部关于印发<营业税改征增值税试点有关企业会计处理规定>的通知》(财会〔2012〕13 号)，“应交税费——增值税留抵税额”，核算不能用于兼有应税服务的原增值税一般纳税人，截至开始试点当月月初的增值税留抵税额按照营业税改征增值税有关规定不得从应税服务的销项税额中抵扣的，应在“应交税费”科目下增设“增值税留抵税额”明细科目。

开始试点当月月初，企业应按不得从应税服务的销项税额中抵扣的增值税留抵税额，借记“应交税费——增值税留抵税额”科目，贷记“应交税费——应交增值税(进项税额转出)”科目。

需要注意的是：

待以后期间允许抵扣时，按允许抵扣的金额，借记“应交税费——应交增值税(进项税额转入)”科目，贷记“应交税费——增值税留抵税额”科目。

之所以不按文件规定转入“进项税额”明细，是为了使进项税额与当期进项发票保持一致，否则本年累计进项税额会比可以抵扣的扣税凭证进项税额多。

增值税纳税申报表中将“进项税额转入”作为“进项税额转出的备抵项”计算填列。

【说明】“进项税额转入”为理论探讨；实务中仍借记“应交税费——应交增值税——进项税额”明细科目，不使用“进项税额转入”明细科目。

四、设置“应交税费——04 待抵扣进项税额”明细科目设置及说明

该科目下设三个三级子目：

——01“未认证或已认证未申报抵扣进项税额”；

——02“营改增待抵减的销项税额”；

——03“新增不动产购进未满 12 月进项税额”。

说明：

(1)“未认证或已认证未申报抵扣进项税额”三级子目用于已收到的扣税凭证但未扫描认证；或者辅导期一般纳税人已认证但根据规定尚不能用于抵减销项税额的进项税额。

(2)增设“营改增待抵减的销项税额”是便于差额征税的试点纳税人，及时核算本期购进应税服务可扣除项目折抵的销项税额。而“应交税费——应交增值税——营改增抵减的销项税额”系本期实际抵减的销项税额，该科目余额为尚可用于未来期间的、待抵减销项税额。这样，也可以保持“应交税费——应交增值税”的准确性。本明细科目文件未曾体现，但作者认为启用本科目更能保护资产的完整性。

(3)“新增不动产购进未满 12 月进项税额”是当期取得的不动产进项税额的40%需于取得日的 12 月后才能用于抵减增值税销项税额。

五、设置“应交税费——营改增预缴增值税”明细科目设置及说明

下设两个三级借方明细科目：

——01“预缴当期可抵增值税”；

——02“预缴暂不可抵增值税”。

说明：

(1)“营改增预缴增值税”用来专门核算跨县(市)区域提供建筑服务、不动产租赁服务的增值税和房地产预售开发的房地产所预缴的增值税。

(2)“预缴当期可抵增值税”用于核算所预缴的可以抵减当期应交增值税的税款。

(3)“预缴暂不可抵增值税”用于核算所预缴的、但暂不能用于抵减当期应交增值税的税款。如部分地区房地产开发企业预缴的增值税因尚未到纳税义务时间，相关预缴增值税暂不能用于抵减当期应交增值税；如果纳税人所在地未有相关要求，则此明细科目可不设置。

(4)当预缴暂不可抵增值税符合抵减当期增值税条件时，可将 02 明细科目相应余额转到 01 明细科目。

(5)预缴增值税抵减当期未交增值税时，借记：“应交税费——未交增值税”，贷记本科目 01 明细科目。

(6)科目余额为留待下期抵减的预缴增值税。

【说明】如纳税人所在地主管国税部门允许预售房所预缴的增值税抵减当期增值税时，上述三级明细科目可不设置。

关于预缴增值税科目设置原因，具体参阅如下分析。

【案例分析】

“营改增”预缴税款有必要设置单独的明细科目

“营改增”全面推开后，一般纳税人存在多种预缴税款情形，且管理要求多，与原一般纳税人预缴税款存在较大区别。现对“营改增”试点纳税人预缴税款财税处理进行探讨，并以建筑企业为例，对兼营简易计税和一般计税的建筑服务，租售不动产，购置不动产、设备、存货等业务进行会计处理，并完整编制应交税费、预缴增值税相关明细表及增值税预缴税款表。

一、原一般纳税人预缴税款及会计科目设置

原增值税一般纳税人所预缴的增值税，包括纳税人以 1 个月或 1 个季度为 1 个纳税期的，自期满之日起 15 日内申报纳税；以 1 日、3 日、5 日、10 日或 15 日为 1 个纳税期的，自期满之日起 5 日内分次预缴税款；辅导期一般纳税人增购增值税专用发票，按 3%的征收率计算预缴税款。

当预缴当期税款时，借记“应交税费——应交增值税(已交税金)”，贷记“银行存款”等科目。

二、“营改增”预缴税款与原一般纳税人预缴税款区别

根据“营改增”相关文件，建筑企业、房地产业及纳税人租售异地不动产时，均要求在不动产所在地(或建筑服务发生地)预缴增值税，有关要求如表 5-3 所示。

“营改增”试点纳税人预缴增值税和原一般纳税人预缴税款的主要区别如下。

1．预缴地点不同

原一般纳税人预缴税款与纳税申报地均为机构所在地；而“营改增”预缴税款一般在不动产所在地或建筑服务发生地，与机构所在地不同。

2．预缴地数量可能不同

原一般纳税人预缴地一般是一个，即机构所在地；但“营改增”预缴地与服务发生地或不动产所在地所在地一致，如同一纳税人如果建筑服务在全国多个地区，那么预缴地也将随之存在多个地区。

表 5-3 一般纳税人“营改增”相关预缴、纳税申报税率、公式

项目	明细	计税方法	销售额 X	预征率	税率	不动产所在地预征税款(T_1)	机构所在地(T_2)
建筑服务	清包工 甲供工程 老项目	简易计税	全部价款+价外费用−分包款	3%	3%	$=X÷1.03×3\%$	增值税不补征、纳税申报
		一般计税	全部价款+价外费用	2%	11%	=(X−分包款)÷1.11×2%	$T_2=X÷1.11×11\%$−进项税额$-T_1$
销售不动产	非自建	(选择)简易计税	全部价款+价外费用−不动产购置原价或取得不动产时的作价后的余额	5%	5%	$T_1=X÷1.05×5\%$	纳税申报 $T_2=X÷1.05×5\%-T_1=0$
	自建		全部价款+价外费用				
	非自建(5.1前、后)	一般计税方法	全部价款+价外费用	5%	11%	T_1=(X−不动产购置原价或者取得不动产时的作价后的余额)÷1.05×5%	$T_2=X÷1.11×11\%$−进项税额$-T_1$
	自建(5.1前、后)					$T_1=X÷1.05*5\%$	
房地产企业销售房地产	老项目	选择简易计税	全部价款+价外费用	3%	5%	T_1=全部预售款÷1.05×3%	$T_2=X÷1.05×5\%-T_1$
	新老项目	一般计税方法	全部价款+价外费用−当期允许扣除的土地价款	3%	11%	T_1=预售款÷1.11× 3%	$T_2=X÷1.11×11\%$−进项税额$-T_1$
出租不动产(含房地产企业)	旧不动产(含住房)	选择简易计税		5%	5%	$T_1=X÷1.05×5\%$	纳税申报
	新老项目	一般计税方法		3%	11%	$T_1=X÷1.11×3\%$	$T_2=X÷1.11×11\%$−进项税额$-T_1$

3. 预征率不同

辅导期一般纳税人按3%的预征率计算预缴税款，但“营改增”预征率有2%、3%、5%三个。

当一般纳税人选择简易计税时，除房地产企业预售开发的房地产预征率为3%(纳税申报征收率也为5%)以外，其他试点业务预征率与纳税申报征收率相同，如建筑服务均为3%；不动产销售或出租业务均为5%。

适用一般计税时，预征率除由地税机关代征的不动产销售与征收率均为5%相同外，其他均较征收率低一档，如建筑服务为2%，房地产企业销售房地产和出租不动产预征率均为3%。具体如表5-3所示。

4. 对是否建立预缴税款台账的要求不同

原辅导期纳税人不要求建立预缴税款台账；而“营改增”预缴增值税文件要求多，如：跨县(市、区)提供的建筑服务，纳税人应自行建立预缴税款台账，区分不同县(市、区)和项目逐笔登记全部收入、支付的分包款、已扣除的分包款、扣

除分包款的发票号码、已预缴税款及预缴税款的完税凭证号码等相关内容，留存备查。需要区分项目填报《增值税预缴税款表》交附列资料四《税额抵减情况表》。

5. 是否填报《增值税预缴税款表》要求不同

原辅导期纳税人不要求填《增值税预缴税款表》；但“营改增”预缴税款除出售不动产外，其他均要求逐一详细填报《增值税预缴税款表》。

6. 预缴税款大于当期应纳税额时的处理不同

原一般纳税人可申请办理退税或抵减下期税款；“营改增”预缴税款多出部分，只能在下期继续抵减。

三、预缴税款相关会计科目设置

为了清楚地反应营业税改征增值税后的预缴税款情况，满足相关核算与管理要求，便于填报相关报表，有必要对“营改增”预缴增值税设置专门的会计明细科目。

“营改增”预缴增值税科目设置：

可以设置“应交税费——“营改增”预缴增值税”二级会计科目，科目余额方向为借方。具体见本节“五、设置‘应交税费——营改增预缴增值税’说明”。

（资料来源：作者原创，仅代表个人观点。）

第三节 一般纳税人增值税会计账务处理案例

【说明】

(1)以下所举案例，主要是为了说明增值税相关会计处理，分录或许不完整；

(2)案例处理与现行制度或许不完全一致，供参考使用。

一、关于“营改增”差额征税相关会计处理

【例 5-2】某以金融商品短期投资为主营业务的企业，假定 2016 年 10 月期初转让商品收入为 848 万元，成本为 742 万元；11 月投资亏损额为 106 万元；12 月份金融商品转让收入为 1 004.8 万元，金融成本为 920 万元。

【分析】

10 月：成本 742 万元，可以抵减销项税额=742÷1.06×6%=42 万元，销售为 848 万元，未扣除抵减的销项税额=848÷1.06×6%=48 万元。

借：主营业务成本　　7 000 000

　　应交税费——待抵扣进项税额——营改增待抵减的销项税额　　420 000

贷：交易性金融资产　7 420 000

因本期产生的销项税额大于可以抵减的销项税额，则可以确认为本期抵减销税额：

借：应交税费——应交增值税——营改增抵减的销项税额　420 000

贷：应交税费——待抵扣进项税额——营改增待抵减的销项税额　420 000

借：银行存款　8 480 000

贷：主营业务收入　8 000 000

应交税费——应交增值税——销项税额 6%

——金融保险　60 000

——营改增抵减的销项税额　420 000

11 月投资亏损 106 万元，不需要缴纳增值税；月末负差可以结转至 12 月，则根据权责发生制，可以确认的“营改增”待抵减的销项税额为（不考虑其他分录）106÷1.06×6%=6 万元。

借：应交税费——待抵扣进项税额——营改增待抵减的销项税额　60 000

贷：主营业务成本　60 000

12 月产生的金融产品转让收益=1004.8–920=84.8 万元。

不含税销售额=84.8÷1.06×6%=4.8 万元，即为本期确认的“营改增”抵减的销项税额，本期不需交增值税，抵减后尚有余额 6–4.8=1.2 万元，如年末时仍为负差的，不得转入下一个会计年度，故需将此余额核销，计入投资成本。

借：应交税费——应交增值税——进项税额

——营改增抵减的销项税额　48 000

贷：应交税费——待抵扣进项税额——营改增待抵减的销项税额　48 000

借：主营业务成本　12 000

贷：应交税费——待抵扣进项税额——营改增待抵减的销项税额　12 000

二、期初留抵税额不得从应税服务的销项税额中抵扣的会计处理

【例 5-3】假如某生产制造企业 2016 年 5 月月初留抵税额为 100 万元，5 月份不含税销售额为 1 000 万元，当月采购且取得增值税专用发票不含税额 500 万元；另公司当月对外提供不动产租赁，预收半年租金 111 万元。

【分析】

2016 年 5 月份国内产品销售销项税额=1000×17%=170 万元。

借：应收账款——××客户　11 700 000

贷：主营业务收入　10 000 000

应交税费——应交增值税——销项税额——17%货物劳务　1 700 000

产品购进进项税额=500×17%=85 万元。

借：原材料 5 000 000

应交税费——应交增值税——进项税额——17%——货物劳务 850 000

贷：应付账款——××供应商 5 850 000

当期“营改增”销售服务应纳增值税=111÷1.11×11%=11 万元。

借：银行存款 1 110 000

贷：其他业务收入 1 000 000

应交税费——应交增值税——销项税额——11%

——不动产租赁 110 000

当期不考虑期初留抵税额时，应交增值税为 170+11−85=96 万元。

一般计税方法的一般货物及劳务应纳税额=一般计税方法的应纳税额×一般货物及劳务销项税额比例=96×170÷181=90.165746 万元，期初留抵税额可以在本期抵扣 90.165746 万元，本期实际应纳税额=96−90.165746=6.165746 万元。期末还有挂账留抵税额 100−90.165746=9.834254 万元。

借：应交税费——增值税留抵税额 98 342.54

贷：应交税费——应交增值税——进项税额转出 98 342.54

假如下月挂账留抵税额全部从当期销项税额中抵扣，则会计处理：

借：应交税费——应交增值税——进项税额——17%

——货物、劳务 98 342.54

贷：应交税费——增值税留抵税额 98 342.54

三、取得不动产进项税额的会计处理

承上例：假定该生产制造企业于 2016 年 6 月本月购进不动产专用建材 1 000 万元，取得进项税额 170 万元。

借：在建工程 10 000 000

应交税费——应交增值税——进项税额——17%

——不动产工程物资 1 020 000

——待抵扣进项税额

——新增不动产购进未满 12 月进项税额(××不动产) 680 000

贷：应付账款——××公司 11 700 000

2017 年 6 月满 12 个月后，该公司会计处理为：

借：应交税费——应交增值税——进项税额(××工程) 680 000

贷：应交税费——待抵扣进项税额

——新增不动产购进未满 12 月进项税额(××工程) 680 000

四、选择适用简易计税和一般计税同时并存的会计处理

承上例：假如该生产企业2016年6月将2016年4月30日前取得的一处不动产转让，转让收入为1 050万元，该不动产购置原价为840万元，累计折旧为100万元。该公司选择适用简易计税；假如该公司当月产品销售业务应交增值税为50万元。

该公司应纳增值税为(1 050−840)÷1.05×5%=10万元。

增值税相关会计处理为：

借：固定资产清理　　100 000

　　贷：应交税费——未交增值税——简易计税　　100 000

借：应交税费——应交增值税——转出未交增值税　　500 000

　　贷：应交税费——未交增值税——一般计税　　500 000

五、综合业务会计处理

一般纳税人兼营一般计税、简易计税、租售与购置不动产等相关账务如何处理，下面以一般纳税人建筑企业为例，进行详细分析处理。

【案例分析】

一般纳税人兼营一般计税、简易计税、租售与购置不动产综合业务会计处理

【例5-4】2016年7月份某一般纳税人建筑企业发生如下业务。

1. 提供A项目建筑服务，适用一般计税方法，取得收入并开具增值税专用发票333万元。

2. 跨县承包B项目，建筑劳务合同价值300万元，分包给乙公司94万元，选择适用简易计税方法，项目完工结算。

3. 出租位于不同县(市)的一套C不动产，预收3个月租金，含税价为9.99万元，适用一般计税。

4. 销售位于另一县(市)、2016年4月30日前取得的一套D不动产，选择适用简易计税，含税销售额为105万元。

5. 购买混凝土价值4.12万元，取得3%的增值税专用发票，材料尚未领用。

6. 支付公司管理部门办公电费，取得增值税专用发票，价税合计5.85万元。

7. 购买一套办公用房，取得增值税专用发票，其中销售额100万元，进项税额11万元。

8. 购买一台挖掘机，取得增值税专用发票，不含税额 50 万元，税额 8.5 万元，该设备同时用于 A 项目、B 项目。

9. 购买一批建筑钢材，取得增值税专用发票，含税价为 117 万元，其中 70% 用于一般计税建筑 A 项目、30%用于简易计税 B 项目。

【分析】

相关会计处理（涉税相关、不考虑相关附加税）：

1. 建筑服务当期应交增值税：

销项税额=333÷(1+11%)×11%=33（万元）

借：银行存款　　3 330 000

　　贷：主营业务收入　　3 000 000

　　　　应交税费——应交增值税——销项税额

　　　　——11%应税服务（A 项目）　　330 000

2. 需在建筑服务所在地预缴增值税：

预缴增值税=(300−94)÷1.03%×3%=6（万元）

预缴：

借：应交税费——营改增预缴增值税——预缴当期可抵（B 项目）　60 000

　　贷：银行存款　　60 000

项目完工结算：

借：银行存款　　3 000 000

　　工程施工　　912 621

　　贷：工程结算　　2 912 621

　　　　应交税费——未交增值税——简易计税（B 项目）　　60 000

　　　　银行存款　　940 000

3. 预收 C 房产租金，适用一般计税，应预缴增值税：

应预缴增值税=9.99÷1.11×3%=0.27（万元）

预缴增值税：

借：应交税费——营改增预缴增值税——预缴当期可抵（C 房产）　2 700

　　贷：银行存款　　2 700

当期应交增值税，销项税额=9.99÷1.11×11%=0.99（万元）。

借：银行存款　　99 900

　　贷：预收账款　　99 900

借：预收账款　　9 900

贷：应交税费——应交增值税——销项税额——11%应税服务　9 900

4. 销售 D 不动产预缴增值税，选择适用简易计税法：

预缴增值税=105÷1.05×5%=5（万元）

借：应交税费——营改增预缴增值税——预缴当期可抵（D 房产）　50 000

贷：银行存款　50 000

借：固定资产清理　50 000

贷：应交税费——未交增值税——简易计税（D 房产）　50 000

5. 购买混凝土、尚未领用：

借：原材料　40 000

应交税费——应交增值税——进项税额——3%

——货物加工修理修配　1 200

贷：应付账款　41 200

6. 管理部门电费：

借：管理费用——水电费　50 000

应交税费——应交增值税——进项税额——17%——货物劳务　8 500

贷：银行存款　58 500

7. 购买办公用房，发票全部认证，60%可在进项税额，另 40%不能在当期抵扣：

借：固定资产　1 000 000

应交税费——应交增值税——进项税额——11%

——购入不动产　66 000

——待抵扣进项税额

——新增不动产购进未满 12 月进项税额　44 000

贷：银行存款　1 110 000

8. 购买设备非专用于不能扣除项目，进项税额 8.5 万元可以全额抵扣：

借：固定资产——挖掘机　500 000

应交税费——应交增值税——进项税额——17%——货物劳务 85 000

贷：应付账款　585 000

9. 购买建筑钢材 17 万元增值税专用发票均认证，30%用于简易计税需转出 5.1 万元：

借：原材料　1 000 000

应交税费——应交增值税——进项税额——17%——货物劳务170 000

贷：应付账款　1 170 000

借：工程施工　51 000

　贷：应交税费——应交增值税——进项税额转出

　　——用于简易计税项目　51 000

10. 月末处理：

当期销项税额=33+0.99=33.99（万元）

当期进项税额=0.12+0.85+6.6+8.5+17=33.07（万元）

进项税额转出=5.1（万元）

当期应交增值税=33.99–（33.07–5.1）=6.02（万元）

借：应交税费——转出未交增值税　60 200

　贷：应交税费——未交增值税——一般计税　60 200

11. 次月纳税申报期内：

本期已预缴增值税=6+0.27+5=11.27（万元）

简易计税应交增值税=6+5=11（万元）

本期应交增值税=6.02+11–11.27=5.75（万元）

预缴增值税抵减当期简易计税及缴纳应交增值税：

借：应交税费——未交增值税——简易计税（B 项目）　60 000

　——简易计税（D 房产）　50 000

　——一般计税（A 项目）　60 200

　贷：应交税费——营改增预缴增值税——预缴当期可抵（B 项目）　60 000

　　——预缴当期可抵（D 房产）　50 000

　　——预缴当期可抵（C 房产）　2 700

　　银行存款　57 500

应交税费与增值税相关的二、三级明细表如表 5-4、表 5-5 所示。

表 5-4　应交税费（与增值税相关）明细表

2221 应交税费			借方	贷方
借方	贷方二级明细科目	三级明细科目		
	01 应交增值税	见表 5-5	390 900	390 900
	02 未交增值税	01 一般计税	2 700	60 200
		02 简易计税	110 000	110 000
	03 增值税留抵税额			

续表

<table>
<tr><th colspan="3">2221 应交税费</th><th rowspan="2">借方</th><th rowspan="2">贷方</th></tr>
<tr><th>借方</th><th>贷方二级明细科目</th><th>三级明细科目</th></tr>
<tr><td rowspan="3"></td><td rowspan="3">04 待抵扣进项税额</td><td>01 未认证或已认证未申报抵扣进项税额</td><td></td><td></td></tr>
<tr><td>02“营改增”待抵减的销项税额</td><td></td><td></td></tr>
<tr><td>03 新增不动产购进未满 12 月进项税额</td><td>44 000</td><td></td></tr>
<tr><td></td><td rowspan="2">05“营改增”预缴增值税</td><td>01 预缴当期可抵</td><td>112 700</td><td>112 700</td></tr>
<tr><td></td><td>02 预缴暂不可抵</td><td></td><td></td></tr>
</table>

表 5-5　应交增值税相关明细科目表

<table>
<tr><th>借方三级</th><th>四级</th><th>五级科目</th><th>借方</th><th>贷方三级科目</th><th>贷方四级科目</th><th>贷方</th></tr>
<tr><td rowspan="18">——01 进项税额</td><td rowspan="3">17%</td><td>货物劳务</td><td>263 500</td><td rowspan="4">——11 销项税额</td><td>17%货物、劳务</td><td></td></tr>
<tr><td>有形动产租赁</td><td></td><td>13%</td><td></td></tr>
<tr><td>不动产工程物资</td><td></td><td>11%应税服务</td><td>339 900</td></tr>
<tr><td>13%</td><td></td><td></td><td>6%应税服务</td><td></td></tr>
<tr><td rowspan="3">11%</td><td>不动产租赁</td><td></td><td colspan="2">——12 营改增抵减的销项税额</td><td></td></tr>
<tr><td>购入不动产</td><td>66 000</td><td colspan="2">——13 出口退税</td><td></td></tr>
<tr><td>电信</td><td></td><td rowspan="12">——14 进项税额转出</td><td>用于简易计税转出</td><td>51 000</td></tr>
<tr><td rowspan="2">6%</td><td>金融保险
电信
无形资产
生活服务</td><td></td><td>用于集体福利(个人消费、餐饮娱乐、居民日常、贷款服务、旅客运输服务及相关)</td><td></td></tr>
<tr><td>其他</td><td></td><td>非正常损失</td><td></td></tr>
<tr><td rowspan="3">5%</td><td>不动产租赁</td><td></td><td rowspan="2">免抵退税不得免征和抵扣税额</td><td rowspan="2"></td></tr>
<tr><td>购入不动产</td><td></td></tr>
<tr><td>劳务派遣、人力资源</td><td></td><td>免税项目</td><td></td></tr>
<tr><td rowspan="3">3%</td><td>货物、加工、修理修配</td><td>1 200</td><td>其他转出</td><td></td></tr>
<tr><td>运输</td><td></td><td></td><td></td></tr>
<tr><td>其他</td><td></td><td></td><td></td></tr>
<tr><td>1.50%</td><td>租用个人住房</td><td></td><td></td><td></td></tr>
<tr><td colspan="2">通行费</td><td></td><td></td><td></td></tr>
<tr><td colspan="2">不动产一次性抵扣</td><td></td><td></td><td></td></tr>
<tr><td colspan="3">——02 出口抵减内销产品应纳税额</td><td></td><td></td><td></td><td></td></tr>
<tr><td colspan="3">——03 进项税额转入</td><td></td><td colspan="2">——15 转出多交增值税</td><td></td></tr>
<tr><td colspan="3">——04 预缴增值税</td><td></td><td></td><td></td><td></td></tr>
<tr><td colspan="3">——05 营改增抵减的销项税额</td><td></td><td></td><td></td><td></td></tr>
<tr><td colspan="3">——06 减免税款</td><td></td><td></td><td></td><td></td></tr>
<tr><td colspan="3">——07 转出未交增值税</td><td>60 200</td><td></td><td></td><td></td></tr>
<tr><td colspan="3">借方发生额合计</td><td>390 900</td><td colspan="2">贷方发生额合计</td><td>390 900</td></tr>
</table>

第四节 一般纳税人增值税纳税申报

一、增值税纳税填报相关表格

(一)纳税申报有效文件

《国家税务总局关于全面推开营业税改征增值税试点后增值税纳税申报有关事项的公告国家税务总局公告》(2016 年第 13 号);

《国家税务总局关于调整增值税纳税申报有关事项的公告》(国家税务总局公告 2016 年第 27 号);

《国家税务总局关于营业税改征增值税部分试点纳税人增值税纳税申报有关事项调整的公告》(国家税务总局公告 2016 年第 30 号);

《国家税务总局关于优化完善增值税发票查询平台功能有关事项的公告》(国家税务总局公告 2016 年第 32 号)。

上述文件对增值税纳税填报做了全面的规范。

(二)一般纳税人增值税申报相关表格

(1)主表。

(2)附列资料(一)(本期销售情况明细)。

(3)附列资料(二)(本期进项税额明细)。

(4)附列资料(三)(服务、不动产和无形资产扣除项目明细)。

一般纳税人销售服务、不动产和无形资产,在确定服务、不动产和无形资产销售额时,按照有关规定可以从取得的全部价款和价外费用中扣除价款的,需填报《增值税纳税申报表附列资料(三)》。其他情况不填写该附列资料。

(5)附列资料(四)(税额抵减情况表)。

(6)附列资料(五)(不动产分期抵扣计算表)。

(7)固定资产(不含不动产)进项税额抵扣情况表。

(8)本期抵扣进项税额结构明细表。

(9)增值税减免税申报明细表。

(10)“营改增”税负分析测算明细表。本表适用对象为从事建筑、房地产、金融或生活服务等经营业务的增值税一般纳税人。

另外，不同县(市)提供建筑服务、房地产开发企业预售房、不动产异地出租，需在服务发生地或不动产所在地预缴增值税，并填报增值税预缴税款表。

二、增值税纳税申报表期初挂账留抵税额填报

期初挂账留抵税额是“营改增”后增值税纳税申报表的一个难点，相关填报变化点主要是在填报 2016 年 5 月份增值税纳税申报表时，如果有期初留抵余额，且需挂账的纳税填报，需在主表第 13 栏“上期留抵税额”和第 18 栏“实际抵扣税额”中分析计算填报。具体填报要求如下。

(一)第 13 栏填报

上期留抵税额按规定须挂账的纳税人，按以下要求填写本栏的“本月数”和“本年累计”。

上期留抵税额按规定须挂账的纳税人是指试点实施之日前一个税款所属期的申报表第 20 栏“期末留抵税额”“一般货物、劳务和应税服务”列“本月数”大于零，且兼有营业税改征增值税服务、不动产和无形资产的纳税人(下同)。其试点实施之日前一个税款所属期的申报表第 20 栏“期末留抵税额”“一般货物、劳务和应税服务”列“本月数”，以下称为货物和劳务挂账留抵税额。

(1)本栏“一般项目”列“本月数”：试点实施之日的税款所属期填写“0”；以后各期按上期申报表第 20 栏“期末留抵税额”“一般项目”列“本月数”填写。

(2)本栏“一般项目”列“本年累计”：反映货物和劳务挂账留抵税额本期期初余额。试点实施之日的税款所属期按试点实施之日前一个税款所属期的申报表第 20 栏“期末留抵税额”“一般货物、劳务和应税服务”列“本月数”填写；以后各期按上期申报表第 20 栏“期末留抵税额”“一般项目”列“本年累计”填写。

其他纳税人，按以下要求填写本栏“本月数”和“本年累计”。

其他纳税人是指除上期留抵税额按规定须挂账的纳税人之外的纳税人(下同)。

(1)本栏“一般项目”列“本月数”：按上期申报表第 20 栏“期末留抵税额”“一般项目”列“本月数”填写。

(2)本栏“一般项目”列“本年累计”：填写“0”。

(3)本栏“即征即退项目”列“本月数”：按上期申报表第 20 栏“期末留抵税额”“即征即退项目”列“本月数”填写。

(二)第 18 栏填报

(1)上期留抵税额按规定须挂账的纳税人，按以下要求填写本栏的“本月数”和“本年累计”。

① 本栏“一般项目”列“本月数”：按表中所列公式计算填写。

② 本栏“一般项目”列“本年累计”：填写货物和劳务挂账留抵税额本期实际抵减一般货物和劳务应纳税额的数额。将“货物和劳务挂账留抵税额本期期初余额”与“一般计税方法的一般货物及劳务应纳税额”两个数据相比较，取二者中小的数据。

其中：

货物和劳务挂账留抵税额本期期初余额=第13栏“上期留抵税额”“一般项目”列“本年累计”；

一般计税方法的一般货物及劳务应纳税额=(第11栏“销项税额”“一般项目”列“本月数”–第18栏“实际抵扣税额”“一般项目”列“本月数”)×一般货物及劳务销项税额比例；

一般货物及劳务销项税额比例=(《附列资料(一)》第10列第1、3行之和–第10列第6行)÷第11栏“销项税额”“一般项目”列“本月数”×100%。

③ 本栏“即征即退项目”列“本月数”：按表中所列公式计算填写。

(2)其他纳税人，按以下要求填写本栏的“本月数”和“本年累计”：

① 本栏“一般项目”列“本月数”：按表中所列公式计算填写。

② 本栏“一般项目”列“本年累计”：填写“0”。

③ 本栏“即征即退项目”列“本月数”：按表中所列公式计算填写。

(三)第19栏“应纳税额”填报

反映纳税人本期按一般计税方法计算并应缴纳的增值税税额。按以下公式计算填写：

本栏“一般项目”列“本月数”=第11栏“销项税额”“一般项目”列“本月数”–第18栏“实际抵扣税额”“一般项目”列“本月数”–第18栏“实际抵扣税额”“一般项目”列“本年累计”。

(四)第20栏“期末留抵税额”

上期留抵税额按规定须挂账的纳税人，按以下要求填写本栏的“本月数”和“本年累计”。

本栏“一般项目”列“本月数”：反映试点实施以后，货物、劳务和服务、不动产、无形资产共同形成的留抵税额。按表中所列公式计算填写。

本栏“一般项目”列“本年累计”：反映货物和劳务挂账留抵税额，在试点实施以后抵减一般货物和劳务应纳税额后的余额。按以下公式计算填写：

本栏“一般项目”列“本年累计”=第13栏“上期留抵税额”“一般项目”列“本年累计”–第18栏“实际抵扣税额”“一般项目”列“本年累计”。

期初挂账留抵税额填报如表5-6所示。

表 5-6　期初挂账留抵税额填报注释

税款计算	销项税额	11	X_1 = 按扣除之后的销项税额	
	进项税额	12		
	上期留抵税额	13	J_1 = 0(其他纳税人为上期20栏)	J_2 = 上期"本月数"(其他纳税人为0)
	进项税额转出	14	附表2："13栏"	
	免、抵、退应退税额	15		
	按适用税率计算的纳税检查应补缴税额	16		
	应抵扣税额合计	17 = 12+13–14–15+16		
	实际扣税额合计	18(如17<11，则为17,11)	D_1：按左公式	D_2 = MIN((J_2, (X_1 – D_1)×应税货物劳务销项税额/X_1)
	应纳税额	19 = 11–18	Y_1 = X_1–D_1–D_2(其他按公式)	
	期末留抵税额	20 = 17–18	按公式	本年J_2–本年D_2，其他纳税人填0
	简易计税办法计算的应纳税额	21		

即期初进项留抵与本期应税服务劳务应纳税额较小者

注：本表为主表中与挂账留抵税额相关的内容。

【例 5-5】假如某生产制造企业 2016 年 5 月期初留抵税额为 100 万元，5 月份不含税销售额为 1 000 万元，当月采购且取得增值税专用发票不含税额 500 万元；另公司当月对外提供不动产租赁，预收半年租金 111 万元。

【分析】

第 13 栏一般项目本月数为 0，本年累计数为 100(万元)；

5 月份国内产品销售销项税额=1 000×17%=170(万元)；

预收租金销项税额=111÷1.11×11%=11(万元)；

进项税额=500×17%=85(万元)；

当期应纳税额=170+11–85=96(万元)；

一般计税方法的一般货物及劳务应纳税额=一般计税方法的应纳税额×一般货物及劳务销项税额比例=96×170÷181=90.165 746(万元)。

期初留抵进项税额可以在本期抵扣 90.165 746 万元，即 18 栏一般项目本年累计列填入值。

本期实际应纳税额=96–90.165 746=6.165 746(万元)；

期末还有留抵税额 100–90.165 746=9.834 254(万元)。

《增值税纳税申报表》中与期初挂账留抵税额填报相关的数据，具体如表 5-7 所示。

表 5-7 期初挂账留抵税额

增值税纳税申报表

（一般纳税人适用）

项目		栏次	一般项目		即征即退项目	
			本月数	本年累计	本月数	本年累计
销售额	(一)按适用税率计税销售额	1				
	其中：应税货物销售额	2	10 000 000.00			
	应税劳务销售额	3				
	纳税检查调整的销售额	4				
	(二)按简易办法计税销售额	5				
	其中：纳税检查调整的销售额	6				
	(三)免、抵、退办法出口销售额	7			——	——
	(四)免税销售额	8			——	——
	其中：免税货物销售额	9			——	——
	免税劳务销售额	10			——	——
税款计算	销项税额	11	1 810 000.00			
	进项税额	12	850 000.00			
	上期留抵税额	13	0.00	1 000 000.00		——
	进项税额转出	14				
	免、抵、退应退税额	15			——	——
	按适用税率计算的纳税检查应补缴税额	16			——	——
	应抵扣税额合计	17=12+13-14-15+16	850 000.00			——
	实际抵扣税额	18(如 17<11，则为 17，否则为 11)	850 000.00	901 657.46		
	应纳税额	19=11-18	58 342.54			
	期末留抵税额	20=17-18		98 342.54		——
	简易计税办法计算的应纳税额	21				
	按简易计税办法计算的纳税检查应补缴税额	22			——	——
	应纳税额减征额	23				
	应纳税额合计	24=19+21-23	58 342.54			
税款缴纳	期初未缴税额(多缴为负数)	25				
	实收出口开具专用缴款书退税额	26			——	——
	本期已缴税额	27=28+29+30+31				
	①分次预缴税额	28		——		——
	②出口开具专用缴款书预缴税额	29		——	——	——
	③本期缴纳上期应纳税额	30				
	④本期缴纳欠缴税额	31				

续表

<table>
<tr><th colspan="2" rowspan="2">项　　目</th><th rowspan="2">栏次</th><th colspan="2">一般项目</th><th colspan="2">即征即退项目</th></tr>
<tr><th>本月数</th><th>本年累计</th><th>本月数</th><th>本年累计</th></tr>
<tr><td rowspan="7"></td><td>期末未缴税额(多缴为负数)</td><td>32=24+25+26-27</td><td></td><td></td><td></td><td></td></tr>
<tr><td>其中：欠缴税额(≥0)</td><td>33=25+26-27</td><td></td><td>——</td><td></td><td>——</td></tr>
<tr><td>本期应补(退)税额</td><td>34=24-28-29</td><td></td><td>——</td><td></td><td>——</td></tr>
<tr><td>即征即退实际退税额</td><td>35</td><td>——</td><td>——</td><td></td><td></td></tr>
<tr><td>期初未缴查补税额</td><td>36</td><td></td><td></td><td>——</td><td>——</td></tr>
<tr><td>本期入库查补税额</td><td>37</td><td></td><td></td><td>——</td><td>——</td></tr>
<tr><td>期末未缴查补税额</td><td>38=16+22+36-37</td><td></td><td></td><td>——</td><td>——</td></tr>
<tr><td>授权声明</td><td colspan="2">如果你已委托代理人申报，请填写下列资料：
为代理一切税务事宜，现授权
(地址)
为本纳税人的代理申报人，任何与本
申报表有关的往来文件，都可寄予此人。
授权人签字：</td><td>申报人声明</td><td colspan="3">本纳税申报表是根据国家税收法律法规及相关规定填报的，我确定它是真实的、可靠的、完整的。
声明人签字：</td></tr>
</table>

主管税务机关：　　　　　　　　接收人：　　　　　　　　接收日期：

三、不动产分期抵扣计算表填报

不动产分期抵扣计算表填报，工作量较大，文件填报说明内容较少，填报有一定难度，具体参阅如下案例分析。

【案例分析】

不动产分期抵扣计算表如何填报

“营改增”全面推开，将不动产相关进项税额纳入抵扣，无疑是本次“营改增”最大的亮点；但最为麻烦的也莫过于不动产进项税额的会计账务处理及纳税填报。《增值税申报资料表》附列资料(五)(不动产分期抵扣计算表)文件并没有详细的填报说明，需要结合其他文件分析理解。现结合如下案例，对相关表格进行分析填报。

【例 5-6】ABC 公司系一般纳税人，假如 2016 年 7 月份，该公司不动产相关购建业务情况如下。

1. 期初待抵扣不动产进项税额为 100 万元。

2. 本期购入不动产，取得相关扣税凭证上的进项税额为 200 万元，当期可以抵扣 120 万元，待抵扣 80 万元。

3. 原用于集体福利的不动产已认证且转出的进项税额为 105.263 2 万元，上月月底不动产净值率为 95%，上月改变用途可以按净值计算抵扣。

4. 原购置 1 110 万元不动产，因用于不能抵扣的免税项目需进项税额转出，净值率为 90%。

5. 原购入原材料进项税额 125 万元已全部抵扣，本月该材料改用于不动产，其中 40%的进项税额 50 万元需从进项税额中转出至待抵扣进项税额。

【分析】

一、《不动产分期抵扣计算表》各栏分析、填报

《国家税务总局关于全面推开营业税改征增值税试点后增值税纳税申报有关事项的公告国家税务总局公告》（公告 2016 年第 13 号）就增值税纳税填报增加了几个附表，其中《不动产分期抵扣计算表》填写难度最大，文件填写说明均是“符合税法规定”（等于未做说明），需要结合《国家税务总局关于发布《不动产进项税额分期抵扣暂行办法》（国家税务总局公告 2016 年第 15 号）及纳税申报表附表（二）填写说明一并猜测理解，如下说明谨供填报参考。

1. **“期初待抵扣不动产进项税额”**：为购进不动产取得相关进项税额当期起尚未满 12 个月的待抵扣进项税额，即上期期末待抵扣不动产进项税额。从本案例看，为 100 万元。

2. **“本期不动产进项税额增加额”**如表 5-8 所示，本栏与附表二第 9 栏“（三）本期用于购建不动产的扣税凭证”“税额”列一致。从本案例看，为第 2 笔事项中的 200 万元和第 3 笔业务中的 100 万元，合计 300 万元。

表 5-8 本期不动产进项税额增加额

<table>
<tr><td rowspan="8">本期不动产进项税额增加额</td><td rowspan="2">1. 本期增加固定资产（取得凭证当期）</td><td colspan="2">直接购买</td><td rowspan="2">取得扣税凭证当期 60%，40%在当月起 13 个月转进项税额</td></tr>
<tr><td colspan="2">接受捐赠、投资入股、抵债</td></tr>
<tr><td rowspan="5">2. 不动产在建工程（取得凭证当期）</td><td>新建</td><td rowspan="5">超过原值 50%</td><td rowspan="5">建筑材料设计服务、建筑服务：给排水、采暖、卫生、通风、照明、通信、煤气、消防、中央空调、电梯、电气、智能化楼宇设备及配套设施</td></tr>
<tr><td>改建</td></tr>
<tr><td>扩建</td></tr>
<tr><td>修缮</td></tr>
<tr><td>装饰</td></tr>
<tr><td>3. 其他：原来购置未抵扣现改变用途可抵扣</td><td colspan="3">从改变用途的次月起可抵扣进项税额 60%（增值税扣税凭证注明或计算的进项税额×不动产净值率），另 40%在改变用途次月起第 13 个月转入进项税额</td></tr>
</table>

（作者根据国家税务总局文件原创整理）

注：原已认证且转出的不动产相关进项税额，因改变用途可以用于抵扣的，需在本列反映。与新购建增加的不动产进项税额处理一致。另外下第 3 栏：“本期可抵扣不动产进项税额”也与新购建相同。

3. **“本期可抵扣不动产进项税额”**：为上述第 2 项“本期不动产进项税额增加额”的 60%；

本栏与附表二第10栏“(四)本期不动产允许抵扣进项税额”中的“税额”列一致。

本案例第3笔业务，计算可以抵扣进项税额为100万元(105.2632×0.95)，其中本月可以抵扣60万，待抵扣进项税额40万，在本月起第13个月转入进项税额；应为200×60%+100×60%=180万元。

4.“本期转入的待抵扣不动产进项税额”：为购进时已全额抵扣进项税额的货物和服务，改变用途于不动产在建工程的，其已抵扣进项税额的40%部分，应于改变用途的当期从进项税额中扣减，计入待抵扣进项税额，并于改变用途的当月起第13个月从销项税额中抵扣。

本案例第5笔业务本期转入的待抵扣进项税额应为50万元。

5.“本期转出的待抵扣不动产进项税额”包括如下情形：

(1)销售不动产时和公司注销时待抵扣进项可以转至进项税额用于抵扣；

(2)因用途发生改变用于简易计税、集体福利、个人消费、非正常损失等不能抵扣的项目。不得抵扣的进项税额大于该不动产已抵扣进项税额的，应于该不动产改变用途的当期，将已抵扣进项税额从进项税额中扣减，并从该不动产待抵扣进项税额中扣减不得抵扣进项税额与已抵扣进项税额的差额。

不得抵扣的进项税额=(已抵扣进项税额+待抵扣进项税额)×不动产净值率

不动产净值率=(不动产净值÷不动产原值)×100%

纳税人应建立不动产和不动产在建工程台账，分别记录并归集不动产和不动产在建工程的成本、费用、扣税凭证及进项税额抵扣情况，留存备查。

用于简易计税方法计税项目、免征增值税项目、集体福利或个人消费的不动产和不动产在建工程，也应在纳税人建立的台账中记录。

本案例第4项业务需转出99万元(1110÷1.11×11%×90%)，大于已抵扣进项税额66万元(110×60%)，除了将已抵扣进项税额转出外，还需从待抵扣进项税额中转出33(99–66)万元。

6.“期末待抵扣不动产进项税额”：为本期期末待抵扣不动产进项税额余额。与各栏关系为：6=1+2–3+4–5。结果如表5-9所示。

本例填报过程与结果如表5-9所示。

表5-9　不动产分期抵扣计算表

税款所属时间：　　年　月　日至　年　月　1日

纳税人名称：(公章)　　　　金额单位：元至角分

期初待抵扣不动产进项税额	本期不动产进项税额增加额	本期可抵扣不动产进项税额	本期转入的待抵扣不动产进项税额	本期转出的待抵扣不动产进项税额	期末待抵扣不动产进项税额
1	2	3≤1+2+4	4	5≤1+4	6=1+2–3+4–5

续表

期初待抵扣不动产进项税额	本期不动产进项税额增加额	本期可抵扣不动产进项税额	本期转入的待抵扣不动产进项税额	本期转出的待抵扣不动产进项税额	期末待抵扣不动产进项税额
1 000 000.00					1 000 000.00
	2 000 000.00	1 200 000.00			800 000.00
	1 000 000.00	600 000.00			400 000.00
				330 000.00	– 330 000.00
			500 000.00		500 000.00
1 000 000.00	3 000 000.00	1 800 000.00	500 000.00	330 000.00	2 370 000.00

（来源于作者原创，仅代表个人观点）

四、综合业务纳税申报

仍以上节“五、综合业务会计处理”中建筑企业业务为例，包含增值税主要纳税申报表的要点分析及相关表格的填报。

涉及的申报表有：增值税预缴税款表、附表一、附表二、附表三、附表四、附表五、固定资产（不含不动产）进项税额抵扣情况表、本期抵扣进项税额结构明细表、“营改增”税负分析测算明细分析表、增值税纳税申报表主表。

（一）增值税预缴税款表

填报要点如下。

(1) 国家税务总局 13 号公告（53 号公告调整）：纳税人跨县（市）提供建筑服务、房地产开发企业预售自行开发的房地产项目、纳税人出租与机构所在地不在同一县（市）的不动产，按规定需要在项目所在地或不动产所在地主管国税机关预缴税款的，需填写《增值税预缴税款表》。

(2) 国家税务总局 17 号公告：纳税人跨县（市、区）提供建筑服务，在向建筑服务发生地主管国税机关预缴税款时，需提交以下资料：

① 《增值税预缴税款表》；

② 与发包方签订的建筑合同复印件（加盖纳税人公章）；

③ 与分包方签订的分包合同复印件（加盖纳税人公章）；

④ 从分包方取得的发票复印件（加盖纳税人公章）。

(3) 国家税务总局 16 号公告：单位和个体工商户出租不动产，按照本办法规定向不动产所在地主管国税机关预缴税款时，应填写《增值税预缴税款表》。

(4) 转让不动产向不动产所在地地税机关预缴增值税时，不需要填报《增值税预缴税款表》。

需要注意的是，《增值税预缴税款表》第 1 列销售额为含税销售额，与其他申报表中的销售额不同。

本案例中需要填报《增值税预缴税款表》的业务有建筑服务 B 项目、出租不动产 C。

下面暂将两项业务、两张表格合在一起（实务中需分别填报预征地主管国税部门）的申报表，如表 5-10 所示。

表 5-10　增值税预缴税款表

税款所属时间：　　年　　月　　日至　　年　　月　　日

纳税人识别号 ：□□□□□□□□□□□□□□□□□□□□□□□□□□□□　　是否适用一般计税方法　是 □　否 □

纳税人名称：（公章）				金额单位：元（列至角分）	
项目编号			项目名称		
项目地址					
预征项目和栏次		销售额	扣除金额	预征率	预征税额
		1	2	3	4
建筑服务	1	3 000 000.00	940 000.00	3%	60 000.00
销售不动产	2				
出租不动产	3	99 900.00		3%	2 700.00
	4				
	5				
合计	6				
授权声明	如果你已委托代理人填报，请填写下列资料： 为代理一切税务事宜，现授权（地址）　　为本次纳税人的代理填报人，任何与本表有关的往来文件，都可寄予此人。 授权人签字：		填表人申明	以上内容是真实的、可靠的、完整的。 纳税人签字：	

（二）附表一：本期销售情况明细表

填报要点如下。

（1）销售额均为不含税销售额；其中第 1、3、5、7、9 列均为未扣除允许扣除差额的销售额。

（2）第 2、4、6、8、10 列所示销项（小规模纳税人为应纳）税额均为相近左列的销售额乘以适用税率或征收率计算出的税额。

（3）第 12 列为差额征税、本期允许扣除部分的金额。

（4）第 13 列为扣除差额之后的含税销售额。

（5）第 14 列按表中所示公式计算出的当期销项（应纳）税额。

（6）结构中包含了一般计税、简易计税、免抵退税和免税项目。

（7）第 13a 至 13c 行“二、简易计税方法计税”“预征率%”：反映营业税改征增值税的纳税人，服务、不动产和无形资产按规定汇总计算缴纳增值税的分支机构，预征增值税销售额、预征增值税应纳税额。其中，第 13a 行“预征率%”适用于所有实行汇总计算缴纳增值税的分支机构试点纳税人；第 13b、13c 行“预征率%”适用于部分实行汇总计算缴纳增值税的铁路运输试点纳税人。第 13a 至 13c 行第 1 至 6 列按照销售额和销项税额的实际发生数填写。第 13a 至 13c 行第 14 列，纳税人按“应预征缴纳的增值税=应预征增值税销售额×预征率”公式计算后据实填写。

(8) 主表第 11 栏销项税额=本表第 10 列第 1 行+第 3 行−第 6 行+第 14 列第 2 行+第 4 行+第 5 行−第 7 行，如表 5-11 所示。

(三) 附表二；本期进项税额明细表

填报要点如下。

(1) 第 2 栏填写本期认证、本期抵扣的所有增值税专用发票，包括取得的、需要分期抵扣的不动产；另 B 级以上纳税信用等级取消发票认证，但在发票查询系统中勾选确认的专月发票信息也填入其中。

(2) 第 3 栏为辅导期纳税人前期认证相符、本期申报抵扣数据。

(3) 第 4、5、6、7 栏为其他合法扣税凭证对应的信息。

(4) 第 8 栏“其他”：反映按规定本期可以申报抵扣的其他扣税凭证情况。

纳税人按照规定不得抵扣且未抵扣进项税额的固定资产、无形资产、不动产，发生用途改变，用于允许抵扣进项税额的应税项目，可在用途改变的次月将按公式计算出的可以抵扣的进项税额，填入“税额”栏。这里数据包括了用途改变次月起第 13 个月分次抵扣的 40%部分进项税额。

(5) 第 9 栏“(三) 本期用于购建不动产的扣税凭证”：反映按规定本期用于购建不动产并适用分 2 年抵扣规定的扣税凭证上注明的金额和税额。购建不动产是指纳税人 2016 年 5 月 1 日后取得并在会计制度上按固定资产核算的不动产或 2016 年 5 月 1 日后取得的不动产在建工程。该列数据为不动产完整(含 40%不能于当期抵扣)的数据。本栏次包括第 1 栏中本期用于购建不动产的增值税专用发票和第 4 栏中本期用于购建不动产的其他扣税凭证。纳税人按照规定不得抵扣且未抵扣进项税额的不动产，发生用途改变，用于允许抵扣进项税额的应税项目，可在用途改变的次月将按公式计算出的可以抵扣的进项税额，填入“税额”栏。本栏“税额”列=《附列资料(五)》第 2 列“本期不动产进项税额增加额”。

(6) 第 10 栏“(四) 本期不动产允许抵扣进项税额”：反映按规定本期实际申报抵扣的不动产进项税额(含改变用途转入允许抵扣的部分)。本栏“税额”列=《附列资料(五)》第 3 列“本期可抵扣不动产进项税额”。

表 5-11　本期销售情况明细表

税款所属时间：　　年　　月　　日至　　年　　月　　日

纳税人名称：（公章）　　　　　　　　　　　　　　　　　　　　　　　金额单位：元至角分

项目及栏次				开具增值税专用发票		开具其他发票		未开具发票		纳税检查调整		合计			服务、不动产和无形资产扣除项目本期实际扣除金额	扣除后	
				销售额	销项（应纳）税额	销售额	销项（应纳）税额	销售额	销项（应纳）税额	销售额	销项（应纳）税额	销售额	销项（应纳）税额	价税合计		含税（免税）销售额	销项（应纳）税额
				1	2	3	4	5	6	7	8	9=1+3+5+7	10=2+4+6+8	11=9+10	12	13=11-12	14=13÷（100%+税率或征收率）×税率或征收率
一、一般计税方法计税	全部征税项目	17%税率的货物及加工、修理修配劳务	1											——	——	——	——
		17%税率的服务、不动产和无形资产	2														
		13%税率	3											——	——	——	——
		11%税率	4	3 000 000.00	330 000.00			90 000.00	9 900.00			3 090 000.00	339 900.00	3 429 900.00		3 429 900.00	339 900.00
		6%税率	5									.00					
	其中：即征即退项目	即征即退货物及加工、修理修配劳务	6	——	——	——	——	——	——	——	——			——	——	——	——
		即征即退服务、不动产和无形资产	7	——	——	——	——	——	——	——	——						
二、简易计税方法计税	全部征税项目	6%征收率	8							——	——			——	——	——	——
		5%征收率的货物及加工、修理修配劳务	9a							——	——			——	——	——	——
		5%征收率的服务、不动产和无形资产	9b	1 000 000.00	50 000.00					——	——	1 000 000.00	50 000.00	1 050 000.00		1 050 000.00	50 000.00
		4%征收率	10							——	——			——	——	——	——
		3%征收率的货物及加工、修理修配劳务	11							——	——			——	——	——	——
		3%征收率的服务、不动产和无形资产	12	2 912 621.36	87 378.64					——	——	2 912 621.36	87 378.64	3 000 000.00	940 000.00	2 060 000.00	60 000.00
		预征率　%	13a							——	——						
		预征率　%	13b							——	——						
		预征率　%	13c							——	——						
	其中：即征即退项目	即征即退货物及加工、修理修配劳务	14	——	——	——	——	——	——	——	——			——	——	——	——
		即征即退服务、不动产和无形资产	15	——	——	——	——	——	——	——	——						
三、免抵退税		货物及加工、修理修配劳务	16	——	——		——		——	——	——		——	——	——	——	——
		服务、不动产和无形资产	17	——	——		——		——	——	——		——				——
四、免税		货物及加工、修理修配劳务	18				——		——	——	——		——	——	——	——	——
		服务、不动产和无形资产	19	——	——		——		——	——	——		——				——

(7)第 12 栏合计为当期进项税额合计数(包括了本期认证抵扣但需要进项税额转出税额)，本栏数与主表第 12 栏本月数相等。

(8)第 14～23 栏为本期进项税额转出信息，第 13 栏合计数应与主表第 14 栏本月进项税额转出相符。

(9)第 24～28 栏为辅导期一般纳税人已认证未申报抵扣信息。

(10)第 29～33 栏为未申报抵扣的其他扣税凭证信息。

详细情况如表 5-12 所示。

表 5-12 本期进项税额明细表

税款所属时间： 年 月 日至 年 月 日

纳税人名称：(公章) 金额单位：元至角分

一、申报抵扣的进项税额				
项 目	栏 次	份数	金 额	税 额
(一)认证相符的增值税专用发票	1=2+3	5	2 590 000.00	374 700.00
其中：本期认证相符且本期申报抵扣	2	5	2 590 000.00	374 700.00
前期认证相符且本期申报抵扣	3			
(二)其他扣税凭证	4=5+6+7+8			
其中：海关进口增值税专用缴款书	5			
农产品收购发票或者销售发票	6			
代扣代缴税收缴款凭证	7		——	
其他	8			
(三)本期用于购建不动产的扣税凭证	9		1 000 000.00	110 000.00
(四)本期不动产允许抵扣进项税额	10	——	——	66 000.00
(五)外贸企业进项税额抵扣证明	11	——	——	
当期申报抵扣进项税额合计	12=1+4-9+10+11			330 700.00

二、进项税额转出额		
项 目	栏 次	税 额
本期进项税额转出额	13=14 至 23 之和	51 000.00
其中：免税项目用	14	
集体福利、个人消费	15	
非正常损失	16	
简易计税方法征税项目用	17	51 000.00
免抵退税办法不得抵扣的进项税额	18	
纳税检查调减进项税额	19	
红字专用发票信息表注明的进项税额	20	
上期留抵税额抵减欠税	21	
上期留抵税额退税	22	
其他应作进项税额转出的情形	23	

续表

三、待抵扣进项税额				
项　　目	栏　　次	份数	金　　额	税　　额
(一)认证相符的增值税专用发票	24	——	——	——
期初已认证相符但未申报抵扣	25			
本期认证相符且本期未申报抵扣	26			
期末已认证相符但未申报抵扣	27			
其中：按照税法规定不允许抵扣	28			
(二)其他扣税凭证	29=30 至 33 之和			
其中：海关进口增值税专用缴款书	30			
农产品收购发票或者销售发票	31			
代扣代缴税收缴款凭证	32		——	
其他	33			
	34			
四、其他				
项　　目	栏　　次	份数	金　　额	税　　额
本期认证相符的增值税专用发票	35		2 590 000.00	374 700.00
代扣代缴税额	36	——	——	

(四)附表三：服务、不动产和无形资产扣除项目明细

填报要点如下。

(1)本表由服务、不动产和无形资产有扣除项目的营业税改征增值税纳税人填写。其他纳税人不填写。

(2)第 1 列“本期服务、不动产和无形资产价税合计额(免税销售额)”：营业税改征增值税的服务、不动产和无形资产属于征税项目的，填写扣除之前的本期服务、不动产和无形资产价税合计额；营业税改征增值税的服务、不动产和无形资产属于免抵退税或免税项目的，填写扣除之前的本期服务、不动产和无形资产免税销售额。本列各行次等于《附列资料(一)》第 11 列对应行次，其中本列第 3 行和第 4 行之和(即 6%税率项目)等于《附列资料(一)》第 11 列第 5 栏。

营业税改征增值税的纳税人，服务、不动产和无形资产按规定汇总计算缴纳增值税的分支机构，本列各行次之和等于《附列资料(一)》第 11 列第 13a、13b 行之和。

(3)第 2 列“服务、不动产和无形资产扣除项目”“期初余额”：填写服务、不动产和无形资产扣除项目上期期末结存的金额，试点实施之日的税款所属期填写“0”。本列各行次等于上期《附列资料(三)》第 6 列对应行次。

(4)本列第 4 行“6%税率的金融商品转让项目”“期初余额”年初首期填报时应填“0”，如表 5-13 所示。

表 5-13 服务、不动产和无形资产扣除项目明细

税款所属时间： 年 月 日至 年 月 日

纳税人名称：(公章) 金额单位：元至角分

项目及栏次		本期服务、不动产和无形资产价税合计额(免税销售额)	服务、不动产和无形资产扣除项目				
			期初余额	本期发生额	本期应扣除金额	本期实际扣除金额	期末余额
		1	2	3	4=2+3	5(5≤1 且 5≤4)	6=4–5
17%税率的项目	1						
11%税率的项目	2						
6%税率的项目(不含金融商品转让)	3						
6%税率的金融商品转让项目	4						
5%征收率的项目	5						
3%征收率的项目	6	3 000 000.00		940 000.00	940 000.00	940 000.00	2 060 000.00
免抵退税的项目	7						
免税的项目	8						

(五)附表四：税额抵减情况表

填报要点如下。

(1)本表按抵减项目内容分别填列，第 1 行由发生增值税税控系统专用设备费用和技术维护费的纳税人填写，反映纳税人增值税税控系统专用设备费用和技术维护费按规定抵减增值税应纳税额的情况。

(2)表中销售不动产预征缴纳税款，包括了一般纳税人销售不动产和房地产开发企业销售房地产；而预缴税款表未包括一般纳税人由不动产所在地地税机关代征的销售不动产的预缴税款。

表 5-14 税额抵减情况表

税款所属时间： 年 月 日至 年 月 日

纳税人名称：(公章) 金额单位：元至角分

序号	抵减项目	期初余额	本期发生额	本期应抵减税额	本期实际抵减税额	期末余额
		1	2	3=1+2	4≤3	5=3–4
1	增值税税控系统专用设备费及技术维护费					
2	分支机构预征缴纳税款					
3	建筑服务预征缴纳税款	0	60 000.00	60 000.00	60 000.00	0
4	销售不动产预征缴纳税款	0	50 000.00	50 000.00	50 000.00	0
5	出租不动产预征缴纳税款	0	2 700.00	2 700.00	2 700.00	0

(六)附表五：不动产分期抵扣计算表

填报要点详见第四节“三、不动产分期抵扣计算表填报”。本案例填报情况如表5-15所示。

表5-15　不动产分期抵扣计算表

税款所属时间：　年　　月　　日至　　年　　月　　日

纳税人名称：(公章)　　　　金额单位：元至角分

期初待抵扣不动产进项税额	本期不动产进项税额增加额	本期可抵扣不动产进项税额	本期转入的待抵扣不动产进项税额	本期转出的待抵扣不动产进项税额	期末待抵扣不动产进项税额
1	2	3≤1+2+4	4	5≤1+4	6=1+2−3+4-5
	110 000.00	66 000.00			44 000.00

(七)固定资产(不含不动产)进项税额抵扣情况表

填报要点如下。

本表反映纳税人在《附列资料(二)》“一、申报抵扣的进项税额”中固定资产的进项税额。本表按增值税专用发票、海关进口增值税专用缴款书分别填写，如表5-16所示。

表5-16　固定资产(不含不动产)进项税额抵扣情况表

纳税人名称：(公章)　　　填表日期：　　年　　月　　日　　　金额单位：元至角分

项　　目	当期申报抵扣的固定资产进项税额	申报抵扣的固定资产进项税额累计
增值税专用发票	85 000.00	85 000.00
海关进口增值税专用缴款书		
合　　计		

(八)本期抵扣进项税额结构明细表

填报要点如下。

(1)本表在国家税务总局公告2016年13号出台后，被国家税务总局公告2016年27号做了较大幅度修改。修改目的是为了完善之前的表格，同时增加收费公路通行费的抵扣。

(2)本表看似非常完整，但税额合计与当期进项税额可能并不完全一致，主要差别是本表未要求登记分次抵扣购建不动产、其中60%允许抵扣的税额，另外还有外贸企业当期出口货物转内销或视同内销货物征税，如表5-17所示。

(九)“营改增”税负分析测算明细表

填报要点如下。

(1)本表适用对象为从事建筑、房地产、金融或生活服务等经营业务的增值税一般纳税人在办理增值税纳税申报时填报，具体名单由主管税务机关确定。

(2)“应税项目代码及名称”：根据《“营改增”试点应税项目明细表》所列项目代码及名称填写，同时有多个项目的，应分项目填写；相同服务税务或征收不同的，也应分开填列，便于计算比较。

(3)第 1 列“不含税销售额”：反映纳税人当期对应项目不含税的销售额(含即征即退项目)，包括开具增值税专用发票、开具其他发票、未开具发票、纳税检查调整的销售额，纳税人所填项目享受差额征税政策的，本列应填写差额扣除之前的销售额。

(4)第 4 列“服务、不动产和无形资产扣除项目本期实际扣除金额”：纳税人销售服务、不动产和无形资产享受差额征税政策的，应填写对应项目当期实际差额扣除的金额。不享受差额征税政策的填“0”。

(5)第 7 列“增值税应纳税额(测算)”最为关键：反映纳税人按现行增值税规定，测算出的对应项目的增值税应纳税额。

表 5-17　本期抵扣进项税额结构明细表

税款所属时间：　年　　月　　日至　　年　　月　　日

纳税人名称：(公章)　　　　　　　　　　　　　　　　　　金额单位：元至角分

项　　目	栏　　次	金　　额	税　　额
合计	1=2+4+5+11+16+18+27+29+30	1 590 000.00	264 700.00
一、按税率或征收率归集(不包括购建不动产、通行费)的进项			
17%税率的进项	2	1 550 000.00	263 500.00
其中：有形动产租赁的进项	3		
13%税率的进项	4		
11%税率的进项	5		
其中：运输服务的进项	6		
电信服务的进项	7		
建筑安装服务的进项	8		
不动产租赁服务的进项	9		
受让土地使用权的进项	10		
6%税率的进项	11		
其中：电信服务的进项	12		
金融保险服务的进项	13		
生活服务的进项	14		
取得无形资产的进项	15		
5%征收率的进项	16		
其中：不动产租赁服务的进项	17		

续表

项　目	栏　次	金　额	税　额
3%征收率的进项	18	40 000.00	1 200.00
其中：货物及加工、修理修配劳务的进项	19	40 000.00	1 200.00
运输服务的进项	20		
电信服务的进项	21		
建筑安装服务的进项	22		
金融保险服务的进项	23		
有形动产租赁服务的进项	24		
生活服务的进项	25		
取得无形资产的进项	26		
减按 1.5%征收率的进项	27		
	28		
二、按抵扣项目归集的进项			
用于购建不动产并一次性抵扣的进项	29		
通行费的进项	30		
	31		
	32		

① 按照一般计税方法计税的：

本列各行次=第 6 列对应各行次÷《增值税纳税申报表(一般纳税人适用)》主表第 11 栏“销项税额”“一般项目”和“即征即退项目”“本月数”之和×《增值税纳税申报表(一般纳税人适用)》主表第 19 栏“应纳税额”“一般项目”和“即征即退项目”“本月数”之和。

② 销售服务、不动产和无形资产按照简易计税方法计税的：

本列各行次=第 6 列对应各行次。

(6)其他可按表中公式计算填列。

本案例“营改增”税负分析测算明细表如表 5-18 所示。

(十)增值税纳税申报表主表

填报要点如下。

(1)“一般项目”列：填写除享受增值税即征即退政策以外的货物、劳务和服务、不动产、无形资产的征(免)税数据。

(2)“本年累计”列：一般填写本年度内各月“本月数”之和。

其中，第 13、18、19、20 栏与挂账留抵税额相关的内容详见上节说明。

(3)第 1 栏“(一)按适用税率计税销售额”：填写纳税人本期按一般计税方法计算的缴纳增值税的销售额。包含：在财务上不做销售但按税法规定应缴纳增值税的视同销售和价外费用的销售额；外贸企业作价销售进料加工复出口货物的销售额；税务、财政、审计部门检查后按一般计税方法计算调整的销售额。

表 5-18 “营改增”税负分析测算明细表

税款所属时间：　　年　　月　　日至　　年　　月　　日

纳税人名称：（公章）　　　　　　金额单位：元至角分

项目及栏次			增值税							营业税						
			不含税销售额	销项（应纳）税额	价税合计	服务、不动产和无形资产扣除项目本期实际扣除金额	扣除后		增值税应纳税额（测算）	原营业税税制下服务、不动产和无形资产差额扣除项目					应税营业额	营业税应纳税额
							含税销售额	销项（应纳）税额		期初余额	本期发生额	本期应扣除金额	本期实际扣除金额	期末余额		
应税项目代码及名称	增值税税率或征收率	营业税税率	1	2=1×增值税税率或征收率	3=1+2	4	5=3−4	6=5÷(100%+增值税税率或征收率)×增值税税率或征收率	7	8	9	10=8+9	11(11≤3且11≤10)	12=10−11	13=3-11	14=13×营业税税率
合计	—	—	7 002 621.36	477 278.64	7 479 900.00	940 000.00	6 539 900.00	449 900.00	170 200.00						7 479 900.00	219 195.00
040100 工程服务	11%	3%	3 000 000.00	330 000.00	3 330 000.00	.00	3 330 000.00	330 000.00	58 446.60						3 330 000.00	99 900.00
040100 工程服务	3%	3%	2 912 621.36	87 378.64	3 000 000.00	940 000.00	2 060 000.00	60 000.00	60 000.00		940 000.00	940 000.00	940 000.00		2 060 000.00	61 800.00
060502 不动产经营租赁	11%	5%	90 000.00	9 900.00	99 900.00	.00	99 900.00	9 900.00	1 753.40						99 900.00	4 995.00
090100 销售不动产建筑物	5%	5%	1 000 000.00	50 000.00	1 050 000.00	.00	1 050 000.00	50 000.00	50 000.00						1 050 000.00	52 500.00

营业税改征增值税的纳税人，服务、不动产和无形资产有扣除项目的，本栏应填写扣除之前的不含税销售额。

本栏“一般项目”列“本月数”=《附列资料(一)》第9列第1至5行之和-第9列第6、7行之和；本栏“即征即退项目”列“本月数”=《附列资料(一)》第9列第6、7行之和。

(4)第5栏“按简易办法计税销售额”：填写纳税人本期按简易计税方法计算增值税的销售额。包含纳税检查调整按简易计税方法计算增值税的销售额。

营业税改征增值税的纳税人，服务、不动产和无形资产有扣除项目的，本栏应填写扣除之前的不含税销售额；服务、不动产和无形资产按规定汇总计算缴纳增值税的分支机构，其当期按预征率计算缴纳增值税的销售额也填入本栏。

本栏“一般项目”列“本月数”≥《附列资料(一)》第9列第8至13b行之和-第9列第14、15行之和；本栏“即征即退项目”列“本月数”≥《附列资料(一)》第9列第14、15行之和。

(5)第7栏“免、抵、退办法出口销售额”：填写纳税人本期适用免、抵、退税办法的出口货物、劳务和服务、无形资产的销售额。

营业税改征增值税的纳税人，服务、无形资产有扣除项目的，本栏应填写扣除之前的销售额。

本栏“一般项目”列“本月数”=《附列资料(一)》第9列第16、17行之和。

(6)第8栏“免税销售额”：填写纳税人本期按照税法规定免征增值税的销售额和适用零税率的销售额，但零税率的销售额中不包括适用免、抵、退税办法的销售额。

营业税改征增值税的纳税人，服务、不动产和无形资产有扣除项目的，本栏应填写扣除之前的免税销售额。

本栏“一般项目”列“本月数”=《附列资料(一)》第9列第18、19行之和。

(7)第11栏“销项税额”：填写纳税人本期按一般计税方法计税的货物、劳务和服务、不动产、无形资产的销项税额。

营业税改征增值税的纳税人，服务、不动产和无形资产有扣除项目的，本栏应填写扣除之后的销项税额。

本栏“一般项目”列“本月数”=《附列资料(一)》(第10列第1、3行之和-第10列第6行)+(第14列第2、4、5行之和-第14列第7行)；

本栏“即征即退项目”列“本月数”=《附列资料(一)》第10列第6行+第14列第7行。

(8)第12栏“进项税额”：填写纳税人本期申报抵扣的进项税额。

本栏“一般项目”列“本月数”+“即征即退项目”列“本月数”=《附列资料(二)》第12栏“税额”。

(9)第14栏“进项税额转出”：填写纳税人已经抵扣，但按税法规定本期应转出的进项税额。

本栏“一般项目”列“本月数”+“即征即退项目”列“本月数”=《附列资料(二)》第13栏“税额”。

(10)第23栏“应纳税额减征额”：填写纳税人本期按照税法规定减征的增值税应纳税额。包含按照规定可在增值税应纳税额中全额抵减的增值税税控系统专用设备费用及技术维护费。

当本期减征额小于或等于第19栏“应纳税额”与第21栏“简易计税办法计算的应纳税额”之和时，按本期减征额实际填写；当本期减征额大于第19栏“应纳税额”与第21栏“简易计税办法计算的应纳税额”之和时，按本期第19栏与第21栏之和填写。本期减征额不足抵减部分结转下期继续抵减。

(11)第27栏“本期已缴税额”：反映纳税人本期实际缴纳的增值税额，但不包括本期入库的查补税款。按表中所列公式计算填写。

(12)第28栏“①分次预缴税额”：填写纳税人本期已缴纳的准予在本期增值税应纳税额中抵减的税额。

营业税改征增值税的纳税人，分以下几种情况填写。

① 服务、不动产和无形资产按规定汇总计算缴纳增值税的总机构，其可以从本期增值税应纳税额中抵减的分支机构已缴纳的税款，按当期实际可抵减数填入本栏，不足抵减部分结转下期继续抵减。

② 销售建筑服务并按规定预缴增值税的纳税人，其可以从本期增值税应纳税额中抵减的已缴纳的税款，按当期实际可抵减数填入本栏，不足抵减部分结转下期继续抵减。

③ 销售不动产并按规定预缴增值税的纳税人，其可以从本期增值税应纳税额中抵减的已缴纳的税款，按当期实际可抵减数填入本栏，不足抵减部分结转下期继续抵减。

④ 出租不动产并按规定预缴增值税的纳税人，其可以从本期增值税应纳税额中抵减的已缴纳的税款，按当期实际可抵减数填入本栏，不足抵减部分结转下期继续抵减。

(13)第35栏“即征即退实际退税额”：反映纳税人本期因符合增值税即征即退政策规定，而实际收到的税务机关退回的增值税额。

本案例填报情况详见表5-19。

表 5-19　增值税纳税申报表(一般纳税人适用)

项目		栏次	一般项目		即征即退项目	
			本月数	本年累计	本月数	本年累计
销售额	(一)按适用税率计税销售额	1	3 090 000.00			
	其中：应税货物销售额	2				
	应税劳务销售额	3				
	纳税检查调整的销售额	4				
	(二)按简易办法计税销售额	5	3 912 621.36			
	其中：纳税检查调整的销售额	6				
	(三)免、抵、退办法出口销售额	7			——	——
	(四)免税销售额	8			——	——
	其中：免税货物销售额	9			——	——
	免税劳务销售额	10			——	——
税款计算	销项税额	11	339 900.00			
	进项税额	12	330 700.00			
	上期留抵税额	13				——
	进项税额转出	14	51 000.00			
	免、抵、退应退税额	15			——	——
	按适用税率计算的纳税检查应补缴税额	16			——	——
	应抵扣税额合计	17=12+13−14−15+16	279 700.00			——
	实际抵扣税额	18(如 17<11，则为 17，否则为 11)	279 700.00			
	应纳税额	19=11−18	60 200.00			
	期末留抵税额	20=17−18				——
	简易计税办法计算的应纳税额	21	110 000.00			
	按简易计税办法计算的纳税检查应补缴税额	22			——	——
	应纳税额减征额	23				
	应纳税额合计	24=19+21−23	170 200.00			
税款缴纳	期初未缴税额(多缴为负数)	25				
	实收出口开具专用缴款书退税额	26			——	——
	本期已缴税额	27=28+29+30+31	112 700.00			
	①分次预缴税额	28	112 700.00	——		——
	②出口开具专用缴款书预缴税额	29		——	——	——
	③本期缴纳上期应纳税额	30				
	④本期缴纳欠缴税额	31				
	期末未缴税额(多缴为负数)	32=24+25+26−27	57 500.00			
	其中：欠缴税额(≥0)	33=25+26−27		——		——
	本期应补(退)税额	34=24−28−29		——		——
	即征即退实际退税额	35	——	——		

续表

<table>
<tr><td colspan="2" rowspan="2">项　目</td><td rowspan="2">栏次</td><td colspan="2">一般项目</td><td colspan="2">即征即退项目</td></tr>
<tr><td>本月数</td><td>本年累计</td><td>本月数</td><td>本年累计</td></tr>
<tr><td rowspan="3"></td><td>期初未缴查补税额</td><td>36</td><td></td><td></td><td>——</td><td>——</td></tr>
<tr><td>本期入库查补税额</td><td>37</td><td></td><td></td><td>——</td><td>——</td></tr>
<tr><td>期末未缴查补税额</td><td>38=16+22+36-37</td><td></td><td></td><td>——</td><td>——</td></tr>
<tr><td>授权声明</td><td colspan="2">如果你已委托代理人申报，请填写下列资料：
为代理一切税务事宜，现授权
（地址）　　　　　　　　为本纳税人的代理申报人，任何与本申报表有关的往来文件，都可寄予此人。
授权人签字：</td><td>申报人声明</td><td colspan="3">本纳税申报表是根据国家税收法律法规及相关规定填报的，我确定它是真实的、可靠的、完整的。
声明人签字：</td></tr>
</table>

第五节　小规模纳税人增值税纳税申报

一、增值税小规模纳税人纳税申报表

《国家税务总局关于调整增值税纳税申报有关事项的公告》（国家税务总局公告 2016 年第 27 号）对国家税务总局公告 2016 年第 13 号附件 3《增值税纳税申报表（小规模纳税人适用）》及其附列资料进行了调整，调整原因为财税〔2016〕47 号劳务派遣（根据财税〔2016〕68 号文安全保护服务比照劳务派遣服务政策执行）征税政策调整，小规模纳税人也可以选择差额征税，但征收率为 5%。调整内容为：

主表中将原来的应征增值税和销售、出租不动产两大类，调整为按征收率 3%、5%的划分标准；申报附表中的差额征税也按 3%和 5%征收率分开填报。申报表仍为一主一附：

《增值税纳税申报表（小规模纳税人适用）》；

《增值税纳税申报表（小规模纳税人适用）附列资料》。

小规模纳税人销售服务，在确定服务销售额时，按照有关规定可以从取得的全部价款和价外费用中扣除价款的，需填报《增值税纳税申报表（小规模纳税人适用）附列资料》。其他情况不填写该附列资料。

另外，如果纳税人享受增值税减免税优惠政策，增值税一般纳税人和小规模纳税人均需填写《增值税减免税申报明细表》。

仅享受月销售额不超过 3 万元（按季纳税 9 万元）免征增值税政策或未达起征点

的增值税小规模纳税人不需填报本表，即小规模纳税人当期增值税纳税申报表（主表）第 12 栏“其他免税销售额”“本期数”和第 16 栏“本期应纳税额减征额”“本期数”均无数据时，不需填报本表。

主表、附表填报要点详见下文“二、纳税申报案例”。

二、纳税申报案例

【例 5-7】上海浦东新区某个体工商户（小规模纳税人）2016 年 6 月发生如下经济业务。

1. 在浦东新区承接建筑服务 103 万元，向税务申请代开了增值税专用发票；该工程中装饰服务 30.9 万外包给其他建筑企业，并在代开增值税专用发票前取得了合法扣税凭证。

2. 持有《外出经营活动税收管理证明》，在杭州市为某私人住宅安装了地暖系统，合同金额 10.3 万元，预缴增值税 0.3 万元（不考虑附加税），未开具普通发票。

3. 出租住房，收取租金收入 1.05 万元。

（一）案例分析

1. 申请代开增值税专用发票，可以开具全额增值税专用发票，销项税额=103÷1.03×3%=3 万元。

代开发票时，需预缴增值税=（103−30.9）÷1.03×3%=2.1 万元。

2. 在异地提供安装服务，预缴增值税 0.3 万元，需要填写《增值税预缴申报表》，如表 5-20 所示。

表 5-20 增值税预缴税款表

税款所属时间： 年 月 日至 年 月 日

纳税人识别号 ：□□□□□□□□□□□□□□□□□□□□□□□□□ 是否适用一般计税方法 是 □ 否 □

纳税人名称：（公章） 金额单位：元至角分

项目编号			项目名称		
项目地址					
预征项目和栏次		销售额	扣除金额	预征率	预征税额
		1	2	3	4
建筑服务	1	103 000.00		3%	3 000.00
销售不动产	2				
出租不动产	3				
	4				
	5				
合计	6				

续表

授权声明	如果你已委托代理人填报，请填写下列资料： 为代理一切税务事宜，现授权（地址）为本次纳税人的代理填报人，任何与本表有关的往来文件，都可寄予此人。 授权人签字：	填表人申明	以上内容是真实的、可靠的、完整的。 纳税人签字：

3. 出租住房，适用征收率为5%，可以减按1.5%的优惠税率。

按适用税率计算的增值税=1.05÷1.05×5%=0.05（万元）；

按优惠税率计算的实际应缴增值税=1.05÷1.05×1.5%=0.015（万元）；

税收减免额=0.05–0.015=0.035（万元）。

享受税收减免，需先填报《增值税减免税申报明细表》，如表5-21所示。

表5-21 增值税减免税申报明细表

税款所属时间：年 月 日至 年 月 日

纳税人名称：（公章） 金额单位：元至角分

一、减税项目						
减税性质代码及名称	栏次	期初余额	本期发生额	本期应抵减税额	本期实际抵减税额	期末余额
		1	2	3=1+2	4≤3	5=3–4
合计	1	0	350	350	350	0
住房出租减税	2	0	350	350	350	0
	3					
	4					
	5					
	6					
二、免税项目						
免税性质代码及名称	栏次	免征增值税项目销售额	免税销售额扣除项目本期实际扣除金额	扣除后免税销售额	免税销售额对应的进项税额	免税额
		1	2	3=1–2	4	5
合　计	7					
出口免税	8		——	——	——	——
其中：跨境服务	9		——	——	——	——
	10					
	11					
	12					
	13					
	14					
	15					
	16					

4. 本期应交增值税=2.1+0.3+0.05=2.45(万元)；

本期应减免增值税=0.035(万元)；

本期预交增值税=2.1+0.3=2.4(万元)；

本期应交增值税=2.45−0.035−2.4=0.015(万元)。

纳税人当期应纳增值税申报表如表5-23所示。

(二)纳税填报

1. 增值税预缴税款表：填报要点同一般纳税人。

2. 增值税减免税申报明细表：减免性质代码及名称，按国家税务总局最新发布的《减免性质及分类表》所列减免性质代码、项目名称填写。同时有多个减征项目的，应分别填写。

减税项目按实际减税及相关公式填列。

3. 附列资料填报：扣除额为含税扣除额，其他按表中公式计算填列，如表5-22所示。

4. 增值税纳税申报表(主表)填报。

填报要点如下。

(1)表中销售额均为不含税销售额。

表5-22　增值税纳税申报表(小规模纳税人适用)附列资料

税款所属时间：年　月　日至　年　月　日　　　　填表日期：年　月　日

纳税人名称：(公章)　　　　金额单位：元至角分

应税行为(3%征收率)扣除额计算			
期初余额	本期发生额	本期扣除额	期末余额
1	2	3(3≤1+2之和，且3≤5)	4=1+2−3
0	309 000.00	309 000.00	0
应税行为(3%征收率)计税销售额计算			
全部含税收入(适用3%征收率)	本期扣除额	含税销售额	不含税销售额
5	6=3	7=5−6	8=7÷1.03
1 030 000.00	309 000.00	721 000.00	700 000.00
应税行为(5%征收率)扣除额计算			
期初余额	本期发生额	本期扣除额	期末余额
9	10	11(11≤9+10之和，且11≤13)	12=9+10−11
应税行为(5%征收率)计税销售额计算			
全部含税收入(适用5%征收率)	本期扣除额	含税销售额	不含税销售额
13	14=11	15=13−14	16=15÷1.05

(2)第 1 栏“应征增值税不含税销售额(3%征收率)”：填写本期销售货物及劳务、发生应税行为适用 3%征收率的不含税销售额，不包括应税行为适用 5%征收率的不含税销售额、销售使用过的固定资产和销售旧货的不含税销售额、免税销售额、出口免税销售额、查补销售额。

纳税人发生适用 3%征收率的应税行为且有扣除项目的，第 1 栏填写扣除后的不含税销售额，与当期《增值税纳税申报表(小规模纳税人适用)附列资料》第 8 栏数据一致。

(3)第 4 栏“应征增值税不含税销售额(5%征收率)”：填写本期发生应税行为适用 5%征收率的不含税销售额。

纳税人发生适用 5%征收率应税行为且有扣除项目的，本栏填写扣除后的不含税销售额，与当期《增值税纳税申报表(小规模纳税人适用)附列资料》第 16 栏数据一致。

(4)第 7 栏“销售使用过的固定资产不含税销售额”：填写销售自己使用过的固定资产(不含不动产，下同)和销售旧货的不含税销售额，销售额=含税销售额/(1+3%)。

第 9 栏“免税销售额”：填写销售免征增值税的货物及劳务、应税行为的销售额，不包括出口免税销售额。

应税行为有扣除项目的纳税人，填写扣除之前的销售额。

(5)第 10 栏“小微企业免税销售额”：填写符合小微企业免征增值税政策的免税销售额，不包括符合其他增值税免税政策的销售额。个体工商户和其他个人不填写本栏次。

(6)第 11 栏“未达起征点销售额”：填写个体工商户和其他个人未达起征点(含支持小微企业免征增值税政策)的免税销售额，不包括符合其他增值税免税政策的销售额。本栏次由个体工商户和其他个人填写。

(7)第 12 栏“其他免税销售额”：填写销售免征增值税的货物及劳务、应税行为的销售额，不包括符合小微企业免征增值税和未达起征点政策的免税销售额。

(8)第 15 栏“本期应纳税额”：填写本期按征收率计算缴纳的应纳税额。

(9)第 16 栏“本期应纳税额减征额”：填写纳税人本期按照税法规定减征的增值税应纳税额。包含可在增值税应纳税额中全额抵减的增值税税控系统专用设备费用以及技术维护费，可在增值税应纳税额中抵免的购置税控收款机的增值税税额。

当本期减征额小于或等于第 15 栏“本期应纳税额”时，按本期减征额实际填写；当本期减征额大于第 15 栏“本期应纳税额”时，按本期第 15 栏填写，本期减征额不足抵减部分结转下期继续抵减。

(10)第 17 栏“本期免税额”：填写纳税人本期增值税免税额，免税额根据第 9 栏“免税销售额”和征收率计算。

第 18 栏“小微企业免税额”：填写符合小微企业免征增值税政策的增值税免税额，免税额根据第 10 栏“小微企业免税销售额”和征收率计算。

第 19 栏“未达起征点免税额”：填写个体工商户和其他个人未达起征点(含支持小微企业免征增值税政策)的增值税免税额，免税额根据第 11 栏“未达起征点销售额”和征收率计算。

本案例小规模纳税人申报表如表 5-23 所示。

表 5-23　增值税纳税申报表(小规模纳税人适用)

纳税人识别号：□□□□□□□□□□□□□□□□□□□□□□□□□□□

纳税人名称：(公章)　　　　　　　　　　　　　　　　　金额单位：元至角分

税款所属时间：年　月　日至　年　月　日　　　　　　　填表日期：年　月　日

	项　目	栏次	本期数		本年累计	
			货物及劳务	服务、不动产和无形资产	货物及劳务	服务、不动产和无形资产
一、计税依据	(一)应征增值税不含税销售额(3%征收率)	1		800 000.00		
	税务机关代开的增值税专用发票不含税销售额	2		700 000.00		
	税控器具开具的普通发票不含税销售额	3				
	(二)应征增值税不含税销售额(5%征收率)	4	——	10 000.00	——	
	税务机关代开的增值税专用发票不含税销售额	5	——		——	
	税控器具开具的普通发票不含税销售额	6	——	10 000.00	——	
	(三)销售使用过的固定资产不含税销售额	7(7≥8)		——		——
	其中：税控器具开具的普通发票不含税销售额	8		——		——
	(四)免税销售额	9=10+11+12				
	其中：小微企业免税销售额	10				
	未达起征点销售额	11				
	其他免税销售额	12				
	(五)出口免税销售额	13(13≥14)				
	其中：税控器具开具的普通发票销售额	14				

续表

	项 目	栏次	本期数		本年累计	
			货物及劳务	服务、不动产和无形资产	货物及劳务	服务、不动产和无形资产
二、税款计算	本期免税额	17				
	其中：小微企业免税额	18				
	未达起征点免税额	19				
	应纳税额合计	20=15-16		24 150.00		
	本期预缴税额	21		24 000.00	——	——
	本期应补(退)税额	22=20-21		150.00	——	——

纳税人或代理人声明：	如纳税人填报，由纳税人填写以下各栏：
本纳税申报表是根据国家税收法律法规及相关规定填报的，我确定它是真实的、可靠的、完整的	办税人员： 财务负责人： 法定代表人： 联系电话：
	如委托代理人填报，由代理人填写以下各栏：
	代理人名称(公章)： 经办人： 联系电话：

主管税务机关： 接收人： 接收日期：

第六章

“营改增”发票及风险管控

第一节　增值税发票与税控系统

一、增值税发票

（一）增值税专用发票

1．定义

增值税一般纳税人销售服务、无形资产或者不动产开具的增值税专用发票，是购买方支付增值税额并可按照增值税有关规定据以抵扣增值税进项税额的凭证，如图 6-1 所示。

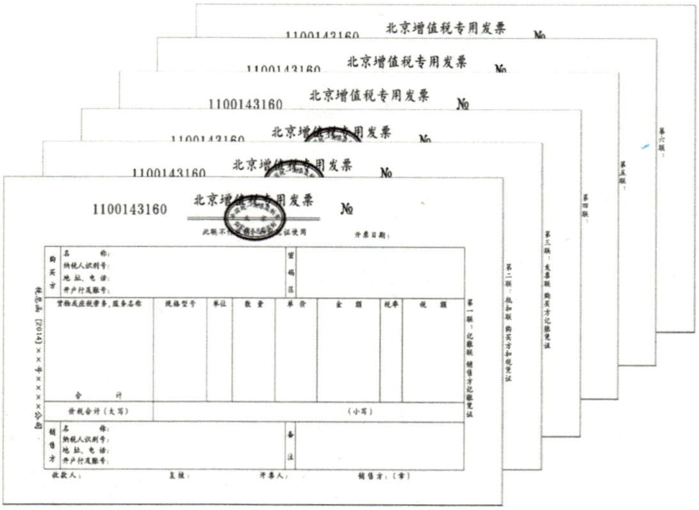

图 6-1　增值税专用发票样式
（图片来源于国税部门网站）

2. 增值税专用发票规格及印色

增值税专票规格：240×140（mm），现行增值税专票每联的印色如表 6-1 所示。

表 6-1 增值税专用发票联次及颜色

联次	名称	表格颜色	代码颜色	监制章颜色	号码颜色
第一联	记账联	黑色	深灰色	红色	深蓝色
第二联	抵扣联	绿色	深灰色	红色	深蓝色
第三联	发票联	棕色	深灰色	红色	深蓝色
第四联	自由联	红色	深灰色	———	深蓝色
第五联	自由联	灰色	深灰色	———	深蓝色
第六联	自由联	紫色	深灰色	———	深蓝色

（二）增值税普通发票

1. 定义

增值税发票管理新系统使用的普通发票统称为“增值税普通发票”。增值税普通发票的格式、字体、栏次、内容与增值税专用发票一致。

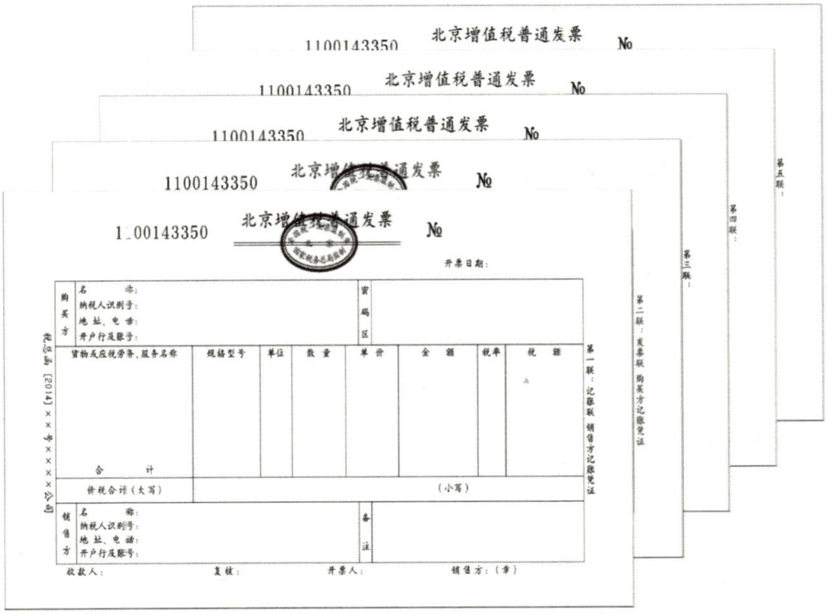

图 6-2 增值税普通发票样式
（图片来源于国税部门网站）

2. 增值税普通发票规格及印色

规格：240×140（mm），现行增值税普通发票每联的印色如表 6-2 所示。

表 6-2 增值税普通发票联次及颜色

联次	名称	表格颜色	代码颜色	监制章颜色	号码颜色
第一联	记账联	蓝色	灰色	红色	深蓝色
第二联	发票联	橙色	灰色	红色	深蓝色
第三联	自由联	绿蓝色	灰色	-----	深蓝色
第四联	自由联	黄绿色	灰色	-----	深蓝色
第五联	自由联	紫红色	灰色	------	深蓝色

（三）发票领用限量和限额管理

《国务院关于修改＜中华人民共和国发票管理办法＞的决定》(国务院令第 587 号，2011.2.1）第十五条规定：

需要领购发票的单位和个人，应当持税务登记证件、经办人身份证明、按照国务院税务主管部门规定式样制作的发票专用章的印模，向主管税务机关办理发票领购手续。主管税务机关根据领购单位和个人的经营范围和规模，确认领购发票的种类、数量及领购方式。

《国家税务总局关于在全国开展营业税改征增值税试点有关征收管理问题的公告》(税务总局公告 2013 年第 39 号）规定：

增值税专用发票（增值税税控系统）实行最高开票限额管理。

最高开票限额，是指单份专用发票开具的销售额合计数不得达到的上限额度。一般纳税人若使用增值税专用发票，需向主管税务机关申请最高开票限额。税务机关应根据纳税人实际生产经营和销售情况进行审批，保证纳税人生产经营的正常需要。

二、增值税发票管理新系统

（一）概念

增值税发票管理新系统又名增值税发票系统升级版，是对增值税防伪税控系统、货物运输业增值税专用发票税控系统、稽核系统及税务数字证书系统等进行的整合升级完善。

增值税纳税人安装使用的增值税发票税控开票软件（金税盘版）和增值税发票税控开票软件（税控盘版）发票类型支持增值税专用发票、增值税普通发票、机动车销售统一发票和货物运输业增值税专用发票（2016 年 7 月 1 日起停止使用）四种发票。

实现纳税人经过税务数字证书安全认证、加密开具的发票数据，通过互联网实时上传税务机关，生成增值税发票电子底账，作为纳税申报、发票数据查验及税源管理、数据分析利用的依据。

(二)税控专用设备与购置、抵税规范

税控专用设备包括金税盘、税控盘和报税盘。

金税盘、税控盘连接在计算机的USB口，是税控系统的核心部件，用于开具、存贮发票等。

报税盘连接在计算机的USB口，主要用于抄报税和购退票。

税控专用设备购置、抵税规范如表6-3所示。

表6-3 税控专用设备购置、抵税规范

文件号	主要规范
《国家发展和改革委员会关于完善增值税税控系统有关收费政策的通知》(发改价格〔2012〕2155号)	严格核定税控盘系列产品价格。根据增值税税控系统专用设备升级换代状况和生产成本费用情况，暂核定增值税防伪税控系统专用设备中的USB金税盘零售价格为每个490元，报税盘为每个230元；货物运输业增值税专用发票、机动车销售统一发票和公路、内河货物运输业发票税控系统专用设备中的TCG-01税控盘零售价格为每个490元，TCG-02报税盘为每个230元 严格核定技术服务费标准。从事增值税税控系统服务的有关技术服务单位(以下简称“有关技术服务单位”)，在提供服务时，对使用税控盘系列产品的纳税户，按每户每年每套330元收取技术维护费；对使用两套及以上税控盘系列产品的纳税人，从第二套起减半收取技术维护费 加强技术维护服务及收费行为管理。有关技术服务单位提供服务时，要与用户签署服务协议，严格履行合同中约定的职责和服务内容，否则不得收取费用；各技术服务单位应按规定的技术维护服务内容提供及时、优质服务，不得以任何理由不提供服务或降低服务质量。未经企业要求上门提供具体技术维护服务的，不得强制服务强行收费；供货和技术服务单位不得以任何理由，向用户强行推销、搭售扫描仪、计算机、打印机等通用设备，否则以乱收费查处
《财政部、国家税务总局关于增值税税控系统专用设备和技术维护费用抵减增值税税额有关政策的通知》(财税〔2012〕15号	增值税纳税人2011年12月1日(含，下同)以后初次购买增值税税控系统专用设备(包括分开票机)支付的费用，可凭购买增值税税控系统专用设备取得的增值税专用发票，在增值税应纳税额中全额抵减(抵减额为价税合计额)，不足抵减的可结转下期继续抵减。增值税纳税人非初次购买增值税税控系统专用设备支付的费用，由其自行负担，不得在增值税应纳税额中抵减 增值税纳税人2011年12月1日以后缴纳的技术维护费(不含补缴的2011年11月30日以前的技术维护费)，可凭技术维护服务单位开具的技术维护费发票，在增值税应纳税额中全额抵减，不足抵减的可结转下期继续抵减。技术维护费按照价格主管部门核定的标准执行

(四)新系统主要操作步骤

新系统主要操作步骤如表6-4所示。

表6-4 增值税发票系统V2.0(金税盘版)日常操作步骤

主要步骤	操作要领
一、发票读入	依次单击：“发票管理”→“发票读入”→“是”→选择读入发票的来源介质(金税盘或报税盘)→“确定”(核实电子发票号码以及份数是否正确)→“确定”
二、发票填开	开票前需确认打印机已经正常连接且能正常工作 依次单击：“发票管理”→“发票填开”→选择需要的填开的发票种类→核对发票号码后“确认”→填写发票票面内容→左上角的“打印”→弹出的发票打印对话框上的“打印” 电子发票号码和纸张发票号码须一致 机动车销售统一发票在第一次填开时会要求选择新或旧版本发票

续表

主要步骤	操作要领
三、发票作废	当月开具且未抄税的发票可以进行作废处理 依次单击："发票管理"→"发票作废"→选择需要作废的发票→工具栏上的"作废"→"确定"→"确定"
四、红字发票	跨月的或当月开具但已抄税的发票不能作废，需开具红字发票，分三步操作： 1. 填写信息表：依次单击"发票管理"→"信息表"→选择红字发票类型→选择退票原因及填写所退 发票代码和号码→填写确认发票内容→打印
	2. 上传信息表：依次打开菜单"发票管理"→"红字发票信息表"→对应发票种类的查询导出→选择需要上传的记录→"上传"→"确定"→"确定"
	3. 开具红字发票：待上传的红字发票信息表审核通过后，可直接进入发票填开界面进行红字发票的填开：依次单击"发票管理"→"发票填开"→选择对应的发票种类→"确认"→"红字"→"导入红字发票信息表"→下载→设置查询条件→"确定"→选择需要的记录→"确认"→"打印"
五、抄报税处理	1. 办税厅抄报：依次单击"报税处理"→"办税厅抄报" →选择要抄税的票种→选择抄报介质后"抄税"(有报税盘的用户需选择抄报介质。如远程抄报(远程抄报不支持非征期)，建议选择"金税盘"；如到税局大厅报税，建议选择"报税盘")→"确认"。 办税厅抄报支持征期与非征期，非征期抄税后必须携带已抄税的报税盘(或金税盘)去税务大厅报税
	2. 远程抄报：远程抄报实现既抄税又报税的功能，系统提示已到报税期，可直接远程抄报，远程抄报默认抄税到金税盘中，依次单击"报税处理"→"远程抄报"→"确定"→"远程清卡"→"确定"(清卡成功后需退出并重启开票软件)。(2.0.×××.0426 及以上版本无需点击远程抄报，每月第一次进入系统，开票系统会自动进行抄报税并清卡。一般纳税人申报成功后，第一次进入系统将自动抄报清卡，小规模企业第一次进入系统自动抄报清卡) 远程清卡在远程报税成功后 5 分钟以上再进行操作
	3. 如果远程抄报不成功，也可带已抄税的金税盘去税务大厅报税清卡，回来后连接金税盘登录开票软件自动读入成功标志

(来源于金税系统操作说明。)

三、增值税发票开具要求

(一)开具要求

1. 一般要求

根据《国家税务总局关于修改<中华人民共和国发票管理办法实施细则>的决定》(国家税务总局令第 37 号，2014 年 12 月 27 日)，填开发票的单位和个人必须在发生经营业务确认营业收入时开具发票。未发生经营业务一律不准开具发票。

单位和个人在开具发票时，必须做到按照号码顺序填开，填写项目齐全，内容真实，字迹清楚，全部联次一次打印，内容完全一致，并在发票联和抵扣联加盖发票专用章。

2. 开具红字增值税发票要求

(1)符合作废条件：开具发票后，如发生销货退回需开红字发票的，必须收回原发票并注明"作废"字样或取得对方有效证明；如发生销售折让的，必须在收回原发票并注明"作废"字样后重新开具销售发票或取得对方有效证明后开具红字发票。

(2)不符合作废条件：增值税一般纳税人开具增值税专用发票(简称"专用发票")

后，发生销货退回、开票有误、应税服务中止等情形但不符合发票作废条件，或者因销货部分退回及发生销售折让，需要开具红字专用发票的，如表 6-5、表 6-6 所示。

表 6-5 一般纳税人开具红字专用发票要领

当事人	情形	操作要求
购买方	取得专用发票已用于申报抵扣的	购买方可在增值税发票管理新系统（简称“新系统”）中填开并上传《开具红字增值税专用发票信息表》（简称《信息表》，如表 6-6 所示），在填开《信息表》时不填写相对应的蓝字专用发票信息，应暂依《信息表》所列增值税税额从当期进项税额中转出，待取得销售方开具的红字专用发票后，与《信息表》一并作为记账凭证
	取得专用发票未用于申报抵扣、但发票联或抵扣联无法退回的	购买方填开《信息表》时应填写相对应的蓝字专用发票信息
销售方	开具专用发票尚未交付购买方，以及购买方未用于申报抵扣并将发票联及抵扣联退回的	销售方可在新系统中填开并上传《信息表》。销售方填开《信息表》时应填写相对应的蓝字专用发票信息
主管税务机关		通过网络接收纳税人上传的《信息表》,系统自动校验通过后，生成带有“红字发票信息表编号”的《信息表》，并将信息同步至纳税人端系统中
销售方		凭税务机关系统校验通过的《信息表》开具红字专用发票，在新系统中以销项负数开具。红字专用发票应与《信息表》一一对应
纳税人		也可凭《信息表》电子信息或纸质资料到税务机关对《信息表》内容进行系统校验

（根据国家税务总局公告 2016 年第 47 号整理。）

表 6-6 开具红字增值税专用发票信息

开具红字增值税专用发票信息表

填开日期： 年 月 日

销售方	名　称		购买方	名　称		
	纳税人识别号			纳税人识别号		
开具红字专用发票内容	货物（劳务服务）名称	数量	单价	金额	税率	税额
	合计	——	——		——	
说明	一、购买方□ 对应蓝字专用发票抵扣增值税销项税额情况： 1．已抵扣□ 2．未抵扣□ 对应蓝字专用发票的代码：________ 号码：________ 二、销售方□ 对应蓝字专用发票的代码：________ 号码：________					
红字专用发票信息表编号						

(3)税务机关为小规模纳税人代开专用发票，需要开具红字专用发票的，按照一般纳税人开具红字专用发票的方法处理，如表6-5所示。

(4)纳税人需要开具红字增值税普通发票的，可以在所对应的蓝字发票金额范围内开具多份红字发票。红字机动车销售统一发票需与原蓝字机动车销售统一发票一一对应。

(二)作废发票条件

作废增值税专用发票，需同时具备如下条件：

(1)收到退回的发票联、抵扣联时间未超过销售方开票当月；

(2)销售方未抄税并且未记账；

(3)购买方未认证或者认证结果为“纳税人识别号认证不符”、“专用发票代码、号码认证不符”。

第二节　取得增值税专用发票要求

一、取得发票一般要求

(一)取得的专用发票需要真实、合规

《国家税务总局关于加强增值税征收管理若干问题的通知》(国税发〔1995〕192号)，对取得合法的增值税专用发票主要有如下要求：

准予计算进项税额扣除的货运发票，其发货人、收货人、起运地、到达地、运输方式、货物名称、货物数量、运输单价、运费金额等项目的填写必须齐全，与购货发票上所列的有关项目必须相符，否则不予抵扣。

纳税人购进、销售货物所支付的运输费用明显偏高、经过审查不合理的，不予抵扣运输费用。

购进货物或应税劳务支付货款、劳务费用的对象，纳税人购进货物或应税劳务，支付运输费用，所支付款项的单位，必须与开具抵扣凭证的销货单位、提供劳务的单位一致，才能够申报抵扣进项税额，否则不予抵扣。

上述文件出台时间较早，但上述条款仍然有效，不少税务管理人员仍要求取得的专用发票作到“三流一致”，虽然业内争议较多，但业务真实性原则始终都是需要坚持的。

【说明】国家税务总局2016年5月26日视频会议，对“三流一致”做了全新诠释。

“纳税人取得服务品名为住宿费的增值税专用发票，但住宿费是以个人账户支付的，这种情况能否允许抵扣进项税？是不是需要以单位对公账户转账付款才允许抵扣？

其实现行政策在住宿费的进项税抵扣方面，从未做出过类似的限制性规定，纳税人无论通过私人账户还是对公账户支付住宿费，只要其购买的住宿服务符合现行规定，都可以抵扣进项税。而且，需要补充说明的是，不仅是住宿费，对纳税人购进的其他任何货物、服务，都没有因付款账户不同而对进项税抵扣做出限制性规定。”

（二）认证期限

1. 认证期限

(1) 增值税一般纳税人取得2010年1月1日以后开具的增值税专用发票、公路内河货物运输业统一发票和机动车销售统一发票，应在开具之日起180日内到税务机关办理认证，并在认证通过的次月申报期内，向主管税务机关申报抵扣进项税额。

(2) 实行海关进口增值税专用缴款书（以下简称海关缴款书）“先比对后抵扣”管理办法的增值税一般纳税人取得2010年1月1日以后开具的海关缴款书，应在开具之日起180日内向主管税务机关报送《海关完税凭证抵扣清单》（包括纸质资料和电子数据）申请稽核比对。

未实行海关缴款书“先比对后抵扣”管理办法的增值税一般纳税人取得2010年1月1日以后开具的海关缴款书，应在开具之日起180日后的第一个纳税申报期结束以前，向主管税务机关申报抵扣进项税额。

(3) 增值税一般纳税人取得2010年1月1日以后开具的增值税专用发票、公路内河货物运输业统一发票、机动车销售统一发票及海关缴款书，未在规定期限内到税务机关办理认证、申报抵扣或申请稽核比对的，不得作为合法的增值税扣税凭证，不得计算进项税额抵扣。

2. 逾期抵扣特殊原因可以逐级上报总局认证、稽核比对抵扣

对增值税一般纳税人发生真实交易但由于客观原因造成增值税扣税凭证逾期的，经主管税务机关审核、逐级上报，由国家税务总局认证、稽核比对后允许抵扣，特殊原因包括：

(1) 因自然灾害、社会突发事件等不可抗力因素造成增值税扣税凭证逾期；

(2) 增值税扣税凭证被盗、抢，或者因邮寄丢失、误递导致逾期；

(3) 有关司法、行政机关在办理业务或检查中，扣押增值税扣税凭证，纳税人不能正常履行申报义务，或者税务机关信息系统、网络故障，未能及时处理纳税人网上认证数据等导致增值税扣税凭证逾期；

(4) 买卖双方因经济纠纷，未能及时传递增值税扣税凭证，或者纳税人变更纳税地点，注销旧户和重新办理税务登记的时间过长，导致增值税扣税凭证逾期；

(5) 由于企业办税人员伤亡、突发危重疾病或擅自离职，未能办理交接手续，导致增值税扣税凭证逾期；

(6) 国家税务总局规定的其他情形。

(三) B 级以上一般纳税人可不必扫描认证

(1) 纳税信用 A 级、B 级增值税一般纳税人取得销售方使用新系统开具的增值税发票(包括增值税专用发票、货物运输业增值税专用发票(2016 年 7 月 1 日起停止使用)、机动车销售统一发票，下同)，可以不再进行扫描认证，登录本省增值税发票查询平台，查询、选择用于申报抵扣或出口退税的增值税发票信息，未查询到对应发票信息的，仍可进行扫描认证。

(2) 2016 年 5 月 1 日新纳入“营改增”试点的增值税一般纳税人，2016 年 5 月至 7 月期间不需进行增值税发票认证，登录本省增值税发票查询平台，查询、选择用于申报抵扣或出口退税的增值税发票信息，未查询到对应发票信息的，可进行扫描认证。2016 年 8 月起按照纳税信用级别分别适用发票认证的有关规定。

(3) 延长确认发票信息时限。根据《国家税务总局关于优化完善增值税发票查询平台功能有关事项的公告》(国家税务总局公告 2016 年第 32 号)，2016 年 5 月 27 日起，将纳税人确认当月用于抵扣税款或出口退税的增值税发票信息的最后时限，由当月最后 1 日延长至次月纳税申报期结束前 2 日。

(四) 丢失增值税专用发票补救措施

使用发票的单位和个人应当妥善保管发票。发生发票被盗、丢失情形时，应当于发现被盗、丢失当日书面报告税务机关，并登报声明作废。根据国家税务总局公告 2016 年第 50 号，取消了已执行 22 年的、必须统一在《中国税务报》上刊登“遗失声明”的规定。

一般纳税人丢失已开具增值税专用发票的发票联和抵扣联，如果丢失前已认证相符的，购买方凭销售方提供的相应专用发票记账联复印件及销售方所在地主管税务机关出具的《丢失增值税专用发票已报税证明单》，经购买方主管税务机关审核同意后，可作为增值税进项税额的抵扣凭证；如果丢失前未认证的，购买方凭销售方提供的相应增值税专用发票记账联复印件到主管税务机关进行认证，认证相符的凭该增值税专用发票记账联复印件及销售方所在地主管税务机关出具的《丢失增值税专用发票已报税证明单》，经购买方主管税务机关审核同意后，可作为增值税进项税额的抵扣凭证。

一般纳税人丢失已开具增值税专用发票的抵扣联，如果丢失前已认证相符的，可使用增值税专用发票发票联复印件留存备查；如果丢失前未认证的，可使用增值税专用发票发票联到主管税务机关认证，增值税专用发票发票联复印件留存备查。

一般纳税人丢失已开具增值税专用发票的发票联，可将增值税专用发票抵扣联作为记账凭证，增值税专用发票抵扣联复印件留存备查。

二、善意取得虚开增值税专用发票

(一)善意取得虚开增值税专用发票行为

认定为善意取得虚开增值税专用发票需同时满足如下条件：

(1)购货方与销售方存在真实的交易；

(2)销售方使用的是其所在省(自治区、直辖市和计划单列市)的增值税专用发票，增值税专用发票注明的销售方名称、印章、货物数量、金额及税额等全部内容与实际相符；

(3)没有证据表明购货方知道销售方提供的增值税专用发票是以非法手段获得的。

根据《国家税务总局关于纳税人对外开具增值税专用发票有关问题的公告》(国家税务总局公告 2014 年第 39 号)，纳税人对外开具增值税专用发票同时符合以下情形的，不属于对外虚开增值税专用发票：

(1)纳税人向受票方纳税人销售了货物，或者提供了增值税应税劳务、应税服务；

(2)纳税人向受票方纳税人收取了所销售货物、所提供应税劳务或应税服务的款项，或者取得了索取销售款项的凭据；

(3)纳税人按规定向受票方纳税人开具的增值税专用发票相关内容，与所销售货物、所提供应税劳务或应税服务相符，且该增值税专用发票是纳税人合法取得并以自己名义开具的。

受票方纳税人取得的符合上述情形的增值税专用发票，可以作为增值税扣税凭证抵扣进项税额。本公告自 2014 年 8 月 1 日起施行。此前未处理的事项，按照本公告规定执行。

【案例分析】

三钢闽光(002110)是否该吞咽 4600 万元的苦果

三钢闽光(002110)相关事项公告摘要

2015 年 8 月 19 日，福建三钢闽光董事会发布公告，有关内容如下。

近日，福建三钢闽光股份有限公司（以下简称“公司”或“本公司”）收到三明市国家税务局《税务行政复议决定书》，就本公司对三明市梅列区国家税务局下达的《税务处理决定书》（梅国税处〔2015〕2号）提出的行政复议做出决定，维持三明市梅列区国家税务局对2011年1月1日至2014年1月本公司善意取得虚开增值税专用发票和货物运输业增值税专用发票情况进行的处理。

一、事件概述

三明市梅列区国家税务局下达的《税务处理决定书》认定的事实及处理决定如下。

1. 本公司自2011年7月起向上海博宛贸易有限公司（以下简称“上海博宛”）购买废钢铁，由上海博宛包运到本公司料场，本公司质计部对入场的废钢逐车过磅验收并评判废钢等级后，按等级及本公司当期发布的废钢铁挂牌价格确定结算单价。上海博宛根据本公司的验收单及结算单价，分批次开具17%税率的上海市增值税专用发票。2011年7月至2013年5月间，本公司共计取得上海博宛开具的309份上海市增值税专用发票，发票联、抵扣联票面内容与开票企业涉案发票内容一致，双方有真实货物交易。本公司从上海博宛取得的309份上海市增值税专用发票，经上海市崇明县国家税务局稽查局确认为虚开的增值税专用发票，发票金额为273 044 244.76元，税额为46 417 521.64元，其中306份的进项税额46 010 279.59元分别于2011年8月至2013年6月间认证抵扣；另3份为认证后失控票，已于2013年10月做进项税额转出，税额407 242.05元。

2. 2013年1月本公司与瑞金市森峰矿业有限责任公司（以下简称“森峰矿业”）签订白云石炼钢料供货合同，本公司向森峰矿业购买了白云石炼钢料4 515.49吨，合同采用两票结算（即矿价、运费分别结算）。2013年8月至2014年1月本公司分别取得赣州市景盛物流有限公司、赣州市腾泰物流有限公司、赣州市伟泉物流有限公司货物运输业增值税专用发票6份，发票联、抵扣联票面内容与开票企业涉案发票内容一致，双方有真实货物交易。其中5份已抵扣，税额为34 415.82元；1份未申报抵扣，进项税额4 164.41元。本公司从森峰矿业取得的上述三家物流公司开具的6份货物运输业增值税发票，经江西省赣州市国家税务局稽查局确认为虚开的增值税专用发票。

3. 三明市梅列区国家税务局根据《中华人民共和国增值税暂行条例》第九条、国家税务总局《关于纳税人善意取得虚开的增值税专用发票处理问题的通知》（国税发〔2000〕第187号）之规定，决定对本公司已抵扣的306份虚开增值税专用发票税额46 010 279.59元予以追缴，对已抵扣的5份虚开货物运输业增值税专用发票税额34 415.82元予以追缴。同时，根据国家税务总局《关于纳税人善意取得虚开增值税专用发票已抵扣税款加收滞纳金问题的批复》(国税〔2007〕1240 号)之规定，三明市梅列区国家税务局决定对本公司予以追缴的上述税款不予加收滞纳金。收到该《税务处理决定书》后，公司在规定时限内依法向三明市国家税务局提起了行政复议申请。

二、公司对该事件的意见和采取的整改措施

在上述涉案企业虚开增值税专用发票的违法犯罪行为案发后，经税务机关稽查、公安机关侦查及本公司自查，本公司与上海博宛、森锋矿业之间存在真实的交易关系。上海博宛按合同约定向本公司交付废钢，并以上海博宛的名义开具与真实交易情况相符的增值税专用发票，本公司向上海博宛支付相应的货款。合同签订前，上海博宛按本公司的要求提供了营业执照、税务登记证、开户许可证、组织机构代码证及法定代表人的身份证等复印件，本公司经审查后认可了上海博宛的供应商资质，并与之发生了近两年的废钢铁贸易。由于上海博宛用不正当手段取得的与该业务无关的进项税额作抵扣，被上海市崇明县国家税务局稽查局确认为虚开增值税专用发票。本公司与森锋矿业的贸易同样系真实的交易关系，并且森锋矿业委托赣州市景盛物流有限公司、赣州市腾泰物流有限公司、赣州市伟泉物流有限公司向本公司提供了货物运输服务。

在此过程中，本公司相关职能部门和人员，履行了相应的职责，不存在工作上的故意、过失或失职的行为。本公司作为与上海博宛、森锋矿业地位平等的民事主体，有义务保证贸易活动真实、合法、有效，但本公司无力也无权对上海博宛、森锋矿业同其他企业交易的真实性和合法性进行核实和监督。在涉案的增值税专用发票已经主管税务机关认证并得以正常抵扣的情况下，本公司无力也无权对交易对方开具的真实的增值税专用发票是否为虚开进行进一步的核实和监管，上海市崇明县国家税务局也未及时发现和查处。因此，在该事件中本公司为无辜受害、无端蒙受巨额损失者。

为避免此类事件再次发生，进一步防范经营风险，本公司实施了以下整改措施。

1. 建立纳税风险保证金制度。公司要求供应商均预留一旬合同交货金额(含税)作为纳税风险保证金，合同期满，供应商提供最后结算批次货款相应的增值税专用发票已抄报税证明后无息返还。

2. 公司律师事务部、监察审计部、原燃料采购部门联合对供应商做尽职调查，查验供应商的营业执照、组织机构代码证、税务登记证、银行开户许可证等相关资质证件是否真实、齐全；考察供应商的生产场地、生产设备等是否具备及相关加工生产设施与运输方式是否配套；调查供应商及其法定代表人是否存在不良信用记录等。

三、事件对本公司的影响

按照三明市梅列区国家税务局下达的《税务处理决定书》的要求，本公司已补缴税款合计 46 044 695.41 元。其中：对本公司已抵扣的 306 份虚开增值税专用发票税额 46 010 279.59 元的补缴税款部分，公司已将上海博宛在本公司的尾款 893 055.94 元追偿，并将向上海博宛进一步追偿，但追回损失的可能性较小；对已抵扣的 5 份虚开货物运输业增值税专用发票税额 34 415.82 元的补缴税款部分，本公司已从森峰矿业追偿。

以上事项，预计将减少公司 2015 年度利润总额 45 117 223.65 元。敬请广大投资者注意投资风险。

【分析】

根据三钢闽光对外披露内容,看是否符合国家税务总局2014年第39号公告(以下简称 39 号公告)规定的条件，即同时符合以下三种情形。

一、是否符合第一种情形判断

本公司自 2011 年 7 月起向上海博宛贸易有限公司(以下简称"上海博宛")购买废钢铁，由上海博宛包运到本公司料场，本公司质计部对入场的废钢逐车过磅验收并评判废钢等级后，按等级及本公司当期发布的废钢铁挂牌价格确定结算单价

……本公司向森峰矿业购买了白云石炼钢料4515.49吨,合同采用两票结算(即矿价、运费分别结算)。

2013 年 8 月至 2014 年 1 月本公司分别取得赣州市景盛物流有限公司、赣州市腾泰物流有限公司、赣州市伟泉物流有限公司货物运输业增值税专用发票 6 份，发票联、抵扣联票面内容与开票企业涉案发票内容一致，双方有真实货物交易。

经税务机关稽查、公安机关侦查及本公司自查，本公司与上海博宛、森锋矿业之间存在真实的交易关系。

如果上述披露信息属实，特别是经过税务机关和公安机关都侦查确认，那么可以充分说明属于“纳税人向受票方纳税人销售了货物，或者提供了增值税应税劳务、应税服务”，符合 39 号公告规定的第一种情形。

二、是否符合第二种情形判断

本公司向上海博宛支付相应的货款。

其他公司及物流公司未披露是否支付了货款,但披露提供了发票且经过受票方确认已提供了服务，可以推理为取得了索取销售款项的凭据。因此，符合 39 号公告规定的第二种情形：“纳税人向受票方纳税人收取了所销售货物、所提供应税劳务或应税服务的款项，或者取得了索取销售款项的凭据。”

三、是否符合第三种情形判断

本公司共计取得上海博宛开具的 309 份上海市增值税专用发票，发票联、抵扣联票面内容与开票企业涉案发票内容一致，双方有真实货物交易。

本公司向森峰矿业购买了白云石炼钢料4 515.49吨，合同采用两票结算(即矿价、运费分别结算)。2013年8月至2014年1月本公司分别取得赣州市景盛物流有限公司、赣州市腾泰物流有限公司、赣州市伟泉物流有限公司货物运输业增值税专用发票6份，发票联、抵扣联票面内容与开票企业涉案发票内容一致。

从上述披露的内容看，符合“纳税人按规定向受票方纳税人开具的增值税专用发票相关内容，与所销售货物、所提供应税劳务或应税服务相符，且该增值税专用发票是纳税人合法取得并以自己名义开具的”。

【结论】

根据39号公告，尽管销售方采用虚增增值税进项税额，但只要符合39号公告所列条件，购买方取得的增值税专用发票理应不属于虚开的增值税专用发票。不能因为销售方取得了虚假的进项发票，而将下游真实的业务也认定为虚开。

由于作者掌握的信息仅限于三钢闽光所披露的上述公告，假定上述信息属实，则根据国家税务总局2014年第39号公告的规定，其取得的发票不应确认为虚开的发票，应可以抵扣。

(公告来源于证监会网站，分析为作者原创，仅代表个人观点)

另：“无极小刀”老师就相关案例的部分分析，供读者一并参考：

……

三钢闽光案，无论从税务机关的《税务处理决定书》中描述的事实看，还是从三钢闽光公司董事会发布的辩解情况看，都与39号公告中列举的情况吻合，完全应该按照39号公告的规定处理。

……

“无极小刀”老师猜测，三明市两级国税机关在处理此案时肯定也有过是否适用39号公告的争议或纠结，只是最终没有做出正确选择而已。

“无极小刀”老师认为，福建省三明市两级国税机关在此案的认识上存在误区，处理上存在错误，涉嫌侵害了纳税人的合法权益。三钢闽光案的处理应该适用39号公告。理由如下：

39号公告最后有一句话，前半句是“本公告自2014年8月1日起实行”，三钢闽光案发生在2011年1月1日至2014年1月间，据此看，该案不符合39号公告的适用时间上的规定。但是该句话还有后半句，那就是“此前未处理的事项，按照本公告规定执行”。

(来源于互联网)

(二)善意取得虚开增值税专用发票的处理

《国家税务总局关于纳税人善意取得虚开的增值税专用发票处理问题的通知》(国税发〔2000〕187号)规定如下。

(1)对购货方不以偷税或者骗取出口退税论处。

(2)但应按有关法规不予抵扣进项税款或者不予出口、退税;购货方已经抵扣的进项税款或者取得的出口退税,应依法追缴。

(3)购货方能够重新从销售方取得防伪税控系统开出的合法、有效专用发票的,或者取得手工开出的合法、有效专用发票且取得了销售方所在地税务机关或者正在依法对销售方虚开专用发票行为进行查处证明的,购货方所在地税务机关应依法准予抵扣进项税款或者出口退税。

(4)不加收滞纳金。根据《国家税务总局关于纳税人善意取得虚开增值税专用发票已抵扣税款加收滞纳金问题的批复》(国税函〔2007〕1240号),纳税人善意取得虚开的增值税专用发票被依法追缴已抵扣税款的,不属于《税收征收管理法》第三十二条“纳税人未按照规定期限缴纳税款”的情形,不适用该条“税务机关除责令限期缴纳外,从滞纳税款之日起,按日加收滞纳税款万分之五的滞纳金”的规定。

【案例分析】

善意取得虚开发票,所得税税前扣除争议二审判例

江苏省淮安市中级人民法院行政判决书

(2015)淮中行终字第00034号

上诉人(原审被告)淮安市国家税务局稽查局,住所地在淮安市清浦区西大街116号。

法定代表人程岗,该局局长。

委托代理人杨顺民。

委托代理人李凌飞,江苏益新律师事务所律师。

被上诉人(原审原告)淮安市友邦商贸有限公司,住所地在淮安市清河区爱民路北侧食品城三期综合楼102室。

法定代表人吴劲松,该公司董事长。

委托代理人滕庆红,江苏六仁律师事务所律师。

上诉人淮安市国家税务局稽查局(以下简称国税局)因税务行政处理决定一案,不服淮安市清浦区人民法院(2014)浦行初字第040号行政判决,向本院提起上诉。

本院依法组成合议庭于 2015 年 2 月 10 日公开开庭审理了本案。上诉人淮安市国家税务局稽查局的委托代理人李凌飞、杨顺民，被上诉人淮安市友邦商贸有限公司的法定代表人吴劲松、委托代理人腾庆红，到庭参加诉讼。本案现已审理终结。

原审经审理查明：原告于 2011 年 5 月份、7 月份、9 月份，共采购徐州市超典物资有限公司煤炭 5 662.82 吨(含税金额 2 659 207.43 元)，签订煤炭供需合同 4 份，货款由原告银行汇至徐州市超典物资有限公司银行账户。原告取得徐州市超典物资有限公司开具的 23 份增值税专用发票，其中 2011 年 5 月 7 份，发票代码为 3200111140，发票号码为：16802623～16802629；2011 年 7 月 4 份，发票代码为 3200112140，发票号码为 17840140～17840143；2011 年 9 月 12 份，发票代码为 3200112140，发票号码为 18310901～18310912，23 份发票合计金额为 2 272 826.82 元，税额合计 386 380.61 元。上述 23 份增值税专用发票，原告已于 2011 年向国税机关认证通过，并申报抵扣了税款。所购货物煤炭已经售出，在 2011 年成本已结转。上述的 23 份增值税专用发票，于 2014 年 2 月 26 日被徐州市国家税务局稽查局确认为虚开的增值税专用发票。

被告于 2014 年 5 月 6 日做出淮安国税稽处(2014)21 号税务处理决定书。依据国务院令(2008)第 538 号《中华人民共和国增值税暂行条例》第九条、国税发(2000)第 187 号《国家税务总局关于纳税人善意取得虚开的增值税专用发票处理问题的通知》和国税函(2007)第 1240 号《国家税务总局关于纳税人善意取得虚开增值税专用发票已抵扣税款加收滞纳金问题的批复》的规定，原告单位应补缴 2011 年 6 月增值税 118 188.18 元、2011 年 7 月增值税 66 955.38 元、2011 年 10 月 119 254.41 元、2011 年 12 月 81 982.64 元，合计补缴增值税 386 380.61 元。

依据《中华人民共和国税收征收管理法》第十九条、国务院令(2010)第 587 号《中华人民共和国发票管理办法》第二十一条、国税发(2009)第 114 号《国家税务总局关于印发〈进一步加强税收征管若干具体措施〉的通知》第六条的规定，调增 2011 年度应纳税所得额 2 272 826.82 元，依据《中华人民共和国企业所得税法》第一条、第四条、第二十二条之规定，补缴 2011 年度企业所得税 568 206.71 元。依据《中华人民共和国税收征收管理法》第三十二条之规定，依法加收滞纳金。

原审认为：被告于 2014 年 5 月 6 日做出的税务处理决定中查明认定了涉案的 23 份增值税专用发票系虚开，原告是善意取得，所购煤炭已售出，且在 2011 年成本已结转的事实。国家税务总局国税发(2000)第 187 号、国税函(2007)第 1240 号文件中对善意取得做出明确规定，即“纳税人善意取得虚开的增值税专用发票指购货方与销售方存在真实交易，且购货方不知取得的增值税专用发票是以非法手段获得的”。被告在处理决定中依据上述两文件对原告做出补缴增值税的处理，确认了原告系善意取得虚开的增值税专用发票。

根据《中华人民共和国企业所得税法》第八条规定，“企业实际发生的与取得收入有关的、合理支出，包括成本、费用、税金、损失和其他支出，准予在计算应纳税所得额时扣除”。被告在处理决定中对原告取得的 23 份增值税专用发票认定为虚开，但对其对应的与原告企业取得收入有关的、合理支出没有做出认定，属事实不清。《中华人民共和国发票管理办法》第二十一条规定，“不符合规定的发票，不得作为财务报销凭证，任何单位和个人有权拒收”。《国家税务总局关于加强企业所得税管理的意见》（国税发(2008)88 号）规定“不符合规定的发票不得作为税前扣除凭证”。《国家税务总局关于印发〈进一步加强税收征管若干具体措施〉的通知》（国税发(2009)第 114 号）第六条规定，“未按规定取得的合法有效凭据不得在税前扣除”。上述规定对违规取得发票或凭据不得在税前扣除做了规定，但并没有排除用其他合法有效的凭证来作为税前扣除凭证。在企业所得税的管理中，发票只是证明成本是否发生的证据之一，但不是唯一的证据。原告取得徐州市超典物资有限公司开具的23份增值税专用发票是虚开，不是按规定取得的合法有效凭证，但原告是善意取得的。善意取得的虚开增值税专用发票，税法明确规定不得作为增值税合法有效的扣税凭证抵扣其进项税额。但对其 23 份增值税专用发票对应的企业所产生的成本等，在被告没有做出认定的情况下，是否可以作为企业所得税税前列支问题，税法没有做出明确规定。被告仅凭原告善意取得的 23 张虚开的增值税专用发票来调征原告的企业所得税，要求补缴企业所得税、加收滞纳金的处理决定，认定事实不清、法律依据不足，依照《中华人民共和国行政诉讼法》第五十四条第(二)项之规定，判决：(1)维持被告淮安市国税局稽查局于 2014 年 5 月 6 日做出的淮安国税稽处(2014)21 号税务处理决定书第一条；(2)撤销被告淮安市国税局稽查局于 2014 年 5 月 6 日做出的淮安国税稽处(2014)21 号《税务处理决定书》第二条。

上诉人国税局上诉称，一审判决认定的案件事实错误。首先，根据徐州市国家税务局发给上诉人的《已证实虚开通知单》、发票清单及案情介绍，能够证明被上诉人取得的 23 份增值税发票系虚开。其次，上诉人围绕《中华人民共和国企业所得税法》第八条规定的“真实性、相关性、合理性”税前扣除要求对被上诉人进行检查认为，并不是企业发生合理支出就可以税前扣除，合理性是以合法性为前提和基础的。国家税务总局发布的两份规范性文件做了明确：《国家税务总局关于加强企业所得税管理的意见》（国税发(2008)第 88 号）第二条第(三)项第 3 点规定“不符合规定的发票不得作为税前扣除凭据”；《国家税务总局关于印发〈进一步加强税收征管若干具体措施〉的通知》（国税发(2009)第 114 号）第六条规定“未按规定取得的合法有效凭证不得在税前扣除”。被上诉人购买煤炭必须取得合法有效的发票，而被上诉人取得的是虚开的增值税专用发票，虚开增值税专用发票属于不符合规定的发票，是不合法的凭证，不得税前扣除。一审判决的主文就是撤销处理决定的第二条，而根据行政诉讼法第五十四条第(二)项规定，一审判决在撤销上诉人行政行为的同时，应当赋予上诉人重新做出处理的权利。综上所述，上诉人依法做出的淮安国税稽处(2014)21号《税务处理决定书》认定事实清楚、适用法律准确、程序合法，依法应予维持。

被上诉人淮安市友邦商贸有限公司答辩称：一、答辩人的合理支出应在税前列支。根据《中华人民共和国企业所得税法》第八条规定，企业实际发生的与取得收入有关的、合理支出，包括成本、费用、税金、损失和其他支出，准予在计算应纳税所得额时扣除。答辩人是否应当缴纳企业所得税和滞纳金，关键在于是否存在成本支出，上诉人认可成本存在，却对成本也要补征所得税不合理、不合法，国家税务总局国税发(2000)第187号规定充分证明了答辩人购买煤炭的事实，该成本支出是事实。发票不是证明企业支出的唯一凭证，发票、入库单、领料单、差旅费报销单、工资花名册、汇款单、购销合同等都是原始凭证，可见发票仅仅是原始凭证中的一种。能够证明真实开支符合规定的发票、付款单据、证明材料、工资表、合同协议、法律文书、记录证明等原始凭证都可以作为税前扣除的会计凭证。上诉人依据的《中华人民共和国企业所得税法》第八条、第四十九条等规定，只是规定了不合法、不真实的凭据不得税前扣除，没有排除其他合法凭据可以税前扣除的情形，根据江苏省地方税务局苏地税规(2011)13号《企业所得税税前扣除凭证管理办法》第五条规定，企业取得的不符合规定的发票，不得单独用以税前扣除，必须同时提供合同、支付单据等其他凭证，以证明支出的真实、合法。该法第七条规定，企业无法取得合法凭证，但有确凿证据证明业务支出真实且取得收入方相关收入已入账的，可予以税前扣除。综上所述，上诉人的处理决定违法，请求二审依法撤销上诉人做出的淮安国税稽处(2014)21号税务处理决定。

各方当事人在一审中提供的证据均已随卷移送本院，本院对原审法院认定事实和证据均予以确认。

本院认为，根据《中华人民共和国企业所得税法》第八条规定，“企业实际发生的与取得收入有关的、合理支出，包括成本、费用、税金、损失和其他支出，准予在计算应纳税所得额时扣除”。《国家税务总局关于加强企业所得税管理的意见》(国税发(2008)88号)规定“不符合规定的发票不得作为税前扣除凭证”。《国家税务总局关于印发〈进一步加强税收征管若干具体措施〉的通知》(国税发(2009)第114号)第六条规定，“未按规定取得的合法有效凭据不得在税前扣除”。上述规定对违规取得发票或凭据不得在税前扣除做了规定，被上诉人善意取得徐州市超典物资有限公司虚开的

23份增值税专用发票，该发票对应的企业所产生的成本，是否应当作为企业所得税税前列支，税法没有禁止性规定，在此情况下上诉人处理决定要求被上诉人补缴企业所得税并加收滞纳金的法律依据不足，其认定事实不清，原审依法予以撤销并无不当。

综上，原审判决认定事实清楚，适用法律正确，程序合法，上诉人的上诉理由不能成立，其上诉请求本院不予支持。依据《中华人民共和国行政诉讼法》第六十一条第(一)项之规定，判决如下：

驳回上诉，维持原判。

上诉案件受理费50元，由上诉人淮安市国家税务局稽查局负担。

本判决为终审判决。

审判长徐慧鸣

审判员张清仕

代理审判员牛延佳

二〇一五年三月十二日

书记员朱珠

【分析】

关于善意接受虚开发票，明文规定取得的增值税发票进项税额不能从销项税额中抵扣，而所得税前能否扣除，在业内存在很大的争议。上述判例非常典型，对善意接受虚开增值税专用发票的企业而言，是一次救赎，避免了雪上加霜。

如何看待善意接受虚开发票，每个人所处的角度不同，可能有不同的观点。

站在征收机关的角度，道理很简单，纳税人取得的发票本身是虚开的、不合法的，而文件规定只有合法的扣税凭证才能抵扣或税前扣除；如果不合法的凭证允许抵扣或扣除了，不符合以票控税的管理逻辑，甚至有变相鼓励和误导之嫌。

但站在纳税人角度，更有许多不解或委曲。发票管理的责任人是税务机关，维护经营环境健康也是政府部门的职责；受票人和开票人均是平等民事主体，受票人保持了商业上应有的谨慎，如察看供应商的经营证照等；所有采购业务均真实、合法，受票人支付了相应的货款，甚至取得的发票也通税控系统认证确认属实，受票纳税人在整个交易过程中没有任何的过错。有过错的主要是虚开发票的当事人，其应该承担所有的法律责任。这点没有任何争议，也不值得同情；但除了虚开发票者存在过错外，其实还有一个隐形过失人，这个过失人其实是税务管理机关。政府职能部门应该加强监管，为纳税人营造健康的环境，不给虚开者以可乘之机，尽管政府职能部门不是万能的，但职责不容推卸。但是，现有文件让受票人不能抵扣(退回重开的可能性不大)，甚至税前还不能扣除，无疑是让守法的纳税人承担他人的过错；而税务机关，在这起虚开事件中，没有任何人担责，反而因为虚开者已申报纳税，同时又不允许受票人抵扣，而多征了一道税。

（判例来源于中国裁判文书网，分析为作者个人观点）

第三节 虚开增值税专用发票风险及法律责任

一、取得虚开增值税专用发票处理

（一）取得虚开增值税专用发票行为

（1）如有证据表明购货方在进项税额得到抵扣或者获得出口退税前知道该专用发票是销售方以非法手段获得的。

（2）根据《国家税务总局关于〈国家税务总局关于纳税人取得虚开的增值税专用发票处理问题的通知〉的补充通知》（国税发〔2000〕182号），有下列情形之一的，无论购货方（受票方）与销售方是否进行了实际的交易，增值税专用发票所注明的数量、金额与实际交易是否相符，购货方向税务机关申请抵扣进项税款或者出口退税的，对其均应按偷税或者骗取出口退税处理：

① 购货方取得的增值税专用发票所注明的销售方名称、印章与其进行实际交易的销售方不符的，即购货方从销售方取得第三方开具的专用发票的情况；

② 购货方取得的增值税专用发票为销售方所在省（自治区、直辖市和计划单列市）以外地区的，即从销货地以外的地区取得专用发票的情况；

③ 其他有证据表明购货方明知取得的增值税专用发票系销售方以非法手段获得的，即受票方利用他人虚开的专用发票，向税务机关申报抵扣税款进行偷税的情况。

（二）取得虚开增值税专用发票处理

对购货方应按《国家税务总局关于纳税人取得虚开的增值税专用发票处理问题的通知》（国税发〔1997〕134号）的相关文件处理。

（1）受票方利用他人虚开的专用发票，向税务机关申报抵扣税款进行偷税的，应当依照《中华人民共和国税收征收管理法》及有关法规追缴税款，处以偷税数额五倍以下的罚款；进项税金大于销项税金的，还应当调减其留抵的进项税额。利用虚开的专用发票进行骗取出口退税的，应当依法追缴税款，处以骗税数额五倍以下的罚款。

(2) 在货物交易中，购货方从销售方取得第三方开具的专用发票，或者从销货地以外的地区取得专用发票，向税务机关申报抵扣税款或者申请出口退税的，应当按偷税、骗取出口退税处理，依照《中华人民共和国税收征收管理法》及有关法规追缴税款，处以偷税、骗税数额五倍以下的罚款。

(3) 纳税人以上述第 (1) 条、第 (2) 条所列的方式取得专用发票未申报抵扣税款，或者未申请出口退税的，应当依照《中华人民共和国发票管理办法》及有关法规，按所取得专用发票的份数，分别处以一万元以下的罚款；但知道或者应当知道取得的是虚开的专用发票，或者让他人为自己提供虚开的专用发票的，应当从重处罚。

(4) 利用虚开的专用发票进行偷税、骗税，构成犯罪的，税务机关依法进行追缴税款等行政处理，并移送司法机关追究刑事责任。

二、虚开增值税专用发票风险及法律责任

(一) 虚开行为

根据国务院关于修改《中华人民共和国发票管理办法》的决定 (国务院令 2010 年第 587 号)，任何单位和个人不得有下列虚开发票行为：

为他人、为自己开具与实际经营业务情况不符的发票；

让他人为自己开具与实际经营业务情况不符的发票；

介绍他人开具与实际经营业务情况不符的发票。

(二) 重大税收案件标准

(1) 纳税人伪造、变造、隐匿、擅自销毁账簿、记账凭证，或者在账簿上多列支出或不列、少列收入，或者经税务机关通知申报而拒不申报或进行虚假的纳税申报，不缴或少缴应纳税款，查补税款金额 100 万元以上，且任一年度查补税额占当年各税种应纳税总额 10%以上；

(2) 纳税人欠缴应纳税款，采取转移或隐匿财产的手段，妨碍税务机关追缴欠缴的税款，欠缴税款金额 100 万元以上的；

(3) 以假报出口或其他欺骗手段，骗取国家出口退税款的；

(4) 以暴力、威胁方法拒不缴纳税款的；

(5) 虚开增值税专用发票或虚开用于骗取出口退税、抵扣税款的其他发票的；

(6) 虚开普通发票 100 份或金额 40 万元以上的；

(7) 私自印制、伪造、变造发票，非法制造发票防伪专用品，伪造发票监制章的；

(8) 虽未达到上述标准，但违法情节严重、有较大社会影响的。

（三）虚开增值税专用发票相关法律责任

按照《最高人民法院关于适用“全国人民代表大会常务委员会关于惩治虚开、伪造和非法出售增值税专用发票犯罪的决定”的若干问题的解释》，具有下列行为之一为虚开增值税专用发票：

(1) 没有货物购销或者没有提供或接受劳务而为他人、为自己、让他人为自己、介绍他人开具增值税专用发票；

(2) 有货物购销或者提供或接受了应税劳务但为他人、为自己、让他人为自己、介绍他人开具数量或金额不实的增值税专用发票；

(3) 进行了实际经营活动，但让他人为自己代开增值税专用发票。

【说明】在营业税改征增值税后，上述代开还应包括销售应税服务、无形资产或不动产。

如有上述行为之一的，将会承担严重的法律后果，相关法律责任如表 6-7 所示。

表 6-7　虚开增值税专用发票相关法律责任

法规文件	法律责任
税收征管法	第六十四条　纳税人、扣缴义务人编造虚假计税依据的，由税务机关责令限期改正，并处五万元以下的罚款 纳税人不进行纳税申报，不缴或少缴应纳税款的，由税务机关追缴其不缴或少缴的税款、滞纳金，并处不缴或少缴的税款百分之五十以上五倍以下的罚款 第六十六条　以假报出口或者其他欺骗手段，骗取国家出口退税款的，由税务机关追缴其骗取的退税款，并处骗取税款一倍以上五倍以下的罚款；构成犯罪的，依法追究刑事责任 对骗取国家出口退税款的，税务机关可以在规定期间内停止为其办理出口退税 第七十一条　违反本法第二十二条规定，非法印制发票的，由税务机关销毁非法印制的发票，没收违法所得和作案工具，并处 1 万元以上 5 万元以下的罚款；构成犯罪的，依法追究刑事责任
国税函〔2004〕536 号《国家税务总局关于严厉打击虚开增值税专用发票等涉税违法行为的紧急通知》	对虚开增值税专用发票或者虚开可抵扣税款的其他发票（凭证）的企业，除补缴税款、加收滞纳金外，各地税务机关要依法从严、从重处罚 对涉嫌构成犯罪的，要按有关规定及时移送公安机关，追究其法律责任
国家税务总局 2012 年第 33 号公告《国家税务总局关于纳税人虚开增值税专用发票征补税款问题的公告》	纳税人虚开增值税专用发票，未就其虚开金额申报并缴纳增值税的，应按照其虚开金额补缴增值税；已就其虚开金额申报并缴纳增值税的，不再按照其虚开金额补缴增值税。税务机关对纳税人虚开增值税专用发票的行为，应按《中华人民共和国税收征收管理办法》及《中华人民共和国发票管理办法》的有关规定给予处罚。纳税人取得虚开的增值税专用发票，不得作为增值税合法有效的扣税凭证抵扣其进项税额
国务院令 2010 年第 587 号《国务院关于修改〈中华人民共和国发票管理办法〉的决定》	第三十七条　违反本办法第二十二条第二款的规定虚开发票的，由税务机关没收违法所得；虚开金额在 1 万元以下的，可以并处 5 万元以下的罚款；虚开金额超过 1 万元的，并处 5 万元以上 50 万元以下的罚款 构成犯罪的，依法追究刑事责任

续表

法规文件	法律责任
《刑法》相关条款及司法解释	第二百零五条　虚开增值税专用发票或者虚开用于骗取出口退税、抵扣税款的其他发票的，(以虚开税款 1 万元、致使国家税款被骗 5000 元为定罪起点)。处三年以下有期徒刑或者拘役，并处 2 万元以上 20 万元以下罚金 虚开的税款数额较大(10 万元以上)或者有其他严重情节的(被骗税 5 万元)，处三年以上十年以下有期徒刑，并处 5 万元以上 50 万元以下罚金 虚开的税款数额巨大(50 万元以上)或者有其他特别严重情节的(被骗税 30 万元以上)，处十年以上有期徒刑或者无期徒刑，并处 5 万元以上 50 万元以下罚金或者没收财产 有前款行为骗取国家税款，数额特别巨大(100 万元以上)，情节特别严重，给国家利益造成特别重大损失的(被骗税 50 万元以上)，处无期徒刑或者死刑，并处没收财产 单位犯本条规定之罪的，对单位判处罚金，并对其直接负责的主管人员和其他直接责任人员，处三年以下有期徒刑或者拘役；虚开的税款数额较大或者有其他严重情节的，处三年以上十年以下有期徒刑；虚开的税款数额巨大或者有其他特别严重情节的，处十年以上有期徒刑或者无期徒刑 虚开增值税专用发票或者虚开用于骗取出口退税、抵扣税款的其他发票，是指有为他人虚开、为自己虚开、让他人为自己虚开、介绍他人虚开行为之一的

(资料来源：作者根据国家税务总局文件及刑法、司法解释整理。)

【参阅】

最高法院权威答复：关于虚开增值税专用发票案件的数额标准确定

对于当前正在审理的虚开增值税专用发票案件，是否继续依据法发〔1996〕30号司法解释规定的数额标准定罪量刑，在审判实践中有不同意见。西藏自治区高级人民法院曾就此问题请示最高人民法院。最高人民法院研究室经研究，并征求有关部门意见，于 2014 年 11 月 27 日做出《关于如何适用法发〔1996〕30 号司法解释数额标准问题的电话答复》(法研〔2014〕179 号，以下简称《电话答复》)。

最高人民法院研究室的《电话答复》内容为：“西藏自治区高级人民法院：你院《关于如何适用法发〔1996〕30 号司法解释数额标准问题的请示》(藏高法〔2014〕118 号)收悉。经研究，电话答复如下：原则同意你院第二种意见，即为了贯彻罪刑相当原则，对虚开增值税专用发票案件的量刑数额标准，可以不再参照适用 1996 年《最高人民法院关于适用〈全国人民代表大会常务委员会关于惩治虚开、伪造和非法出售增值税专用发票犯罪的决定〉的若干问题的解释》(以下简称《增值税解释》)。在新的司法解释制定前，对于虚开增值税专用发票案件的定罪量刑标准，可以参照《最高人民法院关于审理骗取出口退税刑事案件具体应用法律若干问题的解释》(以下简称《出口退税解释》)的有关规定执行。”

答复内容解读，对于虚开增值税专用发票案件的定罪量刑标准，可以参照 2002 年《出口退税解释》的有关规定执行。最高人民法院已准备对 1996《增值税解释》进行修订，相关数额标准将明显提高，但新解释的出台尚需要一段时间。为了统一法律适用标准，《电话答复》规定，在新的司法解释制定前，对于虚开增值税专用发票案件的定罪量刑标准，可以参照2002年《出口退税解释》的有关规定执行。对此有以下三个问题需要明确。一是适用范围。不仅虚开增值税专用发票案件，还有虚开用于骗取出口退税、抵扣税款发票案件也可以参照2002年《出口退税解释》的有关规定执行。二是参照标准。虚开增值税专用发票罪“虚开的税款数额较大或者有其他严重情节”的、“虚开的税款数额巨大或者有其他特别严重情节”的分别参照骗取出口退税罪“数额巨大或者有其他严重情节”、“数额特别巨大或者有其他特别严重情节”的数额标准执行。即虚开的税款数额较大、数额巨大的标准分别为50万元、250万元。三是判决依据。对于参照适用《出口退税解释》定罪量刑标准办理的虚开增值税专用发票案件，在裁判文书中不能将《出口退税解释》作为适用法律依据，而应当直接适用《刑法》第二百零五条作为法律依据。

（上述来源于2016年7月20日《人民法院报》，有删节，作者：黄应生，单位：最高人民法院研究室刑事处副处长）

【案例分析】

会计受老板安排虚开增值税发票被判刑

四川省资阳市中级人民法院

刑 事 裁 定 书

(2015)资刑终字第60号

原公诉机关四川省资阳市雁江区人民检察院。

上诉人(原审被告人)黄耿忠，男，1980年10月12日出生于广东省潮阳市，汉族，高中文化，无业，住广东省汕头市潮南区两英镇新龙路七区八巷6号。因涉嫌犯虚开增值税专用发票罪于2013年9月4日被江西省南昌市公安局东湖分局抓获并羁押，同月8日被刑事拘留，同年10月15日被逮捕。现羁押于资阳市看守所。

辩护人邓勇，四川善嘉律师事务所律师。

辩护人曾凤琴，四川善嘉律师事务所律师。

原审被告人刘丽，女，1987年9月14日出生于四川省仁寿县，汉族，会计，住四川省仁寿县城堰乡。因涉嫌犯虚开增值税专用发票罪于2013年9月22日被取保候审。

四川省资阳市雁江区人民法院审理雁江区人民检察院指控原审被告人黄耿忠、刘丽犯虚开增值税专用发票罪一案，于2015年4月13日做出(2014)雁江刑初字第160号刑事判决。原审被告人黄耿忠不服，提出上诉。本院于2015年5月8日立案，依法组成合议庭，于2015年5月18日将本案案卷移送四川省资阳市人民检察院查阅。2015年7月30日本院公开开庭审理了本案，四川省资阳市人民检察院指派检察员吴勇、代理检察员陈华科出庭履行职务，上诉人黄耿忠及其辩护人邓勇、曾凤琴到庭参加诉讼。本案经合议庭评议并做出决定，现已审理终结。

原判认定，2012年3月31日，被告人黄耿忠为牟取非法利益，伙同欧阳拥民(另处)利用肖福利、赵天凤的身份信息在资阳市注册成立了资阳市康兰特商贸有限公司，并取得一般纳税人资格。期间黄耿忠聘请刘宗望(另处)、被告人刘丽为该公司的职员，其中刘宗望负责公司后勤保障工作，刘丽负责在黄耿忠的指示下虚开增值税专用发票。在没有实际货物交易的情况下，被告人黄耿忠以该公司的名义给湖南雅妮服饰有限公司虚开销售针织布增值税专用发票50份，税额共计847 501元。其中刘丽虚开20份，税额共计339 000元；给南昌博亚科技发展有限公司虚开增值税专用发票8份，致该公司抵扣税款135 024.46元；2012年7月23日资阳市康兰特商贸有限公司在与深圳市年年丰贸易有限公司没有真实业务往来的情况下，接受深圳年年丰虚开增值税专用发票48份，抵扣税款611 759.17元。2013年9月21日，被告人刘丽经公安机关通知主动到案，到案后如实供述了自己的犯罪事实。

原判以经过庭审举证、质证的书证、证人证言及被告人供述等证据证实上述事实。

原判认为，被告人黄耿忠在明知没有货物往来的情况下为非法牟利，违反国家税务管理制度，为他人虚开增值税专用发票及接受他人为自己虚开的增值税专用发票，被告人刘丽在黄耿忠的安排下为他人虚开增值税专用发票，其行为均已构成虚开增值税专用发票罪，且系共同犯罪。其中黄耿忠为他人虚开税额为982 525.46元，系虚开税款数额巨大，接受他人虚开税额为611 759.17元，系虚开税款数额巨大；刘丽为他人虚开税额为339 000元，系虚开税款数额较大。在共同犯罪中，黄耿忠起主要作用，是主犯，应当按照其所参与的或组织、指挥的全部犯罪处罚；刘丽受人安排为他人虚开增值税专用发票，起次要作用，是从犯，依法应当从轻或减轻处罚。刘丽主动到案，如实供述自己的罪行，是自首，予以减轻处罚。依照《中华人民共和国刑法》第二百零五条第一款、第二十五条第一款、第二十六条第一、四款、第二十七条、第六十七条第一款、第五十二条、第五十三条和《最高人民法院关于适用<全国人民代表大会常务委员会关于惩治虚开、伪造和非法出售增值税专用发票犯罪的决定>的若干问题的解释》第一条之规定，判决：一、被告人黄耿忠犯虚开增值税专用发票罪，判处有期徒刑十一年六个月，并处罚金十万元；二、被告人刘丽刘某犯虚开增值税专用发票罪，判处有期徒刑二年，缓刑三年，并处罚金一万元。

上诉人黄耿忠上诉称，本案具有真实的货物交易，他对虚开增值税专用发票不知情，不具有虚开增值税专用发票的主观故意和行为，不构成犯罪；原判认定其与刘丽是共同犯罪，但认定二人虚开税额不同，适用法律错误。

辩护人的辩护意见与上诉人黄耿忠的上诉理由一致。

四川省资阳市人民检察院出庭检察员的意见：原判认定事实清楚，证据确实、充分，量刑适当，审判程序合法。建议驳回上诉，维持原判。

经审理查明，2012 年 3 月 31 日，上诉人（原审被告人）黄耿忠为牟取非法利益，伙同欧阳拥民（另处）冒用他人身份信息在资阳市注册成立了资阳市康兰特商贸有限公司（以下简称康兰特公司），并取得一般纳税人资格。期间黄耿忠聘请原审被告人刘丽等人为该公司职员，刘丽负责在黄耿忠的指示下虚开增值税专用发票。在没有实际货物交易的情况下，经上诉人黄耿忠授意，康兰特公司给湖南省雅妮服饰有限公司（以下简称雅妮公司）虚开销售针织布增值税专用发票 50 份，税额共计 847 501 元，其中刘丽虚开 20 份，税额共计 339 000 元；给南昌博亚科技发展有限公司（以下简称博亚公司）虚开增值税专用发票 8 份，致博亚公司抵扣税款 135 024.46 元；2012 年 7 月 23 日康兰特公司在与深圳市年年丰粮油有限公司（以下简称年年丰公司）没有真实业务往来的情况下，接受年年丰公司虚开增值税专用发票 48 份，用于抵扣税款 611 759.17 元。

2013 年 9 月 21 日，原审被告人刘丽刘某经公安机关通知主动到案，到案后如实供述了自己的犯罪事实。

上述事实，由检察机关提交，并经法庭质证、认证的证据予以证明。

……

本院认为，上诉人（原审被告人）黄耿忠在明知没有货物往来的情况下为非法牟利，违反国家税务管理制度，为他人虚开增值税专用发票及接受他人为自己虚开增值税专用发票，原审被告人刘丽在黄耿忠的安排下为他人虚开增值税专用发票，其行为均已构成虚开增值税专用发票罪，且系共同犯罪。其中黄耿忠为他人虚开税额为 982 525.46 元，接受他人虚开税额为 611 759.17 元，系虚开税款数额巨大；刘丽刘某为他人虚开税额为 339 000 元，系虚开税款数额较大。在共同犯罪中，黄耿忠起主要作用，是主犯，应当按照其所参与的或组织、指挥的全部犯罪处罚；刘丽受人安排为他人虚开增值税发票，起次要作用，是从犯，依法应当从轻或减轻处罚。刘丽主动到案，如实供述自己的罪行，是自首，予以减轻处罚。黄耿忠的辩解理由及其辩护人的辩护意见，与经审理查明的事实、证据及相关法律规定不符，本院不予采纳。四川省资阳市人民检察院出庭检察人员建议对本案驳回上诉，维持原判的意见正确，本院予以支持。原判认定事实和适用法律正确，量刑适当，审判程序合法。依照《中华人民共和国刑事诉讼法》第二百二十五条第一款第一项之规定，裁定如下：

驳回上诉，维持原判。

本裁定为终审裁定。

审判长　樊　彬

审判员　李美佳

审判员　刘枫丹

二〇一五年七月三十日

书记员　段　然

【分析】

本判例并不复杂，系原审被告于2012年3月31日盗用他人身份信息注册成立公司，然后主营“虚开增值税专用发票”业务，一年时间即进“局子”。原审被告及职员因虚开增值税专用发票被判刑。这里有几点警示：

1. 虚开增值税专用发票（包括接受虚开、介绍虚开等）较普通发票法律责任明显更重。

2. 税控系统启用了升级版，理论上从发票虚开到发现只需要几天时间，虚开的犯罪份子已没有逃遁的时机。

3. 刑事责任不仅局限于“专营”虚开发票企业，而且对“兼营”虚开甚至“偶发”的对象同样适用。

4. 虚开包括对外虚开、接受虚开，企业实际控制人及相关人员均需承担法律责任。“营改增”试点纳税人对此需有高度认识，不要有侥幸心理，避免承担不必要的法律风险。

5. 会计从业人员也需要评估从业的风险，拒绝以身试法，避免为了吃上“白菜”而承担“卖白粉”的责任。

（来源于中国裁判文书网，分析为作者个人观点）

第三部分　“营改增”热点聚焦

第七章

“营改增”热点专题分析与探讨

2016 年 5 月 1 日“营改增”正式全面推开，短短的两三个月里，文件连续下发，信息量大、覆盖范围广，影响很深，在全国财税界迅速兴起了“营改增”热。

由于政策出台时间短，业务情形不一，在较多事项上不同省市均有不同解读。本章就相关热点做了专题分析或案例解剖，其中既包括了不同省市的解读意见，也有作者个人分析，文中观点供读者研读参考；在实际执行时，还须以国家税务总局最新的文件和主管国税部门的意见为准。

热点一：视同销售

【专题分析 7-1】

“营改增”视同销售的变化点、存在的问题及建议

视同销售，在增值税和企业所得税下均有各自的规范，争议事项并不多。“营改增”对视同销售也做了相应的规范，“营改增”前后存在哪些变化点？“营改增”后视同销售与《增值税暂行条例》相关规范有何异同？在执行过程当中是否存在问题？现就相关事项做如下分析。

一、“营改增”前后视同销售相关规范及主要变化点

“营改增”前后视同销售范围变化较大，具体如表 7-1 所示。

表 7-1 “营改增”与营业税视同销售比较

项　目	“营改增”	营 业 税
文件相关规范	财税〔2016〕36 号附件一《营业税改征增值税试点实施办法》	《营业税暂行条例实施细则》

续表

项　目	“营改增”	营　业　税
文件相关规范	第十四条　下列情形视同销售服务、无形资产或者不动产： （一）单位或者个体工商户向其他单位或者个人无偿提供服务，但用于公益事业或者以社会公众为对象的除外 （二）单位或者个人向其他单位或者个人无偿转让无形资产或者不动产，但用于公益事业或者以社会公众为对象的除外 （三）财政部和国家税务总局规定的其他情形	第五条　纳税人有下列情形之一的，视同发生应税行为： （一）单位或者个人将不动产或者土地使用权无偿赠送其他单位或者个人 （二）单位或者个人自己新建（以下简称自建）建筑物后销售，其所发生的自建行为 （三）财政部、国家税务总局规定的其他情形
相同点	均包含了无偿转让（赠送）不动产或土地使用权	
区别点		
1．自建行为	无须视同	在销售环节需视同
2．公益事业	无须视同	无偿转让（赠送）不动产或土地使用权需视同
3．其他个人应税行为范围扩大	无偿转让除不动产、土地使用权外的其他无形资产需视同销售	其他无形资产无偿转让无须视同
4．单位视同销售范围扩大	范围包括了（除用于公益事业外）的其他所有销售服务、无形资产和不动产	范围仅包括了土地使用权和不动产，不包括其他应税行为

（作者根据财税文件整理，仅代表个人观点。）

二、“营改增”后与增值税视同销售的原理比较

增值税视同销售规范如下。

《增值税暂行条例实施细则》第四条：

“单位或者个体工商户的下列行为，视同销售货物：

（一）将货物交付其他单位或者个人代销；

（二）销售代销货物；

（三）设有两个以上机构并实行统一核算的纳税人，将货物从一个机构移送其他机构用于销售，但相关机构设在同一县（市）的除外；

（四）将自产或者委托加工的货物用于非增值税应税项目；

（五）将自产、委托加工的货物用于集体福利或者个人消费；

（六）将自产、委托加工或者购进的货物作为投资，提供给其他单位或者个体工商户；

（七）将自产、委托加工或者购进的货物分配给股东或者投资者；

（八）将自产、委托加工或者购进的货物无偿赠送其他单位或者个人。”

“营改增”销售服务与增值税应税货物、劳务纳税对象不一致，但原理具有相通性，存在相似点，也有不同之处。

（一）相似点

以下情况均作为视同销售（或原理一致）处理。

（1）单位或个体工商户将销售服务、无形资产、不动产无偿提供给其他单位或个人（不含公益事业）；《增值税条例》中，将自产、委托加工或购进的货物分配给股东或投资者，以及无偿赠送给其他单位或个人。

（2）“营改增”后以不动产作为对外投资即作为应税行为（有经济利益的流入），增值税作为视同销售。

（二）区别点

（1）“营改增”无偿赠送当中不含公益事业或以社会公众为服务对象。

（2）“营改增”用于非应税项目，既没有纳入到视同销售范围，也没有要求做进项税额转出处理；《增值税条例》中包括了非增值税应税项目，但“营改增”后，销售货物或劳务用于非应税项目是否仍然存在，作者未做研究，即使存在，也应该极少。

（3）用于集体福利或个人消费。“营改增”将公司为所在单位聘用的员工提供的服务作为非“营改增”应税行为；《增值税暂行条例》包括将自产货物用于集体福利或个人消费。

三、“营改增”视同销售的亮点与存在的主要问题点

通过上述两部分的比较，可以发现，“营改增”在销售范围上做了较大改变，存在如下突出亮点：

如将代收代付、员工为所在单位提供的与薪资相关的服务、单位为所聘用的员工提供的服务不作为“营改增”范围；同时在视同销售之中，将对外捐赠、以社会公众为服务对象的无偿行为排除在外。这些可以避免分歧，鼓励企业参与社会公益活动。

为避免“营改增”避税行为产生，本次视同销售范围明显扩大，由营业税时的无偿转让土地使用权、不动产拓宽到几乎所有“营改增”应税行为。

但在实践中，这将会产生较多的纳税争议或视同销售难以落地的问题。

（一）零星无偿应税服务大量存在，征管成本太高

在“营改增”日常经济事项中，单位和个体工商户无偿提供的应税服务繁多，特别是各种零星、分散的服务大量存在。如短途客运，顺便捎带几个朋友或顺带一点零星货物；小面馆、饭店，偶尔免费提供餐饮服务；各类中介、网络平台免费为服务对象提供相关咨询或服务；公司之间相互调剂使用资金；公司将闲置的会议室免费对外提供服务等，诸如此类行为多如牛毛，如收费则影响感情，不收

费但要视同销售纳税更伤害纳税人的情感，也与国内倡导的乐善好施、纾忧解困、共建和谐社会不太一致。

因为类似服务小、散、零，税务机关将其作为视同销售全部管理起来，工作量太大，甚至查补入库的税收可能小于征管成本；而从纳税人角度，可能人人都存在欠缴税款的偷税风险。视同销售难免让老实人吃亏，或者税务机关只要到任何一家企业检查，都可能存在需视同销售的无偿服务。

（二）关联方之间无偿提供服务普遍存在

企业集团与子、分公司及子、分公司之间，因为资本纽带关系，不可避免地存在大量的资源共享和互助服务的行为，以实现成本最低、效益最大化。

比如，过去关联方之间，存在大量的资金内部划转和临时借用，如果不是有意在关联方之间转移利润，实现整体税负最低，且没有其他各种利益的流入，是不用缴纳营业税的；关联方之间共享后勤行政资源，共用财务管理、营销管理、质量管理、物流管理机构等都或多或少的存在，避免存在小而全、机构重叠、资源浪费。降低运营成本和风险是集团公司天然的、理所应当的合理行为；否则，集团公司也失去了存在意义。

如果“营改增”视同应税行为扩大到所有范围和不同的单位，关联方之间“营改增”视同销售的风险将普遍存在；当然，如果关联方之间存在货物购销等内部关联交易，在签署购销合同时将所有资源共享全部包含在购销价格之中，把相关服务作为混合销售行为，也可以适当减少视同销售风险。

（三）无形资产视同销售难以定价

在视同销售行为当中，最大的难点是转让无形资产的所有权或使用权的定价。比如，集团公司将专利权以 1 元转让给成员企业。这个价格是否为交易价格明显偏低，交易行为理由是否正当；如果价格明显偏低且无正当理由，是否需要核定价格？但价格如何核定？找中介机构，如何评估作价，实践中操作难度太大。

还有，集团公司共享品牌和商誉。在未支付品牌使用费的情况下，如何对品牌使用费定价，征收“营改增”的增值税。

以上三点说明“营改增”视同销售要真正落地，还存在很多困难；也容易引起涉税争端。

四、“营改增”视同销售的建议

为减少征管成本、避免“营改增”分歧，让纳税人消除不应存在的涉税风险，需要对视同销售政策进行补充完善或必要的调整。

(1)对零星、小额免费服务视同销售增设一个免纳税限额。为减少征管工作量，对于企业不以避税为目的的免费服务，如果月度服务总额低于一定额度（如 1 万元），允许企业主动申报（申报内容包括免税服务项目、服务对象、免费原因等），给予不作为视同销售的优惠政策；如果企业未申请或申请不符合优惠条件的其他免费服务，均应作为视同销售征收增值税。

(2)关联方之间不以利益转移为目的的无偿服务（不含不动产出售）暂不作为应视同销售。利益转移，包括各种经济利益的流入，如不同所得税率之间的成本费用的转移。如果不同纳税主体关联公司，所得税率相同，且不存在一方盈利、一方因亏损等情形，通过无偿服务求谋集团公司整体税负减小或推迟缴纳等税收利益。

事实上，假如关联方之间均为增值税一般纳税人，提供服务一方征增值税、另一方取得合法应税凭证也可以用于抵扣（除贷款服务等不能抵扣项目），整体增值税负并没有增加（不考虑附加等）。与其增加税收监管工作量，或将绝大部分纳税人置于税收风险之中，不如直接给予关联方之间、符合条件的免费行为不作为视同销售的优惠。如大连市国税局将关联方之间发生的无利息的资金往来仍视为非应税行为，是一种务实的选择，值得称道。

【说明】“营改增”视同销售范围较之前明显拓宽，但执行时存在难点，还需要完善相关配套细则。

【专题分析 7-2】

公司给员工提供的服务是否征收增值税的探讨

公司给员工提供的服务，如住宿、餐饮、交通、培训等，服务既有无偿的，也有有偿的。这些服务在“营改增”后到底该怎么操作，也需要弄清楚。作者将其分为如下三个问题分别进行探讨。

第一个问题：单位为员工提供的服务，是否需征增值税

【相关文件】

财税〔2016〕36 号文第十四条 下列情形视同销售服务、无形资产或者不动产：

(一)单位或者个体工商户向其他单位或者个人无偿提供服务，但用于公益事业或者以社会公众为对象的除外；

(二)单位或者个人向其他单位或者个人无偿转让无形资产或者不动产，但用于公益事业或者以社会公众为对象的除外；

(三)财政部和国家税务总局规定的其他情形。

第十条 销售服务、无形资产或者不动产，是指有偿提供服务、有偿转让无形资产或者不动产，但属于下列非经营活动的情形除外：

(一)行政单位收取的同时满足以下条件的政府性基金或者行政事业性收费；

(二)单位或者个体工商户聘用的员工为本单位或者雇主提供取得工资的服务；

(三)单位或者个体工商户为聘用的员工提供服务。

公司为其他单位或者个人提供的免费服务，按财税〔2016〕36号文第十四条的规定，一般需视同销售，征收增值税；但是因为第十条(三)单位为聘用的员工提供服务，属于非经营活动，不属于增值税征税范围，即使是有偿行为，只要是非经营活动，也应不属于征税范围；如果有偿即认定为需征增值税的经营活动，无偿即认定为用于集体福利、个人消费或视同销售，也就不存在文件中的此条例外情形；“营改增”文件新增的这一条规范无异于画蛇添足。

那么是否可以这样理解：只要是单位为聘用的员工提供的非经营服务，无论是否有偿，均不需要视同销售、不征增值税；如果单位是专门从事该项服务的经营活动，为员工提供了相关经营服务，无论是否有偿，均需要征收增值税。

如果可以这样理解，那现在关键是，如何判断服务是属于经营活动还是非经营活动。

第二个问题：如何区分服务是否属经营活动

判断一项经济业务是否为经营活动，通常可以看该服务是否以营利为目的、取得了相关服务资质，服务的对象是否具有不确定性，是否以其他单位或个人为主，价格是否为市场价等。

如某酒店为员工提供工作餐、员工宿舍等，属非经营行为，不征增值税；如果为内部员工提供了与外部客户相同的客房住宿、餐饮服务，该服务本来是以盈利为目的，公司也具有相关资质，应属经营行为，无论是否收费，均应视为应征增值税。

再比如，某英语培训机构，给内部员工提供入职业务培训，属非经营行为，不征税；如果给内部员工提供了与外部客户一样的英语专业培训，同样符合上述经营行为的特点，需征收增值税。

上述界定较为清楚，但也存在一些特殊行为：

比如，某公司虽无专项服务资质，但给员工按市场价提供了有偿专项服务，收费目的不是为了从该项服务中获取盈利，而是便于员工更有价值地为企业服务，是否为经营行为？

例：某公司是生产制造企业，主业为产品制造与销售。一方面将员工的住宿、餐饮费补助等均以现金支付方式付给员工，据实反映员工的薪资福利，并缴纳个人所得税，相关工资基数增加的同时自然也让企业多承担了社保费用；另一方面，向员工提供了餐饮、住宿服务，且均按市场价向员工结算。公司收费的目的，不是为了盈利，而是便于管理，并促使员工养成节俭的习惯；同时让员工吃住在厂区，也方便工作。这是否算是经营行为？

对于这个问题，不同的人可能有不同解读。作者认为，如果该公司非兼营餐饮、住宿服务，不对外提供服务，尽管按市场价收费了，但应属于符合财税〔2016〕36号文第十条(三)的“单位为员工提供的服务”，不属于“营改增”征税范围。

第三个问题：公司向员工提供的服务相关进项税额是否需要转出

公司向员工提供需征增值税的经营服务，其采购物资用于征税范围，相关进项税额均可以抵扣，无须转出，这一条没有任何争议；

公司免费向员工提供的服务，可以视为用于集体福利或个人消费，相关进项税额需要转出或者视同销售征税，也不存在疑异。

但在公司为员工提供的服务中，既不属于用于集体福利或个人消费，又不属于征税行为的情形，即符合财税〔2016〕36号文第十条(三)“单位或者个体工商户为聘用的员工提供服务”，其相关进项税额是否需要转出？

上面已做了分析，这种情形肯定存在。如企业内部食堂向员工有偿提供餐饮服务或住宿服务，假如该服务属于文件第十条(三)所规范的内容，相关进项税额是否需要转出？

看如下两文件条款。

(1)财税〔2016〕36号文第二十七条　下列项目的进项税额不得从销项税额中抵扣：

用于简易计税方法计税项目、免征增值税项目、集体福利或者个人消费的购进货物，加工、修理修配劳务，服务，无形资产和不动产。其中涉及的固定资产、无形资产、不动产，仅指专用于上述项目的固定资产、无形资产(不包括其他权益性无形资产)、不动产。

纳税人的交际应酬消费属于个人消费。

……

(2)《增值税暂行条例》第十条　下列项目的进项税额不得从销项税额中抵扣：

用于非增值税应税项目、免征增值税项目、集体福利或者个人消费的购进货物或者应税劳务。

对比上述两个条款，财税〔2016〕36号文第二十七条，将《增值税暂行条例》第十条中的“非增值税应税项目”删去。那么，如果外购货物、服务、不动产等用于“营改增”非增值税应税范围，自然也没理由要求纳税人将相关进项税额转出。

【说明】财税〔2016〕36号文附件1第十条将“单位或者个体工商户为聘用的员工提供服务”作为不征税行为，因无相关文件细则或解读，存在较多争议。

以上是作者基于文件的理解所做的理论探讨，实践中仍以各地主管国税部门意见为准。

热点二：兼营与混合销售

【专题分析 7-3】

一张流程图和 5 个案例教你如何判断兼营、混合销售业务

兼营业务和混合销售业务也许是“营改增”争议最大、各地的处理也不完全一致的内容之一。下面用一张流程图和 5 个小案例来说一说兼营与混合销售。

【文件依据】财税〔2016〕36 号文附件一有如下两条：

第三十九条　纳税人兼营销售货物、劳务、服务、无形资产或者不动产，适用不同税率或者征收率的，应当分别核算适用不同税率或者征收率的销售额；未分别核算的，从高适用税率。

第四十条　一项销售行为如果既涉及服务又涉及货物，为混合销售。从事货物的生产、批发或者零售的单位和个体工商户的混合销售行为，按照销售货物缴纳增值税；其他单位和个体工商户的混合销售行为，按照销售服务缴纳增值税。

本条所称从事货物的生产、批发或者零售的单位和个体工商户，包括以从事货物的生产、批发或者零售为主，并兼营销售服务的单位和个体工商户在内。

一、兼营、混合销售判断流程图及判断步骤说明

上述文件相关流程，如图 7-1 所示。

根据图 7-1，对流程步骤简要说明如下。

(1) 纳税人发生销售应税行为。

(2) 是否为一项销售行为？即一笔经济业务、一个合同标的、一个合同价格。

(3) 不是同一项经济业务；同时存在可以分开的不同应税行为，确认为兼营。业务是否分开核算？

(4) 是分开核算，根据不同应税行为适用不同税率或征收率。

(5) 未分开核算，从高适用应税行为税率或征收率。

(6) 承接第 (2) 步，是同一项销售行为。判断该销售中是否同时存在销售货物又有应税服务？

(7) 否，按相应应税行为适用相应的税率或征收率。

(8) 是，可以确认为混合销售。

纳税人是否为从事货物的生产、批发或零售的企业(或为主)？

(9) 是，该应税行为适用销售货物相关税率或征收率。

(10) 否，该税行为适用销售服务相关税率或征收率。

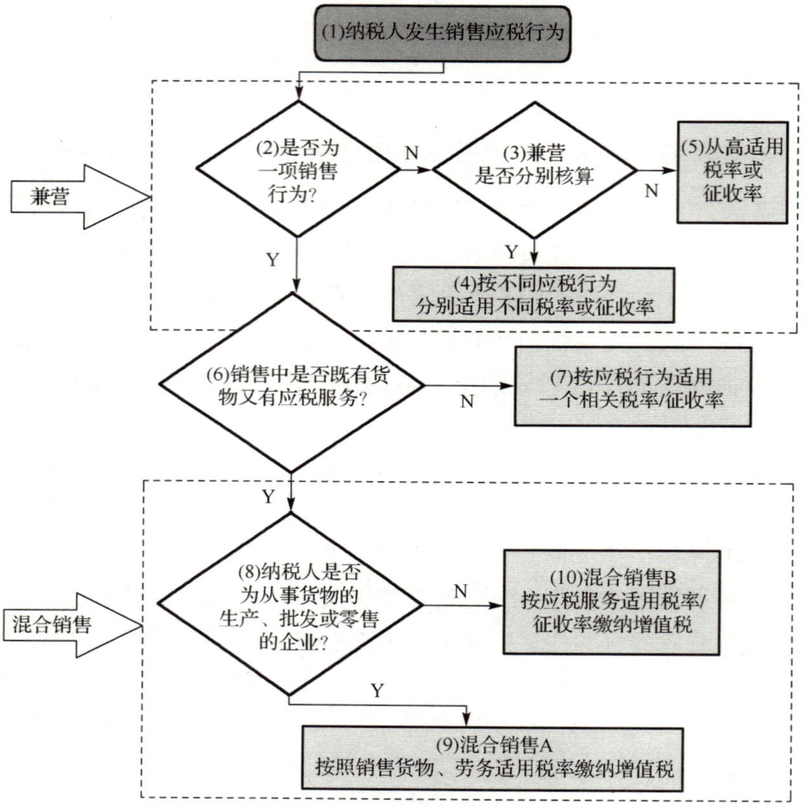

图 7-1　兼营混合销售判断流程

二、流程图应用案例

【例 7-1】某酒店 A 向客户提供住宿服务，每间房每天价格为 300 元，其中包含免费赠送的矿泉水两瓶；另外，客户晚上消费了一盒标价为 10 元的方便面。

按照上述流程步骤进行判断。

(一) 住宿服务与方便面销售

流程(1)提供住宿服务显然发生了应税行为。

流程(2)销售行为不止一项，既包含了住宿300元，也有销售10元方便面。

流程(3)因不是同一项，确认为兼营。是否分开核算？

流程(4)酒店分开核算，酒店对住宿服务和销售方便面分别适用6%和17%的增值税率。

(二)住宿服务与免费矿泉水

流程(6)酒店提供住宿服务同时免费提供2瓶矿泉水。其中免费矿泉水、洗发液、沐浴露等包含在住宿服务当中，是住宿服务的组成部分。因此是不可分离的同一项销售行为，且包含了应税服务或销售货物。

流程(8)同时包含销售货物和销售服务，可以确认为混合销售行为。

流程(10)酒店不是货物销售、批发、零售企业，因此适用住宿服务6%的税率。

三、判断兼营、混合销售的三项难点及判断思路

(一)是否为一项销售行为

如酒店将上述方便面明码标价，入住酒店客人只是偶尔消费；而免费提供的2瓶矿泉水，已与其他洗发液、沐浴露一样，成为住宿服务的标配，价格均含在住宿费当中。那么，免费赠送的矿泉水与住宿为同一项经济业务，而明码标价的方便面为兼营业务。

另外，如果酒店提供住宿的同时提供免费早餐服务，因不符合既销售货物又提供服务的条件，不属“营改增”混合销售，也非兼营(如果另行收费提供的餐饮服务则属兼营)，应是一项销售行为，适用酒店住宿服务对应的税率6%(与餐饮税率实质也相同)。

(二)既非兼营、又非混合销售，如何确定主要服务适用税率

如果业务属一项销售行为，但不符合混合销售定义(未同时包括销售货物和销售服务，如同时存在不同适用税率的销售服务)，即流程图的中间未在圈内部分，选择适用税率也有难度，判断原则仍是以纳税人的主要业务为依据。

【例7-2】安保公司B为某银行提供现金押运业务，每月收费50万元。

该业务为同一项销售行为，既包含了安全保卫，又包含了交通运输服务，因为其中没有销售货物，故不符合混合销售定义，也不符合兼营条件，需选择一种适用税率征税。如果安保公司每天为银行提供同城押运业务，则应按现代服务——商务辅助服务——安全保护服务6%的适用税率。

(三)判断是否为从事货物的生产、批发或者零售(及为主)的单位和个体工商户

不少规模企业在经营活动中既有货物批发或零售，又存在其他“营改增”服务行为。在同一销售行为中以哪项业务为主是判断难点。

【例 7-3】一家负责销售并安装中央空调的公司 C，假如为某客户提供一套中央空调销售并安装，总价为 200 万元，其中材料费占比为 60%，安装及其他收入占比为 40%。

【例 7-4】一家安防器材安装公司 D 为客户提供安防安装业务，假如销售额为 1 000 万元，其中安装材料和安装及其他收入各占 50%。

【例 7-5】某环保研究院 E 负责提供全套环保设备采购和安装服务，假如销售额为 1 000 万元，其中材料占比为 60%，安装及其他收入占比为 40%。

上述三家公司均存在货物销售，也存在建筑安装服务。如果仅根据财税〔2016〕36 号文第四十条的规定，似乎都有理由按销售货物缴纳增值税。关键是判断纳税人是否以销售货物为主还是以销售服务为主？

在“营改增”之前，上述空调销售安装公司 C，注册的是空调贸易公司，主营业务为空调部件销售，是增值税一般纳税人；安防公司 D 登记主业是建筑安装，具有相关建筑安装资质，过去均缴纳营业税；环保研究院 E 也登记为安装企业，以缴纳营业税为主。

在“营改增”之后，是将过去的营业税改征增值税，不是对纳税人服务重新核定。

混合销售如何征收增值税，需要考虑企业的历史、营业执照经营范围、登记的主辅业务、相关资质及业务实质，做好税务相关登记，合理确定纳税人的主要业务类型，适用相关税率，避免引起纳税分歧。

【说明】

1. 根据湖北省、河北省、湖南省、厦门市等几个省市国税局的答疑，只要是纳税人分开核算的，可以分别按适用税率征税，这样从纳税人角度考虑更具人性化，也更方便操作。

2. 2016 年 7 月 8 日总局货劳司副司长林枫在“20 条服务新举措、全面助力‘营改增’”为主题的在线访谈中就混合销售回答：按照现行政策规定，混合销售是指既涉及服务又涉及货物的一项销售行为，从事货物的生产、批发或者零售的单位和个体工商户的混合销售行为，应按照销售货物缴纳增值税；其他单位和个体工商户的混合销售行为，按照销售服务缴纳增值税，对一项混合销售行为，无论是否分开核算销售额，均按上述规定执行。

3. 作者个人观点：总局回复尽管维护了制度的统一性，但各地纳税人的情况千差万别，如何确定纳税人的主业，避免产生征纳争议，仍是税收主管部门日常管理的难点。

热点三：差额征税及选择简易计税

【专题分析 7-4】

差额征税行为到底该怎么开具发票，可否全额抵扣，如何进行会计处理

自财税〔2016〕36 号文出台，部分从营业税当中沿袭下来的差额征税行为如何开具增值税发票就成为讨论的焦点。2016 年 4 月 6 日～8 日，在国家税务总局货劳司关于增值税发票使用和开具有关问题解析之后(见正文)，业内普遍认为差额征税行为均需通过新系统中差额征税开票功能，仅就差额开具可抵扣的专用发票，作者也曾撰写《一般纳税人购建不动产需谨慎避开“差额征税”陷阱》；而 2016 年 4 月底湖北省国家税务局《“营改增”政策执行口径第一辑》和河北省国家税务局《关于全面推开“营改增”有关政策问题的解答(之二)》彻底颠覆了此认知。

对于此，作者举双手欢迎，因为给予差额纳税人税收优惠，不能建立在购买方少抵扣的痛苦之上，并且造成不同纳税人税负不同的乱象。如果两省国税局解读为真，那么到底有哪些差额征税可以全额开具，销售方如何进行会计处理，哪些还需要选择差额征税模块开具呢？

一、国家税务总局货劳司培训相关内容和河北与湖北两省国税局相关内容

(一)总局货劳司“营改增”培训参考资料：《增值税发票使用和开具有关问题解析》(部分内容)2016 年 4 月 8 日

差额征税开票

《全面推开“营改增”试点的通知》附件 2《营业税改征增值税试点有关事项的规定》：试点纳税人提供有形动产融资性售后回租服务，向承租方收取的有形动产价款本金，不得开具增值税专用发票，可以开具普通发票。试点纳税人提供旅游服务，可以选择以取得的全部价款和价外费用，扣除向旅游服务购买方收取并支付给其他单位

或者个人的住宿费、餐饮费、交通费、签证费、门票费和支付给其他接团旅游企业的旅游费用后的余额为销售额。选择上述办法计算销售额的试点纳税人，向旅游服务购买方收取并支付的上述费用，不得开具增值税专用发票，可以开具普通发票。

【政策解读】

按照现行政策规定适用差额征税办法缴纳增值税，且不得全额开具增值税发票的(财政部、税务总局另有规定的除外)，纳税人自行开具或者税务机关代开增值税发票时，通过新系统中差额征税开票功能，录入含税销售额(或含税评估额)和扣除额，系统自动计算税额和不含税金额，备注栏自动打印“差额征税”字样，发票开具不应与其他项目混开。

例如，某纳税人销售商品房适用差额征税。含税销售额 100 万元，扣除额 80 万元，征收率 5%。

原营业税=(1 000 000−800 000)×5% =10 000(元)

现增值税=(1 000 000−800 000)×5%÷(1+5%)=9 523.81(元)

金额=1 000 000−9 523.81 =990476.19(元)

差额征税票样:

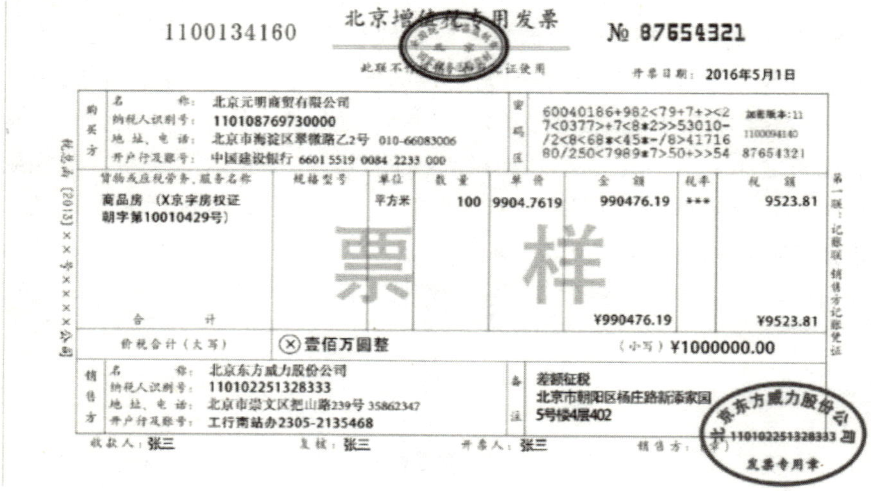

1100134160　北京增值税专用发票　№ 87654321

此联不作报销、扣税凭证使用　开票日期：2016年5月1日

购买方	名称：北京元明商贸有限公司 纳税人识别号：110108769730000 地址、电话：北京市海淀区翠微路乙2号 010-66083006 开户行及账号：中国建设银行 6601 5519 0084 2233 000			密码区	60040186+982<79+7+><2 7<0377>+7<8*2>>53010- /2<8<68*<45*-/8>41716 80/250<7989*7>50+>>54 加密版本:11 1100094140 87654321		
货物或应税劳务、服务名称	规格型号	单位	数量	单价	金额	税率	税额
商品房 (X京字房权证朝字第10010429号)		平方米	100	9904.7619	990476.19	***	9523.81
合计					¥990476.19		¥9523.81
价税合计(大写)	⊗壹佰万圆整				(小写)¥1000000.00		
销售方	名称：北京东方威力股份公司 纳税人识别号：110102251328333 地址、电话：北京市崇文区把山路239号 35862347 开户行及账号：工行南站办2305-2135468			备注	差额征税 北京市朝阳区杨庄路新添家园5号楼4层402		

收款人：张三　复核：张三　开票人：张三　销售方：(章)

第一联：记账联　销售方记账凭证

(二)《河北省国家税务局关于全面推开“营改增”有关政策问题的解答(之二)》(部分内容)2016 年 4 月 30 日

……

关于适用一般计税方法的房地产开发企业增值税专用发票开具及申报问题

《关于全面推开营业税改征增值税试点有关税收征收管理事项的公告》(国家税

务总局公告 2016 年第 23 号）第四条第（二）款规定：“按照现行政策规定适用差额征税办法缴纳增值税，且不得全额开具增值税发票的（财政部、国家税务总局另有规定的除外），纳税人自行开具或者税务机关代开增值税专用发票时，通过新系统中差额征税开票功能开具增值税发票。”

由此可见，只有财政部、国家税务总局明确规定“适用差额征税办法缴纳增值税，且不得全额开具增值税发票的”，才需要通过新系统差额征税开票功能开具增值税发票。现行政策，对于房地产开发企业销售额中扣除土地价款，未规定不得全额开具增值税发票。因此适用一般计税方法的增值税一般纳税人，可以全额开具增值税专用发票。

例如，A 房地产公司将一栋楼价税合计 1 000 万元销售给 M 公司，并开具增值税专用发票，经过计算这栋楼对应的土地成本为 300 万元。第一步，计算销项税额。销项税额=1 000÷（1+11%）×11%=99.1（万元）；第二步，计算销售额。销售额=1 000–99.1=900.9（万元）；第三步，按照上述销售额和销项税额的数据开具增值税专用发票，M 公司取得增值税专用发票后，可以抵扣进项税额 99.1 万元；第四步，在《增值税纳税申报表附列资料（一）》第 14 列“销项（应纳）税额”，填报（1 000–300）÷（1+11%）×11%=69.37 万元；第五步，A 公司在《增值税申报表》主表第 1 行“按适用税率计税销售额”中，填报销售额 900.9 万元，并将《增值税纳税申报表附列资料（一）》第 14 列“销项（应纳）税额”69.37 万元，填报在《增值税纳税申报表》主表第 11 行“销项税额”栏次中。

（三）《湖北省国家税务局“营改增”政策执行口径第一辑》（部分内容，2016 年 4 月 27 日）

……

关于差额征税项目的范围、销售额的确定及发票开具问题

（1）金融商品转让。

销售额=卖出价–买入价

不得开具增值税专用发票（以下简称专票），可以开具增值税普通发票（以下简称普票）。

（2）经纪代理服务。

销售额=取得的全部价款和价外费用–向委托方收取并代为支付的政府性基金或者行政事业性收费。作为差额扣除的部分（向委托方收取的政府性基金或者行政事业性收费），不得开具专票，可以开具普票。其余部分可以开具专票。

其他各行业发生的代为收取的符合规定条件的政府性基金或者行政事业性收费，以及以委托方名义开具发票代委托方收取的款项，不计入价外费用范畴。

(3)融资租赁业务。

销售额=取得的全部价款和价外费用–支付的借款利息(包括外汇借款和人民币借款利息)、发行债券利息和车辆购置税。

可全额开具专票。

(4)融资性售后回租服务。

销售额=取得的全部价款和价外费用(不含本金)–对外支付的借款利息(包括外汇借款和人民币借款利息)、发行债券利息。

可就取得的全部价款和价外费用(不含本金)开具专票。但2016年5月1日以后，融资性售后回租属于贷款服务，纳税人接受的贷款服务，其进项税额不得抵扣。

(5)原有形动产融资性售后回租服务。

根据2016年4月30日前签订的有形动产融资性售后回租合同，在合同到期前提供的有形动产融资性售后回租服务，可以选择以下方法之一计算销售额：

① 销售额=收取的全部价款和价外费用–向承租方收取的价款本金及对外支付的借款利息(包括外汇借款和人民币借款利息)、发行债券利息。

向承租方收取的有形动产价款本金，不得开具专票，可以开具普票。其余部分可以开具专票。

② 销售额=收取的全部价款和价外费用–支付的借款利息(包括外汇借款和人民币借款利息)、发行债券利息。

(6)航空运输企业。

销售额=收取的全部价款和价外费用–代收的机场建设费和代售其他航空运输企业客票而代收转付的价款。

纳税人接受旅客运输服务，其进项税额不得抵扣。

(7)客运场站服务。

销售额=收取的全部价款和价外费用–支付给承运方运费。

纳税人接受旅客运输服务，其进项税额不得抵扣。

(8)旅游服务。

销售额=收取的全部价款和价外费用–向旅游服务购买方收取并支付给其他单位或者个人的住宿费、餐饮费、交通费、签证费、门票费和支付给其他接团旅游企业的旅游费用。

选择上述办法计算销售额的试点纳税人，差额扣除部分(向旅游服务购买方收取并支付的上述费用)，不得开具专票，可以开具普票。其余部分可以开具专票。

提供旅游服务未选择差额征税的，可以就取得的全部价款和价外费用开具专票，其进项税额凭合法扣税凭证扣除。

(9)适用简易计税方法的建筑服务。

销售额=收取的全部价款和价外费用–支付的分包款。

可以全额开具专票。

(10)房地产开发企业中的一般纳税人销售其开发的房地产项目适用一般计税方法的:

销售额=收取的全部价款和价外费用–受让土地时向政府部门支付的土地价款。

可以全额开具专票。

(11)适用简易计税方法的二手房销售服务(包括一般纳税人、小规模纳税人、自然人)。

销售额=收取的全部价款和价外费用–该项不动产购置原价或者取得不动产时的作价。

可以全额开具专票。

(12)电信企业为公益性机构接受捐款。

销售额=收取的全部价款和价外费用–支付给公益性机构的捐款。

其差额扣除部分(接受的捐款),不得开具专票,可以开具普票。其余部分可以开具专票。

纳税人符合差额征税条件的,应在2016年5月1日后、第一次申报差额计税前向主管国税机关申请备案。

(来源于总局培训资料和河北省、湖北省国税局网站)

二、差额征税如何开具发票

(一)如何开具发票分析

从国家税务总局货劳司及河北省、湖北省国局解读来看,援引的依据相同,即均为《国家税务总局关于全面推开营业税改征增值税试点有关税收征收管理事项的公告》(国家税务总局公告2016年第23号):

“(二)按照现行政策规定适用差额征税办法缴纳增值税,且不得全额开具增值税发票的(财政部、税务总局另有规定的除外),纳税人自行开具或者税务机关代开增值税发票时,通过新系统中差额征税开票功能,录入含税销售额(或含税评估额)和扣除额,系统自动计算税额和不含税金额,备注栏自动打印“差额征税”字样,发票开具不应与其他应税行为混开。”

但举例出现冲突,国家税务总局货劳司所举二手房转让正是湖北省国税局标明的可以全额开具发票情形。

从财税〔2016〕36 号来看，全文没有一处写有“不得全额开具增值税发票”字样，只有在部分差额征税行为中，就扣除部分，写有“不得开具增值税专用发票”字样。意味着除了写有“不得开具增值税专用发票”以外，其他差额征税事项，均可以开具全额增值税专用发票。这一点与湖北省国家税务局的解读完全一致。

那么，另一个很关键的问题是，可以全额开具增值税专用发票，是价税按全额、销项税额仍是差额，还是价税总额、销项税额均按未扣除差额部分全额开具，购买方取得的增值税专用发票进项税额是全部货款对应的、未扣除差额？从河北省国家税务局所举例子又得到了证实，即可以全额开具、全额抵扣。

综上所述，我们可以得出如下结论：

差额征税情形中，文件未标明不得开具增值税专用发票情形，均为可以全额开具且全额计算销项税额的发票，不必通过差额征税模块开具。国家税务总局货劳司所举例子只是说明如何开具差额征税发票，忽视了非不得全额开具增值税发票情形。

按上述口径，对于所有差额征税行为，在发票开具上应可以归纳如下。

(1) 不得开具增值税专用发票：

金融商品转让(因差额征税，接受方也不存在抵扣)；

客运发票、航空客运(购买方为居民，不能开具；其他情形可以差额扣除)。

(2) 差额不开专票，由委托方开具：

经纪代理服务；代收的政府性基金、行政事业性收费，为财政票据；另委托单位发票。

(3) 差额征税功能开具、差额抵扣：

试点纳税人提供有形动产融资性售后回租服务，向承租方收取的有形动产价款本金；

试点纳税人提供旅游服务，可以选择以取得的全部价款和价外费用，扣除向旅游服务购买方收取并支付给其他单位或者个人的住宿费、餐饮费、交通费、签证费、门票费和支付给其他接团旅游企业的旅游费用后的余额为销售额。

纳税人提供人力资源外包服务，按照经纪代理服务缴纳增值税，其销售额不包括受客户单位委托代为向客户单位员工发放的工资和代理缴纳的社会保险、住房公积金。向委托方收取并代为发放的工资和代理缴纳的社会保险、住房公积金移动、电信所收公益性捐款。

(4) 可以全额开具专用发票且可全额抵扣：

① 融资租赁；

② 有形动产融资性售后回租老合同且选择不扣除本金的；

③ 简易计税建筑服务；

④ 房地产开发企业销售开发的房地产项目；

⑤ 纳税人简易计税二手房销售业务。

(二)相关会计账务处理

也许有人担心销售方从购买方得到了销项税额所对应的资金,但纳税申报表中销项税额又是扣除了差额部分的销项税额,是否合理,且这个差额部分会计难以进行账务处理。

笔者以为,只要文件许可差额征税,合理性不存在问题;而会计账务处理,从来就不是问题。

仍按河北省国税局所举例子:账务处理如下。

(1)收到 1 000 万元售楼款,开具 900.9 万元销项税额的专用发票。

借:银行存款　　10 000 000

　贷:主营业务收入　　9 009 000

　　应交税费——应交增值税——销项税额　　693 700

　　应交税费——应交增值税——“营改增”抵减的销项税额　　297 300

【说明】上述贷方明细科目中“营改增抵减的销项税额”仅代表作者个人观点,参阅第五章;读者仍可通过“销项税额”处理核算。

(2)土地出让款当期可以抵减的销项税额。

借:应交税费——应交增值税——进项税额

　——“营改增”抵减的销项税额　　297 300

　贷:应交税费——待抵扣的进项税额

　　——“营改增”待抵减的销项税额　　297 300

如果之前未对购置的土地款可以抵减的销项税额确认为待抵扣的进项税额,而是直接在可以抵减时确认的,则上述会计处理为:

借:应交税费——应交增值税——进项税额

　——“营改增”抵减的销项税额　　297 300

　贷:主营业务成本　　297 300

【说明】1. 如果使用 ERP 会计核算,上述贷记主营业务成本可以为主营业务成本借方红字,纳税申报可以参考本书相关章节,在此不再赘述。

2. 在财税〔2016〕36 号文件及相关细则下发与国家税务总局货劳司培训之后,业内关于差额征税的主流观点是:按余额开具增值税专用发票,这样购销双方链条才是完整的。但是这种模式在实践中操作难度大且不符合商业逻辑,如房地产企业需告知客户土地成本及扣除差额,公平性也存在问题,构成了“营改增”政策“陷阱”。

在2016年4月底湖北国税、河北国税等地国税相关解读出现后，差额征税如何开具发票经历了一次大反转；不过从纳税人角度看，这种选择兼顾了购销双方的利益，无疑是一次漂亮的、合理的反转。

【专题分析7-5】

“营改增”全面推开后，还有哪些应税行为按差额征税，如何开具发票

一、一般计税方法中按差额确定为销售额的应税行为

(1)金融商品转让，按照卖出价扣除买入价后的余额为销售额。

转让金融商品出现的正负差，按盈亏相抵后的余额为销售额。若相抵后出现负差，可结转下一纳税期与下期转让金融商品销售额相抵，但年末时仍出现负差的，不得转入下一个会计年度。

金融商品的买入价，可以选择按照加权平均法或者移动加权平均法进行核算，选择后36个月内不得变更。

金融商品转让，不得开具增值税专用发票。

【影响分析】

因为金融商品转让，不得开具增值税专用发票，下游环节不能凭票进行抵扣，但可根据盈亏相抵余额征税，对下游环节无影响。

(2)经纪代理服务，以取得的全部价款和价外费用，扣除向委托方收取并代为支付的政府性基金或行政事业性收费后的余额为销售额。向委托方收取的政府性基金或行政事业性收费，不得开具增值税专用发票。

【影响分析】

代收的政府性基金或行政事业性收费，本身即非代理服务销售，与会计口径一致，对下游环节无影响。

(3)经人民银行、银监会或商务部批准从事融资租赁业务的试点纳税人，提供融资租赁服务，以取得的全部价款和价外费用，扣除支付的借款利息(包括外汇借款和人民币借款利息)、发行债券利息和车辆购置税后的余额为销售额。

【影响分析】

因为贷款利息不能从销项税额中抵扣，如果上述销售不扣除借款利息，会造成融资租赁抵扣不足，同时开出的发票会间接包含贷款利息。

(4)经人民银行、银监会或商务部批准从事融资租赁业务的试点纳税人，提供融资性售后回租服务，以取得的全部价款和价外费用(不含本金)，扣除对外支付的借款利息(包括外汇借款和人民币借款利息)、发行债券利息后的余额作为销售额。

【影响分析】

可就取得的全部价款和价外费用(不含本金)开具专票。但2016年5月1日以后，融资性售后回租属于贷款服务，纳税人接受的贷款服务，其进项税额不得抵扣。

(5)原有形动产融资性售后回租服务。

继续按照有形动产融资租赁服务缴纳增值税的试点纳税人经人民银行银监会或者商务部批准从事融资租赁业务的，根据2016年4月30日前签订的有形动产融资性售后回租合同，在合同到期前提供的有形动产融资性售后回租服务，可以选择以下方法之一计算销售额：

① 销售额=收取的全部价款和价外费用–向承租方收取的价款本金及对外支付的借款利息(包括外汇借款和人民币借款利息)、发行债券利息。

向承租方收取的有形动产价款本金，不得开具专票，可以开具普票。其余部分可以开具专票。

② 销售额=收取的全部价款和价外费用–支付的借款利息(包括外汇借款和人民币借款利息)、发行债券利息。

可以全额开具专用发票。

【影响分析】

对于老合同仍按动产租赁服务17%税率缴纳增值税的，销售额即可全额(不扣本金)，也可差额，承担方仍可以抵扣，保持了政策连续性。

(6)试点纳税人中的一般纳税人(以下称一般纳税人)提供客运场站服务，以其取得的全部价款和价外费用，扣除支付给承运方运费后的余额为销售额。

【影响分析】

如果承运方为一般纳税人，客运场站服务一般纳税人可以从承运方取得增值税专用发票，并可根据注明的增值税进行抵扣；但因运输服务为11%的税率，客运场站服务为物流辅助服务，税率为6%，可能会出现增值税税率倒挂，故仍采用差额征税办法，其取得的增值税专用发票进项税额不能抵扣。

因购进的旅客运输服务不能从销项税额中扣除，故不会导致下游环节抵扣减少，不会因此造成重复纳税。

(7)试点纳税人提供旅游服务，可以选择以取得的全部价款和价外费用，扣除向旅游服务购买方收取并支付给其他单位或者个人的住宿费、餐饮费、交通费、签证费、门票费和支付给其他接团旅游企业的旅游费用后的余额为销售额。

【影响分析】

旅游服务可以选择按差额确定为销售额，扣除部分不能开具专用发票，可以开具普通发票，差额部分仍可以开具专用发票；但也可以选择费用不扣除，则可以根据销售额开具全额专用发票，故对下游客户影响有限；这里需要旅游服务公司能够根据客户需要灵活选择，不宜适用“一经选择，36 个月不能变更”的要求。

(8)房地产开发企业中的一般纳税人销售其开发的房地产项目(选择简易计税方法的房地产老项目除外)，以取得的全部价款和价外费用，扣除受让土地时向政府部门支付的土地价款后的余额为销售额。

【影响分析】

扣除土地受让金，可以降低房地产开发企业增值税税负，对于购买方为非增值税一般纳税人的单位或其他个人，因不能传导至下游，有利于降低流转税税负、促成交易；可以全额开具专用发票。

(9)适用简易计税方法的二手房销售服务(包括一般纳税人、小规模纳税人、自然人)。

【影响分析】

可以全额开具专票。

(10)电信企业为公益性机构接受捐款销售额=收取的全部价款和价外费用−支付给公益性机构的捐款。

【影响分析】

其差额扣除部分(即接受的捐款)，不得开具专票，可以开具普票。其余部分可以开具专票。纳税人符合差额征税条件的，应在 2016 年 5 月 1 日后、第一次申报差额计税前向主管国税机关申请备案。

(11)一般纳税人提供劳务派遣服务，可以按照《财政部、国家税务总局关于全面推开营业税改征增值税试点的通知》(财税〔2016〕36 号)的有关规定，以取得的全部价款和价外费用为销售额，按照一般计税方法计算缴纳增值税；也可以选择差额纳税，以取得的全部价款和价外费用，扣除代用工单位支付给劳务派遣员工的工资、福利和为其办理社会保险及住房公积金后的余额为销售额，按照简易计税方法依 5%的征收率计算缴纳增值税。

【影响分析】

选择差额纳税的纳税人，向用工单位收取用于支付给劳务派遣员工工资、福利和为其办理社会保险及住房公积金的费用，不得开具增值税专用发票，可以开具增值税普通发票；差额部分，仍可以开具增值税专用发票。

(12)纳税人提供人力资源外包服务，按照经纪代理服务缴纳增值税，其销售额不包括受客户单位委托代为向客户单位员工发放的工资和代理缴纳的社会保险、住房公积金。

【影响分析】

向委托方收取并代为发放的工资和代理缴纳的社会保险、住房公积金，不得开具增值税专用发票，可以开具增值税普通发票；差额部分，仍可以开具增值税专用发票。

二、简易计税（含一般纳税人选择适用）中按差额确定为销售额的应税行为

(1) 试点纳税人提供建筑服务适用简易计税方法的，以取得的全部价款和价外费用扣除支付的分包款后的余额为销售额。

【影响分析】

可以全额开具专用发票。

(2) 试点纳税人中的小规模纳税人（以下称小规模纳税人）跨县（市）提供建筑服务，应以取得的全部价款和价外费用扣除支付的分包款后的余额为销售额，按照3%的征收率计算应纳税额。

【影响分析】

可以全额开具专用发票。

(3) 小规模纳税人销售其取得（不含自建）的不动产（不含个体工商户销售购买的住房和其他个人销售不动产），应以取得的全部价款和价外费用减去该项不动产购置原价或取得不动产时的作价后的余额为销售额，按照5%的征收率计算应纳税额。纳税人应按照上述计税方法在不动产所在地预缴税款后，向机构所在地主管税务机关进行纳税申报。

【影响分析】

可以申请代开全额专用发票。

(4) 其他个人销售其取得（不含自建）的不动产（不含其购买的住房），应以取得的全部价款和价外费用减去该项不动产购置原价或取得不动产时的作价后的余额为销售额，按照5%的征收率计算应纳税额。

【影响分析】

购买人非其他个人，可以申请代开全额专用发票。

(5) 个人将购买2年以上（含2年）的非普通住房对外销售的，以销售收入减去购买住房价款后的差额按照5%的征收率缴纳增值税；上述政策仅适用于北京市、上海市、广州市和深圳市。

【影响分析】

购买人非其他个人，可以申请代开全额专用发票。

(6) 小规模纳税人提供劳务派遣服务，可以按照《财政部、国家税务总局关于全面推开营业税改征增值税试点的通知》（财税〔2016〕36号）的有关规定，以取得的全部价款和价外费用为销售额，按照简易计税方法依3%的征收率计算缴纳增

值税；也可以选择差额纳税，以取得的全部价款和价外费用，扣除代用工单位支付给劳务派遣员工的工资、福利和为其办理社会保险及住房公积金后的余额为销售额，按照简易计税方法依5%的征收率计算缴纳增值税。

【影响分析】

全额征税可以代开全额专用发票；差额征税可以就差额开具专用发票。

(7)提供物业管理服务的纳税人，向服务接受方收取的自来水水费，以扣除其对外支付的自来水水费后的余额为销售额，按照简易计税方法依3%的征收率计算缴纳增值税。

【影响分析】

文件出台前，物业管理服务公司一般纳税人，接受水费只能取得3%的专用发票，而销售为13%的税率；按差额且简易计税，税负可以下降。

三、上述应税行为差额扣除需取得的合法凭证

需取得如下合法凭证：

(1)支付给境内单位或个人的款项，以发票为合法有效凭证；

(2)支付给境外单位或个人的款项，以该单位或个人的签收单据为合法有效凭证，税务机关对签收单据有疑义的，可以要求其提供境外公证机构的确认证明；

(3)缴纳的税款，以完税凭证为合法有效凭证；

(4)扣除的政府性基金、行政事业性收费或向政府支付的土地价款，以省级以上(含省级)财政部门监(印)制的财政票据为合法有效凭证；

(5)国家税务总局规定的其他凭证。

差额征税行为如何开具发票，详见表7-2。

表7-2 差额征税行为与开具发票

发票开具情形	差额征税行为
一、不得开具增值税专用发票	金融商品转让(因差额征税，接受方也不存在抵扣)
	客运场站服务(指旅客运输服务)
二、差额不开专票，由委托方开具	经纪代理服务，代收的政府性基金、行政事业性收费，为财政票据；另委托单位直接向客户开具发票
三、纳税人选择差额征税，差额部分可以开具专用发票，扣除部分只能开普票	客运场站服务，以收取的全部价款和价外费用，扣除支付给承运方的运费
	试点纳税人提供有形动产融资性售后回租服务，向承租方收取的有形动产价款本金
	试点纳税人提供旅游服务，可以选择以取得的全部价款和价外费用，扣除向旅游服务购买方收取并支付给其他单位或个人的住宿费、餐饮费、交通费、签证费、门票费和支付给其他接团旅游企业的旅游费用后的余额为销售额 选择上述办法计算销售额的试点纳税人，向旅游服务购买方收取并支付的上述费用
	选择差额纳税的纳税人，以取得的全部价款和价外费用，扣除代用工单位支付给劳务派遣员工的工资、福利和为其办理社会保险及住房公积金后的余额为销售额，按照简易计税方法依5%的征收率计算缴纳增值税，按余额开具5%的专用发票

续表

发票开具情形	差额征税行为
三、纳税人选择差额征税，差额部分可以开具专用发票，扣除部分只能开普票	纳税人提供人力资源外包服务，按照经纪代理服务缴纳增值税，其销售额不包括受客户单位委托代为向客户单位员工发放的工资和代理缴纳的社会保险、住房公积金。向委托方收取并代为发放的工资和代理缴纳的社会保险、住房公积金只能开具普票，差额部分可以开具5%的专用发票
	中国移动、联通、电信集团及其成员单位通过手机短信公益特服号为公益性机场所收公益性捐款不得开具专用发票
四、纳税人差额征税，但可以全额开具专用发票情形	融资租赁
	有形动产融资性售后回租老合同且选择不扣除本金
	简易计税建筑服务
	房地产开发企业销售开发的房地产项目
	纳税人简易计税二手房销售业务
五、可选但未选择差额征税，仍按全额征税，全额开具专用发票情形	旅游服务全额征税，可以全额开具专用发票
	一般纳税人提供劳务派遣服务，以取得的全部价款和价外费用为销售额，按照一般计税方法计算缴纳增值税，可以开具6%的全额增值税专用发票 小规模纳税人提供劳务派遣服务，以取得的全部价款和价外费用为销售额，按照简易计税方法依3%的征收率计算缴纳增值税，申请代开全额专用发票
	人力资源外包服务，不选择差额征税，按全额开具专用发票

（来源于作者原创，仅代表个人意见）

【说明】上述是作者对于差额征税行为在开票反转之后的一次再梳理。物业管理服务收取自来水水费按照差额适用3%的征收率征税，如何开具发票，文件未明确，作者倾向于全额开具增值税专用发票或增值税普通发票。

【专题分析7-6】

“营改增”25项可选择适用简易计税或差额征税的应税行为征税比较

一、“营改增”可选择适用简易计税或差额征税的应税行为

(1) 公共交通运输服务，可以选择适用简易计税，按3%征收率。

(2) 经认定的动漫企业为开发动漫产品提供的服务，以及在境内转让动漫版权(包括动漫品牌、形象或内容的授权及再授权)，可以选择适用简易计税，按3%征收率。

(3) 电影放映服务，可以选择适用简易计税，按3%征收率。

(4) 仓储服务，可以选择适用简易计税，按3%征收率。

(5) 装卸搬运服务，可以选择适用简易计税，按3%征收率。

(6) 收派服务，可以选择适用简易计税，按3%征收率。

(7) 文化体育服务和非学历教育服务，可以选择适用简易计税，按3%征收率。

(8) 以纳入“营改增”试点之日前取得的有形动产为标的物提供的经营租赁服务，可以选择适用简易计税，按3%征收率。

在纳入“营改增”试点之日前签订的尚未执行完毕的有形动产租赁合同，可以选择适用简易计税，按3%征收率。

(9)建筑企业一般纳税人以清包工方式提供的建筑服务，可以选择适用简易计税方法计税，按全部价款和价外费用扣除分包款余额，适用3%的征收率。

建筑企业一般纳税人为甲供工程提供的建筑服务，可以选择适用简易计税方法计税，同上。

建筑企业一般纳税人为建筑工程老项目提供的建筑服务，可以选择适用简易计税方法计税，同上。

(10)一般纳税人销售其2016年4月30日前取得(不含自建)的不动产，可以选择适用简易计税方法，以取得的全部价款和价外费用减去该项不动产购置原价或取得不动产时的作价后的余额为销售额，按照5%的征收率计算应纳税额。纳税人应按照上述计税方法在不动产所在地预缴税款后，向机构所在地主管税务机关进行纳税申报。

(11)纳税人转让2016年4月30日前取得的土地使用权，可以选择适用简易计税方法，以取得的全部价款和价外费用减去取得该土地使用权的原价后的余额为销售额，按照5%的征收率计算缴纳增值税。

(12)一般纳税人销售其2016年4月30日前自建的不动产，可以选择适用简易计税方法，以取得的全部价款和价外费用为销售额，按照5%的征收率计算应纳税额。纳税人应按照上述计税方法在不动产所在地预缴税款后，向机构所在地主管税务机关进行纳税申报。

(13)房地产开发企业中的一般纳税人，销售自行开发的房地产老项目，可以选择适用简易计税方法按照5%的征收率计税。

(14)一般纳税人出租其2016年4月30日前取得的不动产(含房地产开发企业出租自行开发的房地产老项目)，可以选择适用简易计税方法，按照5%的征收率计算应纳税额。纳税人出租其2016年4月30日前取得的与机构所在地不在同一县(市)的不动产，应按照上述计税方法在不动产所在地预缴税款后，向机构所在地主管税务机关进行纳税申报。

(15)纳税人以经营租赁方式将土地出租给他人使用，按照不动产经营租赁服务缴纳增值税。

(16)一般纳税人2016年4月30日前签订的不动产融资租赁合同，或以2016年4月30日前取得的不动产提供的融资租赁服务，可以选择适用简易计税方法，按照5%的征收率计算缴纳增值税。

(17)公路经营企业中的一般纳税人收取试点前开工的高速公路的车辆通行费，可以选择适用简易计税方法，减按3%的征收率计算应纳税额。

(18)一般纳税人收取试点前开工的一级公路、二级公路、桥、闸通行费，可以选择适用简易计税方法，按照5%的征收率计算缴纳增值税。试点前开工，是指相关施工许可证注明的合同开工日期在2016年4月30日前。

(19)一般纳税人提供劳务派遣服务、安全保护服务，可以按照《财政部、国家税务总局关于全面推开营业税改征增值税试点的通知》(财税〔2016〕36号)的有关规定，以取得的全部价款和价外费用为销售额，按照一般计税方法计算缴纳增值税；也可以选择差额纳税，以取得的全部价款和价外费用，扣除代用工单位支付给劳务派遣员工的工资、福利和为其办理社会保险及住房公积金后的余额为销售额，按照简易计税方法依5%的征收率计算缴纳增值税。

纳税人提供人力资源外包服务，按照经纪代理服务缴纳增值税，其销售额不包括受客户单位委托代为向客户单位员工发放的工资和代理缴纳的社会保险、住房公积金。向委托方收取并代为发放的工资和代理缴纳的社会保险、住房公积金，不得开具增值税专用发票，可以开具普通发票。

一般纳税人提供人力资源外包服务，可以选择适用简易计税方法，按照5%的征收率计算缴纳增值税。

需要说明一点的是：提供人力资源外包服务，按照经纪代理服务缴纳增值税，无论是否选择简易计税，销售额均为差额。

(20)小规模纳税人提供劳务派遣服务、安全保护服务，可以按照《财政部、国家税务总局关于全面推开营业税改征增值税试点的通知》(财税〔2016〕36号)的有关规定，以取得的全部价款和价外费用为销售额，按照简易计税方法依3%的征收率计算缴纳增值税；也可以选择差额纳税，以取得的全部价款和价外费用，扣除代用工单位支付给劳务派遣员工的工资、福利和为其办理社会保险及住房公积金后的余额为销售额，按照简易计税方法依5%的征收率计算缴纳增值税。

(21)中国农业发展银行总行及其各分支机构提供涉农贷款(具体涉农贷款业务清单见附件2)取得的利息收入，可以选择适用简易计税方法，按照3%的征收率计算缴纳增值税。

(22)农村信用社、村镇银行、农村资金互助社、由银行业机构全资发起设立的贷款公司、法人机构在县(县级市、区、旗)及县以下地区的农村合作银行和农村商业银行提供金融服务的收入，可以选择适用简易计税方法，按照3%的征收率计算缴纳增值税。

(23)中国农业银行纳入“三农金融事业部”改革试点的各省、自治区、直辖市、计划单列市分行下辖的县域支行和新疆生产建设兵团分行下辖的县域支行(也称县事业部)，提供农户贷款、农村企业和农村各类组织贷款(具体贷款业务清单见附件)取得的利息收入，可以选择适用简易计税方法，按照 3%的征收率计算缴纳增值税。

(24)有形动产融资租赁(一般纳税人)计算销售额的方法选择权。

继续按照有形动产融资租赁服务缴纳增值税的试点纳税人，经人民银行、银监会或商务部批准从事融资租赁业务的，根据 2016 年 4 月 30 日前签订的有形动产融资性售后回租合同，在合同到期前提供的有形动产融资性售后回租服务，可以选择以下方法之一计算销售额：

① 以向承租方收取的全部价款和价外费用，扣除向承租方收取的价款本金，以及对外支付的借款利息(包括外汇借款和人民币借款利息)、发行债券利息后的余额为销售额。

② 以向承租方收取的全部价款和价外费用，扣除支付的借款利息(包括外汇借款和人民币借款利息)、发行债券利息后的余额为销售额。

不扣除承租方收取的本金，让本金开具 17%的税，承租方可以抵扣 17%的增值税，出租方可以对税负率高于 3%的部分即征即退。

(25)旅游服务(一般纳税人)销售额选择权。

试点纳税人提供旅游服务，可以选择以取得的全部价款和价外费用，扣除向旅游服务购买方收取并支付给其他单位或者个人的住宿费、餐饮费、交通费、签证费、门票费和支付给其他接团旅游企业的旅游费用后的余额为销售额。

选择上述办法计算销售额的试点纳税人，向旅游服务购买方收取并支付的上述费用，不得开具增值税专用发票，可以开具增值税普通发票。

二、“营改增”可选择适用简易计税或差额征税文件依据

【文件依据】

(1)财税〔2016〕36 号；

(2)《财政部、国家税务总局关于进一步明确全面推开“营改增”试点有关劳务派遣服务、收费公路通行费抵扣等政策的通知》(财税〔2016〕47 号)；

(3)《财政部、国家税务总局关于营业税改征增值税试点若干政策的通知》(财税〔2016〕39 号)；

(4)《财政部、国家税务总局关于进一步明确全面推开“营改增”试点金融业有关政策的通知财税》(〔2016〕46 号)；

(5)《关于进一步明确全面推开“营改增”试点有关再保险、不动产租赁和非学历教育等政策的通知》(财税〔2016〕68 号)。

【说明】上述仅包含可选择适用简易计税或选择适用差额征税的应税行为，未

包含其他适用差额征税的应税行为。是否选择简易计税(或差额征税)的销售额、税率、征税公式比较，如表 7-3 所示。

表 7-3 选择适用简易计税或差额征税的 25 种情形及销售额、税率及征税公式

可选择适用简易计税或差额纳税的销售服务、无形资产及不动产项目		选择适用简易计税（或差额纳税）销售额 X	扣除额 A	征收率 r	应交增值税公式 T_1 预缴增值税 t_1	一般计税或不选择 税率 R	销项税额公式 T 预缴 t
1. 公共交通运输服务		服务费	0	3%	$T_1=(X-A)\div(1+r)\times r$	11%	$T=X\div(1+R)\times R$
现代服务、生活服务	2. 动漫企业服务及转让动漫版权	服务费				6%	
		转让费					
	3. 电影放映服务	服务费					
	4. 仓储服务						
	5. 装卸搬运服务						
	6. 收派服务						
	7. 文化体育服务、非学历教育服务						
	8. 试点日前取得(或合同未执行完毕)的有形动产租赁服务	租赁费				17%	
建筑服务	9. 建筑企业清包工、甲供工程、老项目	全部价款+价外费用	分包款		$T_1=t_1=(X-A)\div(1+r)\times r$	11%	$t=(X-A)\div(1+R)\times 2\%$ $T=X\div(1+R)\times R$
不动产出售（含土地使用权）	10. 一般纳税人销售试点前非自建不动产		购置原价或取得时的作价	5%			$t=(X-A)\div(1+r)\times r$ $T=X\div(1+R)\times R$
	11. 土地使用权转让		原价				
	12. 一般纳税人销售试点前自建不动产		0				
	13. 房地产开发企业销售自行开发的老项目	预售款 X_1 全部销售款 X	当期允许扣除的土地款		$t_1=X_1\div(1+r)\times 3\%$ $T_1=X\div(1+r)\times r$		
不动产租赁（含土地使用权）	14. 一般纳税人出租试点前取得的不动产(含房地产开发企业)	租赁费	0		$T_1=t_1=X\div(1+r)\times r$		
	15. 纳税人经营出租方式将土地出租						
	16. 一般纳税人试点前签订或取得的不动产融资租赁服务	全部价款+价外费用	借款利息、发行债券利息、车辆购置税		$T_1=t_1=(X-A)\div(1+r)\times r$		$t=(X-A)\div(1+R)\times 3\%$ $T=(X-A)\div(1+R)\times R$
	17. 公路经营企业一般纳税人收取试点前开工的高速公路通行费	通行费	0	3%	$T_1=t_1=X\div(1+r)\times 3\%$		

续表

<table>
<tr><th colspan="2" rowspan="2">可选择适用简易计税或差额纳税的销售服务、无形资产及不动产项目</th><th colspan="4">选择适用简易计税（或差额纳税）</th><th colspan="2">一般计税或不选择</th></tr>
<tr><th>销售额 X</th><th>扣除额 A</th><th>征收率 r</th><th>应交增值税公式 T_1 预缴增值税 t_1</th><th>税率 R</th><th>销项税额公式 T 预缴 t</th></tr>
<tr><td>不动产租赁（含土地使用权）</td><td>18.公路经营企业一般纳税人收取试点前开工的一级公路、二级公路、桥、闸通行费</td><td></td><td></td><td rowspan="3">5%</td><td>$T_1=t_1=X\div(1+r)\times r$</td><td></td><td></td></tr>
<tr><td rowspan="2">劳务派遣服务</td><td>19．一般纳税人劳务派遣、安全保护服务</td><td rowspan="2">全部价款+价外费用</td><td rowspan="2">代用工单位支付给劳务派遣员工的工资、福利和为其办理社会保险及住房公积金</td><td rowspan="2">$T_1=(X-A)\div(1+r)\times r$</td><td>6%</td><td rowspan="2">$T=X\div(1+R)\times R$</td></tr>
<tr><td>20.小规模人劳务派遣、安全保护服务（选择前后均为简易计税，选择是否差额纳税）</td><td>3%</td></tr>
<tr><td rowspan="2">人力资源外包</td><td>人力资源外包服务（一般纳税人，选择前后销售额均差额）</td><td rowspan="2">全部价款+价外费用</td><td rowspan="2">受客户单位委托代向客户单位员工发放的工资和社保</td><td>5%</td><td rowspan="2">$T_1=(X-A)\div(1+r)\times r$</td><td>6%</td><td>$T=(X-A)\div(1+R)\times R$</td></tr>
<tr><td>人力资源外包服务（小规模纳税人，无须选择，均差额）</td><td>3%</td><td></td><td></td></tr>
<tr><td rowspan="3">金融服务</td><td>21.中国农业发展银行总行及其各分支机构提供涉农贷款取得的利息收入</td><td rowspan="3">金融服务收入</td><td rowspan="3">0</td><td rowspan="3">3%</td><td rowspan="3">$T_1=X\div(1+r)\times r$</td><td rowspan="3">6%</td><td rowspan="3">$T=X\div(1+R)\times R$</td></tr>
<tr><td>22．农村信用社、村镇银行、农村资金互助社、由银行业机构全资发起设立的贷款公司、法人机构在县（县级市、区、旗）及县以下地区的农村合作银行和农村商业银行提供金融服务收入</td></tr>
<tr><td>23.农业银行提供农户贷款、农村企业和农村各类组织贷款</td></tr>
<tr><td>销售额选择权</td><td>24.有形动产融资租赁4月30日签订（前后均为一般计税）</td><td>全部价款+价外费用</td><td>向承租方收取的价款本金、支付的借款（发行债券）利息</td><td>17%</td><td>$T_1=(X-A)\div(1+r)\times r$
本项T1也为销项税额</td><td>17%</td><td>$T=(X-A+本金)\div(1+R)\times R$
税负率超过3%即征即退</td></tr>
</table>

续表

可选择适用简易计税或差额纳税的销售服务、无形资产及不动产项目		选择适用简易计税（或差额纳税）				一般计税或不选择	
		销售额 X	扣除额 A	征收率 r	应交增值税公式 T_1 预缴增值税 t_1	税率 R	销项税额公式 T 预缴 t
销售额选择权	25．旅游服务（一般纳税人）		向旅游服务购买方收取并支付给其他单位或者个人的住宿费、餐饮费、交通费、签证费、门票费和支付给其他接团旅游企业的旅游费用	6%	$T_1=(X-A)\div(1+r)\times r$ 本项T1也为销项税额 T_1可以开具专用发票	6%	$T=X\div(1+R)\times R$ 可全额开具专用发票

（作者根据国家税务文件整理）

【专题分析 7-7】

出租 2016 年 4 月 30 日前未完工的不动产在建工程可否适用简易计税

财税〔2016〕36 号文和国家税务总局 2016 年 16 号公告均规定，“一般纳税人出租其 2016 年 4 月 30 日前取得的不动产，可以选择适用简易计税方法，按照 5% 的征收率计算应纳税额”。但是，如果纳税人出租 2016 年 4 月 30 日前开工在建，但在 5 月 1 日后办理竣工决算、取得房屋所有权证的不动产，是否可以适用简易计税方法呢？

从文件上看，不是很明确，而且截至本书出版前也没有看到书面的官方解读。作者现就此事项从两个角度分别进行分析探讨。

一、从文件的字面理解看

中国文字博大精深，从字面来推敲文件精神有“猴子捞月”的感觉。下面是笔者妄自揣度，仅代表个人意见。

文件规定，可以适用简易计税的出租标的物，是 2016 年 4 月 30 日前取得的不动产。如何理解这个“不动产”？表面上看，不动产的内涵要大于不动产在建工程，不动产在建工程自然也属于不动产，如果从这层关系来理解，不动产在建工程理所应当也可以选择适用简易计税了。

但是，我们将注意力稍作前移，“取得的”三个字加重，“取得的不动产”，一般是指在这个时点，租入或购建的不动产已具有正常的、通常的使用价值，经过了工程、安全、消防等验收，并办理了不动产相关权证；而不动产在建工程，则是未达到预定使用状态、不具有相应的使用价值的建筑半成品，自然还不具有已完工不动产的商品属性，不同时具备使用价值和价值，或者至少是在某些方面使用受限或存在使用瑕疵的不动产。比如，一幢3层的厂房，在2016年4月30日土建工程基本完工，2016年5月1日之后，经过一段时间的装修，对室内水电气、中央空调等进行了安装，并经过了各种正常的验收程序，取得了房屋所有权证和契证。

所以，文件上所指取得的不动产，应是具备正常生产、办公功能的不动产，而不仅仅是毛坯的在建工程；不动产与不动产在建工程是两个不同的概念。

单从文件字面理解看，笔者倾向于认为出租4月30日前尚未竣工决算的不动产，不完全符合文件规定，按理应不适用可选择简易计税方法。

二、从政策制定的出发点看

“营改增”文件设置了较多的可以选择适用简易计税的情形，其背后原因，无疑是为了保持过渡政策的平稳，不至于造成纳税人过渡期税负的上升。

具体到不动产出租上，2016年4月30日前完工的不动产，因为纳税人之前取得的所有建筑材料、建筑服务等均未取得增值税专用发票，未曾从增值税中抵扣，出租选择适用简易计税 5%的征收率，较一般计税 11%的税率要低，保证了企业在相关业务上的税负不上升。

但对于2016年4月30日前已开工的在建工程，如果在5月份竣工且办理相关权证，对于纳税人而言，也是未曾取得和抵扣相关进项税额，如果此时要求纳税人适用一般计税的 11%的税率，纳税人税负上升也是不可避免的，不符合文件宗旨。当然，这里面还会涉及不动产在建工程在2016年4月30日的完工进度，之前的工程完工比例越大，企业税负增加的就越多；反之，影响相对较小(2016年5月1日之后即使建筑服务选择简易计税，也可以抵扣3%)，但投资比例具体到多少税负不增加是一个难点，也不便于征管。

因此，从政策制定的相对合理性和征管成本相对较低、可操作性强的角度考虑，还是两种选项相对简便：要么对其全部适用一般计税，要么均可以选择适用简易计税。考虑“营改增”文件更多是从有利于纳税人的原则来设计的，笔者建议，对于2016年4月30日前未完工的所有在建工程，在2016年5月1日完工后出租，无论其完工进度如何，均可选择适用简易计税。

综上所述，笔者的观点是：

(1)从现行文件看，2016年4月30日前未竣工的不动产在建工程，在2016年5月1日竣工后出租，不太符合现行选择简易计税的条件；

(2)从“营改增”文件设计总体有利于纳税人的原则，建议国家税务总局出台相关细则或者主管国税部门在实际征管时，以允许纳税人选择适用简易计税为宜。

【说明】出租2016年5月1日后完工、2016年4月30日前的不动产在建工程可否选择简易计税，各地政策执行也有所不同：有的省(市)严格按不动产取得权证(建筑物以竣工决算时间为准)为准；有的参照建筑服务的规范、以项目规划许可证注明的日期(或建筑合同开工日期)为准。上述分析为作者原创，仅代表个人观点。

热点四：纳税义务时间

【专题分析7-8】

部分省市关于房地产公司销售开发的不动产纳税义务时间解读

房地产销售不动产纳税义务时间，从各地解读看，基本没有争议，即以不动产约定交付给买受人的时间为准；如果实际交房时间早于约定时间，则以实际交房时间为准。部分省市房地产销售不动产纳税义务时间如表7-4所示。

表7-4 部分省市房地产销售不动产纳税义务时间

湖北国税、海南国税、河北国税	《营业税改征增值税试点实施办法》第四十五条规定，增值税纳税义务、扣缴义务发生时间为：纳税人发生应税行为并收讫销售款项或者取得索取销售款项凭据的当天；先开具发票的，为开具发票的当天 纳税人发生应税行为是纳税义务发生的前提。房地产公司销售不动产，以房地产公司将不动产交付给买受人的当天作为应税行为发生的时间 在具体交房时间的辨别上，以《商品房买卖合同》上约定的交房时间为准；若实际交房时间早于合同约定时间的，以实际交付时间为准 以交房时间作为房地产公司销售不动产纳税义务发生时间，主要是基于以下几点考虑： 一是可以解决税款预缴时间与纳税义务发生时间不明确的问题 二是可以解决房地产公司销项税额与进项税额发生时间不一致造成的错配问题(如果按收到房屋价款作为纳税义务发生时间，可能形成前期销项税额大、后期进项税额大、长期留抵甚至到企业注销时进项税额仍然没有抵扣完毕的现象) 三是可以解决从销售额中扣除的土地价款与实现的收入匹配的问题
福建国税	《营业税改征增值税试点实施办法》第四十五条规定，增值税纳税义务发生时间为：“纳税人发生应税行为并收讫销售款项或者取得索取销售款项凭据的当天；先开具发票的，为开具发票的当天。”取得索取销售款项凭据的当天，是指书面合同确定的付款日期；未签订书面合同或者书面合同未确定付款日期的，为服务、无形资产转让完成的当天或者不动产权属变更的当天。因此，我们建议房地产业纳税义务时间为交房清算时间。前期的预收款和全额款都属于预征税款范围 首付款和按揭款到账时间即为增值税纳税义务时间

续表

内蒙古国税	纳税人发生应税行为是纳税义务发生的前提。房地产公司销售不动产，以房地产公司将不动产交付给买受人的当天作为应税行为发生的时间。交付时间，以《商品房买卖合同》上约定的交房时间为准；若实际交房时间早于合同约定时间的，以实际交付时间为准
宁夏国税	房地产开发企业预收房款时纳税义务尚未发生，在总局进一步明确前，暂按《商品房买卖合同》上约定的交房时间为准；若实际交房时间早于合同约定时间的，以实际交房时间为准
厦门国税	《营业税改征增值税试点实施办法》第四十五条规定，增值税纳税义务发生时间为："纳税人发生应税行为并收讫销售款项或者取得索取销售款项凭据的当天；先开具发票的，为开具发票的当天。"房地产公司销售不动产，产权转移的当天作为应税行为发生的时间

【说明】上述来源于相关省市国税局网站，纳税义务时间基本无争议，但是房地产开发企业预缴的增值税在什么时候可以抵减增值税，各地均未统一，部分城市不同区之间政策也不统一。

【专题分析 7-9】

"营改增"第一张增值税专用发票的纳税义务时间分析

"营改增"全面推开后，不少地区在 2016 年 5 月 1 日 0 点几分纷纷亮出了第一张"营改增"增值税专用发票。在为"营改增"顺利实施高兴的同时，也就第一张增值税专用发票中的两点涉税事项做一分析。

一、开具第一张"营改增"专用发票的试点服务是否已提供

财税〔2016〕36 号文：

"第五章　纳税义务、扣缴义务发生时间和纳税地点

第四十五条　增值税纳税义务、扣缴义务发生时间为：

(一)纳税人发生应税行为并收讫销售款项或者取得索取销售款项凭据的当天；先开具发票的，为开具发票的当天。

收讫销售款项，是指纳税人销售服务、无形资产、不动产过程中或者完成后收到款项。

取得索取销售款项凭据的当天，是指书面合同确定的付款日期；未签订书面合同或者书面合同未确定付款日期的，为服务、无形资产转让完成的当天或者不动产权属变更的当天。"

根据上述规定，纳税义务时间可以理解为(不包括提供建筑服务或不动产相关服务)：

(1) 已收讫销售款项的，必须发生了应税行为，至少在应税行为发生过程中，而不是应税行为尚未发生之前；

(2) 未收讫款项，但达到了合同约定的付款条件；

(3) 未签订书面合同，或合同未约定付款日期的，为服务、无形资产转让完成的当天。

2016 年 5 月 1 日刚到的时候，如果享用美食，不可能已经提供了服务；如果是住宿，应在上半夜即已入住，实质也是“营改增”推开前所发生的服务。在开具首张“营改增”专票之前，相关服务应尚未提供，即未发生应税行为；如果已发生了应税服务，属于营业税纳税义务更为合理。

当然，试点纳税人虽然在开具增值税专用发票时，服务尚未提供，但随后提供的服务与开具发票属同一个纳税申报期，也不能因此认定试点纳税人虚开或错开(除非纳税人只开具了发票，当月未提供服务)。

二、2016 年 5 月 1 日所购买的应税服务，是否为用于集体福利或个人消费

众所周知，5 月 1 日是“劳动节”，系我国法定假日；除了少数单位(如国税系统)或员工在加班外，大多数人员均处于休假之中；而在休假时间内，如果采购酒店的住宿服务、餐饮服务，与公司生产相关的概率能有多大？是否系不能从销项税额中抵扣的交际应酬消费。

【说明】2016 年 5 月 1 日凌晨，各地纷纷亮出“营改增”第一张发票，说明各地“营改增”全面推开顺利平稳，各地国税机关培训、准备到位；高兴之余，不妨也利用新政对热点现象略做分析。

热点五：统借统还

【专题分析 7-10】

“营改增”后统借统还免税条件、存在的缺陷与不利影响

统借统还政策，从财税字〔2000〕7 号下发到财税〔2016〕36 号文出台，已走过 17 个年头，中间还有两个相关文件，但免税核心条件基本没有发生大的变化；而“营改增”新的视同应税行为政策，在一定程度上又堵住了企业间无偿借款行

为，两项政策叠加对中小企业融资将产生一定不利影响，现就统借统还政策做如下探讨。

一、“营改增”后的统借统还政策

“营改增”后，因贷款利息收入增值税进项税额仍不能抵扣，原营业税统借统还政策做了相应平移。有关政策如表 7-5 所示。

表 7-5 统借统还税收优惠条件及文件变化比较

<table>
<tr><th>文件号</th><th>财税字
〔2000〕7 号</th><th>国税发
〔2002〕13 号</th><th>国税总局
公告 2015 年 92 号</th><th>财税
〔2016〕36 号</th></tr>
<tr><td>一、发文目的</td><td>缓解中小企业融资难</td><td>增加财务
公司中间人</td><td>增加融资
方式</td><td>“营改增”
免征增值税</td></tr>
<tr><td colspan="5">二、免税条件</td></tr>
<tr><td>1. 统借主体</td><td>企业主管部门
企业集团中核心企业</td><td colspan="2">企业集团或
企业集团中核心企业</td><td>企业集团
企业集团中的核心企业
集团所属财务公司</td></tr>
<tr><td>2. 中间人</td><td>无</td><td colspan="3">统借主体或
委托企业集团内所属财务公司</td></tr>
<tr><td>3. 融资来源</td><td colspan="2">金融机构借款</td><td>发行债券</td><td>金融机构借款
发行债券</td></tr>
<tr><td>4. 统借利率</td><td colspan="2">不高于银行贷款利率</td><td>不高于发行债券票面利率水平</td><td>不高于金融机构借款利率或发行债券票面利率水平</td></tr>
<tr><td>5. 统借方向</td><td colspan="2">分拨给下属单位</td><td colspan="2">通过财务公司可向企业集团或集团内下属单位</td></tr>
</table>

（作者根据国税总局文件原创整理。）

从表 7-5 看，“营改增”后的统借统还免税业务需同时满足如下 4 个条件：

(1)统借主体为集团公司或核心企业或集团内财务公司；

(2)资金来源于外部债务型融资，包括银行借款或债券融资；

(3)统借方借出利率不得高于外部融资利率；

(4)统借方向仍为集团或核心成员对下属企业借款，或者通过财务公司可以向集团或成员企业借款。

二、统借统还政策缺陷

17 年来，统借统还严守集团、利率、统借方向等免税的前置条件。但这些条件设置的理由和目的是什么，与现今的环境是否相符，并不明确。其存在如下两大缺陷。

(一) 设置条件与“缓解中小企业融资难”的目的不符

1. 设置条件与目的不一致

《财政部、国家税务总局关于非金融机构统借统还业务征收营业税问题的通知》(财税字〔2000〕7号)相关条款如下:

“据了解,近几年来,部分金融机构为减少和防止不良贷款,确保信贷资金安全,有时出现不愿受理中小企业贷款申请的情况。中小企业为解决融资困难,往往由其主管部门或所在企业集团的核心企业统一向金融机构贷款并统一归还。一些地区最近来函,要求对此类非金融机构统借统还业务如何征收营业税的问题予以明确。经研究,现明确如下:

为缓解中小企业融资难的问题,对企业主管部门或企业集团中的核心企业等单位(以下简称统借方)向金融机构借款后,将所借资金分拨给下属单位(包括独立核算单位和非独立核算单位),并按支付给金融机构的借款利率水平向下属单位收取用于归还金融机构的利息不征收营业税……”

2. 企业集团并非小企业

企业集团是指以资本为主要联结纽带的母子公司为主体,以集团章程为共同行为的规范的母公司、子公司、参股公司及其他成员企业或机构共同组成的具有一定规模的企业法人联合体。

根据国家工商行政管理总局关于《企业集团登记管理暂行规定》,企业集团应当具备以下条件:

(1) 企业集团的母公司注册资本在5 000万元人民币上,并至少拥有5家子公司;

(2) 公司和子公司的注册资本总和在1亿元人民币以上;

(3) 集团成员单位均具有法人资格。

3. 企业集团财务公司设置门槛更高

申请设立财务公司的企业集团,应当具备以下条件:

(1) 符合国家产业政策并拥有核心主业;

(2) 最近1个会计年度末期,按规定并表核算的成员单位的资产总额不低于50亿元人民币,净资产不低于资产总额的30%;

(3) 财务状况良好,最近2个会计年度按规定并表核算的成员单位营业收入总额每年不低于40亿元人民币,税前利润总额每年不低于2亿元人民币;

(4) 现金流量稳定并具有较大规模;

(5) 母公司成立2年以上且具备企业集团内部财务管理和资金管理经验;

(6) 母公司最近1个会计年度末期的注册资本金不低于8亿元人民币;

(7)母公司有健全的公司治理结构，无不当关联交易；

(8)母公司有良好的社会声誉、诚信记录和纳税记录，最近2年内无重大违法违规经营记录；

(9)母公司入股资金来源真实合法，不得以借贷资金入股，不得以他人委托资金入股；

(10)银监会规定的其他审慎性条件。

设立企业集团财务公司(以下简称财务公司)法人机构应当具备以下条件：

(1)确属集中管理企业集团资金的需要，经合理预测能够达到一定的业务规模；

(2)有符合《中华人民共和国公司法》和银监会规定的公司章程；

(3)有符合规定条件的出资人；

(4)注册资本为一次性实缴货币资本，最低限额为1亿元人民币或等值的可自由兑换货币；

(5)有符合任职资格条件的董事、高级管理人员，并且在风险管理、资金集约管理等关键岗位上有合格的专门人才(指在财务公司主要业务活动中承担风险管理和资金集约管理的工作人员)；

(6)财务公司从业人员中从事金融或财务工作3年以上的人员应当不低于总人数的2/3、5年以上的人员应当不低于总人数的1/3；

(7)在公司治理、内部控制、业务操作、风险防范等方面具备完善的制度，建立了完善的管理信息系统和风险控制系统；

(8)有与业务经营相适应的营业场所、安全防范措施和其他设施；

(9)银监会规定的其他审慎性条件。

从上述条件看，小型企业很难具备上述集团设立条件，更与集团企业财务公司设置要求相距甚远；至于集团内部的小企业，当流动资金不足时，集团公司完全可以通过增资、担保等方式，为其解决困难。统借统还税收文件与缓解中小企业融资难的初衷显然并不一致。

(二)强迫企业仍套上“集团”马甲未与时俱进

10多年以前，公司冠上“集团”名号，给人一种高大上的感觉。“集团”这两个字，某种程度上代表企业的实力与信誉。所以，地方政府招商部门、银行及其他部门都乐见企业设立集团，并给予集团公司一定的优惠。

现在的事实是，不少虽没有集团名号的企业，比很多集团公司规模、实力等都不小。如1987年成立的华为技术有限公司注册资本399.08亿元，2014年销售额2 882亿元，已成为世界500强企业。企业名称中是否有“集团”二字与企业实力、信誉无关。

既然集团公司可以享受统借统还的免税政策，那为什么没有套上集团“马甲”的母子公司，在符合其他相同条件下就不能给予免税待遇呢？显然，以集团名号作为统借统还的税收优惠条件，并不符合税收中性原则，没能做到与时俱进。

三、“营改增”统借统还相关政策的不利影响

在“营改增”全面推开前，企业之间融通资金，如果未收取利息且没有其他相关经济利益的流入，一般不征营业税；故严苛的统借统还政策，对于关联方之间调剂资金影响有限。

而“营改增”新政将企业几乎所有的即使未收款的无偿服务全部视同应税行为(除了公益事业外)，此时统借统还仍沿袭旧政，从税收层面对企业间借款构成合围之势，对于关联方之间调剂资金、临时借款无疑是设置障碍，增加企业融资成本，也让中小企业融资难上加难。

贷款利息进项税额不能抵扣，国家税务总局相关部门的解释是因为存款业务不征税；但是，如果企业从银行借款，在实际承担了税负的情况下，再以不高于银行的贷款利率调剂给其下属公司使用，仍需重复征税，这与“营改增”消费型转型、消除重复征税的目标并不一致。

“营改增”后对不少行业保留了差额征税政策，以减少企业税负。但对于企业不以自有资金借款所收取的利息(自有资金借款可以与银行政策保持一致)，且以不高于银行借款利率借给下属公司，何不考虑免税或差额征税呢？

【说明】部分地区将关联方之间发生的无利息的资金往来仍视为非应税行为，如大连市国税局2016年5月25日的解答。

上述系政策探讨，仅代表作者个人观点。

热点六：进项税额抵扣或转出

【专题分析7-11】

建筑企业等一般纳税人进项税额转出五个问题的探讨

“营改增”全面推开后，对于试点一般纳税人，针对老项目等，在“营改增”文件上设置了较多的可以选择简易计税的项目。一般纳税人在过渡期只有简易计税项目(老项目)时，所购买设备和应税服务等取得的合法扣税凭证，相关进项税

额是否需要转出、什么时候转出，关系到纳税人的利益是否受损和税务风险是否存在。如下五个问题在试点期间争议很大，作者试就相关问题谈谈个人观点，供读者参考；在实际执行时，仍需以总局最新文件或当地主管国税部门意见为准。

问题一：试点一般纳税人在公司只有简易计税项目期间，购买非直接用于简易计税项目的办公用品、其他应税服务等费用化支出所取得的增值税专用发票进项税额，是否需转出？

【分析】

财税〔2016〕36号附件1：

“第二十七条　下列项目的进项税额不得从销项税额中抵扣：

用于简易计税方法计税项目、免征增值税项目、集体福利或者个人消费的购进货物、加工修理修配劳务、服务、无形资产和不动产。其中涉及的固定资产、无形资产、不动产，仅指专用于上述项目的固定资产、无形资产（不包括其他权益性无形资产）、不动产。”

购买的办公用品、其他应税服务（如过路费、住宿费等）如果不是专用于简易计税、集体福利、个人消费等不能抵扣项目的，其进项税额可不需要转出；但因为公司过渡期只有简易计税项目，相关进项税额不能用于抵减当期简易计税的应纳增值税，只能挂在账上，成为期末留抵税额。

如果公司直到注销前仍只有简易计税项目，那么在注销前需将留抵税额转出作为费用。

问题二：试点一般纳税人，在只有简易计税时所取得的固定资产增值税专用发票进项税额是否需要转出？

【分析】

根据问题一中所列文件及分析，相关固定资产进项税额是否转出，主要看固定资产使用去向：

其一，如果确定是专用于简易计税等不能抵扣项目，相关进项税额需要转出，以防今后误将相关进项税额从销项税额中抵扣；

其二，如果是公司管理部门采购的、非专用于简易计税项目所用的固定资产，如办公电脑、打印机等，其进项税额暂不需要转出；

其三，如果是暂时用于简易计税项目，如建筑工程专用设备，目前尚不确定是否会一直用于简易计税项目，也可暂不转出；待确定专用于简易计税等不能抵扣项目时，再予转出。

这里需要说明的是，财税〔2016〕36号文，是指专用于简易计税、集体福利和个人消费等项目的进项税额不能从销项税额中抵扣，并不是说不能留在进项税额明细科目中。因公司暂时只有简易计税，进项税额显然不可能抵减简易计税的应交增值税。暂时用于简易计税项目的建筑工程专用设备进项税额，即使不做转出，并不等于从销项税额中抵扣了，所以与文件并不冲突。

问题三：固定资产进项税额如果转出后，以后如改变用途，可否将进项税额转回用于抵扣？

【分析】

财税〔2016〕36 号附件 2：

“按照《试点实施办法》第二十七条第(一)项规定不得抵扣且未抵扣进项税额的固定资产、无形资产、不动产，发生用途改变，用于允许抵扣进项税额的应税项目，可在用途改变的次月按照下列公式计算可以抵扣的进项税额：

可以抵扣的进项税额=固定资产、无形资产、不动产净值÷(1+适用税率)×适用税率

上述可以抵扣的进项税额应取得合法有效的增值税扣税凭证。”

《国家税务总局关于发布<不动产进项税额分期抵扣暂行办法>的公告》(国家税务总局公告 2016 年第 15 号)第九条：

“按照规定不得抵扣进项税额的不动产，发生用途改变，用于允许抵扣进项税额项目的，按照下列公式在改变用途的次月计算可抵扣进项税额。

可抵扣进项税额=增值税扣税凭证注明或计算的进项税额×不动产净值率

依照本条规定计算的可抵扣进项税额，应取得 2016 年 5 月 1 日后开具的合法有效的增值税扣税凭证。”

根据上述文件，如果已做进项税额转出的固定资产、无形资产(不包括其他权益性无形资产)、不动产，如改变用途非专用于不能抵扣项目，净值对应的进项税额理论上可以抵扣。但是在实际操作时还需要注意符合如下两个条件。

第一，相关转出的固定资产、无形资产(不包括其他权益性无形资产)、不动产还存在账面价值。

固定资产、无形资产或不动产净值，是指纳税人根据财务会计制度计提折旧或摊销后的余额。

假如纳税人为了享受加速折旧税收优惠，同时为了减少会计与税务的调整工作量，将固定资产单位价值定在 5 000 元，低于 5 000 元的资产已全部费用化，或者净值较低，则根据上述公式，进项税额允许抵扣的额度就没有或几乎很少。

第二，原来取得的相关扣税凭证在取得时已扫描认证，或虽未认证但离开具之日未满 180 日，仍在认证有效期内且可以认证通过。

问题四：用于简易计税等不能抵扣项目的固定资产、无形资产和不动产，如果存在改变用途的可能，进项税额是先转出再转回，还是可以先不转出？

【分析】

处理各有利弊。

1. 先转出、再转回

好处：符合谨慎性原则，避免了专用于简易计税等不能抵扣项目时，其进项税额从一般计税的销项税额中抵扣，最大限度地减少了税务风险。

不利之处：如果过渡期后相关资产同时也用于一般计税项目的，损失了转回之前的可以抵扣的进项税额。见下例。

【例 7-6】公司 2016 年 5 月购置了工程设备不含税价 1 万元，取得的进项税额为 1 700 元，公司暂时只有简易计税项目，为规避风险，公司将 1 700 元全部转出。2017 年 5 月后，该设备又用于一般计税项目。假如该设备会计折旧年限为 3 年，残值率为 0。

【比较分析】

2016 年 5 月，设备原值为 11 700 元，从 2016 年 6 月开始计提折旧到 2017 年 5 月计提折旧年限为 12 个月，累计折旧为 11 700÷3=3 900(元)。

固定资产净值=11 700–3 900=7 800(元)

在 2017 年 6 月，可以抵扣的进项税额=固定资产、无形资产、不动产净值÷(1+适用税率)×适用税率=7 800÷1.17×17%=1 133.33(元)。

较之前进项税额减少 566.67 元(1 700–1 133.33)。

2. 先不转出待确定后再转出

好处：从上例可以看出，假如该资产今后用于一般计税项目，无疑可以减少进项税额转出损失。

不利之处：如果该固定资产使用全过程，公司仍是简易计税，那么最终仍需将相关进项税额转出，增加了核算工作量；由于公司进项税额只是挂账留抵，并没有减少简易计税的应纳税额，也不存在纳税风险；但如果企业事后未做转出，且抵减了未来一般计税销项税额，则存在偷税风险。

从纳税人角度，选择先将增值税专用发票认证并挂进项税额为优；但需要加强管理，避免一直用于简易计税但其进项税额误从销项税额中抵扣的风险。

问题五：纳税人如果同时存在一般计税和简易计税项目的，但所购设备暂时只用于简易计税项目，数月后会改变用途用于一般计税项目，该设备进项税额是否需要先转出，还是可以视为非专用于不能抵扣项目，不必转出？

【分析】

这种情形，与试点纳税人暂时只有简易计税有所不同。

假如相关设备从2016年5月采购，目前专用于简易计税工程项目，拟从2016年12月后用于一般计税项目。根据文件规定，在2016年5月至2016年12月期间，该设备专用于不能抵扣项目(非专用于是指相同会计期间，不是先后不同期间)，故此期间相关进项税额不能从销项税额中抵扣。

由于公司同时存在一般计税项目，如果该设备的进项税额在2016年5月不做转出，则可以视为该进项税额已从销项税额中抵扣。(这是与上面其他几个问题的区别之处。)

所以，该设备进项税额需要转出，待2016年12月改变用途后，在2017年1月按固定资产净值和适用税率计算可以抵扣的进项税额，再将净值对应的进项税额转回。

【说明】上述分析系作者原创，仅代表个人观点。

【专题分析7-12】

从案例看“营改增”试点一般纳税人只有简易计税项目时，管理部门采购相关进项税额不必转出的合理性

【问题列示】

没有异议的地方：

如果试点一般纳税人所买的办公用品、服务等费用化支出，是专门用于简易计税项目的，包括简易计税项目工程施工耗用的材料、水、电等支出，取得的进项税额均不能从销项税额中抵扣。这个应该是没有异议的。

存在异议的地方：

因为该一般纳税人只有简易计税项目，对于非上述简易计税项目专门直接领用的办公用品、水电费用、差旅住宿费用等，应视为用于简易计税项目，相关进项税额需转出(不能抵扣)。

作者认为，试点一般纳税人在只有适用简易计税项目时，对于非上述简易计税项目专门领用的、其他管理部门发生的办公用品、水电费用等支出，相关进项税额不能视为用于简易计税项目，相关进项税额不必转出。

下面以一个案例来说明，为什么在“营改增”试点一般纳税人只有简易计税项目时，管理部门购买的费用化支出进项税额不必转出。

【例7-7】假如A是一般纳税人建筑企业，2016年5月、6月主业是选择适用

简易计税的老项目。在这两个月里，假如发生了如下业务(该公司固定资产单位价值为高于5 000元，不考虑其他业务)。

(1)2016年5月，建筑企业财务部购买了一台办公电脑设备3 510元，一台打印机1 170元；公司购买了100吨工程材料，假如含税价格为117万元，均取得了增值税专用发票。

(2)上述工程材料80吨被适用简易计税建筑项目领用。

(3)2016年6月上旬，由于某种原因，公司将打印机以原价卖给了B公司，将20吨钢材(成本价23.4万)以原价销售给了C公司。

【分析】

1．2016年5月，购买业务会计处理：

借：管理费用——办公用品　　4 000

　　应交税费——应交增值税(进项税额)　　680

　　贷：银行存款　　4 680

因为该公司2016年5月只有简易计税项目，假定将上述办公用品也视为简易计税领用，那么进项税额需要转出：

借：管理费用——办公用品　　680

　　贷：应交税费——应交增值税(进项税额转出)　　680

2．购买钢材：

借：原材料——钢材　　1 000 000

　　应交税费——应交增值税(进项税额)　　170 000

　　贷：应付账款　　1 170 000

简易工程领用：

借：工程施工　　936 000

　　贷：原材料　　800 000

　　　　应交税费——应交增值税(进项税额转出)　　136 000

在月底，进项税额余额为：170 000–136 000=34 000(元)。

3．2016年6月10日：

A公司将打印机和钢材出售，由于该公司为一般纳税人，均适用17%的增值税税率。

出售打印机：

借：银行存款　　1 170

　　贷：其他业务收入　　1 000

　　　　应交税费——应交增值税(销项税额)　　170

出售钢材：

借：应收账款　　234 000

　贷：其他业务收入　　200 000

　　应交税费——应交增值税(销项税额)　　34 000

则 2016 年 6 月，该公司应交增值税：

销项税额–进项税额=170+34 000–34 000=170(元)

该公司 2016 年 6 月销售没有取得一分钱的毛利，却应交增值税 170 元。

从上述案例看，2016 年 6 月份该公司之所以多交了 170 元的增值税，是因为在上个月认为该公司只有简易计税，将本不是由简易计税的项目所领用的材料进项税额给错误地转出了。

【案例启示】

1. 一般纳税人只有简易计税项目和小规模纳税人适用简易计税存在本质区别，两者并不能画等号，如表 7-6 所示。

表 7-6　一般纳税人只有简易计税项目与小规模纳税人适用简易计税的区别

内　容	小规模纳税人	只有简易计税项目的一般纳税人
简易计税方法	完全性、彻底性、永久性、绝对性	过渡性、偶发性、非持续性、相对性
产品与服务适用税率	所有产品和服务永远、全部适用简易计税征收率	只有选择适用的项目适用简易计税征收率，其他未选择的均适用一般计税税率
进项税额转出范围	既包括直接经营项目，也包括间接部门，全部均不能抵扣	只包括直接适用简易计税项目等不能抵扣，未选择适用的范围等均不需转出

(作者原创，仅代表个人观点。)

2. “一般纳税人只有简易计税项目”只是通俗说法，并不严谨，是指主营业务只有简易计税，同时仍存在着大量的、可能发生的、必需适用一般计税方法的销售或服务。比如，案例中 5 月虽然未发生一般应税行为，但在次月发生了出租设备、零星材料销售、办公材料销售等。

也许有人认为，上述存在其他销售行为只是偶发业务甚至是一种巧合吗？不能因为特殊性而改变普遍性政策。

作者认为，这种行为即使有的月份并没有实际发生，但因为纳税人既然登记为一般纳税人，适用简易计税只是小概率行为；一般计税的销售行为是始终存在的，我们可以将其视为销售额为 0，税率仍是 17%等；同时，即使在所有一般纳税人的其他企业，也并非每个月都存在销售行为，如新设企业登记为一般纳税人，如果没有销售也仍视为其存在一般计税的可能，并没有相求已取得的进项税额转出。

如果一定要有一般计税行为发生，才能视为并非只有简易计税的话，那么纳税人完全可以每个月都开点票，做点材料销售；如果这样，说明相关政策是存在缺陷的。

3．由于小规模纳税人只能适用简易计税，除了直接用于简易计税项目外的服务需要进项转出外，还应将管理部门购买的办公用品等均做转出；但如果是选择适用简易计税的一般纳税人，必须将进项转出的范围严格限定在直接由简易计税项目领用的材料或服务相关的进项税额，如上述案例领用的80吨钢材，未领用的钢材及其他与该简易计税项目无直接关系的领用均不必转出，否则将容易导致纳税人重复征税。

【说明】由于“营改增”新政赋予了建筑企业计税方式的选择权，在实践中可能存在较多的只有简易计税项目的一般纳税人企业。当一般纳税人只有简易计税期间，非简易计税项目直接领用的其他采购进项税额是否需要转出，是征管部门与纳税人争论不休的问题。

作者认为，不能因为一般纳税人只有简易计税项目时，就要求纳税人与小规模纳税人等同，要求所有采购的进项税额全部转出，但在材料销售时，又要求按一般纳税人适用增值税税率计算销项税额，增加企业税负。

上述分析是作者个人观点，供读者参考；纳税人具体执行时，仍需以国家税务总局最新文件为准。

【专题分析7-13】

哪些是需进项税额转出的交际应酬消费，哪些是需视同销售的交际应酬费

进项税额转出与视同销售除了会计处理完全不一样，税务处理结果也可能不同，如纳税人购进相关商品取得的是增值税普通发票，如果是进项税额转出不影响，但如果其需要视同销售，因未取得进项税额，将导致当期税负增加。

交际应酬费是需视同销售的无偿赠送行为，还是需要进项税额转出的个人消费，文件是否矛盾？哪些是需进项税额转出的交际应酬消费，哪些是需视同销售的交际应酬费？多一个“消”字区别点到底有哪些？如果不区分清楚，难免步入“陷阱”。

国家税务总局没有出台相关细则，作者试从相关文件分析入手，对相关问题进行分析。相关文件如表7-7所示。

表 7-7 不得从销项税额中抵扣和视同销售规范

文件依据	进项税额转出规范	视同销售规范
《增值税暂行条例》、《条例实施细则》财政部令 2011 年第 65 号	《增值税暂行条例》第十条 下列项目的进项税额不得从销项税额中抵扣： 用于非增值税应税项目、免征增值税项目、集体福利或者个人消费的购进货物或者应税劳务 《条例实施细则》第二十二条： 条例第十条所称个人消费包括纳税人的交际应酬消费	《条例实施细则》第四条： 将自产、委托加工或者购进的货物无偿赠送其他单位或者个人
“营改增”文：财税〔2016〕36 号	第二十七条 下列项目的进项税额不得从销项税额中抵扣： (一)用于简易计税方法计税项目、免征增值税项目、集体福利或者个人消费的购进货物、加工修理修配劳务、服务、无形资产和不动产。其中涉及的固定资产、无形资产、不动产，仅指专用于上述项目的固定资产、无形资产(不包括其他权益性无形资产)、不动产 纳税人的交际应酬消费属于个人消费	第十四条 下列情形视同销售服务、无形资产或者不动产： (一)单位或者个体工商户向其他单位或者个人无偿提供服务，但用于公益事业或者以社会公众为对象的除外 (二)单位或者个人向其他单位或者个人无偿转让无形资产或者不动产，但用于公益事业或者以社会公众为对象的除外

(作者根据国家税务总局文件整理。)

从上述文件比较中可以得出如下规则(可以区分)。

(1)赠送给其他单位的货物或者服务，非交际应酬消费，需视同销售。

(2)自产产品、自行提供的服务用于交际应酬，均属视同销售。从上述文件看，上表中左列两文件均未包括自产产品或服务。

(3)外购的服务、无形资产、不动产用于交际应酬只能是个人消费，需进项税额转出，因视同销售中未包括外购服务等。

(4)外购的劳务只有用于个人消费中的交际应酬消费，需进项转出；因视同销售中未包括外购的劳务。

难点是如何区分购进货物用于个人消费中的交际应酬消费和赠送给个人需视同销售的购进货物。

【分析】

(1)属于交际应酬消费的外购货物内涵：从字面理解，同时可以用于消费和赠送的货物，应该是可以用于吃喝的消费用品；如果是非吃喝消费品，如外购的手机、电脑、皮包、服务等其他商品送给客户，则应为视同销售的交际应酬费，非交际应酬消费。

(2)属于交际应酬消费的货物消费行为：外购的可以吃喝的用品，只有外购且用于(或准备用于)吃喝的消费，才是个人消费中的交际应酬消费。比如，将买来的烟、酒、茶叶等用品，用于了公司日常招待；但如果是所购的消费品在公司内部并未消费，而是整提、整件让客户带走，则仍是视同销售的消费品，非交际应酬消费。

如果所买来的香烟、茶叶用于公司内部零星招待，属交际应酬消费。

需要注意的是，由于“营改增”自行提供的餐饮服务属于视同销售（见上述第(2)点），如果将酒水用于公司内部食堂酒宴招待外部客户，则属于对外提供的餐饮服务，需视同销售，同时其所购酒水等取得的增值税专用发票进项税额应可以抵扣；如果是将酒水带至外部专业酒店消费，则属于交际应酬消费，需进项税额转出。

综上所述，哪些是需进项税额转出的交际应酬消费、哪些是需视同销售的其他交际应酬费，具体如表 7-8 所示。

表 7-8 需进项税额转出的交际应酬消费和视同销售的其他交际应酬费

分类	商务活动	交际应酬消费（进项转出）	其他交际应酬费（视同销售）
增值税应税货物及劳务	（外购、自产）礼品赠送	无	外购/自制
	应税劳务	外购	自营
	（外购用于日常零星招待/消费）应税货物	外购	无
“营改增”销售服务、无形资产或不动产	住宿服务	外购	自营
	餐饮服务	外购	自营
	交通服务	外购	自营
	旅游景区服务	外购	自营
	娱乐服务	外购	自营
	销售其他服务、无形资产或不动产	外购	自营

（作者原创，仅代表个人观点）

【说明】

1. 交际应酬消费需视为个人消费，相关进项税额不能抵扣；而赠送给客户的交际应酬费又需视同销售，两者会计及税务处理均不相同；一个“消”字有何玄妙？上述区分，仅代表作者个人观点。

2. 2016 年 7 月 21 日，《湖北省国税局“营改增”执行口径第三辑》认为，纳税人的一项行为既符合《增值税暂行条例》的规定，又符合《增值税实施细则》的规定，原则上适用《增值税暂行条例》的规定。在税收实务中，纳税人将购买的产品赠送给客户的行为，可根据情况自行选择视同销售或做进项税额转出。

3. 2016 年 8 月 5 日，山东省国税局解答“金融企业购买礼品无偿赠送给客户需要交税吗？”根据《中华人民共国增值税暂行条例实施细则》第四条规定，单位或本个体工商户的下列行为，视同销售结构：（八）将自产、委托加工或者购进的货物无偿赠送其他单位或本个人。因此，金融企业购买礼品无偿赠送给客户质检增值税视同销售，应按规定缴纳增值税。

【专题分析 7-14】

租用其他个人住房可否抵扣增值税

“营改增”全面推开主要文件在短时间内基本出台，变化很大、亮点很多，似乎只要能让企业减负，就敢于突破过去的条条框框。但这种政策的变化是否可以全部转化为惊喜，也需要征纳双方很好地理解与执行。下面试以其他个人出租、出售不动产，可以申请代开增值税专用发票为例进行分析。

一、文件一点惊人变化

2016 年 3 月 31 日，在财政部、国家税务总局出台财税〔2016〕36 号之后，国家税务总局发布了 2016 年第 13 号至 19 号 7 个公告，外加税总函〔2016〕145 号文件。这里首次出现了其他个人可以向税务机关申请代开增值税专用发票的内容。

【相关文件】

(1)《国家税务总局关于发布<纳税人提供不动产经营租赁服务增值税征收管理暂行办法>的公告》(国家税务总局公告 2016 年第 16 号)：

“第十一条　小规模纳税人中的单位和个体工商户出租不动产，不能自行开具增值税发票的，可向不动产所在地主管国税机关申请代开增值税发票。

其他个人出租不动产，可向不动产所在地主管地税机关申请代开增值税发票。”

(2)《国家税务总局关于营业税改征增值税委托地税局代征税款和开增值税发票的通知》(税总函〔2016〕145 号)：

“(四)发票开具

增值税小规模纳税人销售其取得的不动产以及其他个人出租不动产，购买方或承租方不属于其他个人的，纳税人缴纳增值税后可以向地税局申请代开增值税专用发票。”

(3)《国家税务总局关于全面推开营业税改征增值税试点后增值税纳税申报有关事项的公告》(国家税务总局公告 2016 年第 13 号)：

新增加的《本期抵扣进项税额结构明细表》出现了 1.5%征收率的进项，而 1.5%为个人(含个体工商户、其他个人)出租住房，为代开与抵扣留下了伏笔。

(4)《国家税务总局关于印发<税务机关代开增值税专用发票管理办法(试行)>的通知》(国税发〔2004〕153 号)，相关规定：

“第二条　本办法所称代开专用发票是指主管税务机关为所辖范围内的增值税纳税人代开专用发票，其他单位和个人不得代开。”

“第五条　本办法所称增值税纳税人是指已办理税务登记的小规模纳税人(包括个体经营者)以及国家税务总局确定的其他可予代开增值税专用发票的纳税人。”

过去企业向个人租用不动产，因涉及营业税、个人所得税等问题，企业其实很难取得租赁营业税发票；即使取得，相关税收也都是承租人买单。“营改增”之后，如果增值税可以抵扣，对于征纳双方而言均是双赢。

二、惊人变化是否可以转为惊喜

企业向其他个人购买、租用不动产，如果租用非住房，其“营改增”后的征收率为5%，企业一般用于经营办公。如果能取得税务机关代开的增值税专用发票，作为一般纳税人(不限于制造型企业)，均可以从销项税额中抵扣；但如果购买、租用的是住房，其他个人即使可以申请代开5%(租用减按1.5%)的征收率的专用发票，那么购买及租住方、制造型企业取得的进项税额是否可以抵扣呢？需要具体问题具体分析。

(一)单位为聘用的员工提供的非经营服务不属增值税应税行为

【文件规定】

财税〔2016〕36号附件1

“第十条　销售服务、无形资产或者不动产，是指有偿提供服务、有偿转让无形资产或者不动产，但属于下列非经营活动的情形除外：

……

(二)单位或者个体工商户聘用的员工为本单位或者雇主提供取得工资的服务。

(三)单位或者个体工商户为聘用的员工提供服务。”

根据上述规定，公司为聘用员工提供午餐、住宿等非经营性的服务，只要不是以营利为目的，无论是否收费，应不属于增值税应税服务，不征增值税；同时用于非增值税应税行为按照财税〔2016〕36号文，不需要做进项税额转出。

如果公司将租用的住房有偿租给员工使用，既不需要缴纳增值税，也不属于集体福利或个人消费，不需做进项税额转出。

当然，上述推断是基于“营改增”新政，估计不少地区也不排除要求企业有偿租赁行为和过去缴纳营业税一样，仍需缴增值税；但如果这样的话，企业先租进取得1.5%的进项税额，再按11%的税率或5%的征收率租给员工，估计不会有企业傻到这个程度，还不如直接发钱给员工自己去租。

(二)用于集体福利、个人消费相关进项税额不能抵扣

【相关文件】

财税〔2016〕36号附件1：

第二十七条　下列项目的进项税额不得从销项税额中抵扣：

(一)用于简易计税方法计税项目、免征增值税项目、集体福利或者个人消费的购进货物、加工修理修配劳务、服务、无形资产和不动产。其中涉及的固定资产、无形资产、不动产，仅指专用于上述项目的固定资产、无形资产(不包括其他权益性无形资产)、不动产。”

如果住房是用于集体福利或个人消费，那么所租用的住房即使取得增值税专用发票，仍不能抵扣；换言之，企业将租用住房取得的增值税专用发票进项税额用于抵扣，需要证明其取得的住房并非用于集体福利或个人消费。

《关于企业加强职工福利费财务管理的通知》(财企〔2009〕242 号)：

“企业为职工提供的交通、住房、通信待遇，已经实行货币化改革的，按月按标准发放或支付的住房补贴、交通补贴或者车改补贴、通信补贴，应当纳入职工工资总额，不再纳入职工福利费管理；尚未实行货币化改革的，企业发生的相关支出作为职工福利费管理，但根据国家有关企业住房制度改革政策的统一规定，不得再为职工购建住房。”

《国家税务总局关于企业工资薪金及职工福利费扣除问题的通知》(国税函〔2009〕3 号)：

“为职工卫生保健、生活、住房、交通等所发放的各项补贴和非货币性福利，包括企业向职工发放的因公外地就医费用、未实行医疗统筹企业职工医疗费用、职工供养直系亲属医疗补贴、供暖费补贴、职工防暑降温费、职工困难补贴、救济费、职工食堂经费补贴、职工交通补贴等。”

(三)为员工提供的免费住房是否是用于集体福利或个人消费

从商品的一般属性看，住房为人类居住而产生。企业购买及租用住房理所应当大都是给企业的员工、客户、供应商及相关人员提供居住的场所；但是随着时代的变化，住房的功能早已拓展，不宜简单将住房与生活福利画等号。

(1)企业购买及租用住房提供给异地招聘入职的企业中高级管理人员。如果公司给外聘总经理、生产管理负责人在工厂附近租用居民住房，除了满足高管必需的居住条件外，还便于其晚上随时到车间察看、检查指导工作、应付突发情况。如果仅从常规理解，应属提供给员工的非货币性福利；但是企业是否租用该住房与公司生产管理质量提升存在内在联系。

(2)企业在异地长期租用住房，为客户及时提供产品或服务。企业在客户所在地租用住房，便于营销业务人员同时居住和办公。根据财税〔2016〕36 号文第二十七条，因住房非专用于集体福利，相关租用取得的不动产进项税额应可以抵扣。

(3)企业在异地有经常性业务发生，企业需要经常性地派管理人员到该地出差。

为了方便同时避免租住酒店成本过高，企业向其他个人租用住房。该住房租用目的是为了替代酒店租赁费用，其实质为差旅费，按理属非福利性质。

(4) 企业机构所在地位于A市，2016年5月1日后拟在距其40公里外的郊区，投资设立一子公司。为避免项目人员来回奔波、加强项目管控，拟在项目附近向居民租用住房，同时用于项目人员的临时办公和居住。在居住地同时购置电视机、热水器等生活设备和电脑等办公设备，按理也非专用于集体福利或个人消费。

(5) 企业为了留住人才，对特殊人才采用特殊政策，允许其在公司为其提供的住房内办公，并通过网络系统联系，并不需要每天统一时间和地点集中办公，则该住房也并非是单一用于集体福利或个人消费。

（作者原创，仅代表个人观点。）

【说明】“营改增”新政在许多政策上做了对纳税人有利的选择性突破，如2016年8月1日起试点城市住宿服务小规模纳税人可以自行开具增值税专用发票；其他个人2016年5月1日起租售不动产可以申请代开增值税专用发票，月租金3万元以内还可以像小规模纳税人免税。这些好的政策也需要很好的理解，也才能真正落地。比如，纳税人向其他个人租赁住房，如果仅因为租赁对象是住房，就一律将其视为集体福利或个人消费不能抵扣，则代开增值税专用发票意义不大，好政策也会打折扣。

热点七：预缴增值税

【专题分析7-15】

建筑企业、房地产开发企业预缴增值税应何时抵减增值税

“营改增”后建筑企业跨县（市）提供建筑服务、房地产开发企业销售自行开发的房地产项目均要求预缴增值税，但两者设计存在较大区别，在抵减应交增值税的时间上，不宜混同。

一、建筑企业、房地产开发企业预缴增值税文件比较

建筑企业、房地产开发企业预缴增值税文件比较，具体如表7-9所示。

表 7-9 建筑企业、房地产开发企业预缴增值税文件比较

项目	建筑企业 国家税务总局公告 2016 年第 17 号：国家税务总局关于发布《纳税人跨县(市、区)提供建筑服务增值税征收管理暂行办法》的公告	房地产开发企业 国家税务总局公告 2016 年第 18 号：国家税务总局关于发布《房地产开发企业销售自行开发的房地产项目增值税征收管理暂行办法》的公告	区别点
预缴规范	第四条 纳税人跨县(市、区)提供建筑服务，按照以下规定预缴税款： (一)一般纳税人跨县(市、区)提供建筑服务，适用一般计税方法计税的，以取得的全部价款和价外费用扣除支付的分包款后的余额，按照 2%的预征率计算应预缴税款 (二)一般纳税人跨县(市、区)提供建筑服务，选择适用简易计税方法计税的，以取得的全部价款和价外费用扣除支付的分包款后的余额，按照 3%的征收率计算应预缴税款 (三)小规模纳税人跨县(市、区)提供建筑服务，以取得的全部价款和价外费用扣除支付的分包款后的余额，按照 3%的征收率计算应预缴税款 第五条 纳税人跨县(市、区)提供建筑服务，按照以下公式计算应预缴税款： (一)适用一般计税方法计税的，应预缴税款=(全部价款和价外费用−支付的分包款)÷(1+11%)×2% (二)适用简易计税方法计税的，应预缴税款=(全部价款和价外费用−支付的分包款)÷(1+3%)×3% 纳税人取得的全部价款和价外费用扣除支付的分包款后的余额为负数的，可结转下次预缴税款时继续扣除 纳税人应按照工程项目分别计算应预缴税款，分别预缴	第十条 一般纳税人采取预收款方式销售自行开发的房地产项目，应在收到预收款时按照 3%的预征率预缴增值税 第十一条 应预缴税款按照以下公式计算： 应预缴税款=预收款÷(1+适用税率或征收率)×3% 适用一般计税方法计税的，按照 11%的适用税率计算；适用简易计税方法计税的，按照 5%的征收率计算。 第十二条 一般纳税人应在取得预收款的次月纳税申报期向主管国税机关预缴税款 第十九条 房地产开发企业中的小规模纳税人(以下简称小规模纳税人)采取预收款方式销售自行开发的房地产项目，应在收到预收款时按照 3%的预征率预缴增值税 第二十条 应预缴税款按照以下公式计算： 应预缴税款=预收款÷(1+5%)×3% 第二十一条 小规模纳税人应在取得预收款的次月纳税申报期或主管国税机关核定的纳税期限向主管国税机关预缴税款	1．预缴目的不同： 建筑企业是为了空间上的平衡(即平衡住所地、建筑服务发生地税负) 房地产开发企业是时间上的平衡，保证开发期税款均衡入库，避免在项目开发期税负不均 2．预缴公式有所区别 3．预缴地不同：建筑企业明确预缴地在建筑服务发生地 房地产开发企业为主管国税机关
抵减时间规范	第八条 纳税人跨县(市、区)提供建筑服务，向建筑服务发生地主管国税机关预缴的增值税税款，可以在当期增值税应纳税额中抵减，抵减不完的，结转下期继续抵减	第十四条 一般纳税人销售自行开发的房地产项目适用一般计税方法计税的，应按照《营业税改征增值税试点实施办法》(财税〔2016〕36 号文件印发，以下简称《试点实施办法》)第四十五条规定的纳税义务发生时间，以当期销售额和 11%的适用税率计算当期应纳税额，抵减已预缴税款后，向主管国税机关申报纳税。未抵减完的预缴税款可以结转下期继续抵减 第十五条 一般纳税人销售自行开发的房地产项目适用简易计税方法计税的，应按照《试点实施办法》第四十五条规定的纳税义务发生时间，以当期销售额和 5%的征收率计算当期应纳税额，抵减已预缴税款后，向主管国税机关申报纳税。未抵减完的预缴税款可以结转下期继续抵减 第二十二条 小规模纳税人销售自行开发的房地产项目，应按照《试点实施办法》第四十五条规定的纳税义务发生时间，以当期销售额和 5%的征收率计算当期应纳税额，抵减已预缴税款后，向主管国税机关申报纳税。未抵减完的预缴税款可以结转下期继续抵减	抵减时间不同，建筑服务因预缴与纳税申报系同一期间，故预缴可以在当期应纳税额中抵减 房地产开发企业，预缴与纳税义务时间不同，故只能在规定的纳税义务时间内抵减

续表

项目	建筑企业 国家税务总局公告2016年第17号：国家税务总局关于发布《纳税人跨县(市、区)提供建筑服务增值税征收管理暂行办法》的公告	房地产开发企业 国家税务总局公告2016年第18号：国家税务总局关于发布《房地产开发企业销售自行开发的房地产项目增值税征收管理暂行办法》的公告	区别点
法律责任	第十二条　纳税人跨县(市、区)提供建筑服务，按照本办法应向建筑服务发生地主管国税机关预缴税款而自应当预缴之月起超过 6 个月没有预缴税款的，由机构所在地主管国税机关按照《中华人民共和国税收征收管理法》及相关规定进行处理	第二十八条　房地产开发企业销售自行开发的房地产项目，未按本办法规定预缴或缴纳税款的，由主管国税机关按照《中华人民共和国税收征收管理法》及相关规定进行处理	均需预缴，如果房地产开发企业将未完工项目预缴资金抵减当期应交增值税，实质为未预缴或完全履行预缴责任

(作者根据国家税务总局文件整理。)

房地产开发企业预缴税款与建筑服务、纳税人销售不动产(不含房地产开发，下同)目的不同，是为了平衡项目开发期各期的纳税义务所设计的特殊政策。如果未至项目纳税义务时间，将预缴增值税即用于抵减当期应交增值税，显然，不可能达到平衡税负的目的，有违预缴设计初衷。

二、房地产预缴税款设计，避免了与房地产营业税纳税义务时间不同所形成的重大影响

《营业税暂行条例实施细则》规定，销售不动产收到预收款的纳税义务发生时间为收到预收款的当天；而根据《营业税改征增值税试点实施办法》第四十五条规定，只有建筑企业和提供租赁服务，纳税义务发生时间为收到预收款的当天，收到预收款的当天不是房地产企业销售不动产的纳税义务发生时间，政策发生了重大变化。保留预缴增值税政策，既考虑了“营改增”后的抵扣政策上的差异，又避免了与营业税纳税义务时间不同所致的项目不同期间的税负差异。

请参考如下部分省市国税局的解释：

“财政部和国家税务总局之所以这样规定，是因为房地产开发企业采取预售制度，在收到预收款时，大部分进项税额尚未取得，如果规定收到预收款就要全额按照 11%计提销项“营改增”，可能会发生进项和销项不匹配的“错配”问题，导致房地产开发企业一方面缴纳了大量税款，另一方面大量的留抵税额得不到抵扣。为了解决这个问题，《营业税改征增值税试点实施办法》将销售不动产的纳税义务发生时间后移，收到预收款的当天不再是销售不动产的纳税义务发生时间。同时，为了保证财政收入的均衡入库，又规定了对预收款按照 3%预征税款的配套政策。”

因此，房地产开发企业保留预售预缴增值税政策，是一项特殊政策，可以保证房地产开发企业在项目开发期的税款均衡入库，避免了时间上的错位；同时将预缴征收率设为3%，也较"营改增"之前的5%降低了2个百分点，让房地产开发企业部分税款推迟了纳税义务时间。这也是"营改增"政策给房地产开发企业所带来的红利。

如果将项目尚未完工、预售所缴的增值税，用于抵减其他完工项目应缴的增值税，从效果上等同于未实施或未完全施行预缴增值税政策，房地产开发企业的流转税政策实质产生巨大变化，房地产企业收到资金时不缴税，而未收资金时又需要交税，也会增加征管难度。这与"营改增"设计的初衷并不一致；也易促使房地产开发企业做出推迟交房、推迟纳税义务时间的逆向选择。

综上，建筑企业预缴增值税可以在当期抵减增值税；而房地产开发企业预售款所预缴的增值税，在相关项目未至纳税义务期、即约定的交房日期或实际办理住房移交之前，不宜用于抵减当期应缴增值税。

【说明】关于房地产开发企业预缴增值税的抵扣，目前各地实际执行很不统一，有的地方允许不分项目直接抵扣，有的地方要求该项目到纳税义务时间时才能抵扣；甚至同一家公司，在同一个市的不同区执行的政策也都不统一。至于会计处理上不易区分预缴税款、核算处理工作量大，确实是实际问题；但也不是完全无解，可以通过明细科目设置和ERP辅助项目核算达到目的，可参阅本书第五章。

以上分析仅为政策探讨，供读者参考；当然，从对纳税人有利的角度，笔者乐见直接抵扣；具体还请以所在地主管国税部门最新意见为准。

【专题分析7-16】

关于房地产预收款发票开具规定、预征地规范的不同解读

部分省市国税局关于房地产预收款及预售发票开具有不同的规范，详见表7-10；预售房预征主管国税机关也有不同解读，详见表7-11。

表7-10 部分省市国税局关于房地产预收款及预售发票开具的规定

主管机关	预收款开票相关规定
国税总局	房地产开发企业采取预收款方式销售所开发的房地产项目，如何预缴增值税？ 答：根据《财政部、国家税务总局关于全面推开营业税改征增值税试点的通知》（财税〔2016〕36号）规定，房地产开发企业采取预收款方式销售所开发的房地产项目，在收到预收款时按照3%的预征率预缴增值税
湖北国税	可以向购房者开具普通发票，暂选择零税率开票，金额为实际收到的预收款。房地产开发企业的预收款，为不动产交付业主之前所收到的款项，但不含签订房地产销售合同之前所收取的诚意金、认筹金和订金等

续表

主管机关	预收款开票相关规定
新疆国税	房地产开发企业可在收到预收款时，向购房者开具收据。待购房交易正式完成后，购房者以收据向房地产开发企业换取增值税发票。如果房地产企业在预收款时开具了发票，应按照规定申报缴纳增值税。房地产开发企业是否按每次收取的金额分次开票，由其自行决定；在每次收到预收款时，应按规定预缴增值税税款
河北国税	包括分期取得的预收款(首付+按揭+尾款)、全款取得的预收款，定金属于预收款，诚意金、认筹金和订金不属于预收款，预收款不是纳税义务时间，不得开具发票
山东国税	房地产开发企业取得的预收款包括定金、分期取得的预收款(含首付款、按揭款和尾款)和全款。诚意金、认筹金和订金不属于预收款，允许房地产开发企业在收到预收款时，向购房者开具增值税普通发票，在开具增值税普通发票时暂选择零税率开票，在发票备注栏单独备注预收款。开票金额为实际收到的预收款全款，待下个月申报期内通过《增值税预缴税款表》进行申报并按照规定预缴增值税。在申报当期增值税时，不再将已经预缴税款的预收款通过申报表进行体现，将来正式确认收入开具不动产销售发票时也不再进行红字冲回
江西国税	我省房地产业暂时沿用地税两业管理系统开具收款收据和录入相关数据，但不得开具增值税发票
浙江国税	为保证不影响购房者正常业务办理，我们建议房地产开发企业在收到预收款时，向购房者开具纳税人的普通发票或其自行印制的收据，待不动产移交时，对预收款时开具的增值税普通发票予以冲红，同时开具全额的增值税发票或专用发票
青岛国税、黑龙江国税	按照有关规定，房地产开发企业采取预收款方式销售自行开发的房地产项目，应在收到预收款时按照3%的预征率预缴增值税。2016年5月1日以后，为保证不影响购房者正常业务办理，允许房地产开发企业在收到预收款时，向购房者开具增值税普通发票，待正式交易完成时，对预收款时开具的增值税普通发票予以冲红，收回原发票，同时开具全额的增值税发票
江苏国税	1．房地产开发企业销售自行开发的房地产，收取定金等预收款时，可以开具增值税普通发票，开具增值税普通发票时，税率栏填“0”，同时在发票备注栏注明“房地产企业预售不动产预收款项” 2．按照上述要求开具发票的，开具发票视同收据，开具发票时间不作为纳税义务发生时间，申报当期税款时不需反映该项收入 3．收取的预收款应按照销售额的3%预缴增值税，仅需填报《增值税预缴税款表》即可
河南国税	房地产开发企业收到预收款时，应当根据所售房地产项目适用税率或征收率开具增值税普通发票，并在发票的“货物或应税劳务、服务名称”后括注“预收款”字样，在发票的备注栏注明对应房地产项目的名称、详细位置。预收款不得开具专用发票 按照3%的预征率计算预缴增值税。待纳税义务发生时，应按取得全部价款和价外费用，依据其适用的计税方法计算申报应纳增值税，已预缴的增值税可以按规定抵减 房地产企业销售房地产项目纳税义务发生后，需要全额开具增值税发票的，应先开具红字增值税普通发票，并在发票的“货物或应税劳务、服务名称”后括注“冲减预收账款”字样，在发票的备注栏注明对应的房地产项目的名称、详细位置和冲减的预收款发票的代码、号码。再根据购房者需要全额开具增值税专用发票或普通发票，并在发票的“货物或应税劳务、服务名称”后括注“全额”字样，在发票的备注栏注明对应房地产项目的名称、详细位置
深圳市前海区国税	房地产开发企业取得的预收款包括定金、分期取得的预收款(含首付、按揭和尾款)和全款。诚意金、认筹金和订金不属于预收款 房地产开发企业允许扣除的土地价款范围问题房地产开发企业在收到预收款时，向购房者开具增值税普通发票，在开具增值税普通发票时暂选择“零税率”开票，在发票备注栏单独备注“预收款”。开票金额为实际收到的预收款全款，待下个月申报期内通过《增值税预缴税款表》进行申报并按照规定预缴增值税。预收款不通过申报表进行体现，将来正式确认收入开具不动产销售发票时也不再进行红字冲回

续表

主管机关	预收款开票相关规定
广东国税	预收款为收楼或办理产权证之前收取的款项；房企销售行为成立时，诚意金、定金实质是房屋价款，需要计算缴纳增值税；销售行为不成立时，诚意金、定金不管是否退还，均不计算缴纳增值税
内蒙古国税	“营改增”后，为保证不影响购房者正常业务办理，在国家税务总局没有具体规定之前，暂允许房地产开发企业在收到预收款时，向购房者开具增值税普通发票，在“货物或应税劳务、服务名称”栏填写不动产名称、房号，并标明“预收款(预收%)”字样，数量单价可不填写，备注栏中须详细注明不动产的详细地址、房款全款等相关信息。待正式交易完成时，对预收款时开具的增值税普通发票予以“冲红”，同时开具全额的增值税发票
湖南国税	房地产开发企业收到预收款时，可选择以下两种方式处理：一是可开具纳税人自制的预收款收款收据；二是在收到预收款时可开具增值税普通发票，并在发票备注栏注明“预收款”，税率选择0，税额为0。无论纳税人开具自制收据还是增值税普通发票，收取的预收款收入均应按规定预缴税款，并填报《增值税预缴税款表》，但不填列《增值税纳税申报表》及其附列资料。正式交易完成或全额缴纳房款时，纳税人应根据最终的实际交易金额重新全额开具增值税发票，并按规定进行纳税申报。对预收房款时开具的增值税普通发票，纳税人可选择在发票管理新系统中进行“冲红”，“冲红”时开具的红字发票金额不在《增值税纳税申报表》及其附列资料中填列
厦门国税	房地产开发企业中的一般纳税人销售房地产老项目，适用一般计税方法计税的，应以取得的全部价款和价外费用，按照3%的预征率在不动产所在地预缴税款后，向机构所在地主管税务机关进行纳税申报
海南国税	房地产企业收到预收款时按照适用税率或征收率开票，多次收款的可以多次开票，一套商品房可以开具多张发票；预收款为不动产交付业主之前所收到的款项，但不含签订房产地销售合同之所收到的诚意金、认筹金和订金等
宁波国税	销售房产预收购房款时，可开具增值税普通发票；房产交付时，收回预收款时开具增值税普通发票并冲回，同时开具全额增值税专用发票

【说明】以上内容来源于各省市国税局网站。预售款不开具发票，不便于销售或后期办证，而开具发票又变成了纳税义务时间。在这个问题上有坚持原则的河北国税、江西国税，也有灵活变通处理的其他省市。在这个问题上，作者认为，只要能达到管理目的，不给纳税人添堵，百花齐放也未尝不可。

表 7-11 部分省市国税局关于房地产预售缴纳增值税纳税地点规范

预缴类型	代表地区国税	主要观点
模糊或机构所在地	国家税务总局	国家税务总局公告2016年第18号：一般纳税人采取预收款方式销售自行开发的房地产项目，应在取得预收款的次月纳税申报期按照3%的预征率向主管国税机关预缴税款
新老项目都要在项目所在地预缴	河北、内蒙、湖南、厦门、江西、青岛、宁夏	河北国税： “《营业税改征增值税试点有关事项的规定》第二条第（十一）款第2项规定：“房地产开发企业中的一般纳税人销售房地产老项目，以及一般纳税人出租其2016年4月30日前取得的不动产，适用一般计税方法计税的，应以取得的全部价款和价外费用，按照3%的预征率在不动产所在地预缴税款后，向机构所在地主管税务机关进行纳税申报。”

续表

预缴类型	代表地区国税	主要观点
新老项目都要在项目所在地预缴	河北、内蒙古、湖南、厦门、江西、青岛、宁夏	可见，对于房地产企业老项目适用一般计税的预征问题，政策是明确的。但是目前国家税务总局文件未对适用一般计税方法的新项目，以及适用简易计税方法的老项目的跨县（市、区）开发房产预缴税款问题做出规定，本着同类问题同样处理的原则，也应当按照3%的预征率在不动产所在地预缴税款后，向机构所在地主管税务机关进行纳税申报 湖南国税： 本着不影响现有地方财政利益格局和便于加强税收管理的原则，参照房地产开发企业中的一般纳税人销售房地产老项目应在项目所在地预缴税款的有关规定，房地产企业可按以下处理原则申报缴纳增值税： 一是项目所在地与机构所在地在同一县（市、区）的，房地产企业直接在机构所在地按规定申报纳税，收取预收款的，按规定预交增值税 二是项目所在地与机构所在地不在同一县（市、区）的，适用一般计税方法的房地产企业，应在项目所在地以取得的全部价款和价外费用按3%预征率预缴税款后，回机构所在地按一般计税方式申报纳税；适用简易计税方法的房地产企业，应在项目所在地以取得的全部价款和价外费用按3%预征率预缴税款后，回机构所在地按简易计税方法申报纳税 宁夏国税： 房地产开发企业中的一般纳税人销售房地产老项目应在不动产所在地预缴税款后，向机构所在地主管税务机关进行纳税申报。在总局进一步明确前，本着不动产所在地财政利益保持不变的原则，对房地产开发企业适用一般计税方法的新项目，以及适用简易计税方法的老项目跨县（市、区）经营，均采取在不动产所在地按照5%的预征率预缴税款后，向机构所在地主管税务机关进行纳税申报
建议在项目所在地办登记，不办登记也要预缴	吉林、山东、海南等	山东、海南国税： “目前出台的‘营改增’政策中，对房地产开发企业销售跨县自行开发的房地产项目是否在不动产所在地预缴税款，并未进行相关规定。本着不影响现有财政利益格局的原则，建议房地产开发企业在每个项目所在地均办理营业执照和税务登记，独立计算和缴纳税款；对于未在项目所在地办理税务登记的，参照销售不动产的税务办法进行处理，在不动产所在地按照5%进行预缴，在机构所在地进行纳税申报，并自行开具发票，对于不能自行开具增值税发票的，可向不动产所在地主管国税机关申请代开
只有老项目在不动产地预缴	湖北、黑龙江	在市州内跨县（市、区）开发房地产的，不在不动产所在地预缴增值税，应在机构所在地申报缴纳增值税 房地产开发企业中的一般纳税人销售房地产老项目，适用一般计税方法的，应以取得的全部价款和价外费用，按照3%的预征率在不动产所在地预缴税款后，向机构所在地主管税务机关进行纳税申报 黑龙江国税：为了堵塞可能存在的管理漏洞，平衡机构所在地和项目所在地财政利益，尤其避免外省开发企业在我省开发项目的税收流失，建议所有开发企业在项目所在地办理营业执照和税务登记，便于税收监管
不用在项目所在地预缴	北京	北京国税回答“房地产开发企业销售自行开发的房地产项目与纳税人转让其取得的不动产，预缴税款的税务机关相同吗”这一问题时，北京的回答是：“不相同。房地产开发企业销售自行开发的房地产项目，应向主管国税机关预缴税款；纳税人转让其取得的不动产，向不动产所在地主管地税机关预缴税款

【说明】关于房地产开发企业预售房纳税地点，国家税务总局文件一直不明确，估计因为考虑到地方利益，国家税务总局至今未到房地产开发企业预征地点做明确规范，理论上应在机构所在地，但地方也会要求在项目所在地成立机构才能拿地、开发项目。估计国家税务总局是想“让争论再飞一会儿”。

【专题分析 7-17】

生产外贸企业“营改增”预缴增值税抵减问题及建议

“营改增”设置了预缴增值税规定，可较好平衡建筑服务发生地、不动产所在地和机构所在地的税收利益；但对于某些较长时间内，甚至本不需要在国内缴纳增值税的企业而言，却存在抵减难题，需要在制度细节上予以完善。下面以生产出口企业出租不动产为例进行分析。

一、案例

【例 7-8】A 市某生产出口企业 2016 年 6 月出口商品 1 000 万元，其当期采购成本为 800 万元，取得的进项税额发票为 136 万元，商品退税率为 17%。

2016 年 6 月该公司还将位于 B 市闲置的一幢房产出租给另一家一般纳税人企业，双方约定需要按一般计税方法开票结算，一次性收取 6 个月不含税租金 60 万元。

【分析】

外贸企业在 B 市出租房产，需预缴增值税：

预缴增值税=60×3%=1.8（万元）（不考虑附加）

2016 年 6 月份公司销项税额=60×11%=6.6（万元）

进项税额=136（万元）

已交税金=1.8（万元）

根据《财政部、国家税务总局关于出口货物劳务增值税和消费税政策的通知》（财税〔2012〕39 号）计算分析如下。

（1）当期应纳税额的计算：

当期应纳税额=当期销项税额–（当期进项税额–当期不得免征和抵扣税额）

=6.6–（136–0）=–129.4（万元）

当期不得免征和抵扣税额=当期出口货物离岸价×外汇人民币折合率×（出口货物适用税率–出口货物退税率）–当期不得免征和抵扣税额抵减额

当期不得免征和抵扣税额抵减额=当期免税购进原材料价格×（出口货物适用税率–出口货物退税率）

该公司出口退税率为 17%，故上述均为 0。

(2) 当期免抵退税额的计算：

当期免抵退税额=当期出口货物离岸价×外汇人民币折合率×出口货物退税率

=1000×17%=170（万元）

(3) 当期应退税额和免抵税额的计算：

因为留抵税额小于免抵退税额，故当期应退税额为 129.4 万元。

2016 年 7 月纳税申报期纳内，申报出口退税 129.4 万，另有 1.8 万元预缴增值税只能结转下期继续抵减。

《国家税务总局关于发布<纳税人提供不动产经营租赁服务增值税征收管理暂行办法>的公告》（国家税务总局公告 2016 年第 16 号）第十条：单位和个体工商户出租不动产，向不动产所在地主管国税机关预缴的增值税款，可以在当期增值税应纳税额中抵减，抵减不完的，结转下期继续抵减。

由于该公司产品均是外销（或者外销比例大于内销），正常情况下均是退税，上笔预缴增值税始终没法抵减，变成一笔难以收回的债权。

假如该公司没有上述不动产出租业务，则该公司 2016 年 6 月：

应交增值税=0–136=–136（万）

免抵退税额仍为 170 万元。

则该公司实际出口退税为 136 万元。

与存在不动产出租业务相比，出口退税额减少了 6.6 万元（136–129.4）。

该差额即不动产出租当期产生的应交增值税销项税额，出口退税抵顶了出租不动产国内应交的增值税，造成当期出口退税额度减少。

二、存在的问题

对于该出口企业而言，存在两个问题：

(1) 预缴的增值税无法抵减；

(2) 出租不动产业务应交的增值税直接减少了出口退税额，相当于又全额按不动产出租适用税率缴纳了应交增值税；如果是销售不动产、因销售额更大，则纳税人资金占用将会更多。

三、解决思路

如何解决上述问题，有以下思路。

(1) 将“营改增”服务与出口业务会计与税务均分开，即不将该“营改增”服务并入出口业务之中，退税归退税，缴税归缴税，如上例，公司当期出口退税仍是136万元，出租不动产应交增值税6.6万元，于次月纳税申报期，先将1.8万元预缴的增值税抵减后，再缴纳应交增值税4.8万元；同时收到退税资金136万元。

该思路缺陷：不符合现行制度，且会计核算也需将销项税额会计明细科目再设置明细，将“营改增”的销项税额单设，不参与计算出口退税。

(2)将已交税金视同进项税额，允许出口退税。

如上例，当期出口退税将增加1.8万元，将国内预缴的增值税在出口退税环节退回；这样，就不存在难以抵减的预缴增值税。

该思路缺陷：与出口退税文件不符，且不符合增值税纳税申报表填报格式。

(3)对预交增值税设置退税时限。

如上例，假如该公司预缴增值税在一定期间(假如为3个月)均不能抵减，则在第4个月可以申请全额退税。

这个思路的优点是，可以解决所有纳税人因各种预缴增值税难以抵减的资金占用问题。

缺陷是：涉及不同地区利益，增加退税工作量。

综上所述，笔者更倾向于第三种限期退税的思路。

【说明】预缴增值税及城建税、教育费附加无法抵扣，是外向型企业兼营“营改增”应税服务面临的一个实际问题，还需有相应解决方案，不宜长期挂在账上。

热点八：其他服务适用税率

【专题分析7-18】

物业收取的车位费适用税率及相关纳税人身份的探讨

小事项可能也存大分歧。“营改增”主体文件财税〔2016〕36号文附件1的附件《销售服务、无形资产、不动产》，对车辆停放服务、道路通行服务(包括过路费、过桥费、过闸费等)等按照不动产经营租赁服务缴纳增值税，适用税率为11%。笔者以为，不能简单地认为凡与停车相关的服务，均适用不动产租赁服务；且同一收费事项在不同经营模式下，其纳税人、税率、计税方式也可能不同，现就相关事项做如下探讨。

一、关于收取的车位相关费用适用销售服务税目分析

从常规情况来看，车辆找一个停放的地方，然后按时向收费人交费，确实是租用了不动产的使用权，按不动产租赁服务征税可以理解；但是对于特殊情形，尚需具体分析。

（一）物业管理公司向小区业主按月收取的车位管理费

业主通过一次性支付几十年的车位使用权，其不动产权利已经属于业主。物业管理公司所收费用并非不动产的租赁费，不过是小车的管理服务费，应适用现代服务——商务辅助服务——物业管理，执行6%的增值税率。

（二）地面公用部位的停车费，也需区分不同情形

(1)如果是向外来车辆收取的临时停车费，一般按不动产租赁适用11%的税率可以理解(代业主收取)。

(2)如果是向小区业主按月收取的固定停车费用，又需要区分如下两种情形：

① 业主委员会已授权物业管理公司代收的费用，应按不动产租赁11%的税率计征，相当于是小区内所有业主租给停车的其他个人；

② 业主委员会并未授权物业管理公司，物业管理公司所收的费用，也不过是其服务管理的费用，同样应适用6%的税率。

在选择适用服务及税率时，需要区分实质，不能仅看表象，只要是停车费用就视为无形资产出租。因为没有提供物业管理服务的反过来向不动产权利人收取租金的道理。

二、关于停车不同经营收费模式下的纳税人及适用税率分析

上述(二)(1)和(二)(2)①两种情形，在实际操作时，也有两种经营模式。

(1)包工制：由物业管理公司收取停车费用，且由物业管理公司开具发票。这种情形，纳税人为物业管理公司，所收费用应按不动产租赁服务11%税率执行；

(2)类似酬金制：如果物业管理公司仅是代小区业主委员会收取租金，资金直接入业主委员会账户，并以小区业主名义开具发票，那么纳税人是小区业主、非物业管理公司。

但小区业主属于增值税纳税人中的其他个人还是其他单位，也值得探讨。

小区业主是由小区内的房屋所有权人的总称，他们都是自然人身份，有共有财产，但不具有法人资格，也未经民政部门登记。如果将其作为其他个人，根据《国

家税务总局关于全面推开营业税改征增值税试点有关税收征收管理事项的公告》（国家税务总局公告2016年第23号），“其他个人采取预收款形式出租不动产，取得的预收租金收入，可在预收款对应的租赁期内平均分摊，分摊后的月租金收入不超过3万元的，可享受小微企业免征增值税优惠政策”。对于预收业主停车租金，如果将业委会看成一个个业主，即作为其他个人，则理应享受此免税优惠。

如果将业委会视为纳税人中的其他单位，则应按小规模纳税人3%的征收率执行。两种情形均比一般纳税人物业管理公司执行的税率要低。

【说明】北京国税局：“停车位租赁和服务费分开核算的，服务费部分可以按照物业费适用6%增值税税率。”

【专题分析7-19】

部分省市国税局关于物业管理公司收取水电费如何征税规范

物业管理公司所收到的水电费如何征税，部分省市出现了一些不同的解读，如表7-12所示。

表7-12 部分省市物业管理公司水电费征税规定

各地国税	水电费征税规范
北京、福州	不加价的水电费代收属于代理行为，代收不征增值税
四川国税	电费：已协调相关部门，积极研究解决 水费及代收生活垃圾费，按目前政策规定属经纪代理服务，以取得的全部价款和价外费用，扣除向委托方收取并代为支付的政府性基金或行政事业性收费后的余额为销售额，国家税务总局已在完善代收费政策
广州国税	若水、电、煤气公司的水、电、煤气费发票不是直接开给业主的，不符合以委托方名义开具发票代委托方收取的款项的，可不计算增值税销售额，则物业公司按转售水、电、煤气处理
山东国税、南宁国税 厦门国税、福建国税	如果物业服务企业以自已名义为客户开具发票，属于转售行为，应该按规定缴纳增值税 物业公司代收水电费、暖气费，缴纳营业税时实行差额征税，开具代开普通发票，而“营改增”试点政策中并未延续差额征税政策。对此问题，国家税务总局正在研究解决 如果物业服务企业代收水电费、燃气费、维修基金、房租等，在没有新政策明确之前，可暂时按代购业务的原则掌握，同时具备以下条件的，暂不征收增值税：(1)物业服务企业不垫付资金；(2)自来水公司、电力公司等(简称“销货方”)，将发票开具给客户，并由物业服务企业将该项发票转交给客户；(3)物业服务企业按销货方实际收取的销售额和增值税额与客户结算货款，并另外收取手续费 物业管理公司收取的代收手续费收入按“经纪代理服务”征收增值税

续表

各地国税	水电费征税规范
天津开发区国税 海南省国税 河南省国税	(一)物业管理公司销售水、电行为 供水、供电公司统一将水、电销售给物业管理公司，统一向物业管理公司结算收取水、电费，并向物业管理公司开具货物销售发票。再由物业管理公司向住户销售水、电并收取价款的行为，属于物业管理公司销售水、电行为。物业管理公司发生上述销售水、电行为的，应当核定相应税目、税率并按销售货物计算缴纳增值税 (二)物业管理公司代收水、电行为 物业管理公司受供水、供电公司委托代收水、电费，同时具备以下条件的，暂不征收增值税：1. 持有相关代收协议；2. 物业管理公司不垫付资金；3. 代收水、电费时，将供水、供电公司开具给用户的货物销售发票转交给用户；4. 物业管理公司按销货方实际收取的销售额和增值税额与客户结算货款，并另外收取手续费(手续费部分按照经纪代理服务计算缴纳增值税)
青岛市国税局	物业管理公司代收的水电费，应按销售货物，适用税率开具增值税发票。自来水公司、供电局给物业管理公司可以开具增值税专用发票
河北国税	物业管理公司代收水电费可暂按代购业务的原则掌握，同时具备以下条件的，不征收增值税： (1)物业管理公司不垫付资金 (2)自来水公司、电力公司等(简称销货方)，将发票开具给客户，并由物业管理公司将该项发票转交给客户 水电部门对物业管理公司开具增值税发票，物业管理公司将水电销售给用户(业主)的，实质属于物业管理公司销售水电的应税行为，应缴纳增值税。物业管理公司销售水电，可以开具增值税发票

【说明】根据国家税务总局公告2016年第54号，提供物业管理服务的纳税人，向服务接受方收取的自来水水费，以扣除其对外支付的自来水水费后的余额为销售额，按简易计税方法依3%的征收率计算缴纳增值税。

【专题分析7-20】

部分省市农产品抵扣规范如表7-13所示。

部分省市农产品抵扣规范

表7-13 部分省市农产品抵扣规范

各地国税	相关规范
国家税务总局 国家税务总局公告2016年第26号《关于明确“营改增”试点若干征管问题的公告》	餐饮行业增值税一般纳税人购进农业生产者自产农产品，可以使用国税机关监制的农产品收购发票，按照现行规定计算抵扣进项税额 有条件的地区，应积极在餐饮行业推行农产品进项税额核定扣除办法，按照《财政部、国家税务总局关于在部分行业试行农产品增值税进项税额核定扣除办法的通知》(财税〔2012〕38号)有关规定计算抵扣进项税额

续表

各地国税	相关规范
湖北国税	餐饮企业增值税一般纳税人购进农产品，按以下规定计算抵扣进项税额： (1)向增值税一般纳税人购进农产品，应向对方索取增值税专用发票或增值税普通发票。按增值税专用发票上注明的税额，或按照增值税普通发票上注明的农产品买价和13%的扣除率计算进项税额 (2)向小规模纳税人购进农产品，可取得对方开具的增值税普通发票，并按照增值税普通发票上注明的农产品买价和13%的扣除率计算进项税额 (3)向农业生产者个人购进自产农产品，餐饮企业可开具增值税普通发票(系统在发票左上角自动打印"收购"字样)，并按照增值税普通发票上注明的农产品买价和13%的扣除率计算进项税额 (4)上述购进农产品业务中，从批发、零售环节购进初级农产品，取得增值税普通发票上"税额栏"有数据的，可以按照农产品买价和13%扣除率计算抵扣进项税额；"税额栏"数据为"0"或"*"的，不得计算抵扣进项税额
湖南国税 河北国税	餐饮业中的一般纳税人，从批发市场或超市取得的农产品销售发票能否抵扣？ 根据国家税务总局《关于明确"营改增"试点若干征管问题的公告》(国家税务总局公告2016年第26号)规定，餐饮行业增值税一般纳税人购进农业生产者自产农产品，可以使用国税机关监制的农产品收购发票，按照现行规定抵扣进项税额。批发市场、超市销售的农产品不属于农业生产者自产自销的农产品，餐饮业一般纳税人从其购进取得的免税销售发票不能抵扣进项税额
江苏国税	购进农产品，除取得增值税专用发票或海关进口增值税专用缴款书外，按照农产品收购发票或销售发票上注明的农产品买价和13%的扣除率计算进项税额。计算公式为：进项税额=买价×扣除率
内蒙古国税	园林绿化工程"营改增"后签订的合同，苗木属于农产品系列，是免税的；房地产开发公司直接和园林公司签合同买苗木，凭园林公司开具的发票可以抵扣进项税款
宁夏国税	园林绿化工程公司作为一般纳税人向农业合作社购买的树苗、花卉等，取得的增值税普通发票能否抵扣税款？ 答：园林绿化工程公司一般纳税人用于应税项目购买树苗、花卉等取得的增值税普通发票可以按照买价乘以13%的税率予以抵扣进项税额
广州国税	餐饮行业增值税一般纳税人购进农产品可以开具收购发票吗？ 答：按照国家税务总局2016年第26号公告，餐饮行业增值税一般纳税人购进农业生产者自产农产品，可以使用国税机关监制的农产品收购发票，按照现行规定计算抵扣进项税额 农产品收购企业如何领用和开具收购发票？ 纳税人向农业生产者收购自产农产品，需要开具收购发票的，携带向农业生产者收购自产农产品业务说明、税控设备(金税盘或税控盘)向主管国税机关办理；主管税务机关应为纳税人的税控设备增加开具收购发票的授权，纳税人可通过税控开票系统使用增值税普通发票开具收购发票
福建国税	农产品收购企业如何领用和开具收购发票？ 答：纳税人向农业生产者个人收购其自产农产品，需要开具收购发票的，应按照《福建省国家税务局通用机打发票(收购专用)使用规定》第五条规定向主管国税机关申请办理；主管税务机关应按照规定为纳税人的税控设备增加开具收购发票的授权，纳税人可通过税控开票系统使用增值税普通发票开具收购发票。 提供餐饮服务购入农产品的进项税额如何进行抵扣？ 答：餐饮企业增值税一般纳税人购进农产品，按以下规定计算抵扣进项税额。 (1)向增值税一般纳税人购进农产品，应向对方索取增值税专用发票或增值税普通发票。按增值税专用发票上注明的税额，或按照增值税普通发票上注明的农产品买价和13%的扣除率计算进项税额。 (2)向小规模纳税人购进农产品，可取得对方开具的增值税普通发票，并按照增值税普通发票上注明的农产品买价和13%的扣除率计算进项税额。 (3)向农业生产者个人购进自产农产品，餐饮企业可开具增值税普通发票(系统在发票左上角自动打印"收购"字样)，并按照增值税普通发票上注明的农产品买价和13%的扣除率计算进项税额。 其中从批发、零售环节购进初级农产品，取得增值税普通发票上"税额栏"有数据的，可以按照农产品买价和13%扣除率计算抵扣进项税额；"税额栏"数据为"免税"或"*"的，不得计算抵扣进项税额。

【说明】农产品抵扣涉及增值税专用发票、增值税普通发票、海关进口增值税专用缴款书、农产品收购发票或销售发票，如何开具或取得发票；哪些可以抵扣、哪些可以计算扣除，各地规范不完全一致。

热点九："营改增"文件管窥

【专题分析 7-21】

亮点、缺憾与困惑——财税〔2016〕36号文管窥

当前财税界最热的话题，莫过于"营改增"了。在总理"两会"郑重承诺、318国务院常务会议审议通过方案之后，一个长达数万字、附有四个附件的《关于全面推开营业税改征增值税试点的通知》（财税〔2016〕36号）"营改增"新文件（以下所称新文件、附件1、附件2等均属本文件）终于面世。围绕其中的解读、交流、培训等火热势头一浪盖过一浪。试将对财税〔2016〕36号文几点不成熟的学习心得记录于此，见证财税历史的变迁。

一、"营改增"新文件的主要亮点

新文件系我国四年多"营改增"试点的收功之作，亮点繁多，见仁见智。这里只摘取其中数点进行说明。

（一）抵扣范围基本全覆盖，企业整体税负将下降

本次"营改增"在最后的建筑业、房地产业、金融业、一般生活服业全面推开，构建了增值税全面抵扣的完整链条，纳税人在流转环节基本避免了重复缴税，纳税人整体税负将大大下降，减税规模较之前的动产设备更甚，堪称建国以来的减税之最。所带给纳税人的大礼包，必然会助力企业发展，实现以减税换取发展的目标。新的征税范围和税率如下。

建筑业、房地产业：建筑服务、不动产租赁服务和不动产转让税率11%。

金融、一般生活服务业：税率6%。

（二）大量"选择适用"情形，带给纳税人最大便利

新文件中，有较多的可供纳税人选择适用的政策，赋予了纳税人更多的权利，增加了操作的灵活性、过渡的平稳性，最大限度地减少了"营改增"所带来的负面影响。选择适用情形主要有以下几方面。

1. 纳税人身份选择权

年应税销售额超过规定标准的其他个人不属于一般纳税人。年应税销售额超过规定标准但不经常发生应税行为的单位和个体工商户可选择按照小规模纳税人纳税。

2. 计税方法选择权

一般纳税人 13 种特定应税行为可以选择适用简易计税方法(未包括后续下发的文件)。

(1) 公共交通运输服务。

(2) 经认定的动漫企业为开发动漫产品提供的服务，以及在境内转让动漫版权(包括动漫品牌、形象或者内容的授权及再授权)。

(3) 电影放映服务、仓储服务、装卸搬运服务、收派服务和文化体育服务。

(4) 以纳入“营改增”试点之日前取得的有形动产为标的物提供的经营租赁服务。

(5) 在纳入“营改增”试点之日前签订的尚未执行完毕的有形动产租赁合同。

(6) 建筑企业一般纳税人以清包工方式提供的建筑服务，可以选择适用简易计税方法计税。

(7) 建筑企业一般纳税人为甲供工程提供的建筑服务，可以选择适用简易计税方法计税。

(8) 建筑企业一般纳税人为建筑工程老项目提供的建筑服务，可以选择适用简易计税方法计税。

(9) 一般纳税人销售其 2016 年 4 月 30 日前取得(不含自建)的不动产，可以选择适用简易计税方法，以取得的全部价款和价外费用减去该项不动产购置原价或取得不动产时的作价后的余额为销售额，按照 5%的征收率计算应纳税额。纳税人应按照上述计税方法在不动产所在地预缴税款后，向机构所在地主管税务机关进行纳税申报。

(10) 一般纳税人销售其 2016 年 4 月 30 日前自建的不动产，可以选择适用简易计税方法，以取得的全部价款和价外费用为销售额，按照 5%的征收率计算应纳税额。纳税人应按照上述计税方法在不动产所在地预缴税款后，向机构所在地主管税务机关进行纳税申报。

(11) 房地产开发企业中的一般纳税人，销售自行开发的房地产老项目，可以选择适用简易计税方法，按照 5%的征收率计税。

(12) 一般纳税人出租其 2016 年 4 月 30 日前取得的不动产，可以选择适用简易计税方法，按照 5%的征收率计算应纳税额。纳税人出租其 2016 年 4 月 30 日前取得的与机构所在地不在同一县(市)的不动产，应按照上述计税方法在不动产所在地预缴税款后，向机构所在地主管税务机关进行纳税申报。

(13) 公路经营企业中的一般纳税人收取试点前开工的高速公路的车辆通行费，可以选择适用简易计税方法，减按 3%的征收率计算应纳税额。

3. 汇率时点选择权

销售额以人民币计算。纳税人按照人民币以外的货币结算销售额的，应当折合成人民币计算，折合率可以选择销售额发生的当天或者当月 1 日的人民币汇率中间价。纳税人应当事先确定采用何种折合率，确定后12个月内不得变更。

4. 减免税享受放弃权和免税、零税率选择权

纳税人发生应税行为适用免税、减税规定的，可以放弃免税、减税，依照规定缴纳增值税。放弃免税、减税后，36个月内不得再申请免税、减税。

纳税人发生应税行为同时适用免税和零税率规定的，纳税人可以选择适用免税或零税率。

上述选择，可以让纳税人最大限度地享受政策红利。如免税和零税率政策，假如企业产品退税率较低，进项税额转出大于国内购进的进项税额，免税更优于出口退税。

5. 金融商品核算方法的选择权

金融商品转让，按照卖出价扣除买入价后的余额为销售额。金融商品的买入价，可以选择按照加权平均法或移动加权平均法进行核算，选择后36个月内不得变更。

这样，企业可以与会计制度保持一致，减少纳税调整工作量。

6. 有形动产融资租赁计算销售额的方法选择权

继续按照有形动产融资租赁服务缴纳增值税的试点纳税人，经人民银行、银监会或商务部批准从事融资租赁业务的，根据 2016 年 4 月 30 日前签订的有形动产融资性售后回租合同，在合同到期前提供的有形动产融资性售后回租服务，可以选择以下方法之一计算销售额：

(1) 以向承租方收取的全部价款和价外费用，扣除向承租方收取的价款本金，以及对外支付的借款利息(包括外汇借款和人民币借款利息)、发行债券利息后的余额为销售额；

(2) 以向承租方收取的全部价款和价外费用，扣除支付的借款利息(包括外汇借款和人民币借款利息)、发行债券利息后的余额为销售额。

不扣除承租方收取的本金，让本金开具 17%的税，承租方可以抵扣 17%的增值税，出租方可以对税负率高于 3%的部分即征即退。

7. 旅游服务销售额选择权

试点纳税人提供旅游服务，可以选择以取得的全部价款和价外费用，扣除向旅游服务购买方收取并支付给其他单位或者个人的住宿费、餐饮费、交通费、签证费、门票费和支付给其他接团旅游企业的旅游费用后的余额为销售额。

选择上述办法计算销售额的试点纳税人，向旅游服务购买方收取并支付的上述费用，不得开具增值税专用发票，可以开具增值税普通发票。

（三）原营业税优惠政策基本平移至增值税

财税〔2016〕36号文附件3，基本将正在执行中的营业税优惠政策全部沿用，让优惠政策没有因为“营改增”中断或废止，保证了政策的连续性。如以下项目免征增值税：

托儿所、幼儿园提供的保育和教育服务；

养老机构提供的养老服务；

残疾人福利机构提供的育养服务；

婚姻介绍服务；

殡葬服务；

残疾人员本人为社会提供的服务；

医疗机构提供的医疗服务；

从事学历教育的学校提供的教育服务；

学生勤工俭学提供的服务；

农业机耕、排灌、病虫害防治、植物保护、农牧保险及相关技术培训业务，家禽、牲畜、水生动物的配种和疾病防治；

纪念馆、博物馆、文化馆、文物保护单位管理机构、美术馆、展览馆、书画院、图书馆在自己的场所提供文化体育服务取得的第一道门票收入；

寺院、宫观、清真寺和教堂举办文化、宗教活动的门票收入；

行政单位之外的其他单位收取的符合《试点实施办法》第十条规定条件的政府性基金和行政事业性收费；

个人转让著作权；

个人销售自建自用住房；

2018年12月31日前，公共租赁住房经营管理单位出租公共租赁住房；

台湾航运公司、航空公司从事海峡两岸海上直航、空中直航业务在大陆取得的运输收入；

纳税人提供的直接或者间接国际货物运输代理服务。

以下利息收入免征增值税：(1)2016年12月31日前，金融机构农户小额贷款；(2)国家助学贷款；(3)国债、地方政府债；(4)人民银行对金融机构的贷款；(5)住房公积金管理中心用住房公积金在指定的委托银行发放的个人住房贷款；(6)外汇管理部门在从事国家外汇储备经营过程中，委托金融机构发放的外汇贷款；(7)统借统还业务中，企业集团或企业集团中的核心企业以及集团所属财务公司按不高于支付给金融机构的借款利率水平或者支付的债券票面利率水平，向企业集团或集团内下属单位收取的利息。

被撤销金融机构以货物、不动产、无形资产、有价证券、票据等财产清偿债务，免征增值税。

保险公司开办的一年期以上人身保险产品取得的保费收入，免征增值税。

下列金融商品转让收入免征增值税：(1)合格境外投资者(QFII)委托境内公司在我国从事证券买卖业务；(2)香港市场投资者(包括单位和个人)通过沪港通买卖上海证券交易所上市A股；(3)对香港市场投资者(包括单位和个人)通过基金互认买卖内地基金份额；(4)证券投资基金(封闭式证券投资基金，开放式证券投资基金)管理人运用基金买卖股票、债券；(5)个人从事金融商品转让业务。

金融同业往来利息收入免征增值税。

同时符合下列条件的担保机构从事中小企业信用担保或者再担保业务取得的收入(不含信用评级、咨询、培训等收入)3年内免征增值税。

国家商品储备管理单位及其直属企业承担商品储备任务，从中央或者地方财政取得的利息补贴收入和价差补贴收入，免征增值税。

纳税人提供技术转让、技术开发和与之相关的技术咨询、技术服务，免征增值税。

符合规定条件的合同能源管理服务：

2017年12月31日前，科普单位的门票收入，以及县级及以上党政部门和科协开展科普活动的门票收入，免征增值税。

政府举办的从事学历教育的高等、中等和初等学校(不含下属单位)，举办进修班、培训班取得的全部归该学校所有的收入，免征增值税。

政府举办的职业学校设立的主要为在校学生提供实习场所并由学校出资自办、由学校负责经营管理、经营收入归学校所有的企业，从事《销售服务、无形资产或者不动产注释》中“现代服务”(不含融资租赁服务、广告服务和其他现代服务)、“生活服务”(不含文化体育服务、其他生活服务和桑拿、氧吧)业务活动取得的收入，免征增值税。

福利彩票、体育彩票的发行收入，免征增值税。

军队空余房产租赁收入，免征增值税。

为了配合国家住房制度改革，企业、行政事业单位按房改成本价、标准价出售住房取得的收入，免征增值税。

将土地使用权转让给农业生产者用于农业生产，免征增值税。

涉及家庭财产分割的个人无偿转让不动产、土地使用权，免征增值税。

土地所有者出让土地使用权和土地使用者将土地使用权归还给土地所有者，免征增值税。

县级以上地方人民政府或自然资源行政主管部门出让、转让或收回自然资源使用权(不含土地使用权)，免征增值税。

随军家属就业，免征增值税。

军队转业干部就业，免征增值税。

除上述免税优惠政策外，还有增值税即征即退、扣减增值税和出口免税、零税率等诸多优惠政策。

（四）其他亮点

(1) 不属于在境内的服务有所变化。

下列情形不属于在境内销售服务或无形资产：

① 境外单位或个人向境内单位或个人销售完全在境外发生的服务；

② 境外单位或个人向境内单位或个人销售完全在境外使用的无形资产；

③ 境外单位或个人向境内单位或个人出租完全在境外使用的有形动产；

④ 财政部和国家税务总局规定的其他情形。

原“营改增”试点文件财税〔2016〕106号文是境外消费，境外发生内涵更广。比如，之前支付给境外销售佣金，如果完全在境外发生，2016年4月30日前，需征收营业税；按新政策理应属于不应征增值税。

(2) 文件没有采取补丁方式，而是将“营改增”文件综合打包、重新成文。

减少了纳税人四处查找的工作量，便于执行。

文件亮点还有很多，这里就不一一呈现。

二、“营改增”新文件缺憾

“营改增”新文件带来了诸多亮点，但从纳税人角度，也有几许缺憾。

购买贷款服务进项税额不能抵扣。

与之相关的，还有纳税人接受贷款服务向贷款方支付的与该笔贷款直接相关的投融资顾问费、手续费、咨询费等费用，其进项税额不得从销项税额中抵扣。金融商品转让，不得开具增值税专用发票；作为受让方自然无法抵扣。

企业融资难、融资贵叫了多年；何不雪中送炭，通过贷款利息抵扣，缓解企业融资难题；再说，现在不动产都可抵扣了，贷款利息资本化不也是投资支出吗？更不用说流动资金贷款了。

企业支付的土地出让金无抵扣，转让无扣除(除房地产开发企业新项目外)。

土地出让金，是企业不动产投资的重要组成部分，如果土地出让金成本不能抵扣，同样不动产抵扣也打了不少折扣。

个别文字费解。

因为文件内容多，未按单一的行业发文，理解比较困难。如附件 2、第一条第(三)项销售额中第 10 点只提到了房地产开发企业一般纳税人，其他的一般纳税人均未提及；然后第(八)项销售不动产共有 11 项、第(九)项不动产经营租赁服务共有 6 项，第(十)项又有三段讲述销售不动产和出租不动产服务，绕来绕去，理解费劲。(后续下发的国税总局公告已解决上述问题。)

两部委文件修改国务院令发布的《中华人民共和国增值税暂行条例》(如附件 2 第二款)虽能理解，但似有不妥。

税率、征收率、预征率过多，特别是销售房地产简易计征、一般计征、预征、纳税申报，新老项目情形太多，弄清实属不易。

进项留抵税额不能用于新增不动产销售抵扣。

三、新文件尚存的困惑之处

“营改增”全面推开的时间紧、试点覆盖面广、各地情况不一，规范的内容多，难免存在一些模糊或不足之处，如本章列示的其他热点与分歧，不再赘述，这些都需要在后续不断完善。

附：建筑服务，不动产出售、出租相关“营改增”计税方法、税率、预征与征收，如表 7-14 所示。

【说明】以上系作者在财税〔2016〕36 号文下发后的学习粗浅体会。总体看，文件虽有不足，但瑕不掩瑜，且导向明确：以纳税人为中心，确保纳税人税负只降不增，无疑是惠及纳税人的善政。

表 7-14　建筑服务，不动产出售、出租“营改增”计税方法、税率、预征与征税表

项目	明细	计税方法	销售额 X	预征率	税率/征收率	不动产所在地预征税款(T_1)	机构所在地(T_2)
建筑服务	简易计税 清包工、甲供工程、老项目选择适用简易计税	简易计税	全部价款+价外费用−分包款	3%	3%	$=X\div1.03\times3\%$	增值税不补征、纳税申报
		一般计税	全部价款+价外费用	2%	11%	$=(X-$分包款$)\div1.11\times2\%$	$T_2=X\div1.11\times11\%-$进项税额$-T_1$
销售不动产(不含房地产开发公司销售开发的房地产)	非自建	(选择)简易计税	全部价款+价外费用−不动产购置原价或者取得不动产时的作价后的余额	5%	5%	$T_1=X\div1.05\times5\%$	纳税申报 $T_2=X\div1.05\times5\%-T_1=0$

续表

项目	明细	计税方法	销售额 X	预征率	税率/征收率	不动产所在地预征税款（T_1）	机构所在地（T_2）
销售不动产（不含房地产开发公司销售开发的房地产）	自建		全部价款+价外费用				
	非自建（2016.5.1前、后）	一般计税方法	全部价款+价外费用	5%	11%	T_1=（X−不动产购置原价或者取得不动产时的作价后的余额）÷1.05×5%	$T_2=X\div1.11\times11\%$−进项税额−T_1
	自建（5.1前、后）					$T_1=X\div1.05\times5\%$	
个人不动产、住房销售	（非住房）不动产	简易计税	全部价款+价外费用−该项不动产购置原价或者取得不动产时的作价后的余额	5%		$T_1=X\div1.05\times5\%$	0
	住房	2年以内	全部价款+外价费用			$T_1=X\div1.05\times5\%$	0
		2年以上	免			0	0
	北上广深非普通住房	2年以上	全部价款+价外费用−该项不动产购置原价或者取得不动产时的作价后的余额			$T_1=X\div1.05\times5\%$	0
房地产企业销售房地产	新老项目	简易计税	全部价款+价外费用	3%	5%	T_1=全部预售款÷1.05×3%	$T_2=X\div1.05\times5\%-T_1$
	老项目	选择简易计税					
	如下：当期允许扣除的土地价款=（当期销售房地产项目建筑面积÷房地产项目可供销售建筑面积）×支付的土地价款						
	新老项目	一般计税方法	全部价款+价外费用−当期允许扣除的土地价款	3%	11%	T_1=预售款÷1.11×3%	$T_2=X\div1.11\times11\%$−进项税额−T_1
出租不动产（含房地产企业）	不含个人住房	简易计税		5%	5%	$T_1=X\div1.05\times5\%$	纳税申报
	旧不动产含住房	选择简易计税					
	试点前开工的高速公路通行费			3%	3%	$T_1=X\div1.03*3\%$	
	新老项目	一般计税方法		3%	11%	$T_1=X\div1.11\times3\%$	$T_2=X\div1.11\times11\%$−进项税额−T_1
	其他个人出租不动产（非住房）			5%	5%	$T_1=X\div1.05*5\%$	不适用
	个人（含个体工商户）出租房屋			1.5%	5%	$T_1=X_1\div1.05*1.5\%$	不适用

（作者原创，仅代表个人观点。）

【专题分析 7-22】

“营改增”不动产分期抵扣政策的必要性探讨

“营改增”政策有很多亮点，赋予纳税人诸多选择适用政策的自由，充分考虑了“营改增”政策全面推开的平稳性和减税的实效性；同时也适当考虑了减税对财政收入的影响，如制度上仍保留了贷款服务和土地出让金（不含房地产企业）抵减增值税。然而，对于不动产进项税额所创设的分期抵扣政策，笔者以为，其实际效果非常有限，且影响面非常广，增加了征纳双方的工作量，其必要性非常值得推敲。

一、不动产进项税额分期抵扣要求多、操作复杂、工作量大

该政策涉及如下几个文件，提出了诸多管理要求。

（一）财税〔2016〕36 号附件 2：《营业税改征增值税试点有关事项的规定》

“适用一般计税方法的试点纳税人，2016 年 5 月 1 日后取得并在会计制度上按固定资产核算的不动产或者 2016 年 5 月 1 日后取得的不动产在建工程，其进项税额应自取得之日起分 2 年从销项税额中抵扣，第一年抵扣比例为 60%，第二年抵扣比例为 40%。

取得不动产，包括以直接购买、接受捐赠、接受投资入股、自建及抵债等各种形式取得不动产，不包括房地产开发企业自行开发的房地产项目。

融资租入的不动产及在施工现场修建的临时建筑物、构筑物，其进项税额不适用上述分 2 年抵扣的规定。”

（二）《国家税务总局关于发布<不动产进项税额分期抵扣暂行办法>的公告》（国家税务总局公告 2016 年第 15 号）

全文皆是分期抵扣规范，从不动产固定资产取得（包括投资受让、接受捐赠、偿债）、购建（包括已抵扣转用于不动产在建工程）分期；处置时的待抵扣进项税额转入；发生非正常损失的进项税额和待抵扣进项税额转出、原用于简易计税、集体福利等改变用途，也需要分期抵扣。（本期不动产进项税额增加额如表 5-8 所示）

除了上述要求外，还有一个堪称“浩大”的工程：

“纳税人应建立不动产和不动产在建工程台账，分别记录并归集不动产和不动产在建工程的成本、费用、扣税凭证及进项税额抵扣情况，留存备查。用于简易计税方法计税项目、免征增值税项目、集体福利或个人消费的不动产和不动产在建工程，也应在纳税人建立的台账中记录。”

文件写来容易，但每项不动产、在建工程对应材料明细何其多，每张发票也要逐一记录。纳税人的工作量增加了不是一点两点。减税难道一定要以巨大的工作量来换取？

(三)《国家税务总局关于全面推开营业税改征增值税试点后增值税纳税申报有关事项的公告》(国家税务总局公告 2016 年第 13 号)

(1)《增值税纳税申报表》表 2，相关栏：第 8、9、10、12、23、25～28 栏。

(2) 附表 5《不动产分期抵扣计算表》全部(如表 7-15 所示)，准确填报也有不小难度。

表 7-15 不动产分期抵扣计算表

税款所属时间：　　年　　月　　日至　　年　　月　　日

纳税人名称：(公章)　　　　金额单位：元至角分

期初待抵扣不动产进项税额	本期不动产进项税额增加额	本期可抵扣不动产进项税额	本期转入的待抵扣不动产进项税额	本期转出的待抵扣不动产进项税额	期末待抵扣不动产进项税额
1	2	3≤1+2+4	4	5≤1+4	6=1+2−3+4-5
	说明：本期因购建增加的不动产相关全部进项税额(包含内部转入可以抵扣的进项 60%和 40%之和)	指本期新增(符合 12 个月内)可用于抵扣的不动产相关进项税额，包括内部转入的可用于当期抵扣的进项税额 60%，还包括了第 13 个月的进项税额	不含当期购入和原未抵扣现改变用途；只是原已抵扣需从进项税额中转至待抵扣	1. 销售不动产时和公司注销时待抵扣进项转至可以抵扣；2. 用途发生改变用于简易计税、集体福利、个人消费等不能抵扣的项目，需转增固定资产原值	其中第 2～3 为本期新增的和改变用途后必须在 12 月个后用于抵扣的、待抵扣进项税额

(作者原创整理。)

(四)《国家税务总局关于调整增值税纳税申报有关事项的公告》(国家税务总局公告 2016 年第 27 号)

《本期抵扣进项税额结构明细表》是对上述第 13 号公告的再完善。

二、分期抵扣政策效果非常有限

(一) 分期抵扣政策对缓解第 13 个月后的财政压力基本无效

分期抵扣政策，将第一年 40%的进项税额转到第二年，理论上对于第一年的财政压力可以减轻许多；但从第二年起，第一年的 40%的抵扣额和第二年的 60%的抵扣额相加，均为一个完整年度。如果说有影响，仅为每年投资抵税增加额，几乎可以忽略不计。

假如第一年不动产相关进项税额为 5 000 亿，每月可以均衡取得的进项税额均为 417 亿元，按照分期抵扣政策，可得出如表 7-16 所示的结果。

表 7-16　不动产分月抵扣效果比较表

单位：亿元

时间	当年取得的不动产相关进项税额	当年新增、当年抵扣 60%	上年新增、本年抵扣 40%	当年可用于抵扣合计
1 月	417	250.2		250.2
2 月	417	250.2		250.2
3 月	417	250.2		250.2
4 月	417	250.2		250.2
5 月	417	250.2		250.2
6 月	417	250.2		250.2
7 月	417	250.2		250.2
8 月	417	250.2		250.2
9 月	417	250.2		250.2
10 月	417	250.2		250.2
11 月	417	250.2		250.2
12 月	417	250.2		250.2
1～12 月合计	**5004**	**3002.4**	**0**	**3002.4**
13 月	417	250.2	166.8	417
14 月	417	250.2	166.8	417
15 月	417	250.2	166.8	417
16 月	417	250.2	166.8	417
17 月	417	250.2	166.8	417
18 月	417	250.2	166.8	417
19 月	417	250.2	166.8	417
20 月	417	250.2	166.8	417
21 月	417	250.2	166.8	417
22 月	417	250.2	166.8	417
23 月	417	250.2	166.8	417
24 月	417	250.2	166.8	417
13～24 月合计	**5004**	**3002.4**	**2001.6**	**5004**
25 月	417	250.2	166.8	417
26 月	417	250.2	166.8	417
27 月	417	250.2	166.8	417
28 月	417	250.2	166.8	417
29 月	417	250.2	166.8	417
30 月	417	250.2	166.8	417
31 月	417	250.2	166.8	417
32 月	417	250.2	166.8	417
33 月	417	250.2	166.8	417
34 月	417	250.2	166.8	417
35 月	417	250.2	166.8	417
36 月	417	250.2	166.8	417
25～36 月合计	**5004**	**3002.4**	**2001.6**	**5004**

从上表可以看出：

假如每年每月取得的可以用于抵扣的不动产的进项税额相同，在前 12 个月只能抵扣其中 60%、第 13 个月可以抵扣剩下 40%的情况下，理论上，第一年的抵扣额为 3 002 亿元，第二年和第三年的抵扣额均为 5 004 亿元。说明：

(1) 采取上述分期抵扣政策，第一年财政压力确实有所减轻，可以少抵扣 2 000 亿元(理论上)，效果相当于“营改增”部分政策推迟实施；

(2) 从 13 个月开始，第二年和第三年可以抵扣的进项税额均为 5 004 亿元，说明分期抵扣政策对第 13 个月开始的以后年度，基本无法起到减轻财政压力的作用。

(二) 分期抵扣政策对第一年实际影响也很有限

上例从理论上讲，对于第一年可以少抵扣 2 000 亿，相当于减少了 40%的财政压力。但以上没有考虑到，即便允许纳税人从取得扣税凭证之日起全部抵扣，但因投资额越大、在 12 个月内全部抵扣完毕的可能性越小，即实际上自然会分期抵扣。

从不动产的可以抵扣的对象来看，主要是房地产业、制造业，其次也包括交通运输业及相关行业。

交通运输业投资建设高铁、地铁等投资额大，取得的进项税额较多，但其投资回收时间长，因此，进项税额需要较多时间才能抵扣完毕。

房地产业“消化”较快，不动产进项税额抵扣期基本与销售期配比；如果出现滞销、积压，则抵扣的时间会相对较长。

而制造业，如果是新设公司，在新建不动产后，产能不可能迅速放大，抵扣完毕的时间会达到 2 年以上；如果是用于技术改造，新增的进项税额可以从现有产能实现的销售税额中抵扣，但因投资额大，取得的进项税额一般也很难在 12 个月内抵扣消化完毕。

根据 2015 年我国营业税入库情况、房地产投资情况估算的“营改增”减税效果、是否实施分期抵扣效果对比如表 7-17 所示。

表 7-17　2016 年“营改增”减税效果估算表

单位：亿元

项目	房地产	建筑业	金融业	其他服务	合计
2015 年房地产投资	95 978.85				
2015 年住宅投资	64 595.24				
2015 年非住宅投资	31 383.6				
非住宅投资比例	32.7%				
2015 年营业税(亿元)	6 104	5 136	4 561	3 512	19 313
2015 年假如“营改增”可以抵扣的增值税	1 995.91	4 108.8	456.1	351.2	6 912.01

续表

项目	房地产	建筑业	金融业	其他服务	合计
其他个人、小规模纳税人、行政事业单位购买及用于集体福利、个人消费假定占比	40%	20%			
最后可以抵扣的增值税	1 198	4 109	减税不作考虑		5 306
2016 年假如增长 10%，“营改增”可以减税估算	1 317	4 520			5 837
2016 年 5～12 月当年可以抵扣的不动产进项税额估算：					
假如一年内抵扣比例	50%	70%			
当年实际减税（当年财政收入减少）	659	3 164			3 822
2016 年 5～12 月	439	2 109			2 548
假如 2016 年执行抵扣 60%政策					
2016 年 5～12 月全年可以抵扣增值税	878	3 013			3 891
当年 60%在当年抵扣	527	1 808			2 335
执行分期抵扣政策对 2016 年可以减轻财政压力：					
效果					–213

（2015 年投资数据来源于国家统计局网站，其他数据由作者原创，仅代表个人观点。）

第四部分　附　　录

附录一

财税〔2016〕36号全文及学习批注

【说明】附件1、附件2中的批注系本文在2016年3月下旬下发后，作者学习时的简单批注，未根据后续下发文件更新；批注内容仅代表个人观点。

关于全面推开营业税改征增值税试点的通知

财税〔2016〕36号

各省、自治区、直辖市、计划单列市财政厅(局)、国家税务局、地方税务局，新疆生产建设兵团财务局：

经国务院批准，自2016年5月1日起，在全国范围内全面推开营业税改征增值税(以下称“营改增”)试点，建筑业、房地产业、金融业、生活服务业等全部营业税纳税人，纳入试点范围，由缴纳营业税改为缴纳增值税。现将《营业税改征增值税试点实施办法》、《营业税改征增值税试点有关事项的规定》、《营业税改征增值税试点过渡政策的规定》和《跨境应税行为适用增值税零税率和免税政策的规定》印发你们，请遵照执行。

本通知附件规定的内容，除另有规定执行时间外，自2016年5月1日起执行。《财政部国家税务总局关于将铁路运输和邮政业纳入营业税改征增值税试点的通知》(财税〔2013〕106号)、《财政部国家税务总局关于铁路运输和邮政业营业税改征增值税试点有关政策的补充通知》(财税〔2013〕121号)、《财政部国家税务总局关于将电信业纳入营业税改征增值税试点的通知》(财税〔2014〕43号)、《财政部国家税务总局关于国际水路运输增值税零税率政策的补充通知》(财税〔2014〕50号)和《财政部国家税务总局关于影视等出口服务适用增值税零税率政策的通知》(财税〔2015〕118号)，除另有规定的条款外，相应废止。

各地要高度重视“营改增”试点工作，切实加强试点工作的组织领导，周密安排，明确责任，采取各种有效措施，做好试点前的各项准备以及试点过程中的监测分析和宣传解释等工作，确保改革的平稳、有序、顺利进行。遇到问题请及时向财政部和国家税务总局反映。

附件：

1．营业税改征增值税试点实施办法

2．营业税改征增值税试点有关事项的规定

3．营业税改征增值税试点过渡政策的规定

4．跨境应税行为适用增值税零税率和免税政策的规定

财政部　国家税务总局

2016年3月23日

附件1：营业税改征增值税试点实施办法

第一章　纳税人和扣缴义务人

第一条　在中华人民共和国境内(以下称境内)销售服务、无形资产或者不动产(以下称应税行为)的单位和个人，为增值税纳税人，应当按照缴纳增值税，不缴纳营业税。

单位，是指企业、行政单位、事业单位、军事单位、社会团体及其他单位。

个人，是指个体工商户和其他个人。

第二条　单位以承包、承租、挂靠方式经营的，承包人、承租人、挂靠人(以下统称承包人)以发包人、出租人、被挂靠人(以下统称发包人)名义对外经营并由发包人承担相关法律责任的，以该发包人为纳税人。否则，以承包人为纳税人。

第三条　纳税人分为一般纳税人和小规模纳税人。

应税行为的年应征增值税销售额(以下称应税销售额)超过财政部和国家税务总局规定标准的纳税人为一般纳税人，未超过规定标准的纳税人为小规模纳税人。

【注】应税行为，以前称为应税服务。

年应税销售额超过规定标准的其他个人不属于一般纳税人。年应税销售额超过规定标准但不经常发生应税行为的单位和个体工商户可选择按照小规模纳税人纳税。

第四条　年应税销售额未超过规定标准的纳税人，会计核算健全，能够提供准确税务资料的，可以向主管税务机关办理一般纳税人资格登记，成为一般纳税人。

【注】106号文为资格认定，根据《国务院关于取消和调整一批行政审批项目等事项的决定》(国发〔2015〕11号)取消了一般纳税人资格认定，《国家税务总局关于调整增值税一般纳税人管理有关事项的公告》(国家税务总局公告2015年第18号)改为一般纳税人资格登记。

会计核算健全，是指能够按照国家统一的会计制度规定设置账簿，根据合法、有效凭证核算。

第五条　符合一般纳税人条件的纳税人应当向主管税务机关办理一般纳税人资格登记。具体登记办法由国家税务总局制定。

除国家税务总局另有规定外，一经登记为一般纳税人后，不得转为小规模纳税人。

第六条　中华人民共和国境外（以下称境外）单位或者个人在境内发生应税行为，在境内未设有经营机构的，以购买方为增值税扣缴义务人。财政部和国家税务总局另有规定的除外。

第七条　两个或者两个以上的纳税人，经财政部和国家税务总局批准可以视为一个纳税人合并纳税。具体办法由财政部和国家税务总局另行制定。

第八条　纳税人应当按照国家统一的会计制度进行增值税会计核算。

【注】本条系新增条款，明确了增值税会计核算处理，应符合国家统一会计制度。严格说来，现在均应执行《企业会计准则》或《小企业会计准则》。

第二章　征税范围

第九条　应税行为的具体范围，按照所附的《销售服务、无形资产、不动产注释》执行。

【注】上面省略了两个字增加了理解难度，严格说来，应为销售服务、销售无形资产或者不动产。文件将以前的“应税服务”改为“销售服务”，搭配了后面的无形资产、不动产。

第十条　销售服务、无形资产或者不动产，是指有偿提供服务、有偿转让无形资产或者不动产，但属于下列非经营活动的情形除外：

【注】文件后有如下解释：

销售服务，是指提供交通运输服务、邮政服务、电信服务、建筑服务、金融服务、现代服务（包括研发和技术服务、信息技术服务、文化创意服务、物流辅助服务、租赁服务（含动产与不动产）、鉴证咨询服务、广播影视服务、商务辅助服务和其他现代服务）、生活服务。

销售无形资产（含所有权和使用权）。

销售不动产。

（一）行政单位收取的同时满足以下条件的政府性基金或者行政事业性收费。

1．由国务院或者财政部批准设立的政府性基金，由国务院或者省级人民政府及其财政、价格主管部门批准设立的行政事业性收费；

2．收取时开具省级以上（含省级）财政部门监（印）制的财政票据；

3．所收款项全额上缴财政。

【注】上面3条为新增的说明(原“营改增”文件财税〔2013〕106号文在第33条价外费用的剔除项里)。

(二)单位或者个体工商户聘用的员工为本单位或者雇主提供取得工资的服务。

(三)单位或者个体工商户为聘用的员工提供服务。

【注】上面(二)、(三)项106号文中即已存在，将员工的工作相关服务不纳入，也包括了公司为员工提供的培训、食宿、洗理等服务；但如果有偿提供服务，也不应征税。

(四)财政部和国家税务总局规定的其他情形。

第十一条有偿，是指取得货币、货物或者其他经济利益。

第十二条在境内销售服务、无形资产或者不动产，是指：

(一)服务(租赁不动产除外)或者无形资产(自然资源使用权除外)的销售方或者购买方在境内；

【注】财税〔2013〕106号文为服务提供方或接受方。

(二)所销售或者租赁的不动产在境内；

(三)所销售自然资源使用权的自然资源在境内；

(四)财政部和国家税务总局规定的其他情形。

第十三条　下列情形不属于在境内销售服务或者无形资产：

(一)境外单位或者个人向境内单位或者个人销售完全在境外发生的服务。

【注】财税〔2013〕106号文是境外消费，境外发生内涵更大，比如，之前支付给境外销售佣金，按此文件应属于不征流转税。

(二)境外单位或者个人向境内单位或者个人销售完全在境外使用的无形资产。

(三)境外单位或者个人向境内单位或者个人出租完全在境外使用的有形动产。

(四)财政部和国家税务总局规定的其他情形。

第十四条　下列情形视同销售服务、无形资产或者不动产：

【注】原为视同提供应税服务。

(一)单位或者个体工商户向其他单位或者个人无偿提供服务，但用于公益事业或者以社会公众为对象的除外。

(二)单位或者个人向其他单位或者个人无偿转让无形资产或者不动产，但用于公益事业或者以社会公众为对象的除外。

(三)财政部和国家税务总局规定的其他情形。

【注】第十四条基本把上面第十条征税范围为“有偿提供服务、有偿转让无形资产和不动产”全部拓宽，既包括有偿，又包括无偿了。比如，过去企业之间无偿借款、关联方之间无偿提供的品质管理与服务是否都需征税了？

而营业税暂行条例实施细则为：

第五条　纳税人有下列情形之一的，视同发生应税行为：

(一)单位或者个人将不动产或者土地使用权无偿赠送其他单位或者个人；

(二)单位或者个人自己新建(以下简称自建)建筑物后销售，其所发生的自建行为；

(三)财政部、国家税务总局规定的其他情形。

范围拓宽，另取消第二条，原因是：

对于外购的不动产，一般纳税人一般计税办法和简易计税办法和小规模纳税人，可以扣除外购成本后作为营业额；

自建的无论是一般计税办法和简易计税办法均不能扣除自建成本，这也与原来的补交自建的营业税类同。

第三章　税率和征收率

第十五条　增值税税率：

(一)纳税人发生应税行为，除本条第(二)项、第(三)项、第(四)项规定外，税率为 6%。

(二)提供交通运输、邮政、基础电信、建筑、不动产租赁服务，销售不动产，转让土地使用权，税率为 11%。

(三)提供有形动产租赁服务，税率为 17%。

(四)境内单位和个人发生的跨境应税行为，税率为零。具体范围由财政部和国家税务总局另行规定。

【注】与财税〔2015〕118 号文相符，但这个文件被作废，范围还需拓宽。上面的顺序较之前颠倒，不过，执行 6%、11%的行业确实较 17%的要多。

第十六条　增值税征收率为 3%，财政部和国家税务总局另有规定的除外。

【注】“另有规定的除外”为新增内容。从这次发文看，明显增加了 5%的过渡税率，现在“营改增”后，税率更多，征收率也更多了，越是简并，越是多了，希望后续能真正简并起来。

第四章　应纳税额的计算

第一节　一般性规定

第十七条　增值税的计税方法，包括一般计税方法和简易计税方法。

第十八条　一般纳税人发生应税行为适用一般计税方法计税。

一般纳税人发生财政部和国家税务总局规定的特定应税行为，可以选择适用简易计税方法计税，但一经选择，36 个月内不得变更。

【注】

附件 2 第一条第(六)项明确了可以选择适用简易计税方法：

1. 公共交通运输服务；

2. 动漫企业部分服务；

3. 电影放映服务、仓储服务、装卸搬运服务、收派服务和文化体育服务；

4. 以纳入“营改增”试点之日前取得的有形动产为标的物提供的经营租赁服务；

5. 在纳入“营改增”试点之日前签订的尚未执行完毕的有形动产租赁合同；

6. 建筑服务甲供工程、清包。

第十九条　小规模纳税人发生应税行为适用简易计税方法计税。

第二十条　境外单位或者个人在境内发生应税行为，在境内未设有经营机构的，扣缴义务人按照下列公式计算应扣缴税额：

应扣缴税额=购买方支付的价款÷(1+税率)×税率

【注】扣缴义务人原来为接受方。

第二节　一般计税方法

第二十一条　一般计税方法的应纳税额，是指当期销项税额抵扣当期进项税额后的余额。应纳税额计算公式：

应纳税额=当期销项税额–当期进项税额

当期销项税额小于当期进项税额不足抵扣时，其不足部分可以结转下期继续抵扣。

第二十二条　销项税额，是指纳税人发生应税行为按照销售额和增值税税率计算并收取的增值税额。销项税额计算公式：

销项税额=销售额×税率

第二十三条　一般计税方法的销售额不包括销项税额，纳税人采用销售额和销项税额合并定价方法的，按照下列公式计算销售额：

销售额=含税销售额÷(1+税率)

第二十四条　进项税额，是指纳税人购进货物、加工修理修配劳务、服务、无形资产或者不动产，支付或者负担的增值税额。

第二十五条　下列进项税额准予从销项税额中抵扣：

(一)从销售方取得的增值税专用发票(含税控机动车销售统一发票，下同)上注明的增值税额。

(二)从海关取得的海关进口增值税专用缴款书上注明的增值税额。

(三)购进农产品，除取得增值税专用发票或者海关进口增值税专用缴款书外，按照农产品收购发票或者销售发票上注明的农产品买价和13%的扣除率计算的进项税额。计算公式为：

进项税额=买价×扣除率

买价，是指纳税人购进农产品在农产品收购发票或者销售发票上注明的价款和按照规定缴纳的烟叶税。

购进农产品，按照《农产品增值税进项税额核定扣除试点实施办法》抵扣进项税额的除外。

（四）从境外单位或者个人购进服务、无形资产或者不动产，自税务机关或者扣缴义务人取得的解缴税款的完税凭证上注明的增值税额。

第二十六条　纳税人取得的增值税扣税凭证不符合法律、行政法规或者国家税务总局有关规定的，其进项税额不得从销项税额中抵扣。

增值税扣税凭证，是指增值税专用发票、海关进口增值税专用缴款书、农产品收购发票、农产品销售发票和完税凭证。

纳税人凭完税凭证抵扣进项税额的，应当具备书面合同、付款证明和境外单位的对账单或者发票。资料不全的，其进项税额不得从销项税额中抵扣。

第二十七条　下列项目的进项税额不得从销项税额中抵扣：

（一）用于简易计税方法计税项目、免征增值税项目、集体福利或者个人消费的购进货物，加工、修理修配劳务，服务，无形资产和不动产。其中涉及的固定资产、无形资产、不动产，仅指专用于上述项目的固定资产、无形资产（不包括其他权益性无形资产）、不动产。

【注】购进货物，加工、修理修配劳务，服务，无形资产和不动产是指用于简易计税项目或免征或集体福利或个人消费，非其他。

仅指专用于，与之前观点一致。

纳税人的交际应酬消费属于个人消费。

【注】业务招待费、娱乐支出、旅游支出（无专票）等全部征收增值税后也无法抵扣。

（二）非正常损失的购进货物，以及相关的加工、修理修配劳务和交通运输服务。

（三）非正常损失的在产品、产成品所耗用的购进货物（不包括固定资产）、加工修理修配劳务和交通运输服务。

（四）非正常损失的不动产，以及该不动产所耗用的购进货物、设计服务和建筑服务。

【注】新增：如果不动产非正常损失，损失大了！

（五）非正常损失的不动产在建工程所耗用的购进货物、设计服务和建筑服务。

纳税人新建、改建、扩建、修缮、装饰不动产，均属于不动产在建工程。

（六）购进的旅客运输服务、贷款服务、餐饮服务、居民日常服务和娱乐服务。

【注】新增内容，全面推开之后的保留范围，旅客运输服务主要是发票主体均为个人，无法满足开具增值税专用发票的要求；

贷款服务不能抵扣，是"营改增"全面推开后的最不应该保留的服务内容，因为融资成本是企业正常的支出，如果此项不让抵扣，说明仍存在重复缴税情形；当然，银行业因贷款与结算服务业务量大，也不便于开具增值税专用发票，但这毕竟只是操作层面上的问题。

餐饮服务，上面已将交际应酬消费定义为个人消费，这个餐饮也自然难以抵扣。

居民日常服务，下面第(七)项生活服务解释：居民日常服务，是指主要为满足居民个人及其家庭日常生活需求提供的服务，包括市容市政管理、家政、婚庆、养老、殡葬、照料和护理、救助救济、美容美发、按摩、桑拿、氧吧、足疗、沐浴、洗染、摄影扩印等服务。员工制家政服务符合条件可免征增值税。

娱乐服务，不让抵扣也是情理之中了，国家限制高消费。

(七)财政部和国家税务总局规定的其他情形。

本条第(四)项、第(五)项所称货物，是指构成不动产实体的材料和设备，包括建筑装饰材料和给排水、采暖、卫生、通风、照明、通讯、煤气、消防、中央空调、电梯、电气、智能化楼宇设备及配套设施。

【注】与原来文件一脉相承了。

第二十八条　不动产、无形资产的具体范围，按照所附的《销售服务、无形资产或者不动产注释》执行。

固定资产，是指使用期限超过12个月的机器、机械、运输工具，以及其他与生产经营有关的设备、工具、器具等有形动产。

非正常损失，是指因管理不善造成货物被盗、丢失、霉烂变质，以及因违反法律法规造成货物或者不动产被依法没收、销毁、拆除的情形。

【注】增加拆除情形，如违章建筑、危房等。

第二十九条　适用一般计税方法的纳税人，兼营简易计税方法计税项目、免征增值税项目而无法划分不得抵扣的进项税额，按照下列公式计算不得抵扣的进项税额：

不得抵扣的进项税额=当期无法划分的全部进项税额×(当期简易计税方法计税项目销售额+免征增值税项目销售额)÷当期全部销售额

主管税务机关可以按照上述公式依据年度数据对不得抵扣的进项税额进行清算。

第三十条　已抵扣进项税额的购进货物(不含固定资产)、劳务、服务，发生第二十七条规定情形(简易计税方法计税项目、免征增值税项目除外)的，应当将该进项税额从当期进项税额中扣减；无法确定该进项税额的，按照当期实际成本计算应扣减的进项税额。

第三十一条　已抵扣进项税额的固定资产、无形资产或者不动产，发生第二十七条规定情形的，按照下列公式计算不得抵扣的进项税额：

不得抵扣的进项税额=固定资产、无形资产或者不动产净值×适用税率

固定资产、无形资产或者不动产净值，是指纳税人根据财务会计制度计提折旧或摊销后的余额。

【注】按账面价值乘以适用税率转出了。

第三十二条　纳税人适用一般计税方法计税的，因销售折让、中止或者退回而退还给购买方的增值税额，应当从当期的销项税额中扣减；因销售折让、中止或者退回而收回的增值税额，应当从当期的进项税额中扣减。

第三十三条　有下列情形之一者，应当按照销售额和增值税税率计算应纳税额，不得抵扣进项税额，也不得使用增值税专用发票：

(一)一般纳税人会计核算不健全，或者不能够提供准确税务资料的；

(二)应当办理一般纳税人资格登记而未办理的。

【注】上述应办理而未办理，存在既不能抵扣又不能按征收率征收的风险。

第三节　简易计税方法

第三十四条　简易计税方法的应纳税额，是指按照销售额和增值税征收率计算的增值税额，不得抵扣进项税额。应纳税额计算公式：

应纳税额=销售额×征收率

第三十五条　简易计税方法的销售额不包括其应纳税额，纳税人采用销售额和应纳税额合并定价方法的，按照下列公式计算销售额：

销售额=含税销售额÷(1+征收率)

第三十六条　纳税人适用简易计税方法计税的，因销售折让、中止或者退回而退还给购买方的销售额，应当从当期销售额中扣减。扣减当期销售额后仍有余额造成多缴的税款，可以从以后的应纳税额中扣减。

第四节　销售额的确定

第三十七条　销售额，是指纳税人发生应税行为取得的全部价款和价外费用，财政部和国家税务总局另有规定的除外。

价外费用，是指价外收取的各种性质的收费，但不包括以下项目：

(一)代为收取并符合第十条规定的政府性基金或者行政事业性收费；

（二）以委托方名义开具发票代委托方收取的款项。

【注】以委托方名义开具发票代委托方收取的款项为新增内容，过去还要求代理方不能垫款。

第三十八条 销售额以人民币计算。

纳税人按照人民币以外的货币结算销售额的，应当折合成人民币计算，折合率可以选择销售额发生的当天或者当月1日的人民币汇率中间价。纳税人应当在事先确定采用何种折合率，确定后12个月内不得变更。

第三十九条 纳税人兼营销售货物、劳务、服务、无形资产或者不动产，适用不同税率或者征收率的，应当分别核算适用不同税率或者征收率的销售额；未分别核算的，从高适用税率。

第四十条 一项销售行为如果既涉及服务又涉及货物，为混合销售。从事货物的生产、批发或者零售的单位和个体工商户的混合销售行为，按照销售货物缴纳增值税；其他单位和个体工商户的混合销售行为，按照销售服务缴纳增值税。

本条所称从事货物的生产、批发或者零售的单位和个体工商户，包括以从事货物的生产、批发或者零售为主，并兼营销售服务的单位和个体工商户在内。

【注】与之前的增值税、营业税条例原理一致。

第四十一条 纳税人兼营免税、减税项目的，应当分别核算免税、减税项目的销售额；未分别核算的，不得免税、减税。

第四十二条 纳税人发生应税行为，开具增值税专用发票后，发生开票有误或者销售折让、中止、退回等情形的，应当按照国家税务总局的规定开具红字增值税专用发票；未按照规定开具红字增值税专用发票的，不得按照第三十二条和第三十六条的规定扣减销项税额或者销售额。

第四十三条 纳税人发生应税行为，将价款和折扣额在同一张发票上分别注明的，以折扣后的价款为销售额；未在同一张发票上分别注明的，以价款为销售额，不得扣减折扣额。

第四十四条 纳税人发生应税行为价格明显偏低或者偏高且不具有合理商业目的的，或者发生第十四条所列行为而无销售额的，主管税务机关有权按照下列顺序确定销售额：

（一）按照纳税人最近时期销售同类服务、无形资产或者不动产的平均价格确定。

（二）按照其他纳税人最近时期销售同类服务、无形资产或者不动产的平均价格确定。

（三）按照组成计税价格确定。组成计税价格的公式为：

$$组成计税价格=成本\times(1+成本利润率)$$

成本利润率由国家税务总局确定。

不具有合理商业目的，是指以谋取税收利益为主要目的，通过人为安排，减少、免除、推迟缴纳增值税税款，或者增加退还增值税税款。

第五章　纳税义务、扣缴义务发生时间和纳税地点

第四十五条　增值税纳税义务、扣缴义务发生时间为：

（一）纳税人发生应税行为并收讫销售款项或者取得索取销售款项凭据的当天；先开具发票的，为开具发票的当天。

收讫销售款项，是指纳税人销售服务、无形资产、不动产过程中或者完成后收到款项。

取得索取销售款项凭据的当天，是指书面合同确定的付款日期；未签订书面合同或者书面合同未确定付款日期的，为服务、无形资产转让完成的当天或者不动产权属变更的当天。

【注】这里没有讲到预售房地产行为，纳税义务时间为收到预收款当天。但附件 2 规定“房地产开发企业采取预收款方式销售所开发的房地产项目，在收到预收款时按照 3%的预征率预缴增值税”。

（二）纳税人提供建筑服务、租赁服务采取预收款方式的，其纳税义务发生时间为收到预收款的当天。

【注】与《营业税暂行条例实施细则》第二十五条一致。

（三）纳税人从事金融商品转让的，为金融商品所有权转移的当天。

（四）纳税人发生第十四条规定情形的（视同销售），其纳税义务发生时间为服务、无形资产转让完成的当天或者不动产权属变更的当天。

【注】指视同销售行为。

（五）增值税扣缴义务发生时间为纳税人增值税纳税义务发生的当天。

第四十六条　增值税纳税地点为：

（一）固定业户应当向其机构所在地或者居住地主管税务机关申报纳税。总机构和分支机构不在同一县（市）的，应当分别向各自所在地的主管税务机关申报纳税；经财政部和国家税务总局或者其授权的财政和税务机关批准，可以由总机构汇总向总机构所在地的主管税务机关申报纳税。

（二）非固定业户应当向应税行为发生地主管税务机关申报纳税；未申报纳税的，由其机构所在地或者居住地主管税务机关补征税款。

（三）其他个人提供建筑服务，销售或者租赁不动产，转让自然资源使用权，应向建筑服务发生地、不动产所在地、自然资源所在地主管税务机关申报纳税。

(四)扣缴义务人应当向其机构所在地或者居住地主管税务机关申报缴纳扣缴的税款。

第四十七条　增值税的纳税期限分别为1日、3日、5日、10日、15日、1个月或者 1 个季度。纳税人的具体纳税期限，由主管税务机关根据纳税人应纳税额的大小分别核定。以 1 个季度为纳税期限的规定适用于小规模纳税人、银行、财务公司、信托投资公司、信用社，以及财政部和国家税务总局规定的其他纳税人。不能按照固定期限纳税的，可以按次纳税。

纳税人以1个月或者1个季度为1个纳税期的，自期满之日起15日内申报纳税；以1日、3日、5日、10日或者15日为1个纳税期的，自期满之日起5日内预缴税款，于次月1日起15日内申报纳税并结清上月应纳税款。

扣缴义务人解缴税款的期限，按照前两款规定执行。

第六章　税收减免的处理

第四十八条　纳税人发生应税行为适用免税、减税规定的，可以放弃免税、减税，依照的规定缴纳增值税。放弃免税、减税后，36个月内不得再申请免税、减税。

纳税人发生应税行为同时适用免税和零税率规定的，纳税人可以选择适用免税或者零税率。

【注】这里有变化！原文为优先适用零税率，这里由纳税人任选，无疑更有利于纳税人。可选择税负更低的方式。也没有说选择一种后36个月内不再变更。

但附件4：规定境内的单位和个人销售适用增值税零税率的服务或无形资产的，可以放弃适用增值税零税率，选择免税或按规定缴纳增值税。放弃适用增值税零税率后，36个月内不得再申请适用增值税零税率。

第四十九条　个人发生应税行为的销售额未达到增值税起征点的，免征增值税；达到起征点的，全额计算缴纳增值税。

增值税起征点不适用于登记为一般纳税人的个体工商户。

第五十条　增值税起征点幅度如下：

(一)按期纳税的，为月销售额5 000～20 000元(含本数)。

(二)按次纳税的，为每次(日)销售额300～500元(含本数)。

起征点的调整由财政部和国家税务总局规定。省、自治区、直辖市财政厅(局)和国家税务局应当在规定的幅度内，根据实际情况确定本地区适用的起征点，并报财政部和国家税务总局备案。

对增值税小规模纳税人中月销售额未达到2万元的企业或非企业性单位，免征增值税。2017年12月31日前，对月销售额2万元(含本数)至3万元的增值税小规模纳税人，免征增值税。

【注】增加了小微企业的税收优惠内容。但没有明确原来兼营增值税或营业税的情况。《国家税务总局关于小微企业免征增值税和营业税有关问题的公告 》(国家税务总局公告2014年第57号):

“增值税小规模纳税人兼营营业税应税项目的，应当分别核算增值税应税项目的销售额和营业税应税项目的营业额，月销售额不超过3万元(按季纳税9万元)的，免征增值税；月营业额不超过3万元(按季纳税9万元)的，免征营业税。”现在合在一起后，是否仍是类似政策?(后续文件已明确。)

第七章　征收管理

第五十一条　营业税改征的增值税，由国家税务局负责征收。纳税人销售取得的不动产和其他个人出租不动产的增值税，国家税务局暂委托地方税务局代为征收。

第五十二条　纳税人发生适用零税率的应税行为，应当按期向主管税务机关申报办理退(免)税，具体办法由财政部和国家税务总局制定。

第五十三条　纳税人发生应税行为，应当向索取增值税专用发票的购买方开具增值税专用发票，并在增值税专用发票上分别注明销售额和销项税额。

属于下列情形之一的，不得开具增值税专用发票：

(一)向消费者个人销售服务、无形资产或者不动产。

(二)适用免征增值税规定的应税行为。

【注】这里和原106号文均取消了向小规模纳税人销售货物或提供应税劳务不得开具增值税专用发票的情形。

第五十四条　小规模纳税人发生应税行为，购买方索取增值税专用发票的，可以向主管税务机关申请代开。

第五十五条　纳税人增值税的征收管理，按照和《中华人民共和国税收征收管理法》及现行增值税征收管理有关规定执行。

附：销售服务、无形资产、不动产注释

销售服务、无形资产、不动产注释

一、销售服务

销售服务，是指提供交通运输服务、邮政服务、电信服务、建筑服务、金融服务、现代服务、生活服务。

【注】本文件创造了新名词：销售服务，原来只知道应税服务或应税劳务。“营改增”里面，销售服务没有包括提供无形资产和不动产转让服务。

(一)交通运输服务

交通运输服务，是指利用运输工具将货物或者旅客送达目的地，使其空间位置得到转移的业务活动。包括陆路运输服务、水路运输服务、航空运输服务和管道运输服务。

1．陆路运输服务

陆路运输服务，是指通过陆路（地上或者地下）运送货物或者旅客的运输业务活动，包括铁路运输服务和其他陆路运输服务。

(1)铁路运输服务，是指通过铁路运送货物或者旅客的运输业务活动。

(2)其他陆路运输服务，是指铁路运输以外的陆路运输业务活动。包括公路运输、缆车运输、索道运输、地铁运输、城市轻轨运输等。

出租车公司向使用本公司自有出租车的出租车司机收取的管理费用，按照陆路运输服务缴纳增值税。

2．水路运输服务

水路运输服务，是指通过江、河、湖、川等天然、人工水道或者海洋航道运送货物或者旅客的运输业务活动。

水路运输的程租、期租业务，属于水路运输服务。

程租业务，是指运输企业为租船人完成某一特定航次的运输任务并收取租赁费的业务。

期租业务，是指运输企业将配备有操作人员的船舶承租给他人使用一定期限，承租期内听候承租方调遣，不论是否经营，均按天向承租方收取租赁费，发生的固定费用均由船东负担的业务。

3．航空运输服务

航空运输服务，是指通过空中航线运送货物或者旅客的运输业务活动。

航空运输的湿租业务，属于航空运输服务。

湿租业务，是指航空运输企业将配备有机组人员的飞机承租给他人使用一定期限，承租期内听候承租方调遣，不论是否经营，均按一定标准向承租方收取租赁费，发生的固定费用均由承租方承担的业务。

【注】航空运输的湿租业务类似水运的期租业务。

航天运输服务，按照航空运输服务缴纳增值税。

航天运输服务，是指利用火箭等载体将卫星、空间探测器等空间飞行器发射到空间轨道的业务活动。

4．管道运输服务

管道运输服务，是指通过管道设施输送气体、液体、固体物质的运输业务活动。

无运输工具承运业务，按照交通运输服务缴纳增值税。

无运输工具承运业务，是指经营者以承运人身份与托运人签订运输服务合同，收取运费并承担承运人责任，然后委托实际承运人完成运输服务的经营活动。

【注】这一点与货运代理有区别，看下面的解释。

货物运输代理服务，是指接受货物收货人、发货人、船舶所有人、船舶承租人或者船舶经营人的委托，以委托人的名义，为委托人办理货物运输、装卸、仓储和船舶进出港口、引航、靠泊等相关手续的业务活动。

一个是承运人，承担运输使命的人，再把业务外包出去；

一个是纯收、发货的代理人，不是运输中介。

(二)邮政服务

邮政服务，是指中国邮政集团公司及其所属邮政企业提供邮件寄递、邮政汇兑和机要通信等邮政基本服务的业务活动。包括邮政普遍服务、邮政特殊服务和其他邮政服务。

1．邮政普遍服务

邮政普遍服务，是指函件、包裹等邮件寄递，以及邮票发行、报刊发行和邮政汇兑等业务活动。

函件，是指信函、印刷品、邮资封片卡、无名址函件和邮政小包等。

包裹，是指按照封装上的名址递送给特定个人或者单位的独立封装的物品，其重量不超过五十千克，任何一边的尺寸不超过一百五十厘米，长、宽、高合计不超过三百厘米。

2．邮政特殊服务

邮政特殊服务，是指义务兵平常信函、机要通信、盲人读物和革命烈士遗物的寄递等业务活动。

3．其他邮政服务

其他邮政服务，是指邮册等邮品销售、邮政代理等业务活动。

(三)电信服务

电信服务，是指利用有线、无线的电磁系统或者光电系统等各种通信网络资源，提供语音通话服务，传送、发射、接收或者应用图像、短信等电子数据和信息的业务活动。包括基础电信服务和增值电信服务。

1．基础电信服务

基础电信服务，是指利用固网、移动网、卫星、互联网，提供语音通话服务的业务活动，以及出租或者出售带宽、波长等网络元素的业务活动。

2．增值电信服务

增值电信服务，是指利用固网、移动网、卫星、互联网、有线电视网络，提供短信和彩信服务、电子数据和信息的传输及应用服务、互联网接入服务等业务活动。

卫星电视信号落地转接服务，按照增值电信服务缴纳增值税。

(四)建筑服务

建筑服务，是指各类建筑物、构筑物及其附属设施的建造、修缮、装饰，线路、管道、设备、设施等的安装以及其他工程作业的业务活动。包括工程服务、安装服务、修缮服务、装饰服务和其他建筑服务。

1．工程服务

工程服务，是指新建、改建各种建筑物、构筑物的工程作业，包括与建筑物相连的各种设备或者支柱、操作平台的安装或者装设工程作业，以及各种窑炉和金属结构工程作业。

2．安装服务

安装服务，是指生产设备、动力设备、起重设备、运输设备、传动设备、医疗实验设备以及其他各种设备、设施的装配、安置工程作业，包括与被安装设备相连的工作台、梯子、栏杆的装设工程作业，以及被安装设备的绝缘、防腐、保温、油漆等工程作业。

固定电话、有线电视、宽带、水、电、燃气、暖气等经营者向用户收取的安装费、初装费、开户费、扩容费以及类似收费，按照安装服务缴纳增值税。

3．修缮服务

修缮服务，是指对建筑物、构筑物进行修补、加固、养护、改善，使之恢复原来的使用价值或者延长其使用期限的工程作业。

4．装饰服务

装饰服务，是指对建筑物、构筑物进行修饰装修，使之美观或者具有特定用途的工程作业。

5．其他建筑服务

其他建筑服务，是指上列工程作业之外的各种工程作业服务，如钻井(打井)、拆除建筑物或者构筑物、平整土地、园林绿化、疏浚(不包括航道疏浚)、建筑物平移、搭脚手架、爆破、矿山穿孔、表面附着物(包括岩层、土层、沙层等)剥离和清理等工程作业。

(五)金融服务

金融服务，是指经营金融保险的业务活动。包括贷款服务、直接收费金融服务、保险服务和金融商品转让。

1．贷款服务

贷款，是指将资金贷与他人使用而取得利息收入的业务活动。

各种占用、拆借资金取得的收入，包括金融商品持有期间(含到期)利息(保本收益、报酬、资金占用费、补偿金等)收入、信用卡透支利息收入、买入返售金融商品利息收入、融资融券收取的利息收入，以及融资性售后回租、押汇、罚息、票据贴现、转贷等业务取得的利息及利息性质的收入，按照贷款服务缴纳增值税。

融资性售后回租，是指承租方以融资为目的，将资产出售给从事融资性售后回租业务的企业后，从事融资性售后回租业务的企业将该资产出租给承租方的业务活动。

以货币资金投资收取的固定利润或者保底利润，按照贷款服务缴纳增值税。

【注】融资性售后回租，原是按动产租赁17%的税率征税，但之前“吐槽”很多，税率较“营改增”之前的5%的营业税增加很多；这次将此业务回归贷款本质，税率为6%，应该是对之前的纠偏和积极回应。

2．直接收费金融服务

直接收费金融服务，是指为货币资金融通及其他金融业务提供相关服务并且收取费用的业务活动。包括提供货币兑换、账户管理、电子银行、信用卡、信用证、财务担保、资产管理、信托管理、基金管理、金融交易场所(平台)管理、资金结算、资金清算、金融支付等服务。

【注】更多为中间业务收费。

3．保险服务

保险服务，是指投保人根据合同约定，向保险人支付保险费，保险人对于合同约定的可能发生的事故因其发生所造成的财产损失承担赔偿保险金责任，或者当被保险人死亡、伤残、疾病或者达到合同约定的年龄、期限等条件时承担给付保险金责任的商业保险行为。包括人身保险服务和财产保险服务。

人身保险服务，是指以人的寿命和身体为保险标的的保险业务活动。

财产保险服务，是指以财产及其有关利益为保险标的的保险业务活动。

4．金融商品转让

金融商品转让，是指转让外汇、有价证券、非货物期货和其他金融商品所有权的业务活动。

其他金融商品转让包括基金、信托、理财产品等各类资产管理产品和各种金融衍生品的转让。

(六)现代服务

现代服务，是指围绕制造业、文化产业、现代物流产业等提供技术性、知识性服务的业务活动。包括研发和技术服务、信息技术服务、文化创意服务、物流辅助服务、租赁服务、鉴证咨询服务、广播影视服务、商务辅助服务和其他现代服务。

1．研发和技术服务

研发和技术服务，包括研发服务、合同能源管理服务、工程勘察勘探服务、专业技术服务。

(1)研发服务，也称技术开发服务，是指就新技术、新产品、新工艺或者新材料及其系统进行研究与试验开发的业务活动。

(2)合同能源管理服务，是指节能服务公司与用能单位以契约形式约定节能目标，节能服务公司提供必要的服务，用能单位以节能效果支付节能服务公司投入及其合理报酬的业务活动。

(3)工程勘察勘探服务，是指在采矿、工程施工前后，对地形、地质构造、地下资源蕴藏情况进行实地调查的业务活动。

(4)专业技术服务，是指气象服务、地震服务、海洋服务、测绘服务、城市规划、环境与生态监测服务等专项技术服务。

【注】新增内容。

2．信息技术服务

信息技术服务，是指利用计算机、通信网络等技术对信息进行生产、收集、处理、加工、存储、运输、检索和利用，并提供信息服务的业务活动。包括软件服务、电路设计及测试服务、信息系统服务、业务流程管理服务和信息系统增值服务。

(1)软件服务，是指提供软件开发服务、软件维护服务、软件测试服务的业务活动。

(2)电路设计及测试服务，是指提供集成电路和电子电路产品设计、测试及相关技术支持服务的业务活动。

(3)信息系统服务，是指提供信息系统集成、网络管理、网站内容维护、桌面管理与维护、信息系统应用、基础信息技术管理平台整合、信息技术基础设施管理、数据中心、托管中心、信息安全服务、在线杀毒、虚拟主机等业务活动。包括网站对非自有的网络游戏提供的网络运营服务。

(4)业务流程管理服务，是指依托信息技术提供的人力资源管理、财务经济管理、审计管理、税务管理、物流信息管理、经营信息管理和呼叫中心等服务的活动。

(5)信息系统增值服务，是指利用信息系统资源为用户附加提供的信息技术服务。包括数据处理、分析和整合、数据库管理、数据备份、数据存储、容灾服务、电子商务平台等。

【注】新增内容。

3．文化创意服务

文化创意服务，包括设计服务、知识产权服务、广告服务和会议展览服务。

(1)设计服务，是指把计划、规划、设想通过文字、语言、图画、声音、视觉等形式传递出来的业务活动。包括工业设计、内部管理设计、业务运作设计、供应链设计、造型设计、服装设计、环境设计、平面设计、包装设计、动漫设计、网游设计、展示设计、网站设计、机械设计、工程设计、广告设计、创意策划、文印晒图等。

(2)知识产权服务，是指处理知识产权事务的业务活动。包括对专利、商标、著作权、软件、集成电路布图设计的登记、鉴定、评估、认证、检索服务。

(3)广告服务，是指利用图书、报纸、杂志、广播、电视、电影、幻灯、路牌、招贴、橱窗、霓虹灯、灯箱、互联网等各种形式为客户的商品、经营服务项目、文体节目或者通告、声明等委托事项进行宣传和提供相关服务的业务活动。包括广告代理和广告的发布、播映、宣传、展示等。

(4)会议展览服务，是指为商品流通、促销、展示、经贸洽谈、民间交流、企业沟通、国际往来等举办或者组织安排的各类展览和会议的业务活动。

【注】原“文化创意服务”中的商标和著作权转让调整至销售无形资产，将“代理”调整至“商务辅助服务——经纪代理服务”中的知识产权代理(做了重分类，税率均为6%)。

4．物流辅助服务

物流辅助服务，包括航空服务、港口码头服务、货运客运场站服务、打捞救助服务、装卸搬运服务、仓储服务和收派服务。

(1)航空服务，包括航空地面服务和通用航空服务。

航空地面服务，是指航空公司、飞机场、民航管理局、航站等向在境内航行或者在境内机场停留的境内外飞机或者其他飞行器提供的导航等劳务性地面服务的业务活动。包括旅客安全检查服务、停机坪管理服务、机场候机厅管理服务、飞机清洗消毒服务、空中飞行管理服务、飞机起降服务、飞行通讯服务、地面信号服务、飞机安全服务、飞机跑道管理服务、空中交通管理服务等。

通用航空服务，是指为专业工作提供飞行服务的业务活动，包括航空摄影、航空培训、航空测量、航空勘探、航空护林、航空吊挂播洒、航空降雨、航空气象探测、航空海洋监测、航空科学实验等。

(2)港口码头服务，是指港务船舶调度服务、船舶通讯服务、航道管理服务、航道疏浚服务、灯塔管理服务、航标管理服务、船舶引航服务、理货服务、系解缆服务、停泊和移泊服务、海上船舶溢油清除服务、水上交通管理服务、船只专业清洗消毒检测服务和防止船只漏油服务等为船只提供服务的业务活动。

港口设施经营人收取的港口设施保安费按照港口码头服务缴纳增值税。

(3) 货运客运场站服务，是指货运客运场站提供货物配载服务、运输组织服务、中转换乘服务、车辆调度服务、票务服务、货物打包整理、铁路线路使用服务、加挂铁路客车服务、铁路行包专列发送服务、铁路到达和中转服务、铁路车辆编解服务、车辆挂运服务、铁路接触网服务、铁路机车牵引服务等业务活动。

(4) 打捞救助服务，是指提供船舶人员救助、船舶财产救助、水上救助和沉船沉物打捞服务的业务活动。

(5) 装卸搬运服务，是指使用装卸搬运工具或者人力、畜力将货物在运输工具之间、装卸现场之间或者运输工具与装卸现场之间进行装卸和搬运的业务活动。

(6) 仓储服务，是指利用仓库、货场或者其他场所代客贮放、保管货物的业务活动。

(7) 收派服务，是指接受寄件人委托，在承诺的时限内完成函件和包裹的收件、分拣、派送服务的业务活动。

收件服务，是指从寄件人收取函件和包裹，并运送到服务提供方同城的集散中心的业务活动。

分拣服务，是指服务提供方在其集散中心对函件和包裹进行归类、分发的业务活动。

派送服务，是指服务提供方从其集散中心将函件和包裹送达同城的收件人的业务活动。

【注】原“物流辅助服务”中的货物运输代理服务和代理报关服务调整至“商务辅助服务——经纪代理服务”。

5．租赁服务

租赁服务，包括融资租赁服务和经营租赁服务。

(1) 融资租赁服务，是指具有融资性质和所有权转移特点的租赁活动。即出租人根据承租人所要求的规格、型号、性能等条件购入有形动产或者不动产租赁给承租人，合同期内租赁物所有权属于出租人，承租人只拥有使用权，合同期满付清租金后，承租人有权按照残值购入租赁物，以拥有其所有权。不论出租人是否将租赁物销售给承租人，均属于融资租赁。

按照标的物的不同，融资租赁服务可分为有形动产融资租赁服务和不动产融资租赁服务。

融资性售后回租不按照本税目缴纳增值税。

【注】按“金融服务——贷款服务”缴纳，税率由 17%降至 6%了。

(2)经营租赁服务，是指在约定时间内将有形动产或者不动产转让他人使用且租赁物所有权不变更的业务活动。

按照标的物的不同，经营租赁服务可分为有形动产经营租赁服务和不动产经营租赁服务。

将建筑物、构筑物等不动产或者飞机、车辆等有形动产的广告位出租给其他单位或者个人用于发布广告，按照经营租赁服务缴纳增值税。

【注】这个争议明确了，原来在广告服务业6%的税率和租赁17%的税率中纠结。

车辆停放服务、道路通行服务(包括过路费、过桥费、过闸费等)等按照不动产经营租赁服务缴纳增值税。

【注】这个也明确了，原来在物流辅助6%的税率、交通运输业11%的税率中纠结。现在不动产经营租赁都是11%的税率。

水路运输的光租业务、航空运输的干租业务，属于经营租赁。

光租业务，是指运输企业将船舶在约定的时间内出租给他人使用，不配备操作人员，不承担运输过程中发生的各项费用，只收取固定租赁费的业务活动。

干租业务，是指航空运输企业将飞机在约定的时间内出租给他人使用，不配备机组人员，不承担运输过程中发生的各项费用，只收取固定租赁费的业务活动。

【注】这个名词之前就有，但接触少的人对这个专业术语不太懂。

水运：

程租业务：提供船、人，临时租出，交通运输业。

期租业务：一段时间，提供船和人，且船的费用由船运公司承担，交通运输业。

光租：只租船，人什么的都不配，动产租赁。

航空：

湿租：包机服务，交通运输业。

干租：把飞机租出去，其他都不管。动产租赁。

6．鉴证咨询服务

鉴证咨询服务，包括认证服务、鉴证服务和咨询服务。

(1)认证服务，是指具有专业资质的单位利用检测、检验、计量等技术，证明产品、服务、管理体系符合相关技术规范、相关技术规范的强制性要求或者标准的业务活动。

(2)鉴证服务，是指具有专业资质的单位受托对相关事项进行鉴证，发表具有证明力的意见的业务活动。包括会计鉴证、税务鉴证、法律鉴证、职业技能鉴定、工程造价鉴证、工程监理、资产评估、环境评估、房地产土地评估、建筑图纸审核、医疗事故鉴定等。

(3) 咨询服务，是指提供信息、建议、策划、顾问等服务的活动。包括金融、软件、技术、财务、税收、法律、内部管理、业务运作、流程管理、健康等方面的咨询。

翻译服务和市场调查服务按照咨询服务缴纳增值税。

7．广播影视服务

广播影视服务，包括广播影视节目（作品）的制作服务、发行服务和播映（含放映，下同）服务。

(1) 广播影视节目（作品）制作服务，是指进行专题（特别节目）、专栏、综艺、体育、动画片、广播剧、电视剧、电影等广播影视节目和作品相关的策划、采编、拍摄、录音、音视频文字图片素材制作、场景布置、后期的剪辑、翻译（编译）、字幕制作、片头、片尾、片花制作、特效制作、影片修复、编目和确权等业务活动。

(2) 广播影视节目（作品）发行服务，是指以分账、买断、委托等方式，向影院、电台、电视台、网站等单位和个人发行广播影视节目（作品）以及转让体育赛事等活动的报道及播映权的业务活动。

(3) 广播影视节目（作品）播映服务，是指在影院、剧院、录像厅及其他场所播映广播影视节目（作品），以及通过电台、电视台、卫星通信、互联网、有线电视等无线或者有线装置播映广播影视节目（作品）的业务活动。

8．商务辅助服务

【注】本项为新增，部分从原来的服务中分离出来。

商务辅助服务，包括企业管理服务、经纪代理服务、人力资源服务、安全保护服务。

(1) 企业管理服务，是指提供总部管理、投资与资产管理、市场管理、物业管理、日常综合管理等服务的业务活动。

(2) 经纪代理服务，是指各类经纪、中介、代理服务。包括金融代理、知识产权代理、货物运输代理、代理报关、法律代理、房地产中介、职业中介、婚姻中介、代理记账、拍卖等。

货物运输代理服务，是指接受货物收货人、发货人、船舶所有人、船舶承租人或者船舶经营人的委托，以委托人的名义，为委托人办理货物运输、装卸、仓储和船舶进出港口、引航、靠泊等相关手续的业务活动。

代理报关服务，是指接受进出口货物的收、发货人委托，代为办理报关手续的业务活动。

【注】货物运输代理报关，财税〔2013〕106 号文为物流辅助服务。注意与无运输工具承运业务的区别（交通运输业）。

(3)人力资源服务，是指提供公共就业、劳务派遣、人才委托招聘、劳动力外包等服务的业务活动。

(4)安全保护服务，是指提供保护人身安全和财产安全，维护社会治安等的业务活动。包括场所住宅保安、特种保安、安全系统监控以及其他安保服务。

9．其他现代服务

其他现代服务，是指除研发和技术服务、信息技术服务、文化创意服务、物流辅助服务、租赁服务、鉴证咨询服务、广播影视服务和商务辅助服务以外的现代服务。

【注】增加了一项，再来一个防遗漏项。

(七)生活服务

【注】本轮“营改增”的扩增内容。

生活服务，是指为满足城乡居民日常生活需求提供的各类服务活动。包括文化体育服务、教育医疗服务、旅游娱乐服务、餐饮住宿服务、居民日常服务和其他生活服务。

1．文化体育服务

文化体育服务，包括文化服务和体育服务。

(1)文化服务，是指为满足社会公众文化生活需求提供的各种服务。包括：文艺创作、文艺表演、文化比赛，图书馆的图书和资料借阅，档案馆的档案管理，文物及非物质遗产保护，组织举办宗教活动、科技活动、文化活动，提供游览场所。

(2)体育服务，是指组织举办体育比赛、体育表演、体育活动，以及提供体育训练、体育指导、体育管理的业务活动。

2．教育医疗服务

教育医疗服务，包括教育服务和医疗服务。

(1)教育服务，是指提供学历教育服务、非学历教育服务、教育辅助服务的业务活动。

学历教育服务，是指根据教育行政管理部门确定或者认可的招生和教学计划组织教学，并颁发相应学历证书的业务活动。包括初等教育、初级中等教育、高级中等教育、高等教育等。

非学历教育服务，包括学前教育、各类培训、演讲、讲座、报告会等。

【注】学历教育系个人承担费用，学历教育免征增值税，不存在抵扣。

教育辅助服务，包括教育测评、考试、招生等服务。

(2)医疗服务，是指提供医学检查、诊断、治疗、康复、预防、保健、接生、计划生育、防疫服务等方面的服务，以及与这些服务有关的提供药品、医用材料器具、救护车、病房住宿和伙食的业务。

3．旅游娱乐服务

旅游娱乐服务，包括旅游服务和娱乐服务。

(1)旅游服务，是指根据旅游者的要求，组织安排交通、游览、住宿、餐饮、购物、文娱、商务等服务的业务活动。

【注】旅游服务没有说不能抵扣，但其中的餐饮、娱乐可以抵扣。看来开一张旅游专用发票管用，促进旅游消费，拉动内需。

下面旅游服务销售额按差额作为计征增值税的依据，对服务购买方只能支付普通发票；但如果旅游企业按全额征税，也可以向购买方开具增值税专用发票。

(2)娱乐服务，是指为娱乐活动同时提供场所和服务的业务。

具体包括：歌厅、舞厅、夜总会、酒吧、台球、高尔夫球、保龄球、游艺(包括射击、狩猎、跑马、游戏机、蹦极、卡丁车、热气球、动力伞、射箭、飞镖)。

【注】娱乐服务属于本文件第二十七条第(六)项中购进的旅客运输服务、贷款服务、餐饮服务、居民日常服务和娱乐服务，是不能抵扣的内容。

4．餐饮住宿服务

餐饮住宿服务，包括餐饮服务和住宿服务。

(1)餐饮服务，是指通过同时提供饮食和饮食场所的方式为消费者提供饮食消费服务的业务活动。

(2)住宿服务，是指提供住宿场所及配套服务等的活动。包括宾馆、旅馆、旅社、度假村和其他经营性住宿场所提供的住宿服务。

【注】住宿服务没有说不能抵扣。

5．居民日常服务

居民日常服务，是指主要为满足居民个人及其家庭日常生活需求提供的服务，包括市容市政管理、家政、婚庆、养老、殡葬、照料和护理、救助救济、美容美发、按摩、桑拿、氧吧、足疗、沐浴、洗染、摄影扩印等服务。

【注】不能抵扣。家政，请家政来公司做卫生没有道理不能抵扣；还有摄影扩印，如果是公司广告宣传所需，不让抵扣也不合情理。

6．其他生活服务

其他生活服务，是指除文化体育服务、教育医疗服务、旅游娱乐服务、餐饮住宿服务和居民日常服务之外的生活服务。

二、销售无形资产

销售无形资产，是指转让无形资产所有权或者使用权的业务活动。无形资产，是指不具实物形态，但能带来经济利益的资产，包括技术、商标、著作权、商誉、自然资源使用权和其他权益性无形资产。

技术，包括专利技术和非专利技术。

【注】财税〔2013〕106 号文仅指技术转让与技术咨询，包括技术的所有权和使用权，现在范围全部推开。商标和著作权转让原来在“文化创意服务”中。不过，税率都是 6%。

自然资源使用权，包括土地使用权、海域使用权、探矿权、采矿权、取水权和其他自然资源使用权。

其他权益性无形资产，包括基础设施资产经营权、公共事业特许权、配额、经营权(包括特许经营权、连锁经营权、其他经营权)、经销权、分销权、代理权、会员权、席位权、网络游戏虚拟道具、域名、名称权、肖像权、冠名权、转会费等。

【注】上述无形资产转让或租赁，除了土地使用权转让税率为 11%外，其他均为 6%。

三、销售不动产

销售不动产，是指转让不动产所有权的业务活动。不动产，是指不能移动或者移动后会引起性质、形状改变的财产，包括建筑物、构筑物等。

建筑物，包括住宅、商业营业用房、办公楼等可供居住、工作或者进行其他活动的建造物。

构筑物，包括道路、桥梁、隧道、水坝等建造物。

转让建筑物有限产权或者永久使用权的，转让在建的建筑物或者构筑物所有权的，以及在转让建筑物或者构筑物时一并转让其所占土地的使用权的，按照销售不动产缴纳增值税。

【注】不动产租赁、出售税率均为 11%。

附件 2：营业税改征增值税试点有关事项的规定

一、“营改增”试点期间，试点纳税人[指按照《营业税改征增值税试点实施办法》(以下称《试点实施办法》)缴纳增值税的纳税人]有关政策

(一)兼营。

【注】原为混业经营，名词变更了。

试点纳税人销售货物，加工、修理修配劳务，服务，无形资产或者不动产适用

不同税率或者征收率的，应当分别核算适用不同税率或者征收率的销售额，未分别核算销售额的，按照以下方法适用税率或者征收率：

1．兼有不同税率的销售货物，加工、修理修配劳务，服务，无形资产或者不动产，从高适用税率。

2．兼有不同征收率的销售货物，加工、修理修配劳务，服务，无形资产或者不动产，从高适用征收率。

3．兼有不同税率和征收率的销售货物，加工、修理修配劳务，服务，无形资产或者不动产，从高适用税率。

(二)不征收增值税项目。

1．根据国家指令无偿提供的铁路运输服务、航空运输服务，属于《试点实施办法》第十四条规定的用于公益事业的服务。

2．存款利息。

3．被保险人获得的保险赔付。

4．房地产主管部门或者其指定机构、公积金管理中心、开发企业以及物业管理单位代收的住宅专项维修资金。

5．在资产重组过程中，通过合并、分立、出售、置换等方式，将全部或者部分实物资产以及与其相关联的债权、负债和劳动力一并转让给其他单位和个人，其中涉及的不动产、土地使用权转让行为。

【注】与原相同：既不征增值税也又不征营业税。

(三)销售额。

1．贷款服务，以提供贷款服务取得的全部利息及利息性质的收入为销售额。

2．直接收费金融服务，以提供直接收费金融服务收取的手续费、佣金、酬金、管理费、服务费、经手费、开户费、过户费、结算费、转托管费等各类费用为销售额。

3．金融商品转让，按照卖出价扣除买入价后的余额为销售额。

转让金融商品出现的正负差，按盈亏相抵后的余额为销售额。若相抵后出现负差，可结转下一纳税期与下期转让金融商品销售额相抵，但年末时仍出现负差的，不得转入下一个会计年度。

金融商品的买入价，可以选择按照加权平均法或者移动加权平均法进行核算，选择后36个月内不得变更。

金融商品转让，不得开具增值税专用发票。

【注】上面盈亏相抵余额为销售额，可转下一期，不能转入下一年会计年度与之前相同。详见《国家税务总局关于金融商品转让业务有关营业税问题的公告》(国家税务总局公告2013年第63号)。

4．经纪代理服务，以取得的全部价款和价外费用，扣除向委托方收取并代为支付的政府性基金或者行政事业性收费后的余额为销售额。向委托方收取的政府性基金或者行政事业性收费，不得开具增值税专用发票。

5．融资租赁和融资性售后回租业务。

(1)经人民银行、银监会或者商务部批准从事融资租赁业务的试点纳税人，提供融资租赁服务，以取得的全部价款和价外费用，扣除支付的借款利息(包括外汇借款和人民币借款利息)、发行债券利息和车辆购置税后的余额为销售额。

(2)经人民银行、银监会或者商务部批准从事融资租赁业务的试点纳税人，提供融资性售后回租服务，以取得的全部价款和价外费用(不含本金)，扣除对外支付的借款利息(包括外汇借款和人民币借款利息)、发行债券利息后的余额作为销售额。

(3)试点纳税人根据2016年4月30日前签订的有形动产融资性售后回租合同，在合同到期前提供的有形动产融资性售后回租服务，可继续按照有形动产融资租赁服务缴纳增值税。

【注】*以前和过渡期税率是17%，新项目为贷款服务，税率6%。*

继续按照有形动产融资租赁服务缴纳增值税的试点纳税人，经人民银行、银监会或者商务部批准从事融资租赁业务的，根据2016年4月30日前签订的有形动产融资性售后回租合同，在合同到期前提供的有形动产融资性售后回租服务，可以选择以下方法之一计算销售额：

① 以向承租方收取的全部价款和价外费用，扣除向承租方收取的价款本金，以及对外支付的借款利息(包括外汇借款和人民币借款利息)、发行债券利息后的余额为销售额。

纳税人提供有形动产融资性售后回租服务，计算当期销售额时可以扣除的价款本金，为书面合同约定的当期应当收取的本金。无书面合同或者书面合同没有约定的，为当期实际收取的本金。

试点纳税人提供有形动产融资性售后回租服务，向承租方收取的有形动产价款本金，不得开具增值税专用发票，可以开具普通发票。

【注】*可以开增值税普通发票，仍然存在。*

② 以向承租方收取的全部价款和价外费用，扣除支付的借款利息(包括外汇借款和人民币借款利息)、发行债券利息后的余额为销售额。

(4)经商务部授权的省级商务主管部门和国家经济技术开发区批准的从事融资租赁业务的试点纳税人，2016年5月1日后实收资本达到1.7亿元的，从达到标准的当月起按照上述第(1)、(2)、(3)点规定执行；2016年5月1日后实收资本未达到1.7亿元但注册资本达到1.7亿元的，在2016年7月31日前仍可按照上述第(1)、(2)、(3)点规定执行，2016年8月1日后开展的融资租赁业务和融资性售后回租业务不得按照上述第(1)、(2)、(3)点规定执行。

【注】如果不按上述第(1)、(2)、(3)点执行，意味着不能扣除成本，按租赁收入全额征税。对融资租赁公司明显提高门槛了，而要求公司资金到位的时间很紧。

6．航空运输企业的销售额，不包括代收的机场建设费和代售其他航空运输企业客票而代收转付的价款。

7．试点纳税人中的一般纳税人(以下称一般纳税人)提供客运场站服务，以其取得的全部价款和价外费用，扣除支付给承运方运费后的余额为销售额。

8．试点纳税人提供旅游服务，可以选择以取得的全部价款和价外费用，扣除向旅游服务购买方收取并支付给其他单位或者个人的住宿费、餐饮费、交通费、签证费、门票费和支付给其他接团旅游企业的旅游费用后的余额为销售额。

选择上述办法计算销售额的试点纳税人，向旅游服务购买方收取并支付的上述费用，不得开具增值税专用发票，可以开具普通发票。

【注】那意味着旅游服务购买企业，一般只能接受增值税普通发票了，要抵扣这个税款说白了还是购买方自己承担的。

9．试点纳税人提供建筑服务适用简易计税方法的，以取得的全部价款和价外费用扣除支付的分包款后的余额为销售额。

【注】简易计税办法与“营改增”前同。但建筑业营业额一年低于500万可能性不太大。

10．房地产开发企业中的一般纳税人销售其开发的房地产项目(选择简易计税方法的房地产老项目除外)，以取得的全部价款和价外费用，扣除受让土地时向政府部门支付的土地价款后的余额为销售额。

【注】房地产开发企业增值税扣除了土地价款，那么做为工业企业，如果取得土地不能抵扣增值税，似乎不公平。

房地产老项目，是指《建筑工程施工许可证》注明的合同开工日期在2016年4月30日前的房地产项目。

【注】一切以建筑工程施工许可证为准了。

11．试点纳税人按照上述4～10款的规定从全部价款和价外费用中扣除的价款，应当取得符合法律、行政法规和国家税务总局规定的有效凭证。否则，不得扣除。

上述凭证是指：

(1)支付给境内单位或者个人的款项，以发票为合法有效凭证。

(2)支付给境外单位或者个人的款项，以该单位或者个人的签收单据为合法有效凭证，税务机关对签收单据有疑议的，可以要求其提供境外公证机构的确认证明。

(3)缴纳的税款，以完税凭证为合法有效凭证。

(4)扣除的政府性基金、行政事业性收费或者向政府支付的土地价款，以省级以上(含省级)财政部门监(印)制的财政票据为合法有效凭证。

(5)国家税务总局规定的其他凭证。

纳税人取得的上述凭证属于增值税扣税凭证的，其进项税额不得从销项税额中抵扣。

(四)进项税额。

1. 适用一般计税方法的试点纳税人，2016 年 5 月 1 日后取得并在会计制度上按固定资产核算的不动产或者 2016 年 5 月 1 日后取得的不动产在建工程，其进项税额应自取得之日起分 2 年从销项税额中抵扣，第一年抵扣比例为 60%，第二年抵扣比例为 40%。

取得不动产，包括以直接购买、接受捐赠、接受投资入股、自建以及抵债等各种形式取得不动产，不包括房地产开发企业自行开发的房地产项目。

融资租入的不动产以及在施工现场修建的临时建筑物、构筑物，其进项税额不适用上述分 2 年抵扣的规定。

【注】适用对象：一般计税方法的试点纳税人。

内容：会计上做固定资产核算的不动产(意味着外购、接受捐赠、投资、抵债等)或不动产在建工程(自建或抵债)相关的进项税额。不包括房地产开发企业自行开发的房地产项目(实质为存货，非固定资产)、融资租入的不动产、施工现场临时建筑物、构筑物进项税额。

问题：发票取得之日，这个时间无法核实。理论上可以说是发票的开具之日。

2. 按照《试点实施办法》第二十七条第(一)项规定不得抵扣且未抵扣进项税额的固定资产、无形资产、不动产，发生用途改变，用于允许抵扣进项税额的应税项目，可在用途改变的次月按照下列公式计算可以抵扣的进项税额：

可以抵扣的进项税额=固定资产、无形资产、不动产净值÷(1+适用税率)×适用税率

上述可以抵扣的进项税额应取得合法有效的增值税扣税凭证。

【注】指原用于简易计税、集体福利、个人消费需转出的项目。

3．纳税人接受贷款服务向贷款方支付的与该笔贷款直接相关的投融资顾问费、手续费、咨询费等费用，其进项税额不得从销项税额中抵扣。

（五）一般纳税人资格登记。

《试点实施办法》第三条规定的年应税销售额标准为500万元（含本数）。财政部和国家税务总局可以对年应税销售额标准进行调整。

（六）计税方法。

一般纳税人发生下列应税行为可以选择适用简易计税方法计税：

1．公共交通运输服务。

公共交通运输服务，包括轮客渡、公交客运、地铁、城市轻轨、出租车、长途客运、班车。

班车，是指按固定路线、固定时间运营并在固定站点停靠的运送旅客的陆路运输服务。

2．经认定的动漫企业为开发动漫产品提供的动漫脚本编撰、形象设计、背景设计、动画设计、分镜、动画制作、摄制、描线、上色、画面合成、配音、配乐、音效合成、剪辑、字幕制作、压缩转码（面向网络动漫、手机动漫格式适配）服务，以及在境内转让动漫版权（包括动漫品牌、形象或者内容的授权及再授权）。

动漫企业和自主开发、生产动漫产品的认定标准和认定程序，按照《文化部财政部国家税务总局关于印发<动漫企业认定管理办法（试行）>的通知》（文市发〔2008〕51号）的规定执行。

3．电影放映服务、仓储服务、装卸搬运服务、收派服务和文化体育服务。

4．以纳入“营改增”试点之日前取得的有形动产为标的物提供的经营租赁服务。

5．在纳入“营改增”试点之日前签订的尚未执行完毕的有形动产租赁合同。

（七）建筑服务。

【注】税率为11%、征收率为3%，本地预征率一般计税方法为2%，简易计税方法均为3%。

1．一般纳税人以清包工方式提供的建筑服务，可以选择适用简易计税方法计税。

以清包工方式提供建筑服务，是指施工方不采购建筑工程所需的材料或只采购辅助材料，并收取人工费、管理费或者其他费用的建筑服务。

2．一般纳税人为甲供工程提供的建筑服务，可以选择适用简易计税方法计税。

甲供工程，是指全部或部分设备、材料、动力由工程发包方自行采购的建筑工程。

3．一般纳税人为建筑工程老项目提供的建筑服务，可以选择适用简易计税方法计税。

建筑工程老项目，是指：

(1)《建筑工程施工许可证》注明的合同开工日期在2016年4月30日前的建筑工程项目；

(2)未取得《建筑工程施工许可证》的，建筑工程承包合同注明的开工日期在2016年4月30日前的建筑工程项目。

【注】老项目可以选择适用简易计税方法，说明既可以按11%建筑服务税率征增值税，也可以按3%的征收率征增值税，对于购买方来讲，即使接受11%的增值税专用发票，只要建设单位能承担或愿承担这个进项税对应的资金；对于建筑企业来讲，也不存在虚开或错开的风险。无疑大大减少了税务管理部门的工作量(文件出台前，都认为老项目不能开是11%的增值税专用发票)。但销售方在2016年5月1日前已领用的材料，如果在2016年5月1日后取得增值税专用发票能否抵扣的问题。严格说来，有瑕疵；这个可能是一个风险点。

4．一般纳税人跨县(市)提供建筑服务，适用一般计税方法计税的，应以取得的全部价款和价外费用为销售额计算应纳税额。纳税人应以取得的全部价款和价外费用扣除支付的分包款后的余额，按照2%的预征率在建筑服务发生地预缴税款后，向机构所在地主管税务机关进行纳税申报。

【注】过去主要在建筑服务发生地缴税，“营改增”后的一个变化是预征在建筑服务发生地(预征率按2%)，其余回机构所在地缴纳，考虑采购进项税额均在机构所在地抵扣，避免服务发生地缴税，机构所在地形成留抵税额。

5．一般纳税人跨县(市)提供建筑服务，选择适用简易计税方法计税的，应以取得的全部价款和价外费用扣除支付的分包款后的余额为销售额，按照3%的征收率计算应纳税额。纳税人应按照上述计税方法在建筑服务发生地预缴税款后，向机构所在地主管税务机关进行纳税申报。

【注】上述计税方法，是指本段中的方法，这个3%的征收率全部在建筑服务发生地，回住所地仅是纳税申报。

6．试点纳税人中的小规模纳税人(以下称小规模纳税人)跨县(市)提供建筑服务，应以取得的全部价款和价外费用扣除支付的分包款后的余额为销售额，按照3%的征收率计算应纳税额。纳税人应按照上述计税方法在建筑服务发生地预缴税款后，向机构所在地主管税务机关进行纳税申报。

【注】同一般纳税人选择简易征收办法。

(八)销售不动产。

【注】税率为11%，征收率为5%。不动产所在地预征率均为5%(但房地产开发企业一般纳税人老项目为3%)；个体工商户住房2年内出售5%全额征，2年以

上免（除北京、上海、广州、深圳非一般住宅按差额征），个人其他不动产（非住房）均按差额征收。

1．一般纳税人销售其 2016 年 4 月 30 日前取得（不含自建）的不动产，可以选择适用简易计税方法，以取得的全部价款和价外费用减去该项不动产购置原价或者取得不动产时的作价后的余额为销售额，按照 5%的征收率计算应纳税额。纳税人应按照上述计税方法在不动产所在地预缴税款后，向机构所在地主管税务机关进行纳税申报。

【注】也是不动产地 5%的预征率，其余在机构所在地纳税申报，税仍是在不动产所在地缴纳。

2．一般纳税人销售其 2016 年 4 月 30 日前自建的不动产，可以选择适用简易计税方法，以取得的全部价款和价外费用为销售额，按照 5%的征收率计算应纳税额。纳税人应按照上述计税方法在不动产所在地预缴税款后，向机构所在地主管税务机关进行纳税申报。

3．一般纳税人销售其 2016 年 5 月 1 日后取得（不含自建）的不动产，应适用一般计税方法，以取得的全部价款和价外费用为销售额计算应纳税额。纳税人应以取得的全部价款和价外费用减去该项不动产购置原价或者取得不动产时的作价后的余额，按照 5%的预征率在不动产所在地预缴税款后，向机构所在地主管税务机关进行纳税申报。

【注】理论上讲税率为 11%，但实际税负如果低于 5%的话，回机构所在地需税额度不大。说明销售不动产基本保证了不动产所在地的利益。

4．一般纳税人销售其 2016 年 5 月 1 日后自建的不动产，应适用一般计税方法，以取得的全部价款和价外费用为销售额计算应纳税额。纳税人应以取得的全部价款和价外费用，按照 5%的预征率在不动产所在地预缴税款后，向机构所在地主管税务机关进行纳税申报。

5．小规模纳税人销售其取得（不含自建）的不动产（不含个体工商户销售购买的住房和其他个人销售不动产），应以取得的全部价款和价外费用减去该项不动产购置原价或者取得不动产时的作价后的余额为销售额，按照 5%的征收率计算应纳税额。纳税人应按照上述计税方法在不动产所在地预缴税款后，向机构所在地主管税务机关进行纳税申报。

6．小规模纳税人销售其自建的不动产，应以取得的全部价款和价外费用为销售额，按照 5%的征收率计算应纳税额。纳税人应按照上述计税方法在不动产所在地预缴税款后，向机构所在地主管税务机关进行纳税申报。

【注】自建的没有扣除额；外购的可以扣除成本，2016 年 5 月 1 日前后均如此。

7．房地产开发企业中的一般纳税人，销售自行开发的房地产老项目，可以选择适用简易计税方法按照 5%的征收率计税。

8．房地产开发企业中的小规模纳税人，销售自行开发的房地产项目，按照 5%的征收率计税。

9．房地产开发企业采取预收款方式销售所开发的房地产项目，在收到预收款时按照 3%的预征率预缴增值税。

10．个体工商户销售购买的住房，应按照附件 3《营业税改征增值税试点过渡政策的规定》第五条的规定征免增值税。纳税人应按照上述计税方法在不动产所在地预缴税款后，向机构所在地主管税务机关进行纳税申报。

【注】2 年以内的住房按 5%征收率全额征收；2 年以上的住房(除北京、上海、广州、深圳非普通住房按差额 5%征收)免征增值税。

11．其他个人销售其取得(不含自建)的不动产(不含其购买的住房)，应以取得的全部价款和价外费用减去该项不动产购置原价或者取得不动产时的作价后的余额为销售额，按照 5%的征收率计算应纳税额。

【注】商住楼等非住房 2 年以内可以差额征税，出售优于普通住房；2 年以上商住仍是差额征税，但普通住房可以免征。说明政策鼓励住房居住、限制炒住房；但非住房，政策均为差额征收，政策中性。

(九)不动产经营租赁服务。

【注】如下概括为：税率为 11%，简易征收率为 5%(不动产租赁和出售都是)，不动产所在地预征率简易计税办法为 5%(除高速公路过渡期简按 3%)，一般计税办法预征率为 3%，个人住房出租 5%征收率简按 1.5%征收。

1．一般纳税人出租其 2016 年 4 月 30 日前取得的不动产，可以选择适用简易计税方法，按照 5%的征收率计算应纳税额。纳税人出租其 2016 年 4 月 30 日前取得的与机构所在地不在同一县(市)的不动产，应按照上述计税方法在不动产所在地预缴税款后，向机构所在地主管税务机关进行纳税申报。

2．公路经营企业中的一般纳税人收取试点前开工的高速公路的车辆通行费，可以选择适用简易计税方法，减按 3%的征收率计算应纳税额。

试点前开工的高速公路，是指相关施工许可证明上注明的合同开工日期在 2016 年 4 月 30 日前的高速公路。

【注】2016 年 5 月 1 日后为 11%税率，高速公路为 5%征收率，但过渡期减按 3%征收。

3．一般纳税人出租其 2016 年 5 月 1 日后取得的、与机构所在地不在同一县(市)

的不动产，应按照 3%的预征率在不动产所在地预缴税款后，向机构所在地主管税务机关进行纳税申报。

【注】一般纳税人出现不动产一般计税办法税率为 11%，不动产所在地预征率为 3%。

4．小规模纳税人出租其取得的不动产(不含个人出租住房)，应按照 5%的征收率计算应纳税额。纳税人出租与机构所在地不在同一县(市)的不动产，应按照上述计税方法在不动产所在地预缴税款后，向机构所在地主管税务机关进行纳税申报。

5．其他个人出租其取得的不动产(不含住房)，应按照 5%的征收率计算应纳税额。

6．个人出租住房，应按照 5%的征收率减按 1.5%计算应纳税额。

(十)一般纳税人销售其 2016 年 4 月 30 日前取得的不动产(不含自建)，适用一般计税方法计税的，以取得的全部价款和价外费用为销售额计算应纳税额。上述纳税人应以取得的全部价款和价外费用减去该项不动产购置原价或者取得不动产时的作价后的余额，按照 5%的预征率在不动产所在地预缴税款后，向机构所在地主管税务机关进行纳税申报。(同之后)

【注】外购房产差额，按 5%预征。

房地产开发企业中的一般纳税人销售房地产老项目，以及一般纳税人出租其 2016 年 4 月 30 日前取得的不动产，适用一般计税方法计税的，应以取得的全部价款和价外费用，按照 3%的预征率在不动产所在地预缴税款后，向机构所在地主管税务机关进行纳税申报。

【注】房地产开发企业中一般纳税人，老项目简易计税办法如上第 7 条，征收率为 5%；本条是指按一般计税方法按 11%税率，本地预征率为 3%，新老项目预征率均为 3%。

一般纳税人销售其 2016 年 4 月 30 日前自建的不动产，适用一般计税方法计税的，应以取得的全部价款和价外费用为销售额计算应纳税额。纳税人应以取得的全部价款和价外费用，按照 5%的预征率在不动产所在地预缴税款后，向机构所在地主管税务机关进行纳税申报。

(十一)一般纳税人跨省(自治区、直辖市或者计划单列市)提供建筑服务或者销售、出租取得的与机构所在地不在同一省(自治区、直辖市或者计划单列市)的不动产，在机构所在地申报纳税时，计算的应纳税额小于已预缴税额，且差额较大的，由国家税务总局通知建筑服务发生地或者不动产所在地省级税务机关，在一定时期内暂停预缴增值税。

（十二）纳税地点。

属于固定业户的试点纳税人，总分支机构不在同一县（市），但在同一省（自治区、直辖市、计划单列市）范围内的，经省（自治区、直辖市、计划单列市）财政厅（局）和国家税务局批准，可以由总机构汇总向总机构所在地的主管税务机关申报缴纳增值税。

（十三）试点前发生的业务。

1. 试点纳税人发生应税行为，按照国家有关营业税政策规定差额征收营业税的，因取得的全部价款和价外费用不足以抵减允许扣除项目金额，截至纳入“营改增”试点之日前尚未扣除的部分，不得在计算试点纳税人增值税应税销售额时抵减，应当向原主管地税机关申请退还营业税。

2. 试点纳税人发生应税行为，在纳入“营改增”试点之日前已缴纳营业税，“营改增”试点后因发生退款减除营业额的，应当向原主管地税机关申请退还已缴纳的营业税。

3. 试点纳税人纳入“营改增”试点之日前发生的应税行为，因税收检查等原因需要补缴税款的，应按照营业税政策规定补缴营业税。

（十四）销售使用过的固定资产。

一般纳税人销售自己使用过的、纳入“营改增”试点之日前取得的固定资产，按照现行旧货相关增值税政策执行。

使用过的固定资产，是指纳税人符合《试点实施办法》第二十八条规定并根据财务会计制度已经计提折旧的固定资产。

（十五）扣缴增值税适用税率。

境内的购买方为境外单位和个人扣缴增值税的，按照适用税率扣缴增值税。

（十六）其他规定。

1. 试点纳税人销售电信服务时，附带赠送用户识别卡、电信终端等货物或者电信服务的，应将其取得的全部价款和价外费用进行分别核算，按各自适用的税率计算缴纳增值税。

2. 油气田企业发生应税行为，适用《试点实施办法》规定的增值税税率，不再适用《财政部国家税务总局关于印发<油气田企业增值税管理办法>的通知》（财税〔2009〕8号）规定的增值税税率。

二、原增值税纳税人[指按照《中华人民共和国增值税暂行条例》（国务院令第538号）（以下称《增值税暂行条例》）缴纳增值税的纳税人]有关政策

（一）进项税额。

1. 原增值税一般纳税人购进服务、无形资产或者不动产，取得的增值税专用发票上注明的增值税额为进项税额，准予从销项税额中抵扣。

2016 年 5 月 1 日后取得并在会计制度上按固定资产核算的不动产或者 2016 年 5 月 1 日后取得的不动产在建工程，其进项税额应自取得之日起分 2 年从销项税额中抵扣，第一年抵扣比例为 60%，第二年抵扣比例为 40%。

融资租入的不动产以及在施工现场修建的临时建筑物、构筑物，其进项税额不适用上述分 2 年抵扣的规定。

【注】说明融资租入的不动产、临时建、构筑物，非按固定资产核算的不动产进项现额，不需分次抵扣，可 1 年内抵扣。

2. 原增值税一般纳税人自用的应征消费税的摩托车、汽车、游艇，其进项税额准予从销项税额中抵扣。

3. 原增值税一般纳税人从境外单位或者个人购进服务、无形资产或者不动产，按照规定应当扣缴增值税的，准予从销项税额中抵扣的进项税额为自税务机关或者扣缴义务人取得的解缴税款的完税凭证上注明的增值税额。

纳税人凭完税凭证抵扣进项税额的，应当具备书面合同、付款证明和境外单位的对账单或者发票。资料不全的，其进项税额不得从销项税额中抵扣。

4. 原增值税一般纳税人购进货物或者接受加工修理修配劳务，用于《销售服务、无形资产或者不动产注释》所列项目的，不属于《增值税暂行条例》第十条所称的用于非增值税应税项目，其进项税额准予从销项税额中抵扣。

【注】对增值税暂行条例做相应修改了。虽合理，但感觉程序上不合理，部委修改国务院的文件。希望还是快点看到新的增值税条例或增值税法。

5. 原增值税一般纳税人购进服务、无形资产或者不动产，下列项目的进项税额不得从销项税额中抵扣：

(1) 用于简易计税方法计税项目、免征增值税项目、集体福利或者个人消费。其中涉及的无形资产、不动产，仅指专用于上述项目的无形资产（不包括其他权益性无形资产）、不动产。

纳税人的交际应酬消费属于个人消费。

【注】文件何苦要分为两类，原增值税一般纳税人和“营改增”试点纳税人，都重复说一遍。

(2) 非正常损失的购进货物，以及相关的加工修理修配劳务和交通运输服务。

(3) 非正常损失的在产品、产成品所耗用的购进货物（不包括固定资产）、加工修理修配劳务和交通运输服务。

(4) 非正常损失的不动产，以及该不动产所耗用的购进货物、设计服务和建筑服务。

(5)非正常损失的不动产在建工程所耗用的购进货物、设计服务和建筑服务。

纳税人新建、改建、扩建、修缮、装饰不动产，均属于不动产在建工程。

(6)购进的旅客运输服务、贷款服务、餐饮服务、居民日常服务和娱乐服务。

(7)财政部和国家税务总局规定的其他情形。

上述第(4)点、第(5)点所称货物，是指构成不动产实体的材料和设备，包括建筑装饰材料和给排水、采暖、卫生、通风、照明、通讯、煤气、消防、中央空调、电梯、电气、智能化楼宇设备及配套设施。

纳税人接受贷款服务向贷款方支付的与该笔贷款直接相关的投融资顾问费、手续费、咨询费等费用，其进项税额不得从销项税额中抵扣。

6. 已抵扣进项税额的购进服务，发生上述第 5 点规定情形(简易计税方法计税项目、免征增值税项目除外)的，应当将该进项税额从当期进项税额中扣减；无法确定该进项税额的，按照当期实际成本计算应扣减的进项税额。

7. 已抵扣进项税额的无形资产或者不动产，发生上述第 5 点规定情形的，按照下列公式计算不得抵扣的进项税额：

不得抵扣的进项税额=无形资产或者不动产净值×适用税率

8. 按照《增值税暂行条例》第十条和上述第 5 点不得抵扣且未抵扣进项税额的固定资产、无形资产、不动产，发生用途改变，用于允许抵扣进项税额的应税项目，可在用途改变的次月按照下列公式，依据合法有效的增值税扣税凭证，计算可以抵扣的进项税额：

可以抵扣的进项税额=固定资产、无形资产、不动产净值÷(1+适用税率)×适用税率

上述可以抵扣的进项税额应取得合法有效的增值税扣税凭证。

(二)增值税期末留抵税额。

原增值税一般纳税人兼有销售服务、无形资产或者不动产的，截止到纳入“营改增”试点之日前的增值税期末留抵税额，不得从销售服务、无形资产或者不动产的销项税额中抵扣。

(三)混合销售。

一项销售行为如果既涉及货物又涉及服务，为混合销售。从事货物的生产、批发或者零售的单位和个体工商户的混合销售行为，按照销售货物缴纳增值税；其他单位和个体工商户的混合销售行为，按照销售服务缴纳增值税。

上述从事货物的生产、批发或者零售的单位和个体工商户，包括以从事货物的生产、批发或者零售为主，并兼营销售服务的单位和个体工商户在内。

附件 3：营业税改征增值税试点过渡政策的规定

一、下列项目免征增值税

（一）托儿所、幼儿园提供的保育和教育服务。

托儿所、幼儿园，是指经县级以上教育部门审批成立、取得办园许可证的实施 0-6 岁学前教育的机构，包括公办和民办的托儿所、幼儿园、学前班、幼儿班、保育院、幼儿院。

公办托儿所、幼儿园免征增值税的收入是指，在省级财政部门和价格主管部门审核报省级人民政府批准的收费标准以内收取的教育费、保育费。

民办托儿所、幼儿园免征增值税的收入是指，在报经当地有关部门备案并公示的收费标准范围内收取的教育费、保育费。

超过规定收费标准的收费，以开办实验班、特色班和兴趣班等为由另外收取的费用以及与幼儿入园挂钩的赞助费、支教费等超过规定范围的收入，不属于免征增值税的收入。

（二）养老机构提供的养老服务。

养老机构，是指依照民政部《养老机构设立许可办法》（民政部令第 48 号）设立并依法办理登记的为老年人提供集中居住和照料服务的各类养老机构；养老服务，是指上述养老机构按照民政部《养老机构管理办法》（民政部令第 49 号）的规定，为收住的老年人提供的生活照料、康复护理、精神慰藉、文化娱乐等服务。

（三）残疾人福利机构提供的育养服务。

（四）婚姻介绍服务。

（五）殡葬服务。

殡葬服务，是指收费标准由各地价格主管部门会同有关部门核定，或者实行政府指导价管理的遗体接运（含抬尸、消毒）、遗体整容、遗体防腐、存放（含冷藏）、火化、骨灰寄存、吊唁设施设备租赁、墓穴租赁及管理等服务。

（六）残疾人员本人为社会提供的服务。

（七）医疗机构提供的医疗服务。

医疗机构，是指依据国务院《医疗机构管理条例》（国务院令第 149 号）及卫生部《医疗机构管理条例实施细则》（卫生部令第 35 号）的规定，经登记取得《医疗机构执业许可证》的机构，以及军队、武警部队各级各类医疗机构。具体包括:各级各类医院、门诊部（所）、社区卫生服务中心（站）、急救中心（站）、城乡卫生院、护理院（所）、疗养院、临床检验中心，各级政府及有关部门举办的卫生防疫站（疾病控制中心)、各种专科疾病防治站(所)，各级政府举办的妇幼保健所(站)、母婴保健机构、儿童保健机构，各级政府举办的血站(血液中心)等医疗机构。

本项所称的医疗服务，是指医疗机构按照不高于地(市)级以上价格主管部门会同同级卫生主管部门及其他相关部门制定的医疗服务指导价格(包括政府指导价和按照规定由供需双方协商确定的价格等)为就医者提供《全国医疗服务价格项目规范》所列的各项服务，以及医疗机构向社会提供卫生防疫、卫生检疫的服务。

(八)从事学历教育的学校提供的教育服务。

1. 学历教育，是指受教育者经过国家教育考试或者国家规定的其他入学方式，进入国家有关部门批准的学校或者其他教育机构学习，获得国家承认的学历证书的教育形式。具体包括：

(1)初等教育：普通小学、成人小学。

(2)初级中等教育：普通初中、职业初中、成人初中。

(3)高级中等教育：普通高中、成人高中和中等职业学校(包括普通中专、成人中专、职业高中、技工学校)。

(4)高等教育：普通本专科、成人本专科、网络本专科、研究生(博士、硕士)、高等教育自学考试、高等教育学历文凭考试。

2. 从事学历教育的学校，是指：

(1)普通学校。

(2)经地(市)级以上人民政府或者同级政府的教育行政部门批准成立、国家承认其学员学历的各类学校。

(3)经省级及以上人力资源社会保障行政部门批准成立的技工学校、高级技工学校。

(4)经省级人民政府批准成立的技师学院。

上述学校均包括符合规定的从事学历教育的民办学校，但不包括职业培训机构等国家不承认学历的教育机构。

3. 提供教育服务免征增值税的收入，是指对列入规定招生计划的在籍学生提供学历教育服务取得的收入，具体包括：经有关部门审核批准并按规定标准收取的学费、住宿费、课本费、作业本费、考试报名费收入，以及学校食堂提供餐饮服务取得的伙食费收入。除此之外的收入，包括学校以各种名义收取的赞助费、择校费等，不属于免征增值税的范围。

学校食堂是指依照《学校食堂与学生集体用餐卫生管理规定》(教育部令第14号)管理的学校食堂。

（九）学生勤工俭学提供的服务。

（十）农业机耕、排灌、病虫害防治、植物保护、农牧保险以及相关技术培训业务，家禽、牲畜、水生动物的配种和疾病防治。

农业机耕，是指在农业、林业、牧业中使用农业机械进行耕作（包括耕耘、种植、收割、脱粒、植物保护等）的业务；排灌，是指对农田进行灌溉或者排涝的业务；病虫害防治，是指从事农业、林业、牧业、渔业的病虫害测报和防治的业务；农牧保险，是指为种植业、养殖业、牧业种植和饲养的动植物提供保险的业务；相关技术培训，是指与农业机耕、排灌、病虫害防治、植物保护业务相关以及为使农民获得农牧保险知识的技术培训业务；家禽、牲畜、水生动物的配种和疾病防治业务的免税范围，包括与该项服务有关的提供药品和医疗用具的业务。

（十一）纪念馆、博物馆、文化馆、文物保护单位管理机构、美术馆、展览馆、书画院、图书馆在自己的场所提供文化体育服务取得的第一道门票收入。

（十二）寺院、宫观、清真寺和教堂举办文化、宗教活动的门票收入。

（十三）行政单位之外的其他单位收取的符合《试点实施办法》第十条规定条件的政府性基金和行政事业性收费。

（十四）个人转让著作权。

（十五）个人销售自建自用住房。

（十六）2018年12月31日前，公共租赁住房经营管理单位出租公共租赁住房。

公共租赁住房，是指纳入省、自治区、直辖市、计划单列市人民政府及新疆生产建设兵团批准的公共租赁住房发展规划和年度计划，并按照《关于加快发展公共租赁住房的指导意见》（建保〔2010〕87号）和市、县人民政府制定的具体管理办法进行管理的公共租赁住房。

（十七）台湾航运公司、航空公司从事海峡两岸海上直航、空中直航业务在大陆取得的运输收入。

台湾航运公司，是指取得交通运输部颁发的“台湾海峡两岸间水路运输许可证”且该许可证上注明的公司登记地址在台湾的航运公司。

台湾航空公司，是指取得中国民用航空局颁发的“经营许可”或者依据《海峡两岸空运协议》和《海峡两岸空运补充协议》规定，批准经营两岸旅客、货物和邮件不定期（包机）运输业务，且公司登记地址在台湾的航空公司。

（十八）纳税人提供的直接或者间接国际货物运输代理服务。

1．纳税人提供直接或者间接国际货物运输代理服务，向委托方收取的全部国际货物运输代理服务收入，以及向国际运输承运人支付的国际运输费用，必须通过金融机构进行结算。

2．纳税人为大陆与香港、澳门、台湾地区之间的货物运输提供的货物运输代理服务参照国际货物运输代理服务有关规定执行。

3．委托方索取发票的，纳税人应当就国际货物运输代理服务收入向委托方全额开具增值税普通发票。

（十九）以下利息收入。

1．2016 年 12 月 31 日前，金融机构农户小额贷款。

小额贷款，是指单笔且该农户贷款余额总额在 10 万元（含本数）以下的贷款。

所称农户，是指长期（一年以上）居住在乡镇（不包括城关镇）行政管理区域内的住户，还包括长期居住在城关镇所辖行政村范围内的住户和户口不在本地而在本地居住一年以上的住户，国有农场的职工和农村个体工商户。位于乡镇（不包括城关镇）行政管理区域内和在城关镇所辖行政村范围内的国有经济的机关、团体、学校、企事业单位的集体户；有本地户口，但举家外出谋生一年以上的住户，无论是否保留承包耕地均不属于农户。农户以户为统计单位，既可以从事农业生产经营，也可以从事非农业生产经营。农户贷款的判定应以贷款发放时的承贷主体是否属于农户为准。

2．国家助学贷款。

3．国债、地方政府债。

4．人民银行对金融机构的贷款。

5．住房公积金管理中心用住房公积金在指定的委托银行发放的个人住房贷款。

6．外汇管理部门在从事国家外汇储备经营过程中，委托金融机构发放的外汇贷款。

7．统借统还业务中，企业集团或企业集团中的核心企业以及集团所属财务公司按不高于支付给金融机构的借款利率水平或者支付的债券票面利率水平，向企业集团或者集团内下属单位收取的利息。

统借方向资金使用单位收取的利息，高于支付给金融机构借款利率水平或者支付的债券票面利率水平的，应全额缴纳增值税。

统借统还业务，是指：

（1）企业集团或者企业集团中的核心企业向金融机构借款或对外发行债券取得资金后，将所借资金分拨给下属单位（包括独立核算单位和非独立核算单位，下同），并向下属单位收取用于归还金融机构或债券购买方本息的业务。

（2）企业集团向金融机构借款或对外发行债券取得资金后，由集团所属财务公司与企业集团或者集团内下属单位签订统借统还贷款合同并分拨资金，并向企业集团或者集团内下属单位收取本息，再转付企业集团，由企业集团统一归还金融机构或债券购买方的业务。

(二十)被撤销金融机构以货物、不动产、无形资产、有价证券、票据等财产清偿债务。

被撤销金融机构，是指经人民银行、银监会依法决定撤销的金融机构及其分设于各地的分支机构，包括被依法撤销的商业银行、信托投资公司、财务公司、金融租赁公司、城市信用社和农村信用社。除另有规定外，被撤销金融机构所属、附属企业，不享受被撤销金融机构增值税免税政策。

(二十一)保险公司开办的一年期以上人身保险产品取得的保费收入。

一年期以上人身保险，是指保险期间为一年期及以上返还本利的人寿保险、养老年金保险，以及保险期间为一年期及以上的健康保险。

人寿保险，是指以人的寿命为保险标的的人身保险。

养老年金保险，是指以养老保障为目的，以被保险人生存为给付保险金条件，并按约定的时间间隔分期给付生存保险金的人身保险。养老年金保险应当同时符合下列条件：

1. 保险合同约定给付被保险人生存保险金的年龄不得小于国家规定的退休年龄。

2. 相邻两次给付的时间间隔不得超过一年。

健康保险，是指以因健康原因导致损失为给付保险金条件的人身保险。

上述免税政策实行备案管理，具体备案管理办法按照《国家税务总局关于一年期以上返还性人身保险产品免征营业税审批事项取消后有关管理问题的公告》(国家税务总局公告2015年第65号)规定执行。

(二十二)下列金融商品转让收入。

1. 合格境外投资者(QFII)委托境内公司在我国从事证券买卖业务。

2. 香港市场投资者(包括单位和个人)通过沪港通买卖上海证券交易所上市A股。

3. 对香港市场投资者(包括单位和个人)通过基金互认买卖内地基金份额。

4. 证券投资基金(封闭式证券投资基金，开放式证券投资基金)管理人运用基金买卖股票、债券。

5. 个人从事金融商品转让业务。

(二十三)金融同业往来利息收入。

1. 金融机构与人民银行所发生的资金往来业务。包括人民银行对一般金融机构贷款，以及人民银行对商业银行的再贴现等。

2. 银行联行往来业务。同一银行系统内部不同行、处之间所发生的资金账务往来业务。

3. 金融机构间的资金往来业务。是指经人民银行批准，进入全国银行间同业拆借市场的金融机构之间通过全国统一的同业拆借网络进行的短期(一年以下含一年)无担保资金融通行为。

4. 金融机构之间开展的转贴现业务。

金融机构是指：

(1)银行：包括人民银行、商业银行、政策性银行。

(2)信用合作社。

(3)证券公司。

(4)金融租赁公司、证券基金管理公司、财务公司、信托投资公司、证券投资基金。

(5)保险公司。

(6)其他经人民银行、银监会、证监会、保监会批准成立且经营金融保险业务的机构等。

(二十四)同时符合下列条件的担保机构从事中小企业信用担保或者再担保业务取得的收入(不含信用评级、咨询、培训等收入)3年内免征增值税：

1. 已取得监管部门颁发的融资性担保机构经营许可证，依法登记注册为企(事)业法人，实收资本超过2 000万元。

2. 平均年担保费率不超过银行同期贷款基准利率的50%。平均年担保费率=本期担保费收入÷(期初担保余额+本期增加担保金额)×100%。

3. 连续合规经营2年以上，资金主要用于担保业务，具备健全的内部管理制度和为中小企业提供担保的能力，经营业绩突出，对受保项目具有完善的事前评估、事中监控、事后追偿与处置机制。

4. 为中小企业提供的累计担保贷款额占其两年累计担保业务总额的80%以上，单笔800万元以下的累计担保贷款额占其累计担保业务总额的50%以上。

5. 对单个受保企业提供的担保余额不超过担保机构实收资本总额的10%，且平均单笔担保责任金额最多不超过3 000万元人民币。

6. 担保责任余额不低于其净资产的3倍，且代偿率不超过2%。

担保机构免征增值税政策采取备案管理方式。符合条件的担保机构应到所在地县(市)主管税务机关和同级中小企业管理部门履行规定的备案手续，自完成备案手续之日起，享受3年免征增值税政策。3年免税期满后，符合条件的担保机构可按规定程序办理备案手续后继续享受该项政策。

具体备案管理办法按照《国家税务总局关于中小企业信用担保机构免征营业税审批事项取消后有关管理问题的公告》(国家税务总局公告2015年第69号)规定执行，其中税务机关的备案管理部门统一调整为县(市)级国家税务局。

(二十五)国家商品储备管理单位及其直属企业承担商品储备任务，从中央或者地方财政取得的利息补贴收入和价差补贴收入。

国家商品储备管理单位及其直属企业，是指接受中央、省、市、县四级政府有关部门(或者政府指定管理单位)委托，承担粮(含大豆)、食用油、棉、糖、肉、盐(限于中央储备)等 6 种商品储备任务，并按有关政策收储、销售上述 6 种储备商品，取得财政储备经费或者补贴的商品储备企业。利息补贴收入，是指国家商品储备管理单位及其直属企业因承担上述商品储备任务从金融机构贷款，并从中央或者地方财政取得的用于偿还贷款利息的贴息收入。价差补贴收入包括销售价差补贴收入和轮换价差补贴收入。销售价差补贴收入，是指按照中央或者地方政府指令销售上述储备商品时，由于销售收入小于库存成本而从中央或者地方财政获得的全额价差补贴收入。轮换价差补贴收入，是指根据要求定期组织政策性储备商品轮换而从中央或者地方财政取得的商品新陈品质价差补贴收入。

(二十六)纳税人提供技术转让、技术开发和与之相关的技术咨询、技术服务。

1．技术转让、技术开发，是指《销售服务、无形资产、不动产注释》中“转让技术”、“研发服务”范围内的业务活动。技术咨询，是指就特定技术项目提供可行性论证、技术预测、专题技术调查、分析评价报告等业务活动。

与技术转让、技术开发相关的技术咨询、技术服务，是指转让方(或者受托方)根据技术转让或者开发合同的规定，为帮助受让方(或者委托方)掌握所转让(或者委托开发)的技术，而提供的技术咨询、技术服务业务，且这部分技术咨询、技术服务的价款与技术转让或者技术开发的价款应当在同一张发票上开具。

2．备案程序。试点纳税人申请免征增值税时，须持技术转让、开发的书面合同，到纳税人所在地省级科技主管部门进行认定，并持有关的书面合同和科技主管部门审核意见证明文件报主管税务机关备查。

(二十七)同时符合下列条件的合同能源管理服务：

1．节能服务公司实施合同能源管理项目相关技术，应当符合国家质量监督检验检疫总局和国家标准化管理委员会发布的《合同能源管理技术通则》(GB/T24915—2010)规定的技术要求。

2．节能服务公司与用能企业签订节能效益分享型合同，其合同格式和内容，符合《中华人民共和国合同法》和《合同能源管理技术通则》(GB/T24915—2010)等规定。

(二十八)2017 年 12 月 31 日前，科普单位的门票收入，以及县级及以上党政部门和科协开展科普活动的门票收入。

科普单位，是指科技馆、自然博物馆，对公众开放的天文馆(站、台)、气象台(站)、地震台(站)，以及高等院校、科研机构对公众开放的科普基地。

科普活动，是指利用各种传媒以浅显的、让公众易于理解、接受和参与的方式，向普通大众介绍自然科学和社会科学知识，推广科学技术的应用，倡导科学方法，传播科学思想，弘扬科学精神的活动。

(二十九)政府举办的从事学历教育的高等、中等和初等学校(不含下属单位)，举办进修班、培训班取得的全部归该学校所有的收入。

全部归该学校所有，是指举办进修班、培训班取得的全部收入进入该学校统一账户，并纳入预算全额上缴财政专户管理，同时由该学校对有关票据进行统一管理和开具。

举办进修班、培训班取得的收入进入该学校下属部门自行开设账户的，不予免征增值税。

(三十)政府举办的职业学校设立的主要为在校学生提供实习场所、并由学校出资自办、由学校负责经营管理、经营收入归学校所有的企业，从事《销售服务、无形资产或者不动产注释》中“现代服务”(不含融资租赁服务、广告服务和其他现代服务)、“生活服务”(不含文化体育服务、其他生活服务和桑拿、氧吧)业务活动取得的收入。

(三十一)家政服务企业由员工制家政服务员提供家政服务取得的收入。

家政服务企业，是指在企业营业执照的规定经营范围中包括家政服务内容的企业。

员工制家政服务员，是指同时符合下列3个条件的家政服务员：

1. 依法与家政服务企业签订半年及半年以上的劳动合同或者服务协议，且在该企业实际上岗工作。

2. 家政服务企业为其按月足额缴纳了企业所在地人民政府根据国家政策规定的基本养老保险、基本医疗保险、工伤保险、失业保险等社会保险。对已享受新型农村养老保险和新型农村合作医疗等社会保险或者下岗职工原单位继续为其缴纳社会保险的家政服务员，如果本人书面提出不再缴纳企业所在地人民政府根据国家政策规定的相应的社会保险，并出具其所在乡镇或者原单位开具的已缴纳相关保险的证明，可视同家政服务企业已为其按月足额缴纳了相应的社会保险。

3. 家政服务企业通过金融机构向其实际支付不低于企业所在地适用的经省级人民政府批准的最低工资标准的工资。

(三十二)福利彩票、体育彩票的发行收入。

(三十三)军队空余房产租赁收入。

(三十四)为了配合国家住房制度改革，企业、行政事业单位按房改成本价、标准价出售住房取得的收入。

(三十五)将土地使用权转让给农业生产者用于农业生产。

(三十六)涉及家庭财产分割的个人无偿转让不动产、土地使用权。

家庭财产分割，包括下列情形：离婚财产分割；无偿赠与配偶、父母、子女、祖父母、外祖父母、孙子女、外孙子女、兄弟姐妹；无偿赠与对其承担直接抚养或者赡养义务的抚养人或者赡养人；房屋产权所有人死亡，法定继承人、遗嘱继承人或者受遗赠人依法取得房屋产权。

(三十七)土地所有者出让土地使用权和土地使用者将土地使用权归还给土地所有者。

(三十八)县级以上地方人民政府或自然资源行政主管部门出让、转让或收回自然资源使用权(不含土地使用权)。

(三十九)随军家属就业。

1．为安置随军家属就业而新开办的企业，自领取税务登记证之日起，其提供的应税服务3年内免征增值税。

享受税收优惠政策的企业，随军家属必须占企业总人数的60%(含)以上，并有军(含)以上政治和后勤机关出具的证明。

2．从事个体经营的随军家属，自办理税务登记事项之日起，其提供的应税服务3年内免征增值税。

随军家属必须有师以上政治机关出具的可以表明其身份的证明。

按照上述规定，每一名随军家属可以享受一次免税政策。

(四十)军队转业干部就业。

1．从事个体经营的军队转业干部，自领取税务登记证之日起，其提供的应税服务3年内免征增值税。

2．为安置自主择业的军队转业干部就业而新开办的企业，凡安置自主择业的军队转业干部占企业总人数60%(含)以上的，自领取税务登记证之日起，其提供的应税服务3年内免征增值税。

享受上述优惠政策的自主择业的军队转业干部必须持有师以上部队颁发的转业证件。

二、增值税即征即退

(一)一般纳税人提供管道运输服务，对其增值税实际税负超过3%的部分实行增值税即征即退政策。

（二）经人民银行、银监会或者商务部批准从事融资租赁业务的试点纳税人中的一般纳税人，提供有形动产融资租赁服务和有形动产融资性售后回租服务，对其增值税实际税负超过3%的部分实行增值税即征即退政策。商务部授权的省级商务主管部门和国家经济技术开发区批准的从事融资租赁业务和融资性售后回租业务的试点纳税人中的一般纳税人，2016年5月1日后实收资本达到1.7亿元的，从达到标准的当月起按照上述规定执行；2016年5月1日后实收资本未达到1.7亿元但注册资本达到1.7亿元的，在2016年7月31日前仍可按照上述规定执行，2016年8月1日后开展的有形动产融资租赁业务和有形动产融资性售后回租业务不得按照上述规定执行。

（三）本规定所称增值税实际税负，是指纳税人当期提供应税服务实际缴纳的增值税额占纳税人当期提供应税服务取得的全部价款和价外费用的比例。

三、扣减增值税规定

（一）退役士兵创业就业。

1．对自主就业退役士兵从事个体经营的，在3年内按每户每年8 000元为限额依次扣减其当年实际应缴纳的增值税、城市维护建设税、教育费附加、地方教育附加和个人所得税。限额标准最高可上浮20%，各省、自治区、直辖市人民政府可根据本地区实际情况在此幅度内确定具体限额标准，并报财政部和国家税务总局备案。

纳税人年度应缴纳税款小于上述扣减限额的，以其实际缴纳的税款为限；大于上述扣减限额的，应以上述扣减限额为限。纳税人的实际经营期不足一年的，应当以实际月份换算其减免税限额。换算公式为：减免税限额=年度减免税限额÷12×实际经营月数。

纳税人在享受税收优惠政策的当月，持《中国人民解放军义务兵退出现役证》或《中国人民解放军士官退出现役证》以及税务机关要求的相关材料向主管税务机关备案。

2．对商贸企业、服务型企业、劳动就业服务企业中的加工型企业和街道社区具有加工性质的小型企业实体，在新增加的岗位中，当年新招用自主就业退役士兵，与其签订1年以上期限劳动合同并依法缴纳社会保险费的，在3年内按实际招用人数予以定额依次扣减增值税、城市维护建设税、教育费附加、地方教育附加和企业所得税优惠。定额标准为每人每年4 000元，最高可上浮50%，各省、自治区、直辖市人民政府可根据本地区实际情况在此幅度内确定具体定额标准，并报财政部和国家税务总局备案。

本条所称服务型企业是指从事《销售服务、无形资产、不动产注释》中“不动产租赁服务”、“商务辅助服务”（不含货物运输代理和代理报关服务）、“生活服务”

(不含文化体育服务)范围内业务活动的企业以及按照《民办非企业单位登记管理暂行条例》(国务院令第 251 号)登记成立的民办非企业单位。

纳税人按企业招用人数和签订的劳动合同时间核定企业减免税总额，在核定减免税总额内每月依次扣减增值税、城市维护建设税、教育费附加和地方教育附加。纳税人实际应缴纳的增值税、城市维护建设税、教育费附加和地方教育附加小于核定减免税总额的，以实际应缴纳的增值税、城市维护建设税、教育费附加和地方教育附加为限；实际应缴纳的增值税、城市维护建设税、教育费附加和地方教育附加大于核定减免税总额的，以核定减免税总额为限。

纳税年度终了，如果企业实际减免的增值税、城市维护建设税、教育费附加和地方教育附加小于核定的减免税总额，企业在企业所得税汇算清缴时扣减企业所得税。当年扣减不足的，不再结转以后年度扣减。

计算公式为：企业减免税总额=∑每名自主就业退役士兵本年度在本企业工作月份÷12×定额标准。

企业自招用自主就业退役士兵的次月起享受税收优惠政策，并于享受税收优惠政策的当月，持下列材料向主管税务机关备案：

(1)新招用自主就业退役士兵的《中国人民解放军义务兵退出现役证》或《中国人民解放军士官退出现役证》。

(2)企业与新招用自主就业退役士兵签订的劳动合同(副本)，企业为职工缴纳的社会保险费记录。

(3)自主就业退役士兵本年度在企业工作时间表。

(4)主管税务机关要求的其他相关材料。

3．上述所称自主就业退役士兵是指依照《退役士兵安置条例》(国务院、中央军委令第 608 号)的规定退出现役并按自主就业方式安置的退役士兵。

4．上述税收优惠政策的执行期限为 2016 年 5 月 1 日至 2016 年 12 月 31 日，纳税人在 2016 年 12 月 31 日未享受满 3 年的，可继续享受至 3 年期满为止。

按照《财政部国家税务总局民政部关于调整完善扶持自主就业退役士兵创业就业有关税收政策的通知》(财税〔2014〕42 号)规定享受营业税优惠政策的纳税人，自 2016 年 5 月 1 日起按照上述规定享受增值税优惠政策，在 2016 年 12 月 31 日未享受满 3 年的，可继续享受至 3 年期满为止。

《财政部国家税务总局关于将铁路运输和邮政业纳入营业税改征增值税试点的通知》(财税〔2013〕106 号)附件 3 第一条第(十二)项城镇退役士兵就业免征增值税政策，自 2014 年 7 月 1 日起停止执行。在 2014 年 6 月 30 日未享受满 3 年的，可继续享受至 3 年期满为止。

（二）重点群体创业就业。

1．对持《就业创业证》（注明“自主创业税收政策”或“毕业年度内自主创业税收政策”）或2015年1月27日前取得的《就业失业登记证》（注明“自主创业税收政策”或附着《高校毕业生自主创业证》）的人员从事个体经营的，在3年内按每户每年8 000元为限额依次扣减其当年实际应缴纳的增值税、城市维护建设税、教育费附加、地方教育附加和个人所得税。限额标准最高可上浮20%，各省、自治区、直辖市人民政府可根据本地区实际情况在此幅度内确定具体限额标准，并报财政部和国家税务总局备案。

纳税人年度应缴纳税款小于上述扣减限额的，以其实际缴纳的税款为限；大于上述扣减限额的，应以上述扣减限额为限。

上述人员是指：

(1)在人力资源社会保障部门公共就业服务机构登记失业半年以上的人员。

(2)零就业家庭、享受城市居民最低生活保障家庭劳动年龄内的登记失业人员。

(3)毕业年度内高校毕业生。高校毕业生是指实施高等学历教育的普通高等学校、成人高等学校毕业的学生；毕业年度是指毕业所在自然年，即1月1日至12月31日。

2．对商贸企业、服务型企业、劳动就业服务企业中的加工型企业和街道社区具有加工性质的小型企业实体，在新增加的岗位中，当年新招用在人力资源社会保障部门公共就业服务机构登记失业半年以上且持《就业创业证》或2015年1月27日前取得的《就业失业登记证》（注明“企业吸纳税收政策”）人员，与其签订1年以上期限劳动合同并依法缴纳社会保险费的，在3年内按实际招用人数予以定额依次扣减增值税、城市维护建设税、教育费附加、地方教育附加和企业所得税优惠。定额标准为每人每年4 000元，最高可上浮30%，各省、自治区、直辖市人民政府可根据本地区实际情况在此幅度内确定具体定额标准，并报财政部和国家税务总局备案。

按上述标准计算的税收扣减额应在企业当年实际应缴纳的增值税、城市维护建设税、教育费附加、地方教育附加和企业所得税税额中扣减，当年扣减不足的，不得结转下年使用。

本条所称服务型企业是指从事《销售服务、无形资产、不动产注释》中“不动产租赁服务”、“商务辅助服务”（不含货物运输代理和代理报关服务）、“生活服务”（不含文化体育服务）范围内业务活动的企业以及按照《民办非企业单位登记管理暂行条例》（国务院令第251号）登记成立的民办非企业单位。

3．享受上述优惠政策的人员按以下规定申领《就业创业证》：

(1)按照《就业服务与就业管理规定》(劳动和社会保障部令第28号)第六十三条的规定，在法定劳动年龄内，有劳动能力，有就业要求，处于无业状态的城镇常住人员，在公共就业服务机构进行失业登记，申领《就业创业证》。其中，农村进城务工人员和其他非本地户籍人员在常住地稳定就业满6个月的，失业后可以在常住地登记。

(2)零就业家庭凭社区出具的证明，城镇低保家庭凭低保证明，在公共就业服务机构登记失业，申领《就业创业证》。

(3)毕业年度内高校毕业生在校期间凭学生证向公共就业服务机构按规定申领《就业创业证》，或委托所在高校就业指导中心向公共就业服务机构按规定代为其申领《就业创业证》；毕业年度内高校毕业生离校后直接向公共就业服务机构按规定申领《就业创业证》。

(4)上述人员申领相关凭证后，由就业和创业地人力资源社会保障部门对人员范围、就业失业状态、已享受政策情况进行核实，在《就业创业证》上注明“自主创业税收政策”、“毕业年度内自主创业税收政策”或“企业吸纳税收政策”字样，同时符合自主创业和企业吸纳税收政策条件的，可同时加注；主管税务机关在《就业创业证》上加盖戳记，注明减免税所属时间。

4．上述税收优惠政策的执行期限为2016年5月1日至2016年12月31日，纳税人在2016年12月31日未享受满3年的，可继续享受至3年期满为止。

按照《财政部国家税务总局人力资源社会保障部关于继续实施支持和促进重点群体创业就业有关税收政策的通知》(财税〔2014〕39号)规定享受营业税优惠政策的纳税人，自2016年5月1日起按照上述规定享受增值税优惠政策，在2016年12月31日未享受满3年的，可继续享受至3年期满为止。

《财政部国家税务总局关于将铁路运输和邮政业纳入营业税改征增值税试点的通知》(财税〔2013〕106号)附件3第一条第(十三)项失业人员就业增值税优惠政策，自2014年1月1日起停止执行。在2013年12月31日未享受满3年的，可继续享受至3年期满为止。

四、金融企业发放贷款后，自结息日起90天内发生的应收未收利息按现行规定缴纳增值税，自结息日起90天后发生的应收未收利息暂不缴纳增值税，待实际收到利息时按规定缴纳增值税。

上述所称金融企业，是指银行(包括国有、集体、股份制、合资、外资银行以及其他所有制形式的银行)、城市信用社、农村信用社、信托投资公司、财务公司。

五、个人将购买不足2年的住房对外销售的，按照5%的征收率全额缴纳增值税；个人将购买 2 年以上(含 2 年)的住房对外销售的，免征增值税。上述政策适用于北京市、上海市、广州市和深圳市之外的地区。

个人将购买不足 2 年的住房对外销售的，按照 5%的征收率全额缴纳增值税；个人将购买 2 年以上(含 2 年)的非普通住房对外销售的，以销售收入减去购买住房价款后的差额按照 5%的征收率缴纳增值税；个人将购买 2 年以上(含 2 年)的普通住房对外销售的，免征增值税。上述政策仅适用于北京市、上海市、广州市和深圳市。

办理免税的具体程序、购买房屋的时间、开具发票、非购买形式取得住房行为及其他相关税收管理规定，按照《国务院办公厅转发建设部等部门关于做好稳定住房价格工作意见的通知》(国办发〔2005〕26 号)、《国家税务总局财政部建设部关于加强房地产税收管理的通知》(国税发〔2005〕89 号)和《国家税务总局关于房地产税收政策执行中几个具体问题的通知》(国税发〔2005〕172 号)的有关规定执行。

六、上述增值税优惠政策除已规定期限的项目和第五条政策外，其他均在“营改增”试点期间执行。如果试点纳税人在纳入“营改增”试点之日前已经按照有关政策规定享受了营业税税收优惠，在剩余税收优惠政策期限内，按照本规定享受有关增值税优惠。

附件 4：跨境应税行为适用增值税零税率和免税政策的规定

一、中华人民共和国境内(以下称境内)的单位和个人销售的下列服务和无形资产，适用增值税零税率：

(一)国际运输服务。

国际运输服务，是指：

1．在境内载运旅客或者货物出境。

2．在境外载运旅客或者货物入境。

3．在境外载运旅客或者货物。

(二)航天运输服务。

(三)向境外单位提供的完全在境外消费的下列服务：

1．研发服务。

2．合同能源管理服务。

3．设计服务。

4．广播影视节目(作品)的制作和发行服务。

5．软件服务。

6. 电路设计及测试服务。

7. 信息系统服务。

8. 业务流程管理服务。

9. 离岸服务外包业务。

离岸服务外包业务，包括信息技术外包服务（ITO）、技术性业务流程外包服务（BPO）、技术性知识流程外包服务（KPO），其所涉及的具体业务活动，按照《销售服务、无形资产、不动产注释》相对应的业务活动执行。

10. 转让技术。

（四）财政部和国家税务总局规定的其他服务。

二、境内的单位和个人销售的下列服务和无形资产免征增值税，但财政部和国家税务总局规定适用增值税零税率的除外：

（一）下列服务：

1. 工程项目在境外的建筑服务。

2. 工程项目在境外的工程监理服务。

3. 工程、矿产资源在境外的工程勘察勘探服务。

4. 会议展览地点在境外的会议展览服务。

5. 存储地点在境外的仓储服务。

6. 标的物在境外使用的有形动产租赁服务。

7. 在境外提供的广播影视节目（作品）的播映服务。

8. 在境外提供的文化体育服务、教育医疗服务、旅游服务。

（二）为出口货物提供的邮政服务、收派服务、保险服务。

为出口货物提供的保险服务，包括出口货物保险和出口信用保险。

（三）向境外单位提供的完全在境外消费的下列服务和无形资产：

1. 电信服务。

2. 知识产权服务。

3. 物流辅助服务（仓储服务、收派服务除外）。

4. 鉴证咨询服务。

5. 专业技术服务。

6. 商务辅助服务。

7. 广告投放地在境外的广告服务。

8. 无形资产。

（四）以无运输工具承运方式提供的国际运输服务。

（五）为境外单位之间的货币资金融通及其他金融业务提供的直接收费金融服务，且该服务与境内的货物、无形资产和不动产无关。

（六）财政部和国家税务总局规定的其他服务。

三、按照国家有关规定应取得相关资质的国际运输服务项目，纳税人取得相关资质的，适用增值税零税率政策，未取得的，适用增值税免税政策。

境内的单位或个人提供程租服务，如果租赁的交通工具用于国际运输服务和港澳台运输服务，由出租方按规定申请适用增值税零税率。

境内的单位和个人向境内单位或个人提供期租、湿租服务，如果承租方利用租赁的交通工具向其他单位或个人提供国际运输服务和港澳台运输服务，由承租方适用增值税零税率。境内的单位或个人向境外单位或个人提供期租、湿租服务，由出租方适用增值税零税率。

境内单位和个人以无运输工具承运方式提供的国际运输服务，由境内实际承运人适用增值税零税率；无运输工具承运业务的经营者适用增值税免税政策。

四、境内的单位和个人提供适用增值税零税率的服务或者无形资产，如果属于适用简易计税方法的，实行免征增值税办法。如果属于适用增值税一般计税方法的，生产企业实行免抵退税办法，外贸企业外购服务或者无形资产出口实行免退税办法，外贸企业直接将服务或自行研发的无形资产出口，视同生产企业连同其出口货物统一实行免抵退税办法。

服务和无形资产的退税率为其按照《试点实施办法》第十五条第（一）至（三）项规定适用的增值税税率。实行退（免）税办法的服务和无形资产，如果主管税务机关认定出口价格偏高的，有权按照核定的出口价格计算退（免）税，核定的出口价格低于外贸企业购进价格的，低于部分对应的进项税额不予退税，转入成本。

五、境内的单位和个人销售适用增值税零税率的服务或无形资产的，可以放弃适用增值税零税率，选择免税或按规定缴纳增值税。放弃适用增值税零税率后，36个月内不得再申请适用增值税零税率。

六、境内的单位和个人销售适用增值税零税率的服务或无形资产，按月向主管退税的税务机关申报办理增值税退（免）税手续。具体管理办法由国家税务总局商财政部另行制定。

七、本规定所称完全在境外消费，是指：

（一）服务的实际接受方在境外，且与境内的货物和不动产无关。

（二）无形资产完全在境外使用，且与境内的货物和不动产无关。

（三）财政部和国家税务总局规定的其他情形。

八、境内单位和个人发生的与香港、澳门、台湾有关的应税行为，除本文另有规定外，参照上述规定执行。

九、2016 年 4 月 30 日前签订的合同，符合《财政部国家税务总局关于将铁路运输和邮政业纳入营业税改征增值税试点的通知》（财税〔2013〕106 号）附件 4 和《财政部国家税务总局关于影视等出口服务适用增值税零税率政策的通知》（财税〔2015〕118 号）规定的零税率或者免税政策条件的，在合同到期前可以继续享受零税率或者免税政策。

附录二

“营改增”其他相关文件号、文件名

1．财税〔2016〕25号财政部　国家税务总局关于营业税改征增值税试点有关文化事业建设费政策及征收管理问题的通知

2．财税〔2016〕36号财政部　国家税务总局关于全面推开营业税改征增值税试点的通知

3．财税〔2016〕39号财政部　国家税务总局关于营业税改征增值税试点若干政策的通知

4．财税〔2016〕43号财政部　国家税务总局关于“营改增”后契税房产税土地增值税个人所得税计税依据问题的通知

5．财税〔2016〕46号财政部　国家税务总局关于进一步明确全面推开“营改增”试点金融业有关政策的通知

6．财税〔2016〕47号财政部　国家税务总局关于进一步明确全面推开“营改增”试点有关劳务派遣服务、收费公路通行费抵扣等政策的通知

7．财税〔2016〕60号财政部　国家税务总局关于营业税改征增值税试点有关文化事业建设费政策及征收管理问题的补充通知

8．财税〔2016〕68号财政部　国家税务总局关于进一步明确全面推开“营改增”试点有关再保险、不动产租赁和非学历教育等政策的通知

9．财税〔2016〕70号财政部　国家税务总局关于金融机构同业往来等增值税政策的补充通知

10．财税〔2016〕74号财政部　国家税务总局关于纳税人异地预缴增值税有关城市维护建设税和教育费附加政策问题的通知

11．财税〔2016〕86号财政部　国家税务总局关于收费公路通行费增值税抵扣有关问题的通知

12．国家税务总局公告2016年第13号国家税务总局关于全面推开营业税改征增值税试点后增值税纳税申报有关事项的公告

13. 国家税务总局公告2016年第14号国家税务总局关于发布《纳税人转让不动产增值税征收管理暂行办法》的公告

14. 国家税务总局公告2016年第15号国家税务总局关于发布《不动产进项税额分期抵扣暂行办法》的公告

15. 国家税务总局公告2016年第16号国家税务总局关于发布《纳税人提供不动产经营租赁服务增值税征收管理暂行办法》的公告

16. 国家税务总局公告2016年第17号国家税务总局关于发布《纳税人跨县(市、区)提供建筑服务增值税征收管理暂行办法》的公告

17. 国家税务总局公告2016年第18号国家税务总局关于发布《房地产开发企业销售自行开发的房地产项目增值税征收管理暂行办法》的公告

18. 国家税务总局公告2016年第19号国家税务总局关于营业税改征增值税委托地税机关代征税款和代开增值税发票的公告

19. 国家税务总局公告2016年第23号国家税务总局关于全面推开营业税改征增值税试点有关税收征收管理事项的公告

20. 国家税务总局公告2016年第26号关于明确“营改增”试点若干征管问题的公告

21. 国家税务总局公告2016年第27号关于调整增值税纳税申报有关事项的公告

22. 国家税务总局公告2016年第28号国家税务总局关于修改按经费支出换算收入方式核定非居民企业应纳税所得额计算公式的公告

23. 国家税务总局公告2016年第29号国家税务总局关于发布《营业税改征增值税跨境应税行为增值税免税管理办法(试行)》的公告及解读

24. 国家税务总局公告2016年第30号国家税务总局关于营业税改征增值税部分试点纳税人增值税纳税申报有关事项调整的公告

25. 国家税务总局公告2016年第44号国家税务总局关于部分地区开展住宿业增值税小规模纳税人自开增值税专用发票试点工作有关事项的公告

26. 国家税务总局公告2016年第45号国家税务总局关于个人保险代理人税收征管有关问题的公告

27. 国家税务总局公告2016年第53号国家税务总局关于营改增试点若干征管问题的公告

28. 国家税务总局公告2016年第54号国家税务总局关于物业管理服务中收取的自来水水费增值税问题的公告

29. 税总发〔2016〕41号国家税务总局关于完善办税服务相关制度的通知

30．税总发〔2016〕106号国家税务总局关于优化《外出经营活动税收管理证明》相关制度和办理程序的意见

31．税总函〔2016〕145号国家税务总局关于营业税改征增值税委托地税局代征税款和代开增值税发票的通知

32．税总函〔2016〕190号国家税务总局关于纳税人销售其取得的不动产办理产权过户手续使用的增值税发票联次问题的通知